불교철학의
이해

불교철학의
이해

이규완 지음

씨
아이
알

행복했던 인연들
가슴 아팠던 인연들
모르고 지나쳤던 많은 인연들
모두에게
두 손 모아

문자로 맺어진 인연에 감사드립니다.

저는 부서진 마음을 안고 불교를 만났지만, 불교공부는 문자로 시작하였습니다. 이국의 낯선 지방에서 영어로 쓰인 '붓다의 가르침'을 읽으며, 전통이 살아 있는 우리 땅에서 불교를 배우겠다고 역유학을 하였습니다. 그러나 고대근동의 죽은 언어들과 씨름하던 저에게 불교는 그보다 더 낯선 세계였습니다. 낯선 문화의 새로운 개념들은 이해할 수 없었고, 요구되는 언어는 하나도 겹치는 것이 없어서 전부 새로 익혀야 했습니다.

도무지 이해가 되지 않아 늦은 밤 홀로 불교방송을 시청하기도 하였지만, 노스님의 긴 법문은 저를 더욱 절망하게 하였습니다. 한마디도 제대로 알아듣지 못하고 머리를 쥐어짜고 있는데, 법당에 앉은 만당의 보살님들은 모두 고개를 끄덕이고 있었습니다. 영어로 읽으면 대응하는 우리말을 알지 못하고, 한글로 읽으면 반은 한문이고, 복잡한 문장과 모호한 개념을 따라잡을 수 없었습니다. 개론서 하나를 읽기 위해서 이미 불교학을 섭렵해야 하는 전도된 상황이었습니다.

여타 학문 분과는 물론 기독교에서도 찾아볼 수 있었던 읽기 쉬운 교의학 개론서 같은 책이 있으면 좋겠다는 생각이 절실하였습니다. 그러나 철학적 측면에서 불교를 소개하는 개론서는 찾기 힘들었습니다. 물론

'불교철학'이라는 범주의 저술은 다소 소개되어 있는 것이 사실입니다. 그러나 지금까지의 '불교철학'은 불교학을 불교의 방언으로 소개하거나, 특정한 교학의 철학적 해설에 집중되어 있었습니다.

다카쿠스 준지로의『불교철학의 정수』(1947)가 보여주는 전형적 사례를 비롯하여, 프라우발너의『불교철학』(1956), 칼루파하나의『불교철학』(1976), 한자경의『불교철학의 전개』(2003), 곰브리치의『불교강의』(2009) 등이 모두 좋은 책이지만, 저의 요구를 충족시켜 주지는 못하였습니다. 다른 한편 최근 불교적 개념을 보다 철학적 관점에서 해석하는 연구저작들도 발표되고 있습니다. 예를 들어, 시더리츠의『불교철학』은 '불교'와 '철학'의 결합에는 성공하였지만, '불교'학자들의 전문적 논의가 되어버려 일반 독자들로부터 멀어지고 말았습니다.

이 책은 필자가 서울대학교에서 수년간 진행하고 있는 '불교철학의 이해' 강의의 결과물이자, '일반 독자를 위한 불교철학 개론서'의 필요성에 대한 대답입니다. 지난 수년간 학부 강의의 경험을 통해, 대중에게 '불교'와 '철학'이 매우 낯설고 생경한 조합이라는 사실을 깨닫게 되었습니다. '불교'와 '철학'이 신선한 지적 자극을 주고 있는 현대 지성계와는 달리, 한국의 대중에게 불교철학은 종교로서의 '불교'와 무속과 결합한 '철학관'으로, 친숙하지만 왜곡된 전이해에 함몰되어 있는 것으로 보입니다.

이 책은 인도에서 한반도까지의 시공간에서 전개된 '철학으로서 불교'에 대한 개괄을 목적으로 합니다. 인문학에 관심 있는 학부생 정도의 수준에서 읽을 수 있는 불교철학 개론서로서, 불교철학의 다양하고 전문적인 주제들에 대한 인문학적인 안내서입니다. 이것을 통해 필자는 지적 사상체계로서 불교가 보여준 철학적 사유를 독자에게 소개하고자 하였습니다.

간혹 의도와는 다르게 생경한 개념이나 논쟁의 늪에 빠지기도 하고, 난삽한 각주로 설득을 강요하려는 습관을 완전히 떨쳐 버리지는 못하였습니다. 하지만 샛길로 빠지는 손발을 제어하기 위해 몇 가지 원칙을 세워 경로를 바로잡고자 나름의 노력을 시도하였습니다. 먼저, 불교철학의 기본적인 문제의식, 특히 '있는 그대로'와 '무아'를 중심으로 일관되게 논의를 끌어가고자 하였습니다. 역사적인 사실이나 교학적 논의들을 모두 소개하기보다는 중심주제와 관련된 개념들의 변화과정을 사상사적인 흐름에 따라가며 서술하였습니다.

낯선 개념을 처음 접하는 독자들이 읽어가면서 쉽게 익힐 수 있도록 개념의 의미를 설명하고 번역 용어를 반복적으로 제시하였습니다. 이것이 전문적인 연구서적을 읽기 위한 징검다리 역할을 할 수 있다면 다행이겠습니다. 같은 이유에서 각 장에는 주제와 관련된 세부정보를 제공하는 문단이 포함되어 있습니다. 관련 주제의 저술이나 저자, 연대, 범어표기 등은 개론서로서 이후 진전된 독서를 위한 기본적인 정보를 제공한다는 목적으로 기술하였습니다. 불교철학을 처음 접하는 독자들은 중간중간에 끼어있는 과잉정보(TMI; Too Much Information) 단락들은 빠르게 지나가면서 읽어도 무방하겠습니다.

차례에서 볼 수 있듯이, 이 책에서는 불교의 사상적 흐름을 따라가면서, 인도에서 한반도에 도달하기까지의 학파적 논의들을 주제별로 논의하였습니다. 내용적으로는 인도의 정통과 비정통철학의 동이점, 철학적 관점에서 불교의 특수성, 존재와 인식의 학파적 해석, 몸과 의식, 논리와 비논리의 전개, 윤리적 문제의식 등의 주제를 아비다르마, 경량부, 중관, 유식학파와 동아시아 여래장, 법상유식, 천태, 화엄, 선 등으로 연결하여 살펴보았습니다.

저술이 일정한 방향을 따르다 보니, 특히 남방불교에 대한 논의는 거의 다루지 못하였습니다. 다행히 최근에 남방불교에 대한 훌륭한 연구와 저술이 이루어지고 있습니다. 특히 각묵 스님의 초기불교 연구와『니까야』번역, 전재성 님의 빨리어 경전 완역 불사, 대림 스님의『니까야』번역이 있으며, 이중표 교수님의 정선(精選)『니까야』는 독자의 접근성을 높여 주었습니다. 보다 수행적 특징을 가지고 있는 남방의 전통에 대해서는 뛰어난 연구자들과 수행자들의 좋은 글들과 인연이 닿기를 바랍니다.

필자 개인적으로 불교철학에 대한 물음은 한국철학에 대한 관심에서 시작하였습니다. 한반도에 살아가는 우리에게 '우리의 철학'이라고 할 만한 것이 있는가? 그리고 한반도 지성사의 첫머리에 우뚝 선 세 명의 철학자를 만나게 되었습니다. 그들의 사상은 이전 천년의 불교사상사를 서로 다른 방식으로 수용하여, 세계와 호흡하는 자신들만의 지적 영토를 개척하였습니다. 그리고 그들의 사유를 시원으로 삼아 한반도의 철학전통이 이어져 오고 있는 것입니다. 따라서 지금 이 '불교철학의 이해'는 불교철학에 대한 안내서인 동시에 한국철학의 심층을 들여다보는 작업이기도 합니다. 인연이 허락한다면, 이 '무종(無終)의 문'을 나서 훗날 이 사유의 전통과 합류하는 후천년의 사상적 흐름을 따라 탐사하는 시간을 꿈꾸어 봅니다.

한 권의 책이 독자들의 손에 닿기까지 소중한 인연들의 수고가 녹아 있습니다. 무엇보다 지난 수년간 '불교철학의 이해' 강의에 참여하고 여러 가지 질문과 과제를 통해 다양한 시각과 참신한 의견을 개진해 준 학생들에게 감사드립니다. 저술의 동기와 과정 모두 그들과의 만남에 크게 빚지고 있습니다. 진종원 박사는 강의 조교로 함께 하면서 초고를 읽어주었습니다. 다듬어지지 않은 원고를 정성껏 읽어준 노고에 감사드립니다.

종이책을 읽는 이들이 급격히 감소하는 와중에 특히 독자층이 매우 제한되어 있는 분야가 불교철학인 것이 현실입니다. 때문에 불교철학에 관한 더욱이 두꺼운 분량의 서적을 출간하는 일은 그 자체로 희생적인 헌신입니다. 그럼에도 부족한 책의 출판을 허락해준 도서출판 씨아이알과 편집진에게 깊은 감사를 드립니다. 출판의 결정과 원고의 검토, 편집 과정에는 모두 출판부 팀장 신은미 님의 손길이 닿아 있습니다. 거친 원고가 세련된 철학서적이 될 수 있도록 가꾸어준 노고에 감사드립니다.

많은 분의 손에 힘입어 한 권의 책이 세상의 빛을 보게 되었습니다. 불교철학에 관심을 가진 독자들에게 약간의 도움이 된다면, 여러분들의 수고가 헛되지는 않을 것입니다. 그러나 책을 세상에 내어놓는 순간에 이르면 언제나 무리한 일은 하는 건 아닌지 걱정이 되곤 합니다. 책에서 오류나 실수가 발견되면, 밝은 눈을 가진 독자들께서 넌지시 알려주시기 부탁드립니다. 조금씩 다듬어서 더 좋은 안내서가 되도록 노력하겠습니다.

이 책이 세상으로 향하는 길을 이끌어 주신 모든 인연들께 다시 한번 깊은 감사를 드립니다.

차례

무시(無始)로부터

서론

무시(無始)로부터

이 책은 철학적 관점에서 불교의 질문이 무엇인지, 그리고 불교의 다양한 학파철학들이 '있는 그대로'의 사태에 대한 질문에 어떻게 대답해 왔는지에 대한 통시적 고찰인 동시에, 저자가 자기 자신에게 물었던 '불교철학, 이것은 무엇인가?'에 대한 사색의 보고서이다.

필자와 불교의 인연은 몇 번의 비낌을 지나서 조금 늦게 시작되었다.

어린 시절 탁발을 왔던 스님들의 낯선 방문을 지나고, 대학시절 이웃한 불교학생회 동아리방을 기웃거리고, 보스턴에서 불교학계 거장들의 강의를 흘려보내고 나서야 불교와의 만남이 이루어졌다.

'욥의 탄식'에 대한 연구로 석사논문을 제출하고, 박사과정에서 고대근동의 '지혜'문학을 공부하던 나는 한순간 칠흑같은 어둠에 갇힌 자신을 발견하였다. 끝이 보이지 않는 터널 속의 어둠에서 앞으로도 뒤로도 움직이지 못하던 시간, 우연히 마주한 곳이 보스턴 근교에 있는 문수사라는 절이었다. 매주 한 차례씩 불교공부를 하면서 관련 서적을 구해 읽었다. 어쩌면 이 어둠에도 어떤 의미가 있을지 모른다는 희망을 찾고 싶었는지도 모르겠다.

하루는 보스턴 북부 앤도버라는 타운의 한 공원에 앉아 책을 읽고 있었다. 맞은편에는 베트남 참전 기념비가 서 있었고, 나는 틱낫한 스님의 책『The Heart of the Buddha's Teaching: Transforming Suffering into Peace, Joy, and Liberation』[1]에 빠져들어 있었다. 마침 베트남전 당시 분신하였던 틱꽝득(Thích Quảng Đức) 스님의 이야기가 이어지고 있었다. 그늘 아래 벤치에서 맞은편 미군의 참전비를 보고 있으니 여름 낮 공원의 무더위까지 비현실적으로 다가왔다. 시끄러운 매미의 울음소리가 잠시 정적을 이룬 순간에도, 마음속의 소음은 한적한 공원의 고요를 흔들고 있었다. 때마침 머리 위 나뭇가지에서 벌레 한 마리가 실을 길게 늘어뜨리며 내 눈앞에까지 천천히 내려와 한가한 바람에 흔들리고 있었다.

겨우 반짝이는 한 줄기 실에 매달려 흔들리는 벌레 한 마리...... 그리고 나.

순간, 그네타기 곡예사가 포물선을 그리며 날아오르듯이 한 마리 새가 눈앞을 스치며 실에 매달려 있는 벌레를 채갔다. 습한 여름 공기에 찬물을 뒤집어쓴 것 같은 냉기가 들었다. 다시 매미의 울음소리가 공원을 뒤덮었다.

무어라 형언할 수 없는 순간의 느낌!

나에게 무상(無常)의 의미는 그렇게 각인되었다.

---

1   이 책은 권선아 역,『틱낫한 불교 - 붓다의 가르침을 이해하는 가장 순수한 방법』(2019) 으로 불광출판사에서 출간되어 있다.

생명이란 이렇게 연약하고
인생이란 이렇게 한없이 허무한 것이었던가?

맹구우목(盲龜遇木)

'눈먼 거북이가 우연히 나무를 만나다.' 지구를 뒤덮고 있는 바다에 한 조
각의 나무가 둥둥 떠돌고 있다. 그 바다에는 신화적인 거북이 한 마리가
살고 있다. 거북이는 백 년에 한 번 수면으로 올라와 숨을 쉰다고 한다. 이
거북이가 숨쉬기 위해 백 년에 한 번 수면으로 올라올 때, 기막힌 우연으
로 둥둥 떠다니는 나뭇조각에 뚫린 구멍으로 목이 쏙 들어갈 확률, 지구
의 표면 가운데 물로 덮여 있는 수면은 5대양과 대륙의 강, 호수 등을 포
함하여, 총 3억 6천만 km²이다. 거북이의 목둘레를 약 10cm의 지름으로
가늠할 경우, 백 년마다 수면에 나오는 거북이의 목이 저 나무 조각 구멍
에 낄 확률은 약 $3.6×10^{16}$년에 한 번 꼴이 된다. 그것은 138억 년에 달하는
우리 우주의 나이보다 약 250만 배나 긴 시간이다. 불교에서는 한 우주가
생성하고 소멸하기까지의 시간을 일겁(一劫, kalpa)이라고 하는데, 저 거
북이의 목이 낄 확률은 250만 겁의 시간이 필요한 것이다.

붓다는 우리가 인간으로 태어나는 사건이 바로 그와 같이 희박하고 기
적적인 확률의 결과라고 말한다. 하나의 인생은 250만 번의 우주만큼 소
중한 기회이다.

한 번의 삶을 산다는 것은 어떤 기적보다 기적적이고, 어떤 행운보다
행운이다.

따라서 이렇게 주어진 삶을 소홀히 한다면, 당첨된 복권 용지를 쓰레
기통에 버리는 것보다 훨씬 더 어리석은 행위가 될 것이다.

아주 흔한 오해들

불교(佛敎), 즉 붓다의 가르침은 일반의 흔한 오해와는 달리 삶에 대하여 매우 긍정적이고 적극적인 자세를 고수한다.

일부 독자들에게 불교는 낯설고 이질적인 종교문화이거나, 혹은 고즈넉한 산사에서의 평화로운 템플스테이(temple stay)의 이미지로 남아있을 것이다. 어떤 이들은 할머니들이 손주의 건강과 행운을 빌러 찾아가는 오래된 신앙으로 불교를 떠올릴 수도 있다. 서구화, 도시화된 우리들에게 불교는 문화적으로 낯설고, 공간적으로 깊은 산에 떨어져 있으며, 시간적으로 오래된 옛 종교처럼 느껴지곤 한다.

물론 이런 오해와 고정관념 혹은 선입견에는 이유가 있다. 불과 얼마 전까지만 하여도 동양철학을 공부한다거나 불교를 전공한다고 하면, 관상을 보아 달라거나 손금을 볼 수 있겠다며 손을 내미는 일이 드물지 않았다. 동양철학은 아직 철학이 아니었고, '동양'이라는 비합리적이고 고색창연한 어떤 문화유산에 불과하거나 혹은 '철학'이라 지칭될 수 있는 어떤 합리성과 논리적 사유를 결여한 시대착오적인 훈고학 정도로 치부되기도 하였다.

불교철학의 상황은 더욱 희극적이었는데, 그 같은 현상은 교회만큼이나 많은 점집이나 무당집의 간판에 새겨진 불교의 상징 '만(卍)'자와 '철학관'이라는 이름의 기묘한 결합이 웅변하고 있다. 계룡산 아무개 '보살'의 신묘하다는 '관음철학관'처럼, 한국사회의 대중에게 '불교'와 '철학'은 아주 흔하지만 낯설고 기이한 동거를 해오고 있었다. 최근에는 각종 '철학관'에서 불교의 이미지가 점차 사라지고 있는 듯한데, 그것은 아마도 기독교인을 비롯한 비불교인 고객들을 위한 직업적 배려가 아닌가 생각된다. 한국에서는 무속이 모든 종교를 품는 어머니종교이고, 모든 종교사상이 뿌리내리고 있는 토양과 같다. 불교, 유교, 개신교, 천주교를 비롯한 모든 종교인들이 평등하게 운세를 묻는 공통의 성소(聖所)는 아마도 어느 '철학관'이지 않을까 싶다.

아무튼 대중에게 가까운 불교는 무속과 쉽게 혼동되었고, 좀 더 세련되고 트랜디한 대중에게 불교는 템플스테이와 같이 도시생활을 벗어나 자연 속에서 마음의 평화를 체험하는 팬시한 문화활동으로 보여지는 듯하다. 각박한 도시생활에서 벗어나 산사의 고요와 그 틈 사이로 찾아오는 개울소리, 새소리, 바람소리에 몸을 맡기고 마음의 휴식을 취하면서, 도시인들은 영혼이 안식하는 시간을 경험한다. 그것은 낯섦의 체험이고, 때론 신비스럽고 영적인 동양의 공기로 영혼을 정화하는 시간여행이기도 하다.

제국의 열강들이 군함에 대포를 장착하고 인도와 아시아의 여러 나라에 도착하였던 18~19세기에, 서양인들은 미개한 동양의 신비한 문화를 발견하였고, 동양인들은 압도하는 서양의 놀라운 과학과 기술에 경탄하였다. 오래된 그 기억들은 우리 모두의 의식에 각인되고 각자의 피를 통해 흘러 내려와서, 결국 서양의 지성과 합리성, 동양의 감성과 영성이라는 이원적이고 신화적인 오리엔탈적 사유로 내재화하였다. 그리고 이미 너무나 서구화한 우리에게도 '낯선 동양'은 감성을 자극하고, 영적이며 신비한 세계를 상징한다.

그렇다면 '불교'와 '철학'이라는 두 개념은 '관음철학관'과 같은 명칭이 아니라, '불교철학'이라는 하나의 이름으로, 하나의 철학으로 성립할 수 있는 것인가?

불교전통과 불교학의 성립

불교전통이란, 최초의 '깨달은 자', 즉 붓다(buddha)의 깨달음을 토대로 하여 인도 아대륙과 아시아대륙, 최근에는 서구세계에까지 확장되고 있는 지적이고 명상적인 전통을 지칭한다. 이 풍부하고 놀라운 전통의 역사와 사상은 이어지는 장의 항목에서 다루어질 것이므로, 여기서는 불교학의 성립에 관해서만 간단히 살펴보기로 한다.

서구의 근대는 18세기 산업혁명과 19세기 제국주의 등장으로 폭발적으로 팽창하게 된다. 초기 성서연구의 목적으로 추동되었던 '고대근동(Ancient Near East)'에 대한 연구작업은 잊혀진 고대 중동사회의 놀라운 역사와 문화를 발굴해 내는 의도치 않았던 성과를 낳았다. 이 과정에서 로제타 비석(Rosetta Stone)의 해독으로 상징되는, 고대 언어와 문자의 연구업적은 인류의 종교와 사상에 대한 이해에 획기적인 이정표를 세웠다고 할 수 있다.

이 무렵 고대근동의 문헌학 연구 방법론을 익히고, 헬라어와 라틴어 교육을 받은 일군의 연구자들이 인도 아대륙에 도착하였다. 그들은 현지의 사제들을 통해 고대문자의 독법을 익혀나가면서, 신비한 땅 인도의 문헌에 기록된 언어가 자신들이 알고 있는 라틴어, 헬라어와 유사점이 많다는 사실을 인식하게 되었다. 고대 근동의 쐐기문자로 기록된 아카드어에 대한 약간의 지식이 있는 학자라면, 그들이 읽고 있는 산스크리트어 문헌의 문법적 구조와 어휘의 중복에서 당혹스러운 놀라움을 느꼈을 것이다.

그들 중에 부르누프와 같은 문헌학자가 있었다. 부르누프(Eugène Burnouf, 1801~1852)는 분명 라틴어 고전 타키투스(Tacitus)의 번역가로 알려진 아버지 부르누프의 언어적 재능을 물려받았다. 그는 26세에 C. 라쌍과 함께 빨리어 문법서 『갠지스강 동쪽 반도의 성스러운 언어, 즉 빨리어에 대한 시론』

을 출간하였으며, 고(古)페르시아어 쐐기문자(Old Persian cuneiform)를 해독하였다. 40대에는 산스크리트어 문헌연구를 통해『바가바드기타』를 번역(1840~1847)하고,『법화경(法華經)』(1852)의 프랑스어 번역을 출간하였다. 조나단 실크(Jonathan Silk)는 그를 '근대 과학적 불교학의 아버지(the founding father of modern Buddhist scientific studies)'라고 칭하였다.

초기 문헌학 연구는 다소 편집증적인 경향을 보이던 서구학계의 성서 문헌연구 전통, 특히 독일학계의 영향을 받으면서 엄격한 불교문헌학 연구의 꽃을 피우게 된다. 독일의 학문적 성향은 20세기 초 사회재구성의 모델로 독일을 설정하고 있던 일본의 학계에 그대로 이식되었다. 이런 배경에서 일본은 산스크리트어 티베트어 문헌에 대한 연구에서뿐만 아니라 동아시아불교 전통에 속하는 한문문헌의 연구와 서구학계로의 소개에도 지대한 기여를 하였다.

양차 세계대전 과정의 부침을 거치면서도 꾸준히 유지되던 불교학 연구는 1960년대 들어 일대 전환기를 맞게 된다. 1959년 3월, 티베트불교의 상징인 달라이 라마 14세와 수만 명의 티베트인들이 수도 라싸를 탈출하여 혹한으로 얼어붙은 히말라야의 눈길을 뚫고 인도 북부 다람살라로 망명하였다. 1960년대 용암처럼 끓어 오르던 서구사회의 청년들은, 일부는 히피문화에 빠져들었고 일부는 은둔의 땅에서 나타난 관음보살의 화신이자 달라이 라마의 열네 번째 환생에게 매료되었다. 어떤 이들은 히피이면서 동시에 티베트에서 온 신비한 종교의 신봉자가 되었다. 이 같은 현상은 이후 서구불교의 특징을 이해하는 데 매우 중요한 기준이 된다.

1960년대 티베트불교의 세례를 받은 일부의 젊은이들은 1970년대 들어 다양한 분야에서 연구성과를 발표하면서 불교철학 연구에서 1세대를 형성한다. 대표적인 티베트 불교연구자로 로버트 서먼(Robert A. Thurman),

제프리 홉킨스(Jeffrey Hopkins), 인식 논리학 분야의 도날드 로페즈(Donald S. Lopez), 아비담마/아비다르마 철학 연구에서 리처드 곰브리치(Richard Gombrich), 초기불교 문헌 연구에 피터 하비(Peter Harvey), 불교심식론과 대승사상에서 폴 윌리엄스(Paul Williams) 등을 열거할 수 있다. 그 외에도 비슷한 연배의 학자로 중국화엄학 연구의 로버트 지멜로(Robert Gimello)와 피터 그레고리(Peter Gregory) 등도 이 시기가 낳은 아들들이다.

이 학문적 세대는 전통으로 이어오던 불교의 문헌과 전승의 해석에 서구학계의 방법론을 채택함으로써, 서구적 관점에서 불교학 혹은 불교철학의 주춧돌을 놓았다. 또한 그들을 계승한 서구불교는 다종다양한 종교 가운데에서도 가장 진보적이고 리버럴한 신행의 문화를 정착해 가고 있다. 이를테면, 유럽이나 미국에 전해진 불교는 그것이 한국계의 선불교일 때조차, 출재가, 인종, 남녀의 수평적 평등이 분명하고 LGBT를 비롯한 성 소수자나 사회적 약자의 문제에 가장 민감하게 반응하는 종교집단으로 자리매김해가고 있다.

앞서 언급한 1960년대의 저항과 히피문화의 배경을 상기하기 바란다. 이들에게 불교는 새롭게 등장한 매우 자유로우면서도 지적인 대안적 종교사상으로 여겨진다.

런던, 파리 혹은 뉴욕에서 앞서 언급한 '관음철학원(Gwaneum Philosophy Center)' 간판을 내건다면, 아마도 불교철학을 배우고자 하는 자유롭고 지적인 서구인들이 문을 두드릴 것이다.

Don't Know Mind

미 동부 보스턴에는 찰스강을 끼고 남쪽에 보스턴대학교, 북쪽에 하버드 대학교와 MIT가 위치해 있다. 그리고 하버드와 MIT의 중간쯤, 다소 MIT 쪽에 가까운 지점에 '케임브리지 선센터(Cambridge Zen Center)'가 자리 잡고 있다. 뉴잉글랜드식 목조 건물에 한국식 불상이 모셔진 이 선센터는 1973년 숭산(崇山) 스님과 제자들이 창립하였다. 1970년대 초 미국으로 건너간 숭산 스님은 보스턴 지역 청년학생들에게 선불교를 가르친 것을 기점으로 세계 30개국에 120여 개의 선센터를 건립하였는데, 각 선원들은 '관음선원(Kwanum School of Zen)'의 분원 형식을 취하고 있다. 이곳에서는 푸른 눈을 가진 수많은 출가승려들이 배출되었다. 대중에게 잘 알려진 분으로는 『하버드에서 화계사까지』의 저자 현각(玄覺) 스님, 헝가리의 에스테르곰에 한국식 사찰 원각사를 창건한 청안(淸眼) 스님 등이 있다.

숭산 스님의 영어는 단순하고 문법적으로 완전하지 않았다. 그는 마치 어린아이와 같은 영어를 구사하였다. 하지만 그 영어를 타고 전해지는 그의 메시지는 울림이 있었고, 그런 점에서 그의 영어는 누구보다 훌륭하였다.[2]

> 붓다께서는 보리수 아래에서 6년간 깊이 명상하였습니다.
> "모르겠구나"
> "이것은 무엇인가?"
> "나는 무엇인가?"
> 하늘과 달과 별들까지 모든 것들은 당신의 생각이 만들어냅니다.

---

2   https://www.youtube.com/watch?v=LnVlnyn70i0

그러나 하늘은 '나는 하늘이다' 말하지 않고,

태양은 '나는 태양이다' 말하지 않습니다.

그것들은 당신이 만든 것들입니다.

당신이 집착하고 있는 것들입니다. 바로 그것이 문제입니다.

우리는 그것들을 알지 못합니다. 그리고

우리가 이 세상에 사는 이유도 알지 못합니다.

"누가 나를 만들었습니까?"

데카르트는 말합니다. "나는 생각한다, 고로 나는 존재한다."

그러나 만일,

"나는 생각하지 않는다"면,

그렇다면,

"무엇일까요?"

숭산 스님은 여기에서 '모르는 마음(Don't Know Mind)'을 간직하라고 권고한다.

우리는 무엇을 모르는 것일까?

주말이면 오르는 저 산은 언제나처럼 그대로인 그 산일까? 부모님의 이름을 한번 떠올려 보라. 자녀의 이름을 불러 보라. 사랑하는 연인의 얼굴을 그려 보라. 우리는 그들을 정말 알고 있는가? 그들을 '있는 그대로'의 모습으로 알고 있는 것일까? 우리는 부모님에 대해서 잘 알고 있는가? 자녀와 사랑하는 사람들의 본래 모습을 보고 있는가?

'있는 그대로'와 '무아'

저 하늘과 산과 별과 사랑하는 이의 '있는 그대로(yathābhūtam)' 모습은 무엇일까?

북쪽 하늘에 중심을 잡고 있는 저 별, 북극성의 정체는 무엇일까? 북극성(Polaris)은 태양계로부터 약 400광년 떨어져 있는 세 개의 별로 이루어진 하나의 천체이다. 가까이 붙어 있는 두 개의 별 Polaris Aa와 Polaris Ab는 지구에서 태양까지 거리의 약 20배 정도 떨어져 있고, 북극성 A와 북극성 B는 빛의 속도로 약 2주 정도의 거리만큼 떨어져 있다. 하지만 지구상에 거주하는 인류에게 북극성은, 눈을 들어 하늘을 바라본 처음 순간부터 아주 최근까지 언제나 북쪽 하늘의 중심을 지키는 '하나의 별'이었다.

나에게 보여지는 세상은 내가 보고 '있는 그대로' 여실(如實)하게 존재하는 것들인가?

아니 그것들을 보고 있는 '나'는 '있는 그대로'의 나인가?

나의 참모습은 무엇인가?

불교철학에서 제기하는 근본적인 질문이 여기에 있다.

'있는 그대로'의 이것은 무엇인가?

'있는 그대로'의 그것, 삶과 죽음, 너는, 나는 무엇인가?

우리는 이 책을 관통하여 한 가지 질문에 집중하게 될 것이다.

'있는 그대로'의 '이것은 무엇인가?'

그것은 붓다의 질문이었고, 붓다를 따르는 수많은 수행자들의 한결같은 질문이었으며, 지금 우리의 질문이기도 하다.

붓다 이후 불교전통에서는 이 질문에 대해 헤아릴 수 없이 다양한 답변을 제시해 왔으며, 그에 따라 종파와 학파가 등장하고 분열하고 소멸하였다. 그와 같이 다종다양한 대답과 해석들은 모두 한 지점으로 수렴하는데, 그것이 바로 무아(無我, anātman)이다. 무아는 아트만(ātman)의 대응 개념이다. 인도 정통철학에서 인간의 영혼은 영원하고 변하지 않으며, 궁극적으로 브라만으로 회귀할 존재이다. 변화하고 고통스러우며 온갖 더러움으로 오염된 현실은 단지 환상(māyā)이거나, 물질적 원질(prakriti)에 의해 조성된 일시적인 세계이다. 고통은 이곳 현상세계에 속하고, 영혼은 잠시 오염된 세계에 포로되어 있지만, 그 자신은 더럽혀지지 않고 고통도 없다는 것이다.

그러나 붓다가 깨달은 바에 따르면, 세계를 '있는 그대로' 보지 못하고, 실제로는 존재하지도 않는 영원불변하는 영혼, 즉 아트만에 대하여 집착하는 그 자체로부터 고통이 발생한다.

영원불변하는 영혼은 존재하지 않는다.

아트만은 실재하지 않으며, 그것은 비존재하는 대상에 대한 집착일뿐이다.

모든 것들은 찰나 찰나 일시적으로 나타났다가 사라지며, 따라서 삶의 고통도 행복이라는 착각도 모두 일시적이고 찰나적인 것들이다. 우리를 영원히 구속하는 고통 같은 것은 존재하지 않는다. 모든 것들은 끊임없이 변화하며, 원래부터 정해진 운명이나 신분이나 삶의 본질 같은 것은 없다. 세계는 무상(無常)한 것이다.

철학으로서 불교는 이 무상한 세계를 '있는 그대로' 보도록 촉구하고 종교(宗敎)로서의 불교는 '무아(無我)'라는 대답을 제시한다.

붓다가 깨달은 내용, 붓다의 말씀(buddha vacana), 붓다의 가르침(佛敎)이 분명하고 확정적으로 제시되고 있다는 점에서, 불교는 종교적 영토에 뿌리를 내리고 있다. 그리고 불교를 인도의 정통파 종교사상이나 여타의 사문전통과 구분하는 결정적인 기준은 '무아(無我, anātman)'이다.

불교철학은 '있는 그대로'와 '무아'의 두 축을 연결하는 논리적 사유의 끈이다. 끊임없는 회의와 사유를 통해 '있는 그대로'의 세계를 관찰하고, 그 경험을 토대로 '무아'의 진리를 재해석하는 과정이 불교철학의 역사이다. 무아에 대한 해석은 수십에 달하는 학파철학을 가늠할 수 있는 시금석이다.

이제부터 우리는 '깨달은 자' 붓다의 등장과 그의 가르침을 따르는 행자들의 여정을 거슬러가 보도록 하겠다.

함께 읽어 볼 책

- 현각 (2000). 『오직 모를 뿐 – 숭산 대선사의 서한 가르침』. 서울: 물병자리.
- 유발 하라리 (2023). 『사피엔스 – 유인원에서 사이보그까지, 인간 역사의 대담하고 위대한 질문』. 조현욱 역. 파주: 김영사.
- 틱낫한 (2002). 『틱낫한 불교 – 붓다의 가르침을 이해하는 가장 순수한 방법』. 권선아 역. 서울: 불광출판사.

불교와 철학

- 진리의 등불(dīpa)을 찾아서

불교와 철학

- 진리의 등불(dīpa)을 찾아서

어떤 전능한 악마가 잠자고 있는 나의 의식 속으로 들어와, '나는 지금 중년의 신체에 흰머리카락을 가지고 있으며, 책으로 둘러싸인 연구실에서 안경을 끼고 앉아 컴퓨터 모니터를 들여다보며 이 책을 쓰고 있다'는 착각을 일으키도록 조작하고 있다면, 나는 나 자신과 세계에 대해 무엇을 알 수 있을까? 나는 확실하게 존재하기는 하는 걸까? 데카르트의 질문이다.

데카르트는 마침내 내가 비록 귀신에 속고 있다고 할지라도, 속고 있는 나, 속고 있는게 아닌지 의심하는 나의 존재는 의심할 수 없다는 결론에 도달하고 안심한다. '의심하는 내가 있다'는 사실만큼은 누구도 부정할 수 없는 명백한 사실, 즉 진리(眞理)임을 확신하였기 때문이다.

그렇다면, 숭산 스님의 질문처럼

'의심하지 않는다면?'

나에 대해 무엇이 명백한 사실인가?

불교철학을 공부한다는 것은 무엇보다 진리를 탐구하는 여정이다. 하늘과 땅과 인간, 그리고 나 자신에 대한 '있는 그대로의 사실', 어떤 '변하지 않는 사실'을 찾아 선배들이 지나갔던 길이나 아직 아무도 가보지 않은 길을 더듬어 가는 지적 모험이다. 이 진리는 머리만이 아니라 몸으로 알아야 한다는 점에서 특별하다. 앎이 몸에 새겨져야 진정으로 진리를 아는 것이다. 서기전 6세기 전후에 지구상에 등장하였던 성인들, 신인류의 조상들은 이런 종류의 진리를 열어 보인 선각자들이다.

공자(孔子)는 『논어』에서 다음과 같이 말했다.

"아침에 도를 듣고 깨우쳤다면 저녁에 죽어도 좋다(朝聞道 夕死可矣)."

(「이인」 제8장)

성자들이 추구하였던 진리는 삶과 죽음을 초월하는 것이었다.

공자가 추구한 진리, 곧 도(道)란 군자로서의 삶의 도리, 삶에 대한 진리를 말한다. 춘추시대(春秋時代) 말에 이르면, 모든 친족 중심의 소규모 씨족사회가 해체되고, 부족 혹은 확장된 부족들의 연합체인 국가 형태들이 등장한다. 혈족 사이에서 통용되던 당연한 관습과 가치는 더 이상 인정될 수 없고, 다양한 씨족과 부족들의 관습과 규율이 충돌하는 상황이 벌어지게 된 것이다. 이렇게 확대되고 복잡해진 집단들의 통합을 위해서는 씨족을 넘어서는 공동체 구성원들의 보편적 품성과 감정에 대한 이해가 요구되었다. 모든 인간들에게 공통적으로 적용할 수 있는, 그리고 모든 인간들이 공통적으로 인식하고 받아들일 수 있는 변하지 않는 기준이 있어야 했다. 그렇게 모든 인간과 모든 세계에 변함없이 적용되는 앎이자 삶의 방식이 도(道)이고 진리이다.

진리가 너희를 자유케 하리라

대학은 한 사회의 대표적인 지성의 전당이라 할 수 있다. 이제는 먼 날의 전설이 되어 버렸지만, 한때 우리는 대학을 사회의 지성과 양심의 보루로 여긴 적이 있었다. 그것은 대학이 단지 실용적인 지식의 학습을 넘어, 앞 시대의 지혜를 전수하고 미래 세대의 지식과 양심이 자라는 곳이라는 자부심이 있었기 때문이다.

요컨대 대학은 진리탐구의 현장이고 진리수호의 교두보와 같은 곳이었다.

진리는 힘이 있다. 무상한 삶의 일상을 넘어 변하지 않는 자연의 질서를 안다면, 우리의 오늘이 있게 한 원인을 알 수 있고, 바람직한 미래를 위해 오늘의 원인을 만들 수 있다. 진리에는 현재를 이해하고 미래를 창조할 수 있는 힘이 있다. 때문에 진리를 획득한 자는 과거의 속박에서 벗어나 내일을 향해 자신을 자유하게 할 수 있는 것이다.

성서의 「요한복음」에서는 그 진리가 예수의 말씀(logos)에 있다고 한다. 그 진리 안에 거하는 자는 자유하게 될 것이다.

> "진리를 알지니, 진리가 너희를 자유케 하리라"　　　　(「요한복음」 8:32)
> "et cognoscetis veritatem, et veritas liberabit vos."　　(John 8:32, Vulgate)

"진리가 너희를 자유케 하리라." 기독교 정신의 토대 위에 건립된 연세대학교는 바로 이 로고스(logos)를 건학이념으로 하고 있다. '진리'를 건학의 정신으로 내세우는 대학은 비단 연세대학교만이 아니다. 하버드 대학교는 '진리(veritas)'를 모토(motto)로 하고, 방패에 '진리(veritas)'가 새겨진 책의 이미지를 돋음으로 부각하고 있다. 학문을 통해 진리를 수호하겠다는 의지와 자부심이 느껴지는 문양이다. 서울대학교 역시 '진리'를 자기 정체성의 기준으로 내세운다. '진리는 나의 빛, Veritas Lux Mea.' 여기에서 진리는 나의 길을 인도하는 빛이다. 바닷가의 등대처럼 우리는 진리를 등불로 삼아 안전한 항로를 찾을 수 있다.

'진리는 나의 빛'이라는 문구와 평행을 이루는 구절은 역시 성서 「시편」 27편 1절에서 찾아볼 수 있다. 기독교인들 사이에 많이 애송되는 「시편」 27편은 이렇게 시작한다.

여호와는 나의 빛이요 나의 구원이시니 내가 누구를 두려워하리요.

여기서 여호와는 야훼(Yaweh)의 전통적 표기이다. 라틴어와 대부분의 영어본은 '주(主, Lord)'로 번역하고 있는 반면에, 한글 번역에서는 히브리 원문을 따르고 있다. 이 구절의 라틴어 번역은 '주는 나의 빛, Dominus illuminatio mea'이다. 처음부터 이 구절을 배경으로 하였는지는 알 수 없지만, 앞에서 언급한 예수의 가르침, '로고스', 즉 진리를 대입하면, '진리는 나의 빛'과 평행을 이룬다는 사실을 확인할 수 있다.

연세대학교와 서울대학교의 모토에서 한 가지 아쉬운 점을 지적하지 않을 수 없다. 그들에게 '진리'는 나에게 있지 않고, 밖에 놓여 있다. 저 밖에 있는 진리가 나에게 와서 나를 자유하게 하거나, 저 밖에 빛나는 진리가 나를 인도하는 안내자가 될 것이다. 나는 스스로 진리의 빛을 내는 발광체가 아니라, 빛을 받아 반사하고 따라서 움직이는 존재이다. 항로를 잃은 대학사회의 현실을 마주하고 있다 보면, 건학정신에서부터 이미 빗나간 건 아니었는가 의구심이 들기도 한다.

불교에서 진리를 가리키는 말은 '사띠아, satya'이다.

사띠아는 어원적으로 '사뜨, sat'를 어근(root)으로 하고, '실재하는, 본질적인, 참된, 진실된' 등의 의미영역을 포괄한다. 언어적 의미로 본다면 산스크리트어에서 '진리(眞理, satya)'는 사실에서 참되고, 실제로 존재하며, 도덕적으로 선하다는 의미를 함축한다. 진리는 참되고 실재하며 선한 것이다. 참되다는 것은 실제로 존재한다는 것을 의미하며, 그것은 도덕적인 선(善)과 연관되어 있다.

따라서 진리를 파악한다는 것은 '있는 그대로'의 참된 사태를 안다는 의미인 동시에, 실재하는 대상을 인식한다는 의미이고, 도덕적 · 윤리적 · 수행적 측면에서 선한 행위를 한다는 뜻이다.

여시아문(如是我聞)

기독교에서 신(神)의 말씀이나 예수의 말씀이 진리라면, 불교에서는 붓다의 말씀(佛說, buddhavacana)이 진리로 여겨진다. 그러나 두 종교전통에서 '말씀'을 전하는 방식과 받아들이는 자세는 확연히 구분된다. 구약성서에서 신의 음성은, "야훼가 …… 말했다." 혹은 "엘로힘이 …… 말했다"는 방식으로 전해진다. 성서에서 전하는 신의 음성은 진리 자체의 선포이며, 실행적인 힘을 지닌다. "야훼께서 말씀하시길 '빛이 있으라'하니, 빛이 생겼다"(「창세기」 1장 3절). 진리가 이미 선포되었고, 말씀은 구체적인 창조의 사건을 일으키고 있다. 따라서 우리에게 주어진 과제는 신의 음성을 정확하게 듣고 따르는 일이다. 신약성서에서 전하는 메시지는 보다 더

예수에게 집중되어 있다. 「마태복음」 5장에서 반복되는 정형구는 예수가 전하는 새로운 로고스의 진리성을 극명하게 보여준다. 예수는 다음과 같이 말한다.

"너희가...... 라고 들었으나, 나는...... 라고 말한다."

네 이웃을 사랑하고 네 원수를 미워하라 하였다는 것을 너희가 들었으나 나는 너희에게 이르노니 너희 원수를 사랑하며 너희를 박해하는 자를 위하여 기도하라.　　　　　　　　　　　　　　　　　（「마태복음」 5장 43-44절）

신약성서에서는 이제 진리를 선포하는 주체가 야훼/엘로힘이 아니라 예수 자신이다. '나는...... 라고 말한다(egō legō)'라는 정형구는 진리의 선포자인 예수를 선명하게 드러내며, 그 진리야말로 우리를 자유하게 하는 진리이고, 우리의 길을 안내하는 빛이다.

반면, 불교경전에서는 붓다의 말씀을 전혀 다른 방식으로 전달한다. 붓다의 직접적인 가르침을 전하는 초기경전들은 한결같이, "나는 그와 같이 들었다"라는 정형구로 시작한다.

산스크리트어로 evam mayā śrutam(에밤 마야 슈루땀)의 조금 어색한 문자적 번역은 "이처럼 내게는 들렸다"는 것이고, 한문으로는 여시아문(如是我聞), "그와 같이 나는 들었다"로 번역된다. 붓다의 가르침을 전하는 경전의 초두에 "나는 그와 같이 들었다"는 정형구를 앞세워 일종의 괄호치기를 한다. 지금 전하는 붓다의 말씀은 나에게 그렇게 들리고 이해된 진리이다. 내가 들은 바 붓다의 말씀은 이것이지만, 만약 다르게 들은 이가 있다면, 진위를 다시 검토해 보아야 한다. 붓다 이후 시간이 지나면서 실제로 이 검증절차에 따라 상이한 경전군이 선택되고 학파가 나뉘게 된다. 경전에 전해지는 말씀이라 하더라도 절대적인 권위를 가지지는 못한다. 왜냐하면 그것은 단지 제한된 무리들에게 특정한 메시지로 '들린' 것이기 때문이다.

다양한 학파들이 분립하고 상이한 경전의 전승과 해석이 이루어지면서, 불교 안에 여러 부파들이 등장하여 서로 자신들이 전수하고 해석한 불설(佛說)이 정통이며 가장 뛰어나고 수승한 가르침이라고 주장하게 되었다. 당신들도 붓다의 말씀을 전수하고 이해하였을지는 모르지만, 우리가 전승한 말씀과 해석이 가장 뛰어난 정통의 가르침이다.

요컨대 우리가 전수한 붓다의 가르침(佛敎)이 '가장 뛰어난 가르침(宗敎)'이라는 것이다.

'종교(宗敎)'라는 말은 원래 산스크리트어로 싯단타(siddhānta)의 문자적인 번역어이다. 싯단타는 싯다(siddha) + 안타(anta)의 합성어로, '싯다'는 성취된, 확립된 (진리)를 의미하며, '안타'란 끝, 최종을 뜻한다. 따라서 '싯단타'는 최종적으로 성취되고 확립된 지식/진리/깨달음을 지시한다. 앞으로 살펴보게 될 불교철학의 학파들은 자신들의 '싯단타', 즉 종교(宗敎)를 확립하고, 자신들의 종교가 다른 부파들의 이해와 해석보다 뛰어난 '최종적으로 확립된 가르침이자 진리'라고 주장하였다.

그럼에도 불구하고, 이들의 모든 전승은 여시아문(如是我聞), 즉 "그와 같이 나는 들었다"라는 괄호 속에 놓여 있기 때문에, 배타적 절대성을 지니지는 못한다.

그렇다면 붓다 자신은 자신의 깨달음을 어떻게 바라보았을까?

종교(宗敎)에 대한 절대주의적 관점의 포기는 이미 붓다 자신의 깨달음에 대한 태도에서도 발견된다.

일체의 세계에서 계율, 선정, 지혜, 해탈, 해탈의 자각에 나보다 뛰어난 자가 있다면 나는 그를 의지할 것이다. 그렇지 못하다면, '내가 깨달은 진리(法)'를, 내가 지금 마땅히 가까이 하고 공경하며 성심껏 존중할 것이다.

(『별역잡아함경』 권5, 101경)

붓다는 자신의 깨달음을 자각한 후에도, 자신보다 더 뛰어난 자의 깨달은 경지에 대해 묻고, 만일 그와 같은 경지의 또 다른 '붓다'가 있다면, 그의 깨달음에 의지할 것이라고 말한다. 나 자신이 이미 세계를 살아가는 궁극의 윤리적 기준, 선정과 지혜의 성취, 고통과 무지로부터의 해탈을 이루었다는 신념을 획득하였다 하더라도, 그것은 여전히 보다 높은 경지의 지혜와 깨달음의 가능성을 배제하지 않는다. 그는 수행의 최종단계에서조차 자신을 상대화하고, 보다 높고 의지할 만한 지혜를 찾고자 하는 구도의 자세를 유지한다. 그러나 그러한 '붓다'를 찾을 수 없다면, '내가 깨달은 진리(法)'를 공경하고 존중할 것이라고 고백한다.

법등명 자등명

역사적 종교로서의 불교는 바로 붓다가 고백한 '내가 깨달은 진리(法)'를 따르는 공동체의 역사적 소산이다. 붓다가 깨달아 전한 진리가 불법(佛法)이다. 여기서 법(法)의 산스크리트어는 다르마(dharma)로, 한문 번역에서는 의미를 취하여 법(法), 혹은 발음을 따라 음역(音譯)하여 달마(達磨)로 번역한다. 불교철학에서 '다르마'는 너무나 다양한 의미영역을 가진 단어로 대표적인 몇 가지만 거론하여도 가르침, 진리, 원리, 규범, 의무, 구성요소 등을 포함한다. 따라서 '다르마'라는 단어가 등장하면, 시대와 사상과 쓰여진 맥락을 고려하여야 정확한 의미를 파악할 수 있다. 물론 인용문에서 붓다가 말한 '내가 깨달은 법(法)'은 오해의 여지없이 진리혹은 가르침을 뜻한다.

붓다는 깨달음 사건 이후, 약 40여 년 동안 제자들에게 자신이 깨달은바 진리를 전수하고, 상황에 따라 제자들의 질문에 대답해주었다. 시간이흘러 붓다의 열반이 가까워지자 제자들의 마음에 근심이 일어났다. 아난다(Ānanda)는 붓다가 가는 곳이면 언제나 수행하며 그의 말씀을 듣고 기억해 둔 수제자였다. 하루는 아난다가 붓다에게 물었다.

"세존이시여, 세존께서 계시지 않으면, 저희는 누구를 믿고 무엇에 의지해야 합니까?"

붓다가 대답하였다.

> "아난다. 너 자신을 등불로 삼고 너 자신에게 의지하라. 너 자신 밖의 다른 것에 의지하지 말고 오직 너 자신에게 전념하라. 법을 등불로 삼고, 법에 의지하라. 법을 떠나 다른 것에 매달리지 말라."
>
> (『부처님의 생애』 가운데 「대반열반경」 인용문)[1]

해당 본문의 빨리어 원전(Mahāparinibbana Sutta, D16)으로부터 번역은다음과 같다.

> 아난다여, 그러므로 그대들은 자신을 섬(島)으로 삼고, 자신을 귀의처로삼아 머물고, 남을 귀의처로 삼아 머물지 말라. 법을 섬으로 삼고 법을 귀

---

1   조계종 교육원 (2010). 『부처님의 생애』. 조계종출판부.

의처로 삼아 머물고, 다른 것을 귀의처로 삼아 머물지 말라."

(『대반열반경』, 각묵 스님 역, 초기불전연구원)

빨리어 '디빠, dīpa'의 산스크리트어 번역은 '드비빠, dvīpa'와 '디빠, dīpa'가 모두 가능한데, 남방불교의 상좌부는 '드비빠', 즉 '섬'으로 번역하였고, 북방불교에서는 '디빠', 즉 '등불'로 번역하였다. 동아시아불교는 북방계통의 전승에 대한 한문번역 경전에 의존하고 있기 때문에, 전통적으로 앞의 인용문은 '자등명 법등명(自燈明法燈明), 자귀의 법귀의(自歸依 法歸依)' 혹은 줄여서 '자등명 법등명(自燈明法燈明)'으로 알려져 왔다.

자신의 등불에 의지하고, 진리의 등불에 의지하라.

죽음에 임박하여 붓다가 제자들에게 남긴 이 경구는, 세계종교사에서 불교가 가진 특별한 관점을 잘 보여준다. 먼저, '법등명하라'는 것은 붓다의 가르침(法)을 등불로 삼으라는 권고이다. 이에 따라 붓다의 열반 직후에 이루어진 제자들의 모임에서 '붓다의 가르침'에 대해 확인하고 공동체가 승인하여 가르침이 확정되었다. 붓다를 따르던 공동체에게 붓다의 가르침을 등불로 삼아 의지하라는 메시지는 지극히 당연한 지침이었다.

특별한 점은 '자신의 등불'에서 빛나고 있다.

붓다는 자신이 스스로 진리를 깨달아야 하며, 자신이 깨달은 진리에 의지해 살아야 한다고 강조한다. 사실 정보가 넘쳐나는 현대를 살아가는 우리는 대부분의 지식을 타인에게 의존하고 있다. 교과서에서 배우는 지식, 인터넷에 넘쳐나는 정보, 도서관에 빼곡히 쌓인 전문지식들은 모두 나 자신이 사유하고 실험하고 경험하여 획득한 지식이 아니다. 그런 점에서 우리는 거의 모든 지식을 타인들의 지식에 의존하고 있다.

그러나 나의 삶을 경영하고 나를 성장시키는 지식은 나 스스로 깨달은 바에 의지할 수밖에 없다. 타인의 지식에 의지하는 앎은 일시적으로 유용할 수는 있겠지만, 자신의 지식을 쌓고 깨달음으로 나아가는 힘을 발휘하지 못한다.

붓다는 자신이 깨달아 제자들에게 전해준 진리조차도, 제자들 스스로 깨닫지 않으면 남의 지식에 의존하는 것이라 말한다. 남이 먹은 밥으로 내 배가 부를 리 없다. 진리는 스스로 깨닫고 경험해야 하는 종류의 앎이다.

붓다는 깨달음 체험 직후부터 자신이 깨달은 경지를 타인들에게 가르치기 어려움을 직감하였다. 스스로 깨닫는 체험, 즉 자내증(自內證)의 체험이 없다면, 그 맛을 전달할 방법이 없다.

> 내가 애써 증득한 것, 실로 지금 이것으로 족하지 않을까?
> 탐욕과 분노가 가득한 자들은 결코 증득할 수 없는 것
> 이 진리(Dharma)는 [세속을] 거슬러 오르고, 미묘하고, 심오하며,
> 이해하기 어려우니, 탐욕에 오염되고 어둠의 덩어리에 덮인 자들은 볼 수가 없구나.　　　　　　　　　　　(SN 6.1: Brahmāyācanasutta)[2]

우리가 붓다의 깨달은 경지를 듣고도 이해하지 못하고, 스스로 체험하지 못하는 이유는 바로 우리의 탐욕과 분노가 장애를 일으키기 때문이다. 탐욕과 분노와 어리석음이 지배하는 마음으로는 붓다의 심오한 진리를

2　그 외에 MN26: Pāsarāsisutta, MN85: Bodhirājakumārasutta, Mahāvagga I 1.5. 『增壹阿含經』「勸請品」第十九, 『雜阿含經』권44, T2,321c, 『別譯雜阿含經』권5, T2,410ab. 등도 비슷한 내용을 전한다.

직접 체험할 수 없다. 마치 그것을 다 이룬 듯이 수많은 말을 쏟아낸다고 하더라도, 자신의 등불을 켜지 않으면, 붓다가 애써 증득한 그 진리(dharma)는 도무지 알 수 없다. 그렇다면 그런 진리의 획득은 어떻게 알 수 있는가? 자전거를 타는 방법을 안다는 사실을 말로 입증하기는 어렵다. 하지만 그것은 단지 자전거를 타 보이는 것으로 충분하다. 불교에 대한 지식, 붓다가 애써 깨닫고 전해준 진리에 대한 지식을 타인들에게 어떻게 설명할 수 있을까?

그것은 살아가는 것이다.

진리의 말씀을 살아가는 자는 깨달은 것이고, 살지 못하는 자는 그가 무슨 말을 하든 어떤 지위에 있든 아직 알지 못하는 것이다. 그것은 '예수의 말씀'이나 '무함마드의 말씀'이나 '공자의 말씀'에 대해서도 마찬가지이다.

이 진리를 깨달은 자는 자유하게 된다. 불교적으로 표현하면, 해탈하게 된다.

사실 불교만이 아니라 인도의 종교사상에서는 공통적으로, 현실이 온갖 종류의 고통에 지배당하고 있으며 인생의 진정한 목표는 이 고통의 수레바퀴로부터 해탈하는 것이라고 주장한다.

독화살의 비유

붓다가 자신이 깨달은 바를 전하고자 한 가장 크고 절박한 이유도 고통 가운데 있는 중생들에게 고통으로부터 자유하게 되는 길, 즉 해탈의 길을 보여주는 것이었다.

『불설비유경(佛說譬喩經)』에는 인생의 급박한 위기와 인간의 어리석음에 대한 경책의 글이 전한다.

먼 옛날, 어떤 사람이 광야에 놀다가
사나운 코끼리에게 쫓겨 황급히 달아났으나 숨을 데가 없었다.
그러다 그는 어떤 우물이 있고 그 곁에 나무뿌리가 있는 것을 보았다.
그는 곧 그 나무뿌리를 잡고 내려가 우물 속에 몸을 숨겼다.
그때 마침 검은 쥐와 흰 쥐 두 마리가 그 나무뿌리를 번갈아 갉고 있었고,
그 우물 사방에는 네 마리 독사가 그를 물려고 하였으며, 우물 밑에는 독
룡(毒龍)이 있었다.
그는 그 독사가 몹시 두려웠고, 나무뿌리가 끊어질까 걱정이었다.
그런데 그 나무에는 벌꿀이 있어서, 다섯 방울씩 입에 떨어지고,
나무가 흔들리자 벌이 흩어져 내려와 그를 쏘았으며,
들에는 불이 일어나 그 나무를 태우고 있었다.

상황이 이와 같은데, 그 사람이 꿀맛에 빠져 급박한 처지를 깨닫지 못
한다면, 얼마나 어리석고 안타까운 일인가. 이 사람의 어리석음이 바로
우리의 모습이다. 우리의 일상이란, 사방에서 조여오는 위험에도 불구하
고 손등에 떨어지는 꿀에 정신이 팔려 꿀을 빨고 있는 것이 아닌가?
너 나 할 것 없이 우리가 바라는 것은 손쉽고 적은 노력으로 달콤하고
두둑한 대가를 받을 수 있는 꿀잡이고, 시험은 쉽고 과제는 없지만 학점
은 좋은 꿀강의가 좋고, 휴가와 놀이는 꿀잼이어야 하고, 잘 때도 꿀잠에
빠져서 꿀빠는 꿈을 꾸고 싶어 한다.
하지만 잠깐씩이라도 꿀 주위를 둘러보자.
꿀이 떨어지는 나무의 상황과 나무뿌리에 매달려 있는 나의 상황에서
우선적으로 해결해야 할 문제가 과연 꿀인가?

내신과 학력고사 점수를 위해 학원에서 하루를 보내는 아이들은 가정을 잃고 있지 않은지,

대학에서도 학점에 매달려 청춘이 시들어가고 있지 않은지,

가족을 위해 더 많은 연봉을 향해 뛰면서 정작 가족에게서는 멀어지고 있지 않은지,

무엇보다 눈코 뜰 새 없이 바쁜 일상에 쫓기어 살면서 자기 자신은 잃어버린 게 아닌지,

나의 마음을 아프게 하고, 공허하게 하고, 숨막히게 하고, 억울하게 하고, 외롭게 하고, 왠지 눈물나게 하는 것은 무엇인지 물어보아야 한다.

붓다는 바로 이 모든 고통으로부터의 자유, 해탈이 인생에서 가장 중요하고 긴급하게 해결해야 할 문제라고 가르친다.

『중아함경(中阿含經)』에는 '독화살을 맞은 사람의 비유를 전하는 경전(「전유경」)'이 있다.

> 만약 어떤 사람이 독화살을 맞아 극심한 고통에 시달리고 있을 때, 그의 친족이 그를 가련하게 생각하여 그의 이익과 안온을 위해 의사를 부르려고 하였다. 그러자 그는 독화살을 쏜 자가 누구인지, 그의 성이 무엇이며, 이름이 무엇이며, 어떤 신분인지, 키가 큰지 작은지, 피부가 고운지 거친지, 백인인지 흑인인지, 바라문인지 크샤트리야인지 바이샤인지 수드라인지, 동쪽에 사는지 서쪽에 사는지에 대해 알기 전에 그것을 뽑을 수 없다고 하였다.......
>
> (『중아함경』 권60, 「전유경」; 『중부경전』 I. 「비구품(Bhikkhuvagga)」, 63.)

독화살에 맞은 사람에게 제일 중요한 응급처치는 상처에서 심장쪽을

묶어 독이 심장으로 흘러가지 못하도록 막는 동시에 상처 부위의 독을 뽑아내는 것이다. 그리고 환자를 의사에게 데려가거나 의사를 불러야 할 것이다. 이렇게 위급한 상황에 누가 독화살을 쏘았는지, 독화살은 무엇으로 만들어졌는지, 왜 쏘았는지를 따지는 일은 전혀 무가치하다.

가장 중요하고 긴급한 일은 독화살을 맞은 사람을 살리는 것이다.

붓다의 가르침을 대하는 마음가짐은 바로, 삶에서 가장 절박한 이 고통의 문제를 해결하고자 하는 간절한 의지를 요구한다.

나의 고통을 해결하고, 나아가 모든 인간과 생명 가진 것들의 고통에 예민하게 공감하고 고통을 해소하고자 노력하는 마음이 붓다의 마음이다.

다른 어떤 상황이나 조건이 아니라, 당면하고 있는 고통에 집중하여 고통받는 자를 돕고 고통을 제거하는 이가 진정한 이웃이고 진정한 종교이다.

「누가복음」 10장 29절에서 "내 이웃이 누구입니까?"라는 질문에, 예수는 강도 만난 '어떤 사람'의 이웃에 대해 말한다. 제사장과 레위인은 누군지 알 수 없는 강도당한 '어떤 사람'을 피해갔다. 그들에게는 그 강도당한 사람의 처지보다는 그가 어떤 사람이고, 왜 강도를 당했는지, 누가 강도하였으며, 그에게 손을 대었다가 어떤 결과를 초래할지 온갖 생각이 스쳐갔을 것이다. 그러나 강도당한 그 사람에게 가장 시급한 일은, '누가, 왜'에 대한 물음이 아니라 상처의 치료였다. 바로 그의 고통에 응답한 자만이 그의 이웃이다.

단지 강도당한 '어떤 사람'만이 아니라 그를 도와주는 사람에 대해서도, 그가 레위인이든 제사장이든 사마리아 사람이든 그런 사실은 중요하지 않다. 오직 도움의 손길을 내민 그 사람만이 이웃의 자격이 있다.

붓다의 가르침을 받드는 자는 자기 자신과 모든 사람들의 고통에 대해서 선한 사마리아인이 된다. 종교와 사상, 인종, 국적, 신분, 성별, 나이를 불문하고, 고통 가운데 있는 '어떤 사람'의 고통에 즉각적으로 반응하는 삶을 살게 될 것이다.

불교철학을 공부하는 이들은 특별히 이 같은 대전제를 마음에 새기고 잊지 말아야 한다. 왜냐하면, 붓다의 가르침에 대한 사변적 논의들은 처음부터 일정 정도 붓다의 가르침을 배반하고 있기 때문이다.

앞서 언급한 '독화살을 맞은 사람의 비유'는 바로 형이상학적인 질문에 매몰되어, 긴급한 과제를 망각하고 있는 이들에 대한 붓다의 응답으로 주어졌다.

세존이시여,

세계는 (시간적으로) 영원한 것입니까, 영원하지 않은 것입니까?

세계는 (공간적으로) 유한한 것입니까, 무한한 것입니까?

영혼과 육신은 동일한 것입니까, 다른 것입니까?

여래는 사후에 존재합니까, 존재하지 않는 것입니까? 혹은 존재하기도 하고, 존재하지 않기도 하며, 혹은 존재하는 것도 아니고, 존재하지 않는 것도 아닙니까?

어느 것이 진실입니까?

만일 세존께서 이것이 바로 진실이고, 다른 것은 모두 거짓된 것이라고 한결같이 알고 계신다면 세존이시여, 저를 위해 설해 주소서. 그러나 만약 세존께서 이것이 진실이고, 다른 것은 모두 거짓된 것이라고 한결같이 알지 못하신다면 알지 못한다고 바로 말해 주소서.

(『중아함경』 권60, 「전유경」; 『중부경전』 I. 「비구품」, 63.)

붓다는 이 열 가지 질문에 대해 대답하지 않는다.

세계가 시간적 측면에서 영원한가? 공간적인 측면에서 무한한가?
몸과 마음은 동일한가, 서로 별개의 이원론적 존재인가?
깨달은 자(如來)는 육신이 죽어 사멸한 후에도 존재하는가?

이 같은 질문들은 현대의 과학과 철학, 종교에서 여전히 중요한 질문에 해당한다.

시공간적 영원성, 무한성에 대한 문제는 지난 이천 년간 물리학과 수학, 철학자들을 끊임없이 곤경으로 몰아넣었다. 영리한 학자들은 대답하기 곤란한 모든 난제에 대한 자신의 무지를 '영원과 무한'으로 포장하기도 하였다. 몸과 마음의 관계에 대한 철학적 논란은 20세기 중반을 뜨겁게 달군 심신문제(Mind-body Problem) 혹은 심신수반이론(Supervenience Theory of Mind)의 핵심주제였다. 사후 세계의 존재 혹은 윤회의 문제는 일회적인 부활을 주장하는 기독교에서부터 무한겁의 윤회를 벗어나지 못하는 인도종교까지 다양한 견해들이 공존한다.

모두 과학적으로, 철학적으로, 종교적으로 핫한 질문들이다.

그러나 붓다의 대답은 다시 고통의 문제로 돌아가고, 형이상학적인 질문에 사로잡힌 자에게 냉소를 보낸다.

'세계가 영원하다'고 주장하는 자도, 나아가 '여래는 사후에 존재하는 것도 아니고, 존재하지 않는 것도 아니다'라고 주장하는 자도 역시 늙고 병들고 죽으며, 슬픔과 근심과 고통과 번민이 있으며, 온갖 생존의 괴로움이 일어난다.

「전유경(箭喩經)」에 전하는 바에 따르면, 어리석은 자들은 세계의 영원성, 심신의 이원성, 여래의 사후세계에 대해 명확한 답을 주지 않으면 붓다를 따르지 않겠다고 도전한다. 그러나 붓다는 여전히 이 문제들에 침묵한다. 그런 질문을 하는 자들도 모두 늙고 병들고 죽으며, 슬픔과 근심과 고통에서 벗어나지 못하고 있다. 삶의 고통이라는 당면한 문제를 앞에 두고, 온갖 추상적이고 증명할 수 없는 형이상학적 문제에 골몰하는 일은 어리석을 뿐만 아니라 무익하다고 한다. 붓다가 그와 같은 문제들에 대답하지 않는 이유는, 그와 같은 주제에 대한 논쟁은 실제적인 이익도 없고, 진리에 상응하지도 않을뿐더러, "그것으로는 진실의 앎으로도, 깨달음으로도, 열반으로도 나아갈 수 없기 때문이다." (『중아함경』 권60, 「전유경」)

불교철학의 모순적 상황

여기서 '불교철학'에 대해 질문하는 저자와 독자들은 하나의 모순적 상황에 직면한다. 우리는 이제부터 붓다의 가르침과 불교공동체의 해석 전통에 대한 사변적 분석과 종합을 시도하게 될 것이다. 세계를 구성하는 근본요소들은 무엇인지, 고통의 주체인 자아는 존재하는지, 자아의 윤회는 어떻게 이해해야 하는지, 우리의 몸과 마음은 어떤 관계에 있는지, 그리고 세계는 영원하고 무한한 것인지?

혹은 붓다의 가르침을 전수한 승단과 재가 공동체의 생활윤리, 경전과 논서들에 대한 다양한 해석과 전통이 '누구에 의해서, 왜, 언제, 무엇을 위해, 어떤 방식으로' 형성되고 전승되었는지 등, 「전유경」에서 지적하였던 바, 고통의 문제를 해결하지도 못하고, 진리의 깨달음으로 인도하지도 못하는 번쇄한 사유의 역사를 살펴보게 될 것이다.

사실 이러한 사유와 성찰의 노력은 붓다와 그의 가르침을 직접 전해받았던 제자들이 모두 세상을 떠난 직후부터 시작되었다. 얼마간의 시간이 지나자 승단공동체 내에서 붓다의 말씀에 대한 전승과 해석의 차이가 발생하게 되었다. 경전에 전하는 붓다의 말씀을 일목요연하게 정리하거나, 체계를 확립하고 자신만의 독특한 해석을 전개하는 논서들이 등장하게 되는데, 이것이 '아비다르마(abhidharma)'라는 경전의 한 장르로 발전하였다.[3]

'아비다르마'는 '아비(abhi)'와 '다르마(dharma)'의 합성어로, '최상의 다르마' 혹은 '다르마에 관하여'라는 의미를 지닌다. 앞서 살펴 보았듯이, 다르마는 진리, 가르침, 구성요소 등을 의미하므로, 여기에서 아비다르마는 '붓다의 가르침 혹은 진리에 관하여' 또는 '세계의 구성요소에 관하여'라는 의미영역으로 해석될 수 있다.

서력 기원전 2세기경에 이르면, 자신들만의 독자적인 해석체계인 '아비다르마'를 보유한 집단들이 독립적인 학파로 등장하였다. 각 학파의 아비다르마는 불교 내부적으로는 물론 인도사상과도 경쟁하면서, 자신들의 학파철학적 관점에 따라 다양한 철학적 주제에 대한 논의를 전개하였다. 세계는 시간적으로 영원한가? 공간적으로 얼마나 넓은가, 무한한가? '무아(無我, anātman)'는 무슨 의미인가? 윤회란 무엇인가? 몸은 어떻게 구성되고, 마음은 어떻게 작동하는가? 깨달음의 길은 어떤 경로를 거치며, 깨달은 자의 상태는 어떻게 묘사할 수 있는가?

가장 영향력 있는 학파였던 설일체유부(說一切有部)의 아비다르마인

---

3 아비다르마의 성립과 내용에 관해서는 '제6장: 아비다르마(Abhidharma)철학-번쇄한 철학의 전성시대'에서 상세히 언급하도록 하겠다.

『대비바사론』은 한문 번역으로 200권에 달하는 방대한 백과사전으로, 그 안에 실로 불교철학에서 제기될 수 있는 거의 모든 문제들이 총망라되어 논의되고 있다. 우리가 앞으로 살펴보게 될 '불교철학'의 주제들은 기본적으로 이 논서에 뿌리를 두고 전개된 다양한 학파들, 설일체유부, 경량부, 중관, 유식학파의 해석과 사유들로 보아도 무방하다.

불교철학의 이중과제

언론으로부터 '세계에서 가장 행복한 사람'이라는 칭호를 부여받은 마티외 리카르(Matthieu Ricard)는 분자유전학 분야의 연구로 학위를 받았으나 티베트불교의 수행자로 전향하였으며, 아버지와의 대화『승려와 철학자』로 잘 알려진 인물이다. 동서양을 잇는 현대불교의 한 부분을 담당하고 있는 리카르는 말한다.

> 불교의 목표는 세계로부터 고통을 제거하는 것입니다. 반면 과학의 목표는 세계가 어떻게 작동하는지 이해하는 것이지요. 만약 우리가 이 두 가지 목표를 결합한다면, 우리는 모든 존재를 위해 보다 나은 미래를 창조할 수 있을 것입니다.

불교철학을 배우고 연구하는 작업은 리카르의 관점을 공유하고 참여하는 일이다. 현대과학이 보여주는 놀라운 세계와 새로운 정보들, 동서양의 철학이 축적하여 온 지혜와 통찰을 불교적 안목에서 새롭게 비추어보는 지적 모험도 마다하지 말아야 한다.

다만 불교철학이라는 지성의 정원은 언제나 '있는 그대로'와 '무아(無

我)'라는 두 기둥으로 세운 문을 통과한다는 사실을 반드시 기억해 두어야 한다.

함께 읽어 볼 책

■ 마티외 리카르 · 장 프랑수아 르벨 (2004). 『승려와 철학자 – 인류 정신사에 대한 광범위한 지적 탐구』(원제: *Le Moine et Le Philosophe* (1997)). 이용철 역. 파주: 이끌리오.
■ 오강남 (2006). 『불교, 이웃종교로 읽다』. 서울: 현암사.

인도의 사상적 토양

- 성자들의 땅

인도의 사상적 토양
- 성자들의 땅

불교는 인도땅에서 씨앗이 움트고, 싹이 자라고, 꽃피고 열매를 맺기까지 1,500년을 존속하였으며, 다시 인도를 떠나 남아시아, 동아시아, 티베트에서 1,500년 이상 성장해 온 종교사상이다. 이제 인도에서 불교의 전통은 역사로만 남아있을 뿐이지만, 불교를 이해하기 위해서는 반드시 불교사상의 모판이 된 인도의 땅을 이해해야 한다.

　인도 아대륙(sub-continent)은 1억 5천만 년 전쯤 아프리카대륙과 남극대륙 사이에 있던 지각판이 서서히 북상하다가 5,500만 년 전 유라시아대륙판과 충돌하며 형성되었다. 아시아대륙의 남단에 충돌한 지판의 북사면이 바다를 밀어올리며 히말라야산맥을 형성하였다. 그 결과 서쪽으로는 만년설이 녹은 물을 실어 나르는 다섯 개의 강이 흐르는 비옥한 지역을 만들고, 히말라야 남쪽으로는 동쪽 해안까지 흘러가는 갠지스강과 야무나강을 따라 풍요로운 환경을 조성하였다. 또한 히말라야 북쪽 티베트

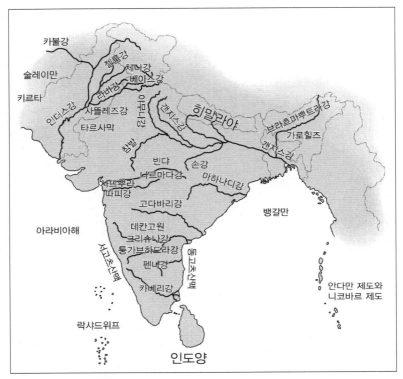

히말라야와 인더스 & 갠지스강

지역에는 해발고도 5천 미터의 고지대에서 조개화석이나 거대한 암염층이 발견되는데, 이 소금이 녹아 만들어진 거대한 염호들이 티베트 고지대 남초호수(Namtso)에서 중국 서부 청해성의 칭하이호수(Qinghai Lake) 등을 형성하였다.

인도(India)라는 지명은 힌두(Hindu)에서 기원하였는데, 힌두이즘에서 발견되는 이 '힌두'라는 말은 강이나 바다를 뜻하는 '신두(Sindhu)'에서 비롯하였다. 인더스강의 상류, 다섯 개의 강이 흐르는 지역을 지칭하는 펀자브(punjab)은 '다섯(pañca)'과 '강/물(ap)'이 합쳐진 합성어로, 다섯 개의 강이 흐르는 인도 북서쪽의 비옥한 지역을 포함한다.

인더스강 유역은 인도 아대륙이 북서쪽으로 향하는 출구이자, 고대 수메르문명에서 이어지는 아리안족의 진입로이기도 하였다. 거대한 강을 따라 넓고 비옥한 지역은 북쪽 세력이 남하하고 남쪽 세력이 북상하면서 교차하는 지역으로, 새롭고 다양한 문명과 사상들이 조우하고 융합을 일으키는 지역이다.

이곳에서는 서기전 25세기경에 이미 하랍바(Harappa)와 모헨조다로(Mohenjo-daro) 문명이 번영하였던 것으로 알려지고 있다. 이 문명이 사라지고 공백이 생기자, 수레바퀴와 인류 최초의 문자를 발명하였던 수메르 문명의 후손들이 서기전 1500년경에 푼잡지역에 도착하였다. 그리고 그들은 수세기에 걸쳐 점진적으로 남하하며 인도의 땅과 문화와 사람들의 의식 속으로 파고들었다. 그러나 다섯 개의 강은 마치 인도 아대륙을 지키는 '다섯 겹의 문지방'처럼 외부세력의 진입속도를 조절하였다.

반면 히말라야 남단에서 동쪽으로 흐르는 갠지스강과 야무나강을 따라 형성된 문화권에서는 외부에서 유입된 종교사상이 상당한 시간에 걸쳐 토착화해 가면서 서서히 스며들었다. 그 사이에 외래사상은 현지화하며 하나씩 문화적 지층을 형성해 갔다. 인더스강을 넘어 베다(Veda)의 초기전승이 인도에 전해지고 점차 확대되어 방대한 베다문헌군을 형성하면서 브라흐마니즘(Brahmanism)이 지배적인 세력으로 등장하는 시점에, 갠지스강과 야무나강 유역에서는 이들에 대항하는 새로운 종교사상들이 태동하였다.

인더스강 유역이 다양한 문화가 조우하고 충돌하며 융합적인 창조성을 발휘하는 공간이라면, 갠지스강 유역은 혼합적이고 토착화한 종교문화가 하나씩의 지층을 이루며 중첩적으로 쌓이고 융합하는 공간이라 할 수 있다. 흥미로운 점은, 동과 서로 각기 수천 km를 흘러가는 야무나강과 인더스강의 최상류 지류가 마치 모세혈관의 말단처럼 불과 백 킬로미터 안팎의 거리를 두고 가까이 마주하고 있다는 사실이다. 특히 히말라야산맥 너머로 이어진 인더스강의 지류를 따라가면, 수천 년간 인도인들을 매료시킨, 지구상에서 가장 높은 곳에 위치한 담수호 마나사로바르호수(Manasarovar Lake)를 만날 수 있다. 이 호수에서는 인도의 모든 종교가 신성한 산이자 우주의 중심 수메르(sumer)로 여기고 있는 카일라스산이 저 멀리 보인다. 마나사로바르호수 바로 맞은편에는 소금을 함유한 염수 락샤스탈(Rakshastal)이 있어 극적인 대조를 이룬다. 또한 이 호수를 기점으로 서쪽으로는 인더스강이 아라비아해로 향하고, 동쪽으로는 히말라야 북사면을 따라 브라흐마뿌트라(the Brahmaputra)강이 산맥을 감싸고 수천 km를 돌아 방글라데시 남단에서 갠지스강과 합류한다.

인도문화의 지층

초기 하랍바와 모헨조다로는 농경 요소가 강한 토착문화였던 것으로 추정된다. 창조와 파괴의 신 쉬바(Shiva)는 계절의 순환과 농사의 주기를 반영하는 당시 종교적 숭배에 원형을 두고 있다. 쉬바신은 베다종교의 등장 이후에도 살아남아 베다의 신전에서도 대표적인 주신(主神)으로 섬겨졌다. 그러나 북서부의 문을 통해 아리아인들이 베다전통을 가지고 침투하여 제사장 계층을 형성해 가면서, 인도사회는 점차 가부장적이고 제사의 례를 중시하는 사제종교의 층위를 더하게 된다. 아리아인들의 남진과 함께 기존의 농경질서가 붕괴하고 인더스강 유역으로부터 왕조국가의 등장과 신분제의 강화가 진행되었다.

히말라야를 감싼 세 개의 강

　이 같은 문화적 지층의 누적은 수 세기에 걸쳐 반복되면서, 인도문화에 복합적이고 융합적인 특성을 부여하였다. 다양한 문화와 사상이 오랜 시간의 퇴적으로 하나씩 지층을 형성하면서, 다양성 속의 통일성과 통일성 속의 다양성이 문화적 토양으로 체화하였다. 이 같은 사고방식은 '하나와 다수'를 서로 분리할 수 없는 연속성으로 파악하는 경향을 뿌리내리게 된다. 하늘의 별자리가 순환하고 계절이 운행하는 우주적 질서는 계절에 따라 농사짓고 생로병사라는 삶의 주기에 따라 태어나 성장하고 출산과 양육, 늙고 병들어 죽기까지 인생의 질서와 본질에 있어 동일하다. 인간의 질서와 우주의 질서가 유비적으로 일치할 때에 이상적인 관계를 유지할 수 있다.

　제사의식은 그러한 유비의 재현이며, 이상적 상태에서 벗어나 혼돈과 고통에 빠진 삶의 질서를 바로잡는 주술적 행위이다. 올바른 제사를 드림으로 인해 인간의 질서가 회복되고 우주적 질서와 일치하게 된다. 베다 경전을 지니고 인도대륙에 진입한 아리안들은 바로 이 제사의식을 거행하는 사제의 지위를 공고히 함으로써 인도사회의 상층을 점유하게 된다.

마치 고대 이스라엘에서 레위지파가 제사의 임무를 전담한 사제집단이었던 것과 마찬가지로, 브라흐만은 제사의식에 전문적인 계층으로 자리매김하면서 계급적 정체성을 확보하였다.

중층적인 인도사상

인도철학은 단일한 하나의 철학체계가 아니다. 삼천 년의 시간의 두께에는 전혀 이질적인 요소들과 상이한 철학적 관점들이 혼재하며, 수많은 학파철학들이 때로는 융합하거나 통합하고 때로는 대립하거나 분열하면서 오늘에 이르고 있다.

인도의 종교사상은 크게 베다(Veda)를 '성스러운 지식'으로 받아들이는 정통파와 베다를 인정하지 않고 브라만교의 제사의식 대신에 수행과 지혜를 통한 깨달음을 추구하는 비정통파 슈라마나(śramaṇa) 계통으로 구분된다. 이곳에서는 먼저 인도의 정통사상으로 간주되는 '육파철학(六派哲學)'에 대해 고찰해 보고자 한다.

베다(Veda)

인도의 육파철학을 비롯하여 다양한 종교사상을 아우르는 브라만교(Brahmanism)는 기본적으로 베다문헌에 대한 믿음, 해석, 재해석을 통해 발전하였다. 나아가 인도철학에서 정통파(āstika, 有派)와 비정통파(nāstika, 無派)를 구분하는 기준이 바로 『베다』의 수용 여부에 의해 결정된다. 베다의 전승에 따라 정통파는 일반적으로 궁극적 실재인 브라흐만의 인격적 측면 혹은 원리적 측면으로서 자재신(自在神 Īśvara)의 존재를 인정한다. 그러나 브라만교의 정통파 기준에 따라 『베다』에 대한 믿음과 해석을 주장하기만 한다면, 반드시 유신론적인 사상체계를 갖지 않더라도 정통파로 인정될 수 있다.

베다는 어원적으로 '보다, 알다'를 의미하는 어근(√vid)에서 파생하였으며, '진리, 절대지식' 혹은 '진리를 담은 전승'으로서 『베다』를 함축한다. 서기전 47년 젤라(Zela)의 전투에서 승리한 율리우스 카이사르(Julius Caesar)가 로마 원로원에 보낸 편지에 쓴 것으로 알려진 "왔노라, 보았노라, 이겼노라(veni, vidi, vici)"에서 '보았노라'에 해당하는 라틴어 'vidi'는 산스크리트어 'Veda'와 어원을 같이한다. 인도를 포함한 대부분의 고대 종교사상 전통에서는 일반적으로 '본다'는 행위가 '안다'는 인지적 상태와 동일시되곤 하였다.

우주적 진리를 담은 성스러운 지식(veda)은 르시(ṛsi)라고 불린 선인(仙人)들에게 '들려진 것(śruti)'이었으며, 다양한 경전과 전승의 형태로 전문적인 사제들의 의해 '기억되고(smṛti)' 암송되었다. 구전 전승으로서 초기 형태의 '베다'는 서기전 1500~1200년경에 형성되었을 것으로 추정되며, 우주적 질서와 인간의 관계, 그리고 제사의 변화가 진행됨에 따라 장르의 분화가 이루어졌다. 가장 오래된 최고(最古)층위의 『리그베다(Rigveda)』에서 『야주르베다(Yajurveda)』, 『사마베다(Samaveda)』, 그리고 시대적으로 후대에 속하며 철학적인 시가(詩歌)들이 포함되어 있는 일종의 주문(呪文) 모음집인 『아타르바베다(Atharvaveda)』까지의 4종의 양식과 주제에서 두드러진 시대적 변화가 드러난다. 그리고 각 층위의 베다들은 찬가집인 『상히타(saṃhitā, 本集)』, 제사 해설서인 『브라흐마나(Brāhmaṇa)』, 제의와 종교사상적 내용을 담은 『아란야카(Āraṇyaka)』, 깊은 철학적 사유를 보여주는 『우파니샤드(Upaniṣad)』로 구성되어 있다.

이 가운데 『리그베다』에서 우주의 기원에 관한 시편 「무유가(無有歌, Nāsadīya sūkta)」를 살펴보도록 하자.

> 그때엔 존재도 없었고, 비존재도 없었으며
> 어둠도 없었고, 그 위로 빛도 없었으니
> 무엇이, 어디에, 누구의 보호 아래 숨어 있었던 것인가?
> 깊이를 알 수 없는 심연의 물이 있었던 것인가?
>
> 그때엔 죽음도 없었고, 불사(不死)도 없었으며
> 밤의 징표도 없었고, 낮의 징표도 없었으니
> 일자(一者)만이 저 스스로 바람 없이 숨쉬고 있었을 뿐
> 그 이외 존재하는 것은 아무것도 없었도다.
>
> 어둠만이 있었으니, 태초에 모든 것은
> 어둠 속에 감추어진 어떠한 차별도 갖지 않은 혼돈이었다.
> 그때 모든 것은 형태도 없이 텅 비어 있었는데
> 그 일자는 열(熱)의 힘에 의해 존재로 나타나게 되었도다.
>
> 처음에 그 일자에게 의욕이 생겨나고
> 그것은 사유의 최초의 씨앗이 되었으니
> 그들의 지혜로운 마음을 탐구하던 리시(ṛṣi)들은
> 마침내 비존재에서 존재의 끈을 찾게 되었도다.
>
> 그들의 끈은 어둠을 가로질러 빛으로 펼쳐졌지만
> 위에는 무엇이 있었고, 아래에는 무엇이 있었던가?
> 거기에는 창조적인 힘과 충만한 힘이 있었느니

아래로는 에네르기가, 위로는 충동력이 있었다네.

진실로 누가 알 것이며, 누가 단언할 수 있을 건인가?
창조가 어디서 생겨났고, 어디서 비롯된 것인지에 대해
신들조차도 이 세계가 창조된 이후에 생겨났으니
그것들이 어디서부터 생겨났는지를 누가 알 수 있을 것인가?

아무도 모를 것이니, 만물이 어디서 생겨났는지
그가 산출하였는지, 혹은 산출하지 않았는지에 대해.
가장 높은 하늘에서 이 세상을 살피는 자
오로지 그만이 알 것인가? 아니 그도 모를지 모른다네.

(『리그베다』 X.129.1-7.)

고대 문헌이나 시편들은 제목이 없는 경우가 많았고, 암송자들이 편의상 문장의 첫 단어를 따서 제목을 달았다. 히브리어로 쓰인 구약성서의 첫 번째 책 「창세기」는 헬라어 번역 Genesis에서 유래하였지만, 히브리성서의 「창세기」 원제목은 첫 번째 단어를 따서 '브레쉬트(b'reshīt)'이다. 우리말 번역에서는 '태초에, 한 처음에는'이고 영어로는 'in the beginning'을 의미한다. 마찬가지로 「Nāsadīya sūkta」 또한 첫 단어 '존재도 없었고'를 제목으로 한 찬가이다.

이 찬가가 『베다』의 가장 오래된 지층에 속한다는 사실을 고려하면, 「무유가」에서 다루는 주제와 사유의 깊이에 놀라움을 금할 수 없다. 시인은 현대의 종교와 철학에서도 여전히 중요성을 지닌 존재와 비존재에 대한 탐색으로 시작하여, 빛과 어둠, 불사(不死)와 죽음에 대한 자신의 영감을 서술한다.

태초에 세계는 어둠과 혼돈의 상태에 놓여 있었고, 삶과 죽음, 낮과 밤 사이에도 경계가 없었다. 이 어둠과 혼돈 가운데 '일자(一者)'가 스스로를 드러내었고, 다시 사유의 씨앗이 생성하였다. 그리고 만물이 창조되었지만, 그것의 신비는 우리들이 알 수 있는 영역에 속하지 않는다. 오직 하나인 궁극적인 존재 일자(一者)는 어둠과 혼돈으로부터 인식적 질서, 즉 사유와 만물의 질서 창조에 관련된다. 그러나 그와 세계의 신비는 우리에게 선명하게 드러나지 않고 신비에 감추어져 있다.

우리는 또한 오랜 시간이 지난 후 기록된 「창세기」 1장의 창조설화에서 유사한 사유의 흔적을 발견할 수 있다.

> 태초에 하나님이 천지를 창조하시니라
> 땅이 혼돈하고 공허하며 흑암이 깊음 위에 있고 하나님의 영은 수면 위에 운행하시니라.　　　　　　　　　　　　　　　　　(「창세기」 1장 1절)

플로티누스(Plotinus, 205~270 CE)는 신플라톤주의 철학자로 플라톤의 이원론적 분열을 연속적으로 해석한 유출설을 전개하였다. 이데아의 형상과 그것이 복사되는 질료라는 이원론적 구도에 정신(nous)과 영혼(psyche)을 중간단계를 추가하여, 양극단 사이에 연속성 혹은 중첩성을 부여하고자 하였다.

일자는 모든 존재의 궁극적 원리인 동시에 궁극적인 선(善)이다. 정신(nous) 혹은 지성(Intellect)은 일자로부터의 최초 유출자이다. 정신은 현상세계에 속하지 않으며, 플라톤의 이데아와 상응하는 개념이다. 일자에 대한 정신의 관계처럼, 영혼은 정신과 관련되어 있다. 영혼은 외부대상에 대해 욕망하는 주체이며, 욕망을 충족시키기 위해 활동한다. 그리고 이 영혼은 정신계와 물질적인 현상계의 중간에 위치한다. 그리고 그 아래에 최종적으로 악이 내재하는 물질적인 세계가 놓여 있다.

비록 직접적인 연관관계를 보기에는 무리가 있다고 하더라도, 우리는 여기에서 천년 이상을 내려가는 사유의 유사성을 발견할 수 있으며, 그 같은 사유가 이미 서기전 1000년경에 이루어지고 있다는 사실이 놀라울 따름이다.

브라흐만과 아트만

바로 이 일자(一者)에 이름을 부여한다면, 그것이 브라흐만이다. 한문으로는 그것을 범(梵)으로 번역하였다. 브라흐만은 유일한 절대자(the Absolute)이자 초월자이며, 불변하는 궁극적 존재이다. 그는 창조되지 않았고, 영원하고 무한하여 경계가 없다. 그는 모든 존재의 근원이자 목적이고, 원인이자 토대이다. 빛과 지혜, 질서, 창조는 모두 브라흐만에 속하는 것이다.

인도 사상에서 『베다』의 영향력은 변함없는 상수이지만, 불교가 등장하는 서기전 6세기 전후에는 철학적 성격이 강한 『우파니샤드(Upaniṣad)』가 중심적 역할을 담당하게 되었다. 『우파니샤드』는 upa-ni-ṣad의 복합어로 문자적으로는 '가까이 앉는다'를 의미하며, 스승과 제자가 가까이 앉아서 『베다』 전승과 해석을 전수한 내용을 함축한다. 『우파니샤드』에서는 중심주제가 우주적 자연질서의 운행에서 인간 내면의 세계와 자아(ātman)에 대한 관심으로 이행한다. 세계의 본질적 근원이며 모든 존재들이 최종적으로 회귀하게 될 일자 브라흐만과 자기 동일적 주체인 아트만(ātman)은 궁극적으로 동일한 것으로 여겨진다. 이것이 인도사상에서 가장 포괄적이며 강력하게 주체의 자기동일성을 강조하는 범아일여(梵我一如)의 사상이다.

> "이것은 내 심장 속에 있는 나의 자아로서, [작기로 말하자면] 쌀알보다 작고, 좁쌀보다 작으며, 겨자씨보다도 작다. 이것은 내 심장 속에 있는 나의 자아로서, [크기로 말하자면] 지구보다도 크고, 허공보다도 크고, 하늘보다도 크며, 이 모든 것을 합한 것보다도 크다. …… 내 심장 속에 있는 나의 자아, 이것이 바로 브라흐만이다. 내 여기를 떠나면 그에게로 돌아갈 것이다."
>
> (『찬도갸 우파니샤드』 III.14.3–4)[1]

『우파니샤드』 시대에 아트만(ātman, 我)은 우주의 본질이자 근본원리인 동시에 인간의 생명/숨으로 인간의 신체나 의식과는 구분되는 자아의 본질이다. 아트만의 온전한 드러남은 제사에서 일치시키려는 두 원리, 즉 우주적 질서와 개인의 질서가 완벽하게 동일성을 확보하는 범아일여의 상태를 상정한다. 아트만은 물, 불, 흙, 공기 속에 있지만 지수화풍(地水火風)과 다르고, 지수화풍은 그를 인식하지 못한다. 아트만은 어둠, 밝음, 사물, 숨, 말 속에 있지만 역시 그들과는 다르며, 그것들은 아트만을 알지 못한다. 또한 아트만은 감각기관인 눈과 귀와 피부와 마음의 의식 속에 있지만, 그것들과 다르며, 그것들은 아트만을 인식하지 못한다.

> 그는 보이지 않는 보는 자이며, 들리지 않는 듣는 자이며, 생각되지 않는 생각하는 자이며, 알려지지 않는 아는 자이다. ……

---

1   임근동 (2012). 『우파니샤드』. 서울: 을유문화사, p. 365.

그는 그대의 자아이며, 내면의 지배자이며, 불멸하는 자이다.

(『브리하다라냐카 우파니샤드』 III.7.23.)²

『브리하다라냐카 우파니샤드』에서는 이제 아트만이 태초에 존재한 유일자이며, 모든 것이 그에게서 나온 창조자이다. 아트만은 호흡에서 비롯하는 '생명력'이며, 말할 때는 '목소리', 볼 때는 '눈', 들을 때는 '귀', 생각할 때는 '마음'이라는 이름을 가진 존재이다. 아트만은 만물의 토대이면서, 오직 유일한 참된 존재 자체이고, 영원하고 유일하다.

그렇다면, 지금 여기에서 온갖 개념들로 뒤섞인 글과 씨름하고 있는 '나(aham)는 누구인가?'

아트만은 한문으로 아(我) 혹은 자아(自我)로 번역한다.

'나는 누구인가?'

'나는 아트만인가?'

'나는 나인가?'

만일 내가, 나의 자아가 저 창조적 생명력이고, 내면의 지배자이며, 불멸의 존재라면, 지금 여기에 서 있는 나는 왜 무기력하고, 혼돈 가운데 갈등하며, 죽을 수밖에 없는가? 왜 우리는 자신과 타자에 대해서 여전히 무지하고, 세계를 정확히 알 수 없으며, 무수히 많은 하찮은 하루살이의 삶처럼 무의미한 시간을 밀고 가는가?

그것은 눈에 보이고, 생각하고 있으며, 변화하고 있는 '나'는 내가 아니기 때문이다.

---

2   남수영 역 (2009). 『브리하다라냐카 우파니샤드(Bṛhadāraṇyaka Upaniṣad)』. 용인: 도서출판 여래.

혼돈과 무지, 어둠과 파괴의 힘이 환영과 같은 세계, 즉 마야(māyā)의 세계를 창조한다.

'나'는 마야의 세계가 만들어 낸 환상에 지나지 않는다.

우리는 거짓 나를 나라고 착각하고, 그것에 집착한다.

> "오, 위대한 인드라여! 이 육신은 실로 죽을 것이니, 그것은 죽음에 사로 잡혀 있습니다. 육신은, 죽지 않고 몸을 갖지 않는 아트만의 집입니다."
>
> (『찬도갸 우파니샤드』 VIII. 7.1-12)

우리에게 직관적인 자아관을 심어주는 육신은 사실 아트만이 거하는 집에 지나지 않는다. 진정한 나는 이 육신에 잠시 거하다가 이곳을 떠나 다른 육신을 입거나 혹은 영원히 육신에서 벗어나게 된다. 내가 애지중지 하는 몸이란 반드시 사멸하게 될 죽음의 운명에 포로되어 있다. 따라서 육신을 나라고 집착하는 자는 고통스럽고 불행하다. 그는 자신이 소멸할 것이라는 생각으로 죽음을 두려워하거나 삶의 허무에 떨어지기 쉽다.

『우파니샤드』는 진정한 '나 자신' 아트만의 존재에 대한 앎으로 이 끈다.

> '아트만은 눈에 보이는 자도, 육신도, 꿈속에서의 자아도, 꿈도 없는 숙 면에서의 자아도 아니다.' 의식이 절멸한 상태에서 깨어났을 때에도 유 지되는 동일자, 그것이 '나'이다.　　　(『찬도갸 우파니샤드』 VIII. 7.1-12)

우리는 '나'를 다섯 가지 감각의 주인공이라고 생각하고, 자아를 눈에 보이거나 소리로 들을 수 있는 어떤 것으로 상상하기 쉽다. 그러나 '아트만'은 오감에 의해 지각되는 존재가 아니다. 그것은 또한 물질적 신체성을 가진 것도 아니다. 그렇다면 '아트만'은 꿈속에서와 같이 어떤 의식적인 존재인가? 아니면 깊은 숙면 중에도 나의 의식과 생명을 유지하는 그러한 생기(生氣)인가? 『우파니샤드』는 '아트만'이 그런 종류의 의식이나 신체가 아니라, 모든 의식이 끊어진 상태에서도 '나'의 '나'임, 즉 나의 자기동일성을 유지해 주는 존재라고 한다.

불교를 비롯한 인도종교의 수행자들은 선정상태에서 의식이 완전히 끊어지는 멸진정(滅盡定)을 경험한다. 그런데 이렇게 의식이 끊어진 후에 다시 선정에서 깨어나 의식이 돌아올 수 있는 것은 '아트만'이 있기 때문이다. 그렇다면 '아트만'을 부정하는 불교에서는 이것을 어떻게 설명해야 할까? 이 문제는 아비다르마철학을 다루는 장에서 살펴보기로 한다.

육파철학(六派哲學)

지금까지 우리는 인도의 다양한 종교사상들이 토대를 이루고 있는 기본적인 특징들을 개괄해 보았다. 『베다』를 기반으로 하는 인도의 정통철학은 대표적인 여섯 개의 학파로 구성되어 있는데, 이를 육파철학(ṣad-darśana)이라고 통칭한다. 육파철학은 다시 『베다』의 일원론적 사유체계에 충실한 베단타(Vedānta)와 미망사(Mimāṃsā), 물질계와 순수정신계의 이원론적 구도에 기반한 상키야(Saṃkhya)와 요가(Yoga)학파, 그리고 세계의 다원적 기원을 주장하는 바이셰시카(Vaiśeṣika)와 니야야(Nyāya)학파로 구분된다. 각기 짝을 이루는 두 학파들은 이론적인 성격이 강한 학파(베단타, 상키야, 바이셰시카)와 보다 실천적인 측면에 관심을 집중하는 학파(미망사, 요가, 니야야)적 특성을 갖는다.

베단타와 미망사

'베단타(Vedānta)'는 '베다(veda)의 끝/궁극(anta)'의 합성어이다. 『베다』 전통의 역사에서 마지막 단계에 해당하면서 철학적 사유가 가장 고도화한 『우파니샤드』의 사상과 그로부터 발전한 다양한 철학전통을 의미한다. '베다'는 우주적 음성이자 우주적 지식이다. 이 우주적 지식의 획득은 통찰적 지혜(jñāna)와 적절한 희생제의(yajña)를 통해서 가능해진다. 이 가운데 '베단타'학파가 베다라는 우주적 지혜의 내용을 탐구하는 철학적 사유전통이라면, 미망사학파는 우주적 질서와 개인적 질서를 일치시키며 베다의 통찰적 지혜를 실천하는 희생제사의식의 구체적인 매뉴얼과 효능에 대해 고찰한다.

베단타철학은 베다전통 안에서 깨달음을 성취한 성자들이 자신들의 신비적 직관과 시적 영상을 『우파니샤드』에 담아내는 시기를 거쳐, 바다라야나(Bādarāyana, 100 BCE경)의 저술 『베단타수트라(Vedāntasūtra)』(혹은 『브라흐마수트라』)에서 가르침의 통합성, 이론과 논리의 조화, 해탈과 해탈의 결과에 대한 주제로 종합된다. 이 학파의 공통되고 주된 관심사는 '자아(jīva)'와 '신(Brahman)' 사이의 동일성/차별성 문제이다. 참된 자아는 물론 '아트만'이라고 불린다.

아트만은 실재이고, 순수의식이면서 무한한다.

> 이 자아는 모든 사물 속에 숨겨져 있기 때문에 거기에 존재하고 있는 것처럼 보이지 않는다. 하지만 날카롭고 투철한 지성과 예리한 안목을 가진 사람에게는 그것이 지각된다.　　　　　　　　　(『카타 우파니샤드』)

참된 본성에 있어서 '나는 아트만이다.' 그리고

'이 아트만(자아)은 브라흐만이다.' 따라서

'나는 브라흐만이다'

베단타철학의 대표적인 학자 샹카라(Śaṇkara, ca. 8C)는 말한다.

tat tvam asi(네가 바로 그것이다)

무지에 싸여 있는 사람들은 현실을 실재하는 세계로 착각한다. 그러나 현명한 사람들, 예리한 안목을 가진 사람들은 숨겨진 사물의 실재를 꿰뚫어 볼 수 있다. 우리가 감각지각으로 경험하는 현상세계는 마야(māyā), 즉 환영(幻影)에 의해 그렇게 드러나는 것이다. 이 환상은 실재는 아니지만, 실재와 떨어져 존재하는 것도 아니다. 불의 태우는 작용은 불이 없이 이루어질 수 없다. 불이 태우는 작용을 통해 현상하는 것처럼, 브라흐만은 마야를 통해 현상세계를 창조한다. 세계는 오직 브라흐만에 의존하는 가현적 사태들이고, 그런 점에서 오직 브라흐만만이 실재한다. 경험세계는 변화하고, 실재하지 않는 마야의 세계이다.

샹카라에 따르면, 세계는 궁극적으로 오직 하나의 근원인 브라흐만으로 귀속되지만, 경험적이고 가현적이며 세속전통에 따른 경험세계와 브라흐만의 궁극적인 실재계인 두 층위로 분석된다. 현상적으로 드러난 '나'란 허구적으로 공간에 투사된 홀로그램과 같은 일종의 환상일 뿐이고, 진정한 자아는 아니다. 현상을 투과할 수 있는 눈을 가진 사람은 허구적인 마야의 뒤에 숨겨져 있는 '아트만'을 볼 수 있다.

아이들이 찰흙놀이를 한다고 하자. 아이는 찰흙으로 찻잔을 만들었다가, 꽃을 빚어 보고, 다시 별을 만들어 볼 수 있다.

그때마다 아이는 이전의 형태를 부수고, 새로운 행태를 만들어 이름을 붙여줄 것이다. 그와 같이 찰흙은 변하지 않으면서도 그것의 형태와 이름은 바꿔어 가며 다양한 모양으로 현상한다.

'아트만'은 늘 거기에 있지만, 우리가 경험하는 '찻잔', '꽃', '별'로 존재하는 것은 아니며, 우리가 지각하는 '나'의 모습으로 드러나 있지 않다. 그러나 어떤 때는 일그러지고 어떤 곳에서는 반듯한 '나'의 여러 가지 모습 바로 그곳에 '아트만'이 실재하며, 이 아트만은 바로 브라흐만과 본질에 있어서 동일하다.

샹카라는 "네가 바로 그것이다"라고 선언한다.

베단타와 실천적인 짝을 이루는 미망사학파의 종교사상은 자이미니(Jaimini, 200~100 BCE경)의 『미망사수트라(Mimāṃsāsūtra)』에서 정리되었으며, 베다에 대한 충실한 해석과 그에 따른 엄밀한 제사의 수행을 핵심적인 주제로 삼는다. 베단타와 마찬가지로 이들에게도 『베다』는 절대적 권위를 갖는 지식의 근거이고, 베다의 해석에 따른 희생제사는 이생에서의 삶뿐만 아니라 내세에서의 삶을 위해서도 결정적인 중요성을 지닌다. 제사는 신(神)에게 바쳐지고 그에 대한 인과응보를 기대하는 차원이 아니라, 『베다』에서 명령하는 의무(dharma)의 충실한 수행이라는 점에서 정당성을 지닌다. 이 같은 의무의 완수를 통해 미망사학파가 지향하는 것이 최고선(最高善)의 성취이다. 인간이 삶을 통해 추구해야 할 가장 높은 선(善)의 가치는 육체의 속박에서 벗어나는 것이다. 우리의 자아는 감각기관이나 의식(마나스)을 포함하는 육체에 속박되어 있으며, 이 현실의 족쇄를 파괴해야 다음 생으로 이어져 태어나는 윤회의 사슬을 끊고 해탈하게 된다. 바로 그 지점에서 올바른 제사의 수행이라는 의무가 생의 진정한 목적으로 부각된다.

상키야와 요가

상키야(Saṃkhya)는 산스크리트어 명칭에 따라 수론(數論)으로 한역하며, 인도의 철학사상들 가운데 가장 오래된 전통으로 간주되고 있다. 카필라(Kapila, 350~250 BCE)의 저술『상키야수트라(Saṃkhyasūtra)』를 핵심경전으로 하지만, 이 문헌은 위작 논란이 있다.

상키야학파는 우주를 구성하는 궁극적 요소의 수와 그 본질을 탐구함으로써, 우주적 실재에 대한 바른 인식을 획득하고자 한다. 그들의 이원적 철학체계에 따르면, 세계는 순수정신인 뿌르샤(puruṣa)와 물질계를 구성하는 원질, 즉 쁘라크르띠(prakṛti)로 이루어져 있다. 여기에서 주의해야 할 점은 인간의 감각지각이나 인식, 사유 등의 심리적, 정신적 작용은 모두 원질의 지배를 받는 물질계에 속한다는 사실이다. 우리가 경험하는 현상세계는 물질적이건 심리적이건 모두 원질의 물질계에 속하고, 순수한 영혼 혹은 순수정신인 뿌르샤는 경험세계를 초월한 주체이다.

순수정신의 존재에 대한 논증은 마치 서양철학에서 신존재증명과 유사한 방식으로 전개된다. 자동차를 만든 목적은 사람이나 사물을 운반하기 위한 것이다. 자동차는 자동차 그 자체의 존재가 목적이 아니라 운반이나 이동의 목적을 수행하기 위한 수단이다. 상키야에 따르면, 우리가 경험하는 세계 또한 그 자체가 목적이 아니라 어떤 목적을 위해 존재하는 하나의 수단이다. 마찬가지로 전 우주를 포괄하는 물질계를 수단으로 삼는 의식적 주체가 순수자아의식이다.

또한 질료적 세계가 어떤 목적을 자각하고 그 목적을 향하여 전개하기 위해서는 어떤 지성적 원리의 지배를 받아야 한다. 자동차가 자동차로서 목적을 실현하기 위해서는 이 자동차를 통제하고 운전하는 주체가 있어야 한다. 쁘라크르띠에 속하는 모든 물질적 존재들, 즉 인간의 인식과 지각을 포함하는 경험세계의 물리적 현상들은 모두 그것을 운행하는 지성적 원리이자 주체인 순수정신 혹은 순수자아가 있어야 한다. 이 순수정신은 모든 유기체에 편재해 있는 보편적인 순수자아이면서 동시에 각기 다른 신체에 개별성을 부여하는 자아로서 존재한다.

뿌르샤는 쁘라크르띠의 전개를 비추어 드러낼 뿐, 그 자체는 어떤 형태로도 현상하지 않는다. 쁘라크르띠는 즐거움이나 빛의 성질을 가진 사트바(sattva), 운동의 원리에 속하는 라자스(rajas), 수동성과 부정성의 원리인 타마스(tamas)라는 세 가지 속성(guṇa)을 가지며, 이 세 가지 속성들은 서로 균형을 유지하고 있다. 그러나 뿌르샤의 빛이 쁘라크르띠에 비추면, 속성의 균형이 깨지면서 현상세계가 펼쳐진다. 이를테면, 라자스가 우세하게 되면 아만(我慢)과 같은 자아의식이 고양되고, 고통이 증가한다. 육체와 정신을 포함하는 모든 현상적 경험세계는 쁘라크르띠의 전개에 속하기 때문에, 쁘라크르띠와 뿌르샤를 심신이원론적 구도에서 설명할 수는 없다. 오히려 심신의 문제는 쁘라크르띠의 전개라는 현상세계 내부에서 논의되어야 할 주제이다.

상키야철학은 물질적 세계에 속하는 모든 것들은 원인과 결과의 인과적인 연쇄사슬로 연결되어 있다고 믿는다. 사과라는 결과가 씨앗의 원인속에 없다면, 사과는 어디에서 오겠는가? 마찬가지로 다양한 모양의 토기나 옹기는 이미 흙 속에 그 결과를 담고 있다. 이것을 '원인 가운데 결과를 가지고 있다'고 하여 인중유과론(因中有果論, satkāryavāda)이라고 한다. 현대적 관점에서 더욱 확장하면, 우리가 경험하고 관측하는 우주의 모든 현상들은 최초 빅뱅의 초기조건이라는 원인 가운데 이미 포함되어 있었다고 볼 수 있다. 이 같은 사유의 확장이 제기하는 문제의 검토는 잠시 유보하고, 먼저 요가학파의 특성에 대해 살펴보도록 하겠다.

요가(Yoga)학파는 성자 파탄잘리(Patañjali, 150 BCE경)의 『요가수트라(Yogasūtra)』에 전하는 정신적 깨달음의 성취에 관한 수행적 사상이다. 요가(yoga)는 어근 '√ yuj', '묶다, 결합하다'의 파생어로, 여러 갈래로 흩어진 마음을 한곳에 묶어둔다는 의미이며, 『바가바드 기타(Bhagavad Gītā)』 II.50에서는 '행위의 능숙함'을 지시한다. 수행적 측면에서 요가는 기본적으로 정신의 집중을 통해 절대적 평정의 상태에 도달하고자 하는 육체적 행위를 포괄한다. 지금 논의 맥락에서 요가학파는 상키야학파와 짝을 이루는 실천적인 철학파를 뜻하지만, 불교의 여러 학파를 포함한 인도의 모든 종교사상에서 '요가'는 육체적 수행을 통한 정신의 집중 혹은 평정 상태를 추구하는 수행법을 통칭하는 일반명사로서 사용된다.

요가철학에서 순수자아는 본질에 있어 순수한 의식이며 자유한 존재이므로 육체의 한계나 마음의 움직임에 속박되지 않는다. 그러나 무지의 상태에서 자아는 자신을 마음, 즉 칫타(citta)와 혼동한다. 달은 흔들리지 않지만 흐르는 물결에 비친 달은 일렁이는 것처럼, 자아는 변화하지 않지만, 마음에 비친 자아는 물결처럼 흔들거린다. 자아는 다섯 가지 번뇌(kleśa)에 얽매여 있는데, 첫째는 무한과 유한, 즐거움과 괴로움, 자아와 비아 등에 대한 무지(avidyā), 둘째는 자아와 마음을 혼동하는 '거짓 인식(asmitā)', 셋째는 쾌락에 대한 욕망(rāga), 넷째는 고통에 대한 혐오(dveṣa), 다섯째는 죽음에 대한 두려움(abhiniveśa)이다.

요가는 이 번뇌를 제거하고, 마음의 흔들림을 억제 소멸하는 방법이다.

요가수행은 예비적 수행과 본수행으로 구분되며, 예비적 수행에서는, 1) 도덕적 실천으로 도둑, 거짓, 상해의 금지와 순결과 무소유의 실천, 2) 마음의 청정과 고행, 경전의 학습과 헌신을 요구한다. 본격적인 신체적 수행을 시작하기 전에 먼저 윤리적 덕목의 실천과 청정한 마음을 갖추어야 한다. 상업적으로 유행하는 요가수행의 경우에는 이 두 가지 예비적 수행의 내용이 요가수행의 결과로 획득하게 되는 윤리적, 정신적 열매인 것처럼 포장되기도 한다. 그러나 그것은 본말이 전도된 요가수행이다.

예비적 수행력이 갖추어지면 이제 본격적인 수행으로 들어가는데, 각각 3단계의 외적수행(하타요가)과 내적수행(라자요가)을 행한다. 하타(haṭha)요가는 3) 신체를 안정시키고 적당한 자세(아사나, āsana)를 취한다. 4) 호흡을 조절한다. 5) 감각기관의 작용을 통제한다. 그리고 라자(rāja)요가의 단계에서 6) 정신을 집중하여 마음을 콧등이나 배꼽 등에 모은다. 7) 자아관념을 대상으로 선정(dhyāna)을 수행한다. 8) 주객에 관한 모든 관념이 사라진 상태에서, 자아는 마음의 속박에서 벗어나 자유하게 된다. 이것이 요가의 최종적인 목표인 삼매(samādhi)이다.

바이셰시카와 니야야

바이셰시카(Vaiśeṣika)라는 명칭은 '차이, 분별, 특수성' 등을 의미하는 비셰샤(viśeṣa)에서 파생하였다. 학파철학의 대강은 카나다(Kaṇāda, 150~50 BCE경)의 『바이셰시카수트라(Vaiśeṣikasūtra)』에서 정립되었다. 이름이 암시하는 바와 같이, 바이셰시카학파는 세계를 구성하는 요소들을 분석하고 각각의 구성요소들의 차이와 특성을 파악하는 데 특별히 전문적인 관심을 기울인다. 바이셰시카에게 세계는, 다양한 요소들의 결합으로 구성되었다는 점에서 다원적 기원을 갖는다. 만물은 '물(ap), 불(tejas), 흙(pṛthvī), 공기(vāya), 허공(ākāśa)'이라는 다섯 가지 요소(bhūta)로 이루어져 있으며, 이것들은 가장 작은 기본단위인 '극미(paramāṇu)'와 그것들의 복합체로 구성된다. 여기서 극미란 '더 이상 쪼갤 수 없는 가장 작은 기본단위'이며, 극히 미세하기 때문에 감각지각의 영역 밖에 놓여 있다. 극미들은 처음에는 두 개가 모여 이중체(dyaṇuka)를 이루고, 이 이중체가 셋이 모여 삼중체(tryaṇuka)를 형성함으로써, 지각될 수 있는 속성을 갖춘 물질의 차원으로 부상한다. 바이셰시카학파는 아마도 인도에서 원자 개념을 최초로 전개한 학파일 것이다.[3]

바이셰시카학파는 실체(dravya), 속성(guṇa), 운동(karma), 보편(sāmānya), 특수(viśeṣa), 내속(samavāya)을 경험세계를 생성하는 필연적인 요소들로 간주하는데, 이것을 육구의(六句義, ṣaṭpadārtha)라고 부른다. '실체(substance)' 란 다른 모든 존재들이 의존하여 발생하는 기체(substatum)이며, '지(地), 수(水), 화(火), 풍(風), 허공' 외에 시간(kāla), 방위(dik), 자아(ātman), 마음(manas)을 포함한다. 다시 말해, 물질적 세계를 구성하는 다섯 가지 요소에 시간과 공간적 방위, 자아와 마음을 더하여 우리의 전 경험세계를 분석하고 있다.

'속성(quality)'이란 총 17종(『바이셰시카수트라』) 혹은 14종(Praśastapāda)을 주장하는데, 몇 가지를 열거하면, 색깔(rūpa), 향기(gandha), 맛(rasa), 촉감(sparśa), 수(數, samkhyā), 크기(parimāṇa), 결합(samyoga), 분할(vibhāga), 지성(budddhi), 욕망(icchā), 고통(duḥkha) 등을 포함한다. '운동(activity)'은 실체가 가지는 작용, 활동 등을 의미한다. 실체가 영속적 특성을 가지는 반면 '운동'은 일시적인 작용이나 활동, 행위를 지칭한다. 실체 가운데 허공, 시간, 공간, 자아는 까르마의 영향을 받지 않는다. 허공과 시간, 공간은 실체가 드러나고 운동하는 무대일 뿐, 그 자체는 어떤 변화나 활동을 하지 않는다.

'보편(universal)'은 개별자를 관통하는 개념적 실재이다. 개별적인 실체들, 예를 들어 각각의 '원자'들은 모두 원자라는 공통성을 지니며, 그것

---

3 참고 이규완 (2018). 『세친의 극미론』. 서울: 씨아이알, pp. 39-42.

에 근거하여 우리는 그것들을 '원자'라는 명칭으로 부를 수 있게 된다. 이처럼 관통하는 개념이자 공통적 실재성을 '보편'이라고 칭한다. 우리는 모두 '동물'이라는 보편적 범주에 속하면서, '인간'이라는 특수성을 가진다. '특수(particularity)'는 이를테면 다른 동물들과 구분되는 인간의 인간됨을 구분짓는 개별적인 특성을 의미한다. 여기에서 알 수 있듯이, 보편과 특수는 상대적 개념이며, 보편의 보편으로 혹은 특수의 특수로 확장될 수 있다. 이 같은 사유의 확장은 필연적으로 '궁극적 보편'과 '최종적인 특수'에 대한 질문을 촉발하게 된다.

'내속(inherence)'은 바이셰시카─니야야학파 철학의 특수한 개념으로, 분할될 수 없는 실재들이 함께 존재할 때, 실재들의 집합 전체와 전체를 구성하는 부분적 실재들 사이의 관계를 말한다. 예를 들어, 붉은 실로 뜨개를 떠서 옷을 만들었을 때, 옷이라는 전체는 그것을 구성하는 부분인 실에 '내속'하고, 붉음 또한 실에 내속한다. 옷을 구성하는 실의 모든 부분에는 옷과 붉음의 전체성이 실재한다. 때문에 우리는 '붉은 옷'의 어느 쪽을 관찰하건 그것이 붉은 옷이라고 인식할 수 있다. 또는 우리가 붉은 옷의 한 끝을 집어들었을 때, 내속의 관계로 연결되어 있는 옷 전부를 들어올릴 수 있다.

바이셰시카철학에서는 이처럼 부분들이 모여서 전체를 형성한다고 생각하는 입장, 즉 적취설(積聚說)을 주장한다. 다양한 구성요소들과 원인들이 특정하게 결합하여 그 결과로서 원인과는 다른 새로운 실체를 만들어 낸다. 부분을 이루는 실은 그것으로 뜬 옷과는 전혀 다르다. 실과 뜨개질의 결과인 옷은 별개의 실재이다. 이것을 원인에는 결과가 들어있지 않다고 하여, 인중무과설(因中無果說, asatkāryavāda)이라 한다.

니야야(Nyāya)학파는 바이셰시카의 실체에 대한 분석과 세계의 구성에 대한 주장의 타당성을 문제삼는다. 바이셰시카에 의해 발전된 만물의 다원적 실재에 대해, '우리는 어떻게 그것을 알 수 있는가?'라는 질문을 제기한다.

니야야는 정당한 논증방식을 뜻하며, 한문으로는 '바른 논리', 즉 정리 (正理)로 번역한다. 학파철학적 관점에서 니야야는 인식대상에 대한 올바른 인식방법의 고찰을 의미하며, 철학적 사유의 논리적 전개방식과 정당한 인식수단에 대한 논의를 정교하게 발전시켰다.

니야야학파의 교설은 서기전 3세기경의 인물로 알려진 가우타마 (Gautama)의 저술『니야야수트라(Nyāyasūtra)』에 근거하고 있다. 그러나 가우타마의 연대가 불확실하고, 경전의 내용이 매우 압축적이기 때문에, 상세한 철학적 내용은 바챠야나(Vātsyāyana)의 주석서(Nyāyasūtrabhāṣya)를 통해서 파악할 수 있다. 하지만 바챠야나의 생존연대 또한 서기전 2세기에서 서기 5세기까지 다양한 추정만 있을 뿐, 확정적인 것은 아니다.

니야야학파는 무엇보다 논리적 사유방식, 인식수단의 분석, 지식론에 대한 사유의 전개를 통해 인도철학에 지대한 기여를 하였다. 차테르지 (Chatterjee)는 이들의 철학을 논리실재론이라고 부르는데, 이는 니야야학파의 실재론이 논리적 필연성에 토대를 둔 지식론에 근거하고 있기 때문이다.[4] 몇 가지 사례들을 살펴보도록 하자.

니야야학파에 따르면 세계는 16종의 범주(padārtha)로 구분되는데, 우리는 그중 '참된 인식수단(pramāṇa)'과 '인식대상(prameya)'에 주목하고자 한다. 인식대상의 범주는 아트만, 신체, 감각기관에서부터 번뇌, 윤회, 고통, 해탈에 이르기까지 다채롭다. 문제는 어떻게 이런 대상들을 바르게

---

4   차테르지 & 닷타 (1999).『학파로 보는 인도 사상』. 김형준 역. 서울: 예문서원, pp. 181-182.

인식할 수 있는가이다.

우리가 지식을 획득하는 참된 인식방법에는 직접지각(pratyakṣa, 현량(現量)), 추론(anumāna, 비량(比量)), 비유(upamāna, 비유(譬喩)), 증언(śabda, 성언량(聖言量))의 네 가지가 있다. 직접지각은 건강한 감각기관에 의해 직접적으로 보고, 듣고, 냄새 맡고, 맛보고, 접촉한 감각지각이다. 추론은 직접지각이나 비유, 증언에 의해 획득된 지식에 대한 논리적 분석을 의미하며, 니야야학파가 특히 발전시킨 인식방법이다. 비유란 기존의 지식에 대한 유사성을 기반으로 한 인식으로, '사슴'에 대한 경험적 지식과 '목이 긴 동물'이라는 정보를 통해 그와 유사한 '목이 길고 사슴과 비슷한' 동물인 '기린'을 알아보는 류의 지식이다. '증언'은 인도정통철학에서는 일차적으로『베다』의 지식을 뜻한다. 인도의 모든 정통 철학파들은『베다』의 권위에 근거한 지식을 진리로 받아들인다. 이 '증언'에 의한 지식은 점차 '믿을 만한 또는 권위 있는 이의 말씀(āpta-vacana)' 혹은 전승으로부터 획득한 지식을 의미하게 되었다.

'증언'을 지식의 수단으로 삼는 관점은 현대까지 이어지고 있다. 바로 성서의 권위와 기록을 근거로 '진화론'을 부정하고,「창세기」의 창조설화를 지식의 근거로 삼는 문자주의적 기독교전통이 이에 속한다. 이렇게 보면, '증언'은 인식수단으로 부적절하고 시대에 뒤떨어진 것처럼 보인다. 그러나 사실 현대인들이 가장 광범위하게 지식을 획득하는 수단이 바로 이 '증언'의 범주에 속한다. '해가 동쪽에서 뜬다'는 직관적 경험에 대해서 '지구가 동쪽으로 자전하고 있다'는 사실을 직접 지각하였거나, 이론적 추론으로 그 결과를 도출해 본 사람은 몇이나 있을까? 우리가 교과서에서 배우는 대부분의 지식은 교과서나 선생님의 권위에 근거하여 우리의 지식으로 습득된다. 도서관에 꽂혀 있는 수많은 장서들은 각각의 저자들이 지닌 권위에 의존하여 믿을 수 있는 지식의 근거가 된다. 우리는 다양한 분야의 '믿을 만하고 권위 있는 이들의 저술이나 말'을 근거로 하여, 생명의 기원과 진화에 대하여, 빅뱅과 우주의 역사에 대하여, 상대성 이론과 양자역학에 대하여, 그리고 지구 반대편의 이색적인 나라들의 풍경에 대하여 알고 있다. 이러한 지식은 물론 나의 지적 영토를 넓히고, 지성을 풍요롭게 한다.

그리고 인터넷이 지구를 감싸고 있는 21세기에 우리는 유래없는 정보의 홍수 속에 살고 있다. 검색엔진을 이용한 몇 번의 클릭으로 다양한 고급 정보들을 찾을 수 있고, 챗지피티(chatGPT)와 같은 생성형 인공지능은 요구하는 정보를 취합·정리하여 자연언어로 제공해 준다. 그런데 여기서 제기되는 의문은, 우리는 인터넷의 정보, 챗지피티의 결과물들을 얼마나 신뢰할 수 있는가 하는 점이다. 오늘날 우리는 단지 정보의 과잉으로 질식하는 것뿐만이 아니라, 거짓정보의 쓰나미에 휩쓸려가고 있다. 인터넷이나 SNS를 타고 유통되는 가짜뉴스와 거짓정보들은 우리의 일상에 깊이 침투하였고, 그에 따라 사회는 극단적인 분열과 대립으로 치닫고 있다. 무엇이 문제인가?

'믿을 만하고 권위 있는' 지식의 근거는 매우 엄밀하게 정의되고 한정되어야 하며, 그것도 여전히 타인의 지식에 의존하는 간접적인 지식에 지나지 않는다는 사실을 잊지 말아야 한다. 때문에 바이셰시카와 불교의 지식론에서는 직접지각과 추론만을 올바른 인식수단으로 인정한다. 우리는 부단히 추론적 사유의 능력을 고양하고, 직접지각을 통한 경험적이고 직접적인 지식을 축적함으로써, 참된 지식을 획득할 수 있다.

오지작법

니야야학파가 발전시킨 추론의 논리적 형식은 다섯 단계로 이루어져 있으며, 이것을 오지작법(五支作法)이라 부른다. 한역에서 각각 종(宗), 인(因), 유(喩), 합(合), 결(結)로 표기하는 오지작법의 형식은 다음과 같다.

> 주장명제(pratijñā): 저 산에 불이 있다.
> 이유(hetu): 저 산에 연기가 나기 때문에
> 사례(udāharaṇa): 아궁이에 연기가 있을 때 불이 있는 것과 같이
> 적용(upanaya): 저 산에도 연기가 있다.
> 결론(nigamana): 저 산에 불이 있다.

오지작법은 이중의 삼단논법이 겹쳐 있는 형태를 가지고 있다. 아리스토텔레스의 삼단논법에 대응하는 부분은 사례, 적용, 결론에 해당한다.

> 대명제: 연기가 있는 곳에는 불이 있다(아궁이처럼).
> 소명제: 저 산에 연기가 있다.
> 결론: 저 산에 불이 있다.

그러나 인도논리학은 직관적 사유와 추론의 흐름을 따라간다.

저 산을 보다가 연기를 발견하고, '저 산에 불이 있다'는 직관적 추론이 떠오른다. 그것은 물론 연기를 봄으로써 떠오른 직관이다. 이러한 직관은 평소에 경험하였던 아궁이에서 연기와 불의 연관관계에 근거한다. 이 같은 직관적 추론은 지금 경험한 사태, 즉 '저 산에 연기가 있다'는 사실로부터 '저 산에 불이 있다'는 결론으로 재확인한다. 인도논리학은 개별적

이고 특수한 사례 안에 내재하는 보편성을 발견하고, 또 다른 개별적인 사례에서 보편적 인과관계를 도출하는 형식을 취하고 있다.

다음에 살펴보겠지만, 불교철학의 인식논리학과 이후 인도 논리학에서는 아리스토텔레스적 삼단논법이 아니라, 앞의 종(宗), 인(因), 유(喩)만으로 이루어진 삼지작법(三支作法)을 채택하였다. 이것은 인도철학의 논리적 사유가 서양 논리학의 논리구조와는 다른 방향으로 전개되었음을 뜻하며, 인도철학이 서양철학과 차별화하는 특성을 반영하는 변별지점이기도 하다.

바가바드 기타

『베다』는 육파철학에서 어떤 것과도 비교 불가능한 절대적 권위를 지니며, 베단타학파에서는 특히 『우파니샤드』가 철학적 중요성을 지닌다. 더불어 각 학파들은 자신들만의 교의적 철학서인 경전, 즉 수트라(sūtra)를 보유하고 있다. 이에 반해 인도인이라면 누구나 공통적으로 전해듣거나 읽는 고전으로는 『마하바라타(Mahābhārata)』와 『라마야나(Rāmāyaṇa)』라는 서사문학작품이 있다. 인도 시문학에서 게송(śloka)은 일반적으로 2행(pāda)으로 이루어진 짧은 시편을 일컫는데, 『마하바라타』는 10만 송에 달하는 게송으로 이루어져 있다. 『바가바드 기타(Bhagavad Gītā)』는 『마하바라타』의 제6권에 포함되어 있는 비교적 짧은 서사극에 해당한다. '바가바드 기타'란 '성자의 노래'라는 의미이며, 총 18장으로 구성된 독립적인 문헌으로 유통되어 왔다. '바가바드'는 동아시아불교에서 '세존(世尊)'이라는 한역의 대응어이기 때문에, '세존의 시편'이라고 번역할 수도 있다.

옛날 옛적 바라타(Bhārata)왕국에 판두(Pāṇḍu)왕과 그의 형 드르타라
슈트라(Dhṛtarāṣṭra)가 있었다. 왕위 계승권자인 형은 맹인이었기 때문에
왕위를 동생에게 양보하여, 판두가 왕국을 통치하게 되었다. 그러다 판두
가 죽자 왕위계승의 문제가 다시 제기되었다. 형 드르타라슈트라의 아들
들은 자신들이 적통이라고 주장한 반면, 판두의 아들들은 선왕의 직계임
을 주장하였다. 혼란스러운 갈등 가운데 판두의 아들들인 판다바(Pāṇḍavā)
들이 약속한 고난의 행군을 극복하고 살아서 귀환하여 왕위 계승을 요구
하였다. 하지만 드르타라슈트라의 장남 두료다나(Duryodhana)는 전혀 양
보할 생각이 없었다. 몇 번의 약속과 계약의 파기를 거치면서 마침내 판다
바 측과 두료다나 측의 전면적인 전쟁이 불가피하게 되었다.

주인공 아르주나(Arjuna)는 판다바 측의 뛰어난 궁수이자 전사였다.
그는 양 진영이 대치하고 있는 쿠루평원(Kurukṣetra)에 도착하여, 맞은편
적진에 서 있는 친척, 스승들, 사랑하는 사람들을 발견하고 갈등과 고뇌
에 빠지게 되었다.

진퇴양난의 상황에서 고민하는 아르주나에게 그의 마부로 화현(化現)
한 크리슈나(Kṛṣna)가 조언과 가르침을 준다. 크리슈나 신의 입을 통해
전해진 『바가바드 기타』의 핵심사상은 인생의 의무(dharma), 삶의 본질,
해탈을 향한 길을 제시한다.

아바타(avatar)

먼저 인도종교사상에서 특징적인 화현에 대해 잠시 살펴보기로 하자. 화
현(化現)은 범어 아바타라(avatāra)의 번역어이며, 문자적으로는 '내려가
다'라는 뜻으로 '드러내다'라는 파생적 의미를 갖는다. 강력한 신이 다양

한 형태의 신체를 가지고 물질세계에 드러나는 것이 아바타라이다. 눈에 보이는 마부는 미천한 신분의 보잘것없는 인물에 불과하지만, 그의 신체를 입고 '내려와서 물질계에 나타난' 크리슈나는 위대한 신이다. 이 같은 사고방식은 인도종교사상에서 광범위하게 관찰되는 신과 인간의 중첩 현상을 반영한다. 눈에 보이는 현상은 드러난 것이 전부가 아니며 그 속에 보이지 않는 본질을 감추고 있다. 그것은 우리의 신체성으로 가려진 '자아(ātman)'에 대해서도 동일하다.

영화 <아바타(Avatar)>는 바로 이 아바타라 개념에서 제목과 핵심적인 모티브를 차용하고 있다.

먼 미래 인류는 에너지 문제를 해결하기 위해 우주 저편에 있는 행성 판도라로 진출한다. 고도의 기술문명을 이루어 내었지만 여전히 야만적인 인류는 탐욕에 눈이 멀어 '판도라'의 상자를 열고자 한다. 이 행성의 원주민 '나비(Na'vi)'족은 네 개의 날개를 가진 이크란과 신경망을 통해 교감하고 '나비'처럼 날아다니는 존재이며, 인류가 지향해야 할 미래상에 대한 예언자(navi')이기도 하다.

주인공 제이크 설리는 하반신을 쓰지 못하는 장애를 가지고 있다. 하지만 쌍둥이 형의 유전자로 만들어진 아바타의 신체에 들어가면서 육체적 자유를 획득한다. 아바타의 몸에서 그는 나비족의 일원이 되어 스파이의 역할을 수행하고, 밤에는 하반신이 마비된 인간의 몸으로 되돌아 온다. 이 과정에서 아바타의 몸을 입은 제이크 설리의 정신은 '나비'족과 동화되어 간다. 마침내 그는 '마비된' 인간의 몸을 떠나 나비족 연인 '네이티리'와 사랑에 빠지고, 나비족과 함께 탐욕스러운 인류의 침입에 맞서 싸운다.

아바타의 몸을 가지고 나비족과 함께 선 제이크 설리는 하늘에서 내려온 존재이며, 나비족들이 교감하는 정신세계와는 다른 곳에 속한 자이다. 하지만 동시에 그의 정신은 아바타의 몸과 별개로 분리될 수 있는 존재가 아니라는 사실이 입증된다. 다양한 모습을 가진 아바타의 몸속에 거하는 정신, 그것이 인류의 것이라 하더라도, 모든 정신은 에이와(Eywa) 나무, 즉 생명나무에 편재하는 영원한 생명과 하나로 연결되어 있고, 다양한 유기체들은 지구인이건 나비족이건 모두 이 보편생명의 화현에 지나지 않는다.

『바가바드 기타』에서는 인간의 세계에 정의가 무너질 때, 선을 수호하고 정의를 확립하기 위해 비슈누의 화신이 나타날 것이라고 예언한다. 그는 불생불멸이고 모든 존재의 주재자이지만, 신체의 옷을 입고 환상과 같은 현실 속으로 화현한다.

> 나는 불생불멸의 자아이며, 모든 존재의 주재자로서, 나 자신의 환영(māyā)에 의해 물질(prakṛti)로 존재하게 되었나니, 정의가 쇠퇴하고 불의가 넘칠 때마다, 오! 아르주나여, 나는 나 자신을 드러내리라. 선한 자들을 보호하고, 악한 자들을 멸하기 위하여, 그리고 정의를 확립하기 위해 나는 유가마다 세상에 나타나리라. (BG 4.6-8.)

여기서 '유가(yuga)'는 우주적 변화의 주기에 따르는 긴 시간단위를 말한다. 세계는 정의와 불의가 밀물과 썰물처럼 밀고 당기는 힘겨루기를 지속하는 전쟁터이다. 비슈누는 불의가 세계를 지배하여, 선한 사람이 고통을 겪고 있을 때, 악을 물리치고 정의를 확립하기 위하여 이 세상으로 내

려와 자신의 모습을 드러낸다. 비슈누는 감각지각을 초월해 있지만, 그는
눈에 보이는 신체성을 가지고 화현하여 우리의 역사에 개입한다.

의무

『바가바드 기타』에서 가장 핵심적인 아르주나의 갈등은 '의무(dharma)'
의 수행과 관련되어 있다. 아르주나는 친척, 스승, 사랑하는 사람들을 앞
에 두고, 전장에서 자신에게 부과된 의무의 이행에 대해 회의한다. 그러
나 크리슈나는 비록 마음을 동요하게 하는 상황에도 불구하고, 정의의 수
호를 위하여 자신에 부여된 의무를 수행해야 할 책임을 환기시킨다.

1905년 을사늑약으로 외교권을 박탈당한 데 이어 1907년 고종이 강제
퇴위되고 대한제국의 군대가 해산되는 사건이 발생하자 해산된 병력과
각지의 의병이 일시에 봉기하였다. 1907년 11월 경기도 양주에 집결한 의
병은 1만여 명에 달하였다. 13도 창의군으로 편성된 의병은 이인영을 총
대장으로 하여 서울진공작전을 준비하였으며, 세계의 한인들에게 격문
을 발표하였다.

> 동포들이여, 우리들은 단결하여 우리 조국을 위해 몸 바쳐 우리의 독립
> 을 회복하지 않으면 안 된다. 우리들은 잔인한 일본인들의 통탄할 만한
> 악행과 횡포를 전 세계에 호소해야만 한다. 그들은 교활하고 또 잔인하
> 며 진보와 인도의 적이다. 우리들은 모든 일본인과 그 스파이 앞잡이 및
> 야만의 군대를 쳐부수기 위하여 최선을 다하여야 한다.

1908년 1월 마침내 창의군의 선발대는 동대문 밖 약 10km 지점까지 진

출하였지만, 후속 부대의 지원을 받지 못한 소규모의 선발대가 전투에서 패배하였다. 서울 진공에 실패한 직후의 위기상황에서 1월 28일 이인영은 부친상을 이유로 총대장을 사임하고 낙향하였다. 부친의 장례를 치르고 은신하며 삼년상을 치르던 이인영은 1909년 6월 체포되어 처형되었다.

부모에 대한 효도와 나라에 대한 충성이라는 두 유교적 가치가 충돌하는 지점에서 우리는 어떤 선택을 하여야 할까? 크리슈나라면 이인영에게 어떤 충고를 해 주었을까?

아르주나는 자신의 의무를 다하기 위해 형제를 살해해야 하는 극단적인 상황에 몰려 있었다. 정의를 수호하는 의무의 수행을 위해 희생되어야 하는 생명을 어떻게 정당화할 수 있을까? 크리슈나는 여기에서 진정한 자아, '아트만'의 본성에 대해 설명한다. 아트만은 파괴될 수 없는 영원한 영혼으로, 육체적 한계를 넘어서 존재한다. 그것은 물질적 신체의 생로병사를 초월해 있으며 본질에 있어 신성한 것으로, 어떤 신체적인 상해를 통해서도 상처받지 않는다. 따라서 진정으로 '아트만'의 본성을 안다면, 생사의 번뇌와 고통에서 초탈하게 된다.

'네 의무에 충실하라.'

두려움 없이 '정의를 수호하라.'

어떠한 물리적 힘이나 육체적 고통도 너의 아트만에 상처를 줄 수 없다.

진정으로 추구해야 할 것은 오직 아트만의 해탈에 이르는 길이다.

세 가지 요가

영적 해방을 위해 우리가 추구해야 하는 길에는 세 가지 경로가 있다. 행위요가(karma yoga)는 자기 자신으로 굽어드는 마음을 버리고 오직 선한 행위를 통하여 해탈의 길로 나아가도록 한다. 올바른 행위는 선한 행위조차 그 행위를 한다는 의식도 없이, 어떤 집착도 없이, 결과에 대한 기대나 요구가 없이 이루어져야 한다.

> 그대의 특권은 바로 행위에 있는 것이지 결코 결과에 있는 것이 아니다. 어느 때건 행위의 결과가 원인이 되어서는 안 된다. 그대는 무행위에도 집착하지 말아야 한다. (BG 2.47)

지혜요가(jñānayoga)는 무지의 소멸과 지혜의 증득을 통해 해탈에 이르고자 하는 수행의 길이다. 지혜는 현상세계의 비실재성과 무상함에 대한 자각, 그리고 신체적 자아의 변화와 생사고락에도 불구하고 아트만은 영원불변하다는 진리에 대한 앎이다.

> 자신의 무지를 지혜로써 소멸한 사람들의 지혜는 태양처럼 저 지고의 것을 빛나게 한다.
> 그러한 지성을 지니고 그것을 자아로 삼아 그것에 전념하며 그것을 최고의 목적으로 하는 자들은 지혜로써 허물을 제거하고 환생하지 않는 곳으로 간다. (BG 5.16–17)

무지를 소멸하고 지혜의 빛을 비추면, 아트만이 눈부신 태양처럼 드러나게 된다. 지성(buddhi)의 힘으로 자아를 향해 나아가고 더욱 전념한다면 마침내 지혜로 모든 허물을 제거할 수 있다. 더 이상 더러운 때를 가지고 있지 않은 아트만은 윤회의 굴레를 벗어나서 브라흐만으로 귀일(歸一)한다. 이제 다시 태어나는 일은 없어지고, 해탈을 이룬다.

마지막으로 박티요가(bhaktiyoga)는 헌신과 사랑의 길을 통한 수행을 의미한다. 박티(bhakti)는 신애(信愛)로 번역하며, 신적인 존재에 대한 깊은 사랑과 복종, 헌신의 자세를 지시한다. 비록 신은 어떤 존재자도 차별하지 않지만, 그를 깊이 사랑하고 그에게 헌신하는 자는 신과 함께 거하는 축복을 누리게 된다.

> 나는 모든 존재에 대하여 평등하다. 나에게는 적도 없고 사랑하는 사람도 없다. 그러나 나를 신애로써 숭배하는 사람들, 그들은 내 안에 있으며 나도 또한 그들 안에 있다. (BG 9.29)

완전한 복종, 헌신과 사랑으로 신 앞에 나아갈 때, 그는 신 안에, 신은 그의 안에 거하는 합일이 이루어진다. 이 같은 합일의 사건은 절대적 헌신과 사랑을 행하는 순간에 경험되는 신비의 사건이다. 박티의 실천에는 서로 다른 신들과 종교와 사상을 초월하는 놀라운 보편성의 힘이 관통한다.

> 신심으로 가득 차 다른 신을 신애하고 숭배하는 자들도, 쿤티의 아들이여! 바로 나를 숭배하는 자들이다. (BG 9.23)

비록 다른 신을 섬긴다고 하더라도, 그의 마음이 사랑과 헌신과 복종으로 충만해 있다면, 그는 바로 비슈누신을 숭배하는 것과 동일하다. 물론 이런 관용적인 자세는 인도종교의 포용적이고 중첩적인 특성에서 비롯된다. 아바타라(avatāra) 개념의 해석에서 본 바와 같이, 지고의 존재는 다양한 형태의 신들을 포함한 모든 현상적 존재들에 내재한다. 그리고 그런 점에서 어느 신을 섬긴다고 하더라도, 그가 박티를 온전히 실천하는 한, 최고신 브라만에 대한 헌신과 사랑을 실천하는 것이다.

우리는 일상에서 누가 크리슈나의 화신인지 구분하지 못한다. 그리고 『우파니샤드』와 『바가바드 기타』에 따르면, 모든 개별자들은 아트만을 지니고 있으며, 이 순수하고 영원하며 신성한 존재는 끝내 브라만으로 돌아가 하나가 될 것이다. 그렇다면, 박티의 대상은 모든 인간, 모든 유기체들로 확장되어야 한다.

진정한 사랑을 행하는 자는 박티를 실천하는 것이다.

사랑하는 부모, 자녀, 연인에게 어떤 집착과 계산도 개입하지 않은 완전한 사랑과 헌신을 실천해 보라. 단 한순간이라도 그런 경험에 도달한 자는 박티를 통한 신비적 합일을 경험하게 될 것이다. 비록 주관과 객관의 구분이 무너지고, 자타가 하나로 인식되는 경험을 지속할 수는 없을지라도, 살아가면서 때때로 한순간씩은 박티의 찰나를 체험할 수 있다. 기독교 전통에서는 이 같은 절대적 헌신과 사랑을 아가페(agape)라고 한다.

우리는 거리의 노숙자에게서, 쓰레기 줍는 노파에게서, 병으로 고통받는 이들에게서, 외롭고 쓸쓸한 이웃에게서 크리슈나를 지나쳤을지도 모른다. 신들은 다양한 모습으로 우리에게 다가온다. 지혜를 갖춘 자라면 보이는 현상 너머의 참모습을 직관할 수 있을 것이며, 어떤 집착도 결과에 대한 계산도 없이, 온전한 사랑과 헌신을 행하는 자들에게는 신과 합일되는 신비가 개시(開示)될 것이다. 그들은 마침내 영원한 자유, 해방, 해탈을 이루게 된다.

『바가바드 기타』를 관통하는 정신은 초월적인 순수정신, 즉 순수자아에 대한 믿음이다.

최고아로 불리는 더 높은 자아가 존재하니, 그는 우주에 내재하여 이를 유지하게 하는 불멸의 주(主, Īśvara)이다. (BG 15.17)

죽음의 운명을 벗어날 수 없는 현상적 자아도 세계를 형성하는 쁘라크르띠에서 발현한 세계도 모두 무상한 것들이지만, 순수자아는 영원한 것이다. 따라서 우리가 추구해야 할 유일한 대상은 순수자아와 동일시되는 주 이슈바라이며, 모든 삶의 방식과 윤리적 기준은 오직 불멸하는 자아로의 귀일에 맞추어져야 한다.

함께 읽어 볼 책

■ 임근동 편역 (2022) 『바가바드기타 – 원전 완역을 쉽게 읽는』. 서울: 사문난적.
■ 샤티스찬드라 차테르지·디렌드라모한 닷타 (1999), 『학파로 보는 인도 사상』. 김형준 역. 서울: 예문서원

사문전통

- 붓다와 붓다들

사문전통
- 붓다와 붓다들

축의 시대(Axial Age)

독일의 철학자 칼 야스퍼스(Karl Jaspers, 1883~1969)는 서기전 8세기에서 3세기 사이에 인류가 고도의 정신적 존재로 일대 도약을 이룬 '정신화(Vergeistigung)' 사건이 일어났다고 분석하고, 이 시기를 '축의 시대(Achsenzeit)'로 명명하였다. 축의 시대에 진입하면서 인류의 문명사는 신화적 세계를 벗어났으며, 지금까지도 강력한 영향을 미치고 있는 종교사상적 선각자들이 일시에 출현하였다. 상호 교류가 적었던 지중해, 인도, 동아시아 문명권에서 비슷한 시기에 각기 조로아스터교의 창시자 짜라투스트라(Zarathustra), 불교의 붓다(Buddha), 자이나교의 마하비라(Mahāvīra), 희랍철학의 소크라테스, 기독교의 예레미아(Jeremiah), 동아시아 사상의 공자(孔子), 노자(老子), 묵자(墨子) 등의 지성이 동시에 등장하였다. 이들은 공통적으로 인간과 자연의 보편적 특성에 주목하였으며, 인간의 지성에 근거한 삶의 자세와 보편적인 윤리의 정신을 모색하였다. 이들의 삶과 지혜는 생물학적 진화에서 호모 사피엔스의 탄생을 넘어서 신인류의 출현을 선취하는 사건들이었다.

슈라마나의 붓다들

붓다(buddha)는 '깨달은 자'를 의미하는 일반명사이며, 한역 경전에서는 이 붓다를 불(佛), 불타(佛陀) 등으로 번역하고, 한국에서는 '부처(님)'로 불린다. '붓다'라는 말은 '지성, 지혜'를 뜻하는 '붓디(buddhi)'와 어원을 공유하므로, 언어적 맥락에서 '지혜와 지성의 완성자'와 '깨달은 자'가 일치하는 경향을 발견할 수 있다. 여기에서 '지혜'는 브라만교 전통의 '제사'를 대신하는 대응 개념으로 주목할 필요가 있다.

불교의 창시자 고타마 싯다르타(Gautama Siddhartha)는 당시에 우후죽순처럼 솟아 오르던 수많은 '붓다'들 가운데 한 명이었다. 베다 종교가 인도 아대륙의 동쪽으로 깊숙히 파고 들어오자, 그에 대항하는 비정통적인 종교 지도자들이 각처에서 등장하였다. 이들은 베다에 의존하지 않고, 자신의 고행과 지혜를 통해 '깨달은 자', 곧 붓다(buddha)가 되고자 하였다. 고타마 싯다르타에 의해 불교가 출현하는 무렵에는 인도 전역에 걸쳐 이미 수백 명의 '붓다들'이 활동하고 있었다. 이들은 베다의 권위와 제사의식에 의존하지 않고, 자신만의 고행과 지혜를 통해 진리를 획득하고 깨달음에 이를 수 있다고 선포하였다. 인도 종교사상에서 비주류를 자처한 이들이 바로 '종교적 깨달음을 위해 고행을 하는 수행자들'이라는 의미를 가진 '슈라마나(śramaṇa)'였으며, 한자 문화권에서는 사문(沙門)으로 번역하였다.

제사보다는 지혜와 고행의 실천을 우선하는 고행전통이 형성되면서, 육체의 한계를 넘어서는 극도의 고행을 실천하는 다양한 형태의 수행자들이 등장하였다. 이들 가운데 깊은 명상의 선정상태에서 '적멸에 든' 성자들이 나타났으며, 그들을 '침묵하는 자, 묵상하는 자'인 '무니(muni)'라고 불렀다. 불교에서 붓다를 지칭하는 석가모니(Śākyamuni)는 '샤카족의 무니', 즉 '석가족의 성자'라는 의미이다.

슈라마나의 지혜와 고행적 수행전통에 뿌리를 둔 것으로 여겨지는 '무니'의 존재는 서기전 10세기 이전으로 소급되는 리그베다(Rigveda)와 같은 고대 문헌에서도 찾을 수 있다. 여기에서 전하는 성자(muni)는 아마도 흙빛의 옷을 입고 명상하며 일정한 거처가 없이 떠돌아다니는 무리에 속하는 것으로 보인다. 인도에 가면 지금도 여전히 수많은 무니들을 발견할수 있다. 한 손을 하늘을 향해 들고 한시도 팔을 내리지 않아 뼈가 기형적으로 굳어 버린 무니, 하루 종일 태양을 응시하고 앉아 있는 무니, 송곳판 위에서 생활하는 무니, 머리를 평생 깎지 않는 무니들이 인도를 찾는 영적 추종자들을 기다리고 있다. 이 같은 고행은 두타(dhūta)행이라고 하며, 갖가지 욕망으로 인한 마음의 번뇌와 먼지들을 '털어내고, 제거하기' 위해 육체의 욕망을 억제하고 제어하는 일체의 행위를 포함한다. 한국의 승려들 가운데에는 장좌불와(長坐不臥), 즉 오래 앉아서 명상하며 잠잘 때조차 눕지 않는 두타행을 실천하는 이들이 있다. 수십 년의 장좌불와로 골반뼈가 변형되어, 병원에서도 눕지 못하는 상태가 된 어느 선승의 고행은 지금도 진행 중이다.

'무니'와 '슈라마나'의 활동은 '차축시대'를 전후해서 지중해로부터 인도 아대륙에 걸쳐 등장하였던 '방랑의 카리스마들(wandering charisma)'

의 맥락에서 살펴볼 수 있다. 페르시아에게 멸망 당하기 직전 이스라엘에는 제사장이 주도하는 의례적인 제도종교에 대항하여 예언적 지도자들의 종교운동이 일어났다. 예언자들은 형식적인 제의와 종교계율의 엄수보다는 직접적인 신의 계시에 근거하고, 다양한 형태의 기행을 통해 신탁을 전하고자 하였다. 인도에서 슈라마나들도 베다종교의 의례중심성을 부정하며 중재자의 제사를 통하지 않고, 다채로운 기행과 엄청난 고행을 통하여 직접적으로 지혜를 증득하고 깨달음에 이르는 길을 모색하였다.

걸식의 자유

사문(沙門)들은 생계를 유지하기 위한 일정한 직업이나 생산활동이 없이 수행에만 전념하였으며, 생존을 위한 기본적인 먹거리를 걸식으로 충당하였다. 그들의 집은 나무 아래였고, 옷은 아예 입지 않거나 최소한의 가림에 만족하였으며, 성적으로는 금욕을 실천하였다. 이처럼 생존을 전적으로 남에게 의지하면서, 깨달음을 추구하는 슈라마나 집단이 형성되고 유지될 수 있었던 것은 당시 인도에서 몇 가지 사회·경제적 조건이 성숙하였기 때문이다.

서기전 6세기경 인도는 사회사상적인 전환기를 맞고 있었다.

북서부의 인더스 유역으로 이주해 온 아리안족이 동진을 계속하면서 그들의 사상과 문화가 동쪽 갠지스-야무나 문명권에 하나의 지층을 이루며 안착하였다. 농업지역에서는 생산력이 크게 증가하였을 뿐만 아니라, 상업이 발달하고 도시가 번영하면서 도시국가들이 형성되었다. 대규모 상업집단들은 세력을 규합하여 일종의 조합을 조직하게 되는데, 그것을 상가(Samgha)라고 하였다. 이후 불교를 비롯한 슈라마나의 수행공동체들도 상가로 불리게 되었으며, 그것이 현재까지 이어져 불교의 출가자 집단을 승가(僧伽) 혹은 승단(僧團)이라는 이름으로 부른다.

도시국가의 성립과 세속권력의 등장으로 브라만교의 지배력도 변화를 피할 수 없었다. 정치·경제적 힘을 기반으로 한 크샤트리아(Kṣatriya) 계급의 영향력이 증대하면서, 사제계층의 제의적 지배는 도전을 받게 되었다. 서기전 6세기경에 브라만의 제사의식은 극도의 형식주의와 물질주의에 빠져 제사의 의미를 상실하였으며, 대규모 희생제사는 국가적 차원에서 재정적인 부담이 되기도 하였다.

『쌍윳따 니까야(Samyutta Nikāya)』의 '제사의 경'에서 관련된 이야기를 찾아볼 수 있다.

코살라국의 파세다니왕은 대규모 희생제사를 준비하고 있었다. 황소 500마리, 암소 500마리, 산양 500마리 등이 제사의 희생제물로 바쳐졌다. 왕과 하인들은 수많은 짐승이 도살되는 것을 두려워하고 슬퍼하였다. 이에 대해 붓다는 다음과 같이 말하였다.

말을 희생하는 제사, 사람을 희생하는 제사, 나무 봉이 던져진 곳에 제단 쌓는 제사, 승리의 축배를 드는 제사, 통과의례의 제사는 많은 수고만 있을 뿐 공덕은 크지 않네.
산양과 양과 소 등을 희생하는 그러한 제사에 올바른 길을 가는 위대한 선인들은 참여하지 않는다네.
……
현자들은 살생이 없는 제사를 행하니 그 제사는 큰 공덕을 가져오네.
훌륭한 제사를 행하는 자에게 좋은 일이 생기고 나쁜 일은 없네.
살생이 없는 제사는 위대한 것, 하늘사람조차 기뻐한다네.

희생제사를 통한 제의적 지배와 경제적 비용에 부담을 느끼고 있던 무사계급, 즉 왕과 귀족 부호층들에게 슈라마나의 사상과 수행적 자세는 시의적절한 대안으로 떠올랐다. 왕을 비롯한 권력자들은 지혜와 고행으로 대중의 존경을 받을 뿐 아니라 '깨달은 자'로 추앙되는 슈라마나에게 정치적, 경제적 지원을 아끼지 않았다.

한편, 지배권력의 강화와 체제의 안정은 사회적 풍요와 빈곤을 동시에 야기하였다. 한편으로는 생산력이 증대되고 풍요로워진 문화에 기대어, 생산활동을 하지 않고도 살아갈 수 있는 계층 혹은 집단의 등장이 가능해졌다. 요컨대 풍요로운 시대의 경제적 여력이 슈라마나와 같은 집단의 활동을 가능하게 한 물적인 토대가 되었다. 다른 한편 빈부의 차이, 노역의 증대, 다양한 집단적 이익의 충돌 등으로 사회적 긴장과 사회구성원들의 고통은 가중되었다.

이처럼 사회·경제적 조건이 충족되고 정치권력의 이해와 요구에 부합하여, 베다 전통과는 다른 비정통 계통의 슈라마나학파들이 급속히 확산되었다. 불교경전에는 당시 62종의 학파가 있었다고 하며, 자이나교의 기록에 따르면 363종의 슈라마나학파가 난립하였던 것으로 전한다. 비슷한 시기 춘추전국시대에 백가(百家)의 사상가들이 서로 다투었던 것과 유사하다고 하겠다.

슈라마나 전통은 무엇보다 『베다』를 기본으로 탑재한 정통파(āstika)에 반대하여, 『베다』의 권위를 부정하고, 제사보다는 지혜(jñāna)와 고행을 통한 해탈을 강조하였다. 학파에 따라 약간의 차이는 있지만, 그들은 대체로 무신론적 경향을 가지고 있었다.

육사외도(六師外道, tīrthika)

수많은 슈라마나 학파 가운데 특히 대표적인 여섯 학파(ṣaḍ-darśana)를 구분하여 육사외도(six heretical teachers)라고 한다. 이 여섯 학파는 슈라마나 전통에 속하는 학파로서, 불교 역시 그 가운데 하나의 종교사상 운동에 해당한다. 이들은 인도의 정통 육파철학에 속하지 않는다는 점에서 외도(tīrthika)라고 할 수 있으며, 불교의 관점에서 불교의 정통설에 벗어나 있다는 점에서 역시 외도(外道)라고 비판되었다.

그렇다면 불교에서는 무엇 때문에 수많은 슈라마나의 붓다 가운데 특별히 이 여섯 슈라마나들을 외도라고 칭하며 비판을 하였던 것인가? 그 것은 역설적으로 유사성 때문이다. 이들은 사상과 수행에 있어서 특히 불교와 중첩되는 지점이 많아서 불교의 가르침과 오해될 여지가 다분하였다. "악마는 디테일에 숨어 있다"는 말이 있다. 학파들의 유사한 주장들 안에 숨어 있는 미세한 차이야말로 불교를 불교이게 하는 핵심적 요소들이다. 바로 그 미묘한 차이 안에 붓다의 가르침이 웅변하고자 하는 진리가 숨겨져 있다. 요컨대,

불교는 무아를 주장하지만, 결코 업부정론자가 아니다.

불교는 무상을 주장하지만, 결코 허무론자(단멸론자)가 아니다.

'슈라마나의 열매를 설하는 경전'인『사문과경(Samaññaphala sutta)』에서는 이러한 문제에 주목하여 여섯 학파의 주장과 불교적 비판을 제시하고, 붓다를 따르는 슈라마나가 증득하게 될 수행의 열매에 대하여 상세히 서술한다. 슈라마나 학파들은 대부분 역사 속으로 소멸하여 독자적인 문헌을 남기지 않았다.『사문과경』은 불교의 비판적 관점에서 기록된 것이긴 하지만, 대표적인 여섯 슈라마나학파의 사상적 특징을 파악하는 데 결정적인 도움을 준다. 불교에서 특별히 예민하게 비판적인 반응을 보인 철

학적 주제들은 쾌락주의적 유물론, 원소실재론, 도덕부정론, 운명론, 불가지론, 고행주의와 같은 것이다. 슈라마나 전통 가운데 현대까지 살아남은 학파는『사문과경』을 남긴 불교와 고행주의를 대표하는 자이나교뿐이다.

> '슈라마나의 열매를 설하는 경전'은 붓다가 제자들과 망고숲에 머물고 있을 때의 일을 기록한 것이다.
> 마가다국 왕이 장마철에 궁궐의 누각에 앉아 있었다. 마침 비가 그치고 달빛이 성과 외곽의 밤을 밝게 비추고 있었다. 감상에 사로잡힌 왕이 말하였다.
>
> 달빛 밝고 환한 밤은 참으로 멋지구나.
> 오늘 같은 밤에 나는 무엇을 해야 할까?
> ......
> 오늘 같은 밤에 덕이 높은 사문이나 바라문을 친견하면 마음에 청정한 믿음이 생길까?

그러자 수행하던 신하들은 각기 자신이 들었던 붓다들의 이야기를 왕에게 고한다. 자신이 아는 그 붓다는 지식이 높고, 이름이 널리 알려져 있으며, 헤아릴 수 없는 대중의 공양을 받고 있다. 그들에게 묻는다면 왕의 모든 의혹이 해소되고 마음에 청정한 믿음이 생길 것이다.

이제 신하들이 소개한 붓다들에 대해 알아보기로 하자.

유물론(Cārvāka)

유물론은 동서양의 사상사에서 언제나 주류 철학의 비판적 대상이었다. 그럼에도 유물론적 전통은 여전히 저층에서 살아남아 면면히 흘러오다가 마침내 과학시대를 지배하는 근대의 세계관으로 부활하였다. 인도철학사에서는 그들을 '먹고 마시기를 즐기는 자들'이라는 의미에서 짜르바카(Cārvāka)라고 불렀으며, 행위에 대한 인과적 결과를 부정하는 자들이라고 비난하였다. 『사문과경』에서는 유물론을 대표하는 붓다였던 아지타 케사캄발리(Ajita Keśakambali)와 그의 추종자들을 표적으로 삼는다. 여기서는 각묵 스님의 『사문과경』을 인용해 본다.

> 대왕이여, 보시란 없고, 제물이 없고, 공양도 없습니다. 선행과 악행의 업들에 대한 열매도 과보도 없습니다. 이 세상도 없고 저 세상도 없습니다. 어머니도 없고 아버지도 없습니다.
> 화생하는 중생(변화하여 생겨난 중생)도 없습니다. 이 세상과 저 세상을 스스로 철저히 알았고, 겪어 알아 그것을 알려주는 바르게 행하고 바르게 들어간 사문과 바라문이 이 세상에는 없습니다.
> 이 인간이란 것은 사대(四大)로 이루어진 것이어서 임종하면 땅은 땅의 몸으로 들어가고 돌아가고, 물은 물의 몸으로 들어가고 돌아가고, 불은 불의 몸으로 들어가고 돌아가고, 바람은 바람의 몸으로 들어가고 돌아가고, 감각기관들은 허공으로 건너갑니다. 사람이 죽었을 때는 관에 몸을 담아 화장장에 가져다 두고 불로써 그 몸을 태우면, 뼈는 비둘기 색깔처럼 변하고, 혹은 몸은 재와 흙이 됩니다.
> 보시란 어리석은 자의 교설일 뿐이니 누구든 보시 등의 과보가 있다고 설하는 자들의 교설은 공허하고 거짓되고 쓸데없는 말에 지나지 않습니

다. 어리석는 자도 현자도 몸이 무너지면 단멸하고 멸절할 뿐이라서 죽고 난 다음이라는 것은 없습니다.

불교적 관점에서 볼 때, 인도유물론의 가장 중요한 철학적 함의는 그들의 무아론(無我論)에 있다. 만물은 지(地), 수(水), 화(火), 풍(風)의 네 가지 원소로 구성되어 있으며, 그것들로 만들어진 사물들은 모두 시간의 흐름에 따라 변화 소멸한다. 우리의 경험을 일으키는 감각기관들도 4원소의 소멸과 함께 허공으로 사라진다. 따라서 사람이 죽어 화장을 하면, 신체는 재와 흙으로 돌아가고, 의식을 일으키는 감각기관은 무(無)로 돌아간다. 죽은 영혼을 위한 제사의식이나 내세의 삶을 위한 갖가지 종교적 장치들은 무익하거나 기만적인 것이다.

이들에게 인생은 기본적으로 허무한 것이다. 욕망을 절제하고 존경받는 삶을 살았다 할지라도, 타인을 위해 희생하는 아름다운 삶을 살았다 할지라도, 역사와 대의를 위한 의무에 헌신하였다 할지라도, 죽으면 모두 한 줌의 흙으로 흩어질 뿐 그에게는 아무것도 남지 않는다.

따라서 자기의 욕망을 억제하거나 자기를 희생하는 윤리적 삶이란 무의미한 것이다. 더 많은 보시를 하면 좋은 과보를 받을 것이라는 믿음은 허황된 착각에 지나지 않는다. 더구나 사후의 더 좋은 생을 받기 위한 노력은 사기꾼의 책략에 놀아나는 꼴이다.

어리석은 자든, 지혜로운 자든, 한 번뿐인 자기의 목숨이 다하면 모두 소멸하고 아무것도 남지 않는다. 나를 구성하였던 신체는 모두 물, 불, 흙, 공기의 요소들로 흩어져서 우주를 떠돌다가, 다른 어떤 곳에서 모이고 흩어지기를 반복할 것이다.

인도철학의 고전적 개론서인『전철학강요(Sarvadarśanasamgraha)』에서는 다음과 같은 짜르바카의 말을 전한다.

삶이 너희의 것일 때, 즐기며 살라.
죽음의 번뜩이는 눈초리를 벗어날 이 아무도 없으니
우리의 육신이 일단 태워지게 되면
어떻게 그것이 다시 돌아오겠는가?[1]

지수화풍의 4대(大)로 이루어진 육신이 흩어지고 나면, 삶은 영원히 끝난다. 자아도 없고, 내생의 윤회도 없다. 그러므로 오늘을 즐겨라! 욜로 (YOLO)! Carpe Diem!

물론 우리는 이와 같은 비판이 적대자들의 의도적인 오해와 비틀기의 결과라는 사실에 유의하여야 한다. 유물론적 세계관이 반드시 쾌락주의로 귀결하거나, 도덕부정으로 떨어진다는 논리적 인과는 성립하지 않는다. 하지만 우리는 유물론자들의 주장이 동시대인들에게 어떻게 보였는지, 혹은 어떻게 오해될 소지를 지니고 있었는지를 확인할 수 있다.

이러한 관점은 유물론적 원자론을 펼치고 있는 루크레티우스의 글에서도 확인된다.

우리는 알 수 있다. 죽음 속에는 우리가 두려워할 게 전혀 없다는 것을.
그리고 존재하지 않는 사람은 결코 비참하게 될 수 없다는 것을.
또 일단 불멸의 죽음이 필멸의 생명을 데려가 버리면
그가 언젠가 태어났었든, 아무 때도 태어나지 않았었든, 이제는 전혀 차

---

1   번역은 권오민 (2004). 『인도철학과 불교』. 서울: 민족사, p. 142.

이가 없다는 것을. (『사물의 본성에 관하여』 3권)[2]

죽음이란 우리가 살아 있을 때 어떻게 할 수 없는 불가항력의 문제이므로, 죽음에 대해 염려하거나 두려워하는 행위는 무의미하다. 삶이 죽음으로 옮겨간 이후에는 두려워할 것도 비참할 것도 없다. 존재하지 않는 자에게는 염려나 걱정이나 두려움 따위는 있을 수 없다. 그리고 삶을 어떤 의미와 성취로 포장을 하더라도, 죽음으로 모든 것이 소멸한 이후에는 전혀 차이가 없다. 이러한 세계관은 쾌락주의로 끝나는 것일까? 아니면 허무주의라고 불러야 할까?

분명한 사실은 이 같은 유물론적 삶의 태도와 윤리적 관점이 21세기를 살아가는 현대인들의 가치관을 지배하고 있다는 점이다. 신자유주의라는 이름을 가진 물신주의적 풍조는 삶의 가치를 평가하는 모든 기준들을 돈으로 단순화하고, 오직 돈으로 치환되는 자신의 이익만을 위하여 질주하도록 몰아친다. 이기적 욕망의 충족을 위해 타인에 대한 배려와 공감, 공동의 이익, 미래 세대의 삶을 위한 절제, 인류보편의 가치를 실현하기 위한 지혜와 희생 따위는 안중에도 없는 듯하다. 물질주의가 팽배한 문화는 가진 자와 가지지 못한 자를 모두 속물로 만든다. 가치를 상실한 풍요는 물질적 쾌락주의로 빠져들고, 가지지 못한 자들은 질주하는 욕망의 열차 속에서 패배감과 허무주의로 무너진다.

종교들은 영생과 구원을 상품으로 대중을 현혹하지만, 정작 자신들은 물질주의에 지배당하여 교회와 성당과 사찰을 운영하면서 물신(物神) 맘몬(Mammon)의 노예가 되어간다. 더욱 가증스러운 점은 자신들은 믿지

---

2   루크레티우스 (2012).『사물의 본성에 관하여』. 강대진 역. 서울: 아카넷, p. 251.

도 않는 보시와 자비, 이웃 사랑과 헌신, 영원한 삶과 지혜의 가치를 상품으로 내어놓고 바겐세일을 하는 것이다. 자기만의 이익을 실현하기 위해 장터에 모인 사람들은 아무도 믿지 않는 상품을 사고팔기 위해 모두가 위선의 가면을 쓴다. 유물론자들이 '세상 사람들의 욕망에 영합하고 사익 추구를 정당화해 주는 철학'이라는 점에서 '순세파(順世派)'였다면, 오늘날의 종교들은 정직하지도 못한 기만적인 순세파들이라고 할 수 있겠다.

불교에서도 세계는 지수화풍의 4대원소로 구성되어 있으며, 무신론적이고, 변하지 않는 자아가 있어서 내세에 다시 태어난다고 보지 않으며, 보시 등의 도덕적 행위 자체가 해탈로 이끌지는 못한다고 주장한다. 그러나 불교는 아지타 케사캄발리(Pakudha Kaccāyana)의 유물론적 관점이 붓다의 가르침과 다르다고 천명한다.

7원소 실재론

파쿠다 카차야나(Pakudha Kaccayana)가 묘사하는 세계는 지(地), 수(水), 화(火), 풍(風)의 4대원소에 더하여 고통(苦), 즐거움(樂), 영혼(ātman)으로 구성되어 있다. 이들의 원소 실재론적 사고방식은 정통파 바이셰시카(Vaiśeṣika)의 실재론으로 계승되었다.

『사문과경』이 전하는 파쿠다 카차야나의 주장은 다음과 같다.

> 대왕이여, 일곱 가지 몸들이 있나니, 만들어지지 않았고, 만들어진 것에 속하지 않고, 창조되지 않았고, 창조자가 없으며, 생산함이 없고, 산꼭대기처럼 움직이지 않고, 성문 앞의 기둥처럼 견고하게 서 있습니다. 그들은 움직이지 않고, 변하지 않고, 서로를 방해하지 않습니다. 서로서로에

게 즐거움도 괴로움도 그 둘 모두도 주지 못합니다.

무엇이 일곱인가요? 땅의 몸, 물의 몸, 불의 몸, 바람의 몸, 즐거움, 괴로움, 그리고 일곱 번째로 영혼입니다. 이들 일곱 가지 몸이 있나니, 만들어지지 않았고, 만들어진 것에 속하지 않고, 창조되지 않았고, 창조자가 없으며, 생산함이 없고, 산꼭대기처럼 움직이지 않고, 성문 앞의 기둥처럼 견고하게 서 있습니다.

그들은 움직이지 않고, 변하지 않고, 서로를 방해하지 않습니다. 서로서로에게 즐거움도 괴로움도 그 둘 모두도 주지 못합니다. 그러므로 여기서는 죽이는 자도 없고 죽이게 하는 자도 없고 듣는 자도 없고 말하는 자도 없습니다. 아는 자도 없고 알게 하는 자도 없습니다. 날카로운 칼로 머리를 자른다고 해도 누구도 누구의 생명을 빼앗은 것이 아닙니다. 다만 칼이 이 일곱 가지 몸들의 가운데로 통과한 것에 지나지 않습니다.

일곱 가지 구성요소들은 창조된 것이 아니고 변화하지도 않는 영원한 실재이다. 주체로서의 하나의 인격은 지수화풍의 네 가지 물질적 성분, 괴로움과 즐거움의 고락(苦樂), 그리고 영혼의 복합체이다. 원소들로 이루어진 복합체는 결합과 해체를 반복하면서 인격의 생사를 거듭하지만, 구성요소들 자체는 태어나지도 소멸하지도 않는다. 무엇보다 영혼의 실재성을 주장한다는 점에서 이들은 불교의 비판대상이 된다. 불교에서는 항구 불변하는 자아(ātman)의 존재를 인정하지 않기 때문이다. 붓다의 무아(無我)사상은 자아에 대한 집착이야말로 고통의 근원이라고 가르친다.

영원히 변하지 않는 실재로서 자아의 존재는 물리적 신체를 가진 인격의 수행을 무의미하게 만든다. 신체를 구성하는 물질적 요소들은 그 자체로 실재하고, 잠시 신체를 형성하였다가 흩어지기 때문에 영혼에 어떤 작용을 가하지 못한다. 각각의 요소들은 서로에게 영향을 미치지 못하고 독립적으로 존재하기 때문에 영혼은 즐거움이나 괴로움을 느끼는 것이 아니다. 오직 신체성을 가진 하나의 인격만이 원소들의 임시적 결합으로 현상한다.

고락(苦樂)은 인생에서 불변의 상수로 함께하는 것이기 때문에, 인생이란 즐거움과 괴로움에서 영원히 벗어날 수 없다. 삶은 피할 수 없는 온탕과 냉탕의 무한 반복이 되고 만다. 일곱 요소의 복합체로서 인간에게 고통의 완전한 소멸이라는 차원에서 해탈은 근본적으로 불가능하다.

이것은 사실 하루하루를 살아가는 우리들의 삶의 현실을 잘 반영하는 관점이다. 인생이 즐거움만으로 충만한 삶이란 존재하지 않는다. 최고의 지혜와 부와 명예를 지닌 것으로 알려진 솔로몬에게조차 인생은 헛되고 헛된 것으로 드러난다. 반면 인생은 고통만의 연속인 것도 아니다. 비록 불교의 네 가지 성스러운 진리에서는 일체의 존재자들이 모두 고통 가운데 있다고 하지만, 인간은 전쟁이나 굶주림과 같은 극단적인 상황에서도 즐거움을 찾아내는 능력을 가지고 있다. 비록 정도의 차이는 있겠으나, 삶이란 즐거움과 괴로움이 교차하는 변주곡에 가깝다.

그렇다면 파쿠타 카차야나가 주장하는 즐거움과 괴로움의 요소에는 무슨 문제가 있는가?

영혼에서와 마찬가지로 영원불변하는 실재성에 문제가 있다. 인격적 신체성에 언제나 영원한 실재로서의 즐거움과 괴로움이 탑재된다는 전제에 따르면, 수행적 차원에서 어떠한 노력도 무용한 것이다. 결과적으로 파쿠다 카차야나의 사상은 도덕부정론으로 귀결하게 된다.

날카로운 칼로 머리를 자른다고 해도 누구도 누구의 생명을 빼앗은 것이 아닙니다. 다만 칼이 이 일곱 가지 몸들의 가운데로 통과한 것에 지나지 않습니다.

비록 칼로 사람의 머리를 자른다고 하더라도 그의 영혼에는 어떤 피해도 줄 수 없으며, 그의 즐거움과 괴로움이라는 요소에도 영향을 미치지 못한다. 칼은 단지 일곱 가지 구성요소들이 결합하고 있는 사이를 가르고 지나가면서, 하나의 인격으로 현상하였던 그 결합을 끊어낼 뿐이다. 이 논리에 따르면 영혼을 해방시키기 위하여 육신을 죽이는 것도 가능하다. 잘못된 사대 육신의 결합으로 인해 부족하고 불완전한 신체성을 가진 이들은 4원소의 결합을 강제로 해체함으로써 영혼의 자유를 추구할 수도 있을 것이다. 육체의 행위(karma)는 구성요소들의 운명에 영향을 주지 못하고, 따라서 업(karma)은 영혼과 관련성을 가지지 않는다.

하지만 불교에서는 행위, 즉 카르마(karma)의 중요성을 강조한다. 모든 행위는 흔적을 남기고, 반드시 그에 상응하는 결과를 맺는다. 칼로 사대(四大)의 복합체인 목을 자르는 행위는 살인의 업을 남기게 된다. 반면 파쿠다 카차야나의 사상에 대한 믿음이 희망과 용기를 줄 수 있다는 가능성을 배제하지 말아야 한다. 어떤 사람들은 혹독한 고통과 박해를 영원한 영혼의 승리에 대한 믿음으로 극복할 수 있다. 박해자들이 제아무리 신체에 고통을 가한다 하더라도 그들이 나의 영혼에 털끝만큼의 피해도 줄 수 없다는 믿음, 그것은 역사가 증언하는 수많은 순교자들의 믿음이었다.

'무아'를 주장하는 불교에서도 그에 상응하는 강력한 믿음을 찾을 수 있을까?

도덕부정론

앞서 살펴본 파쿠다 카차야나의 도덕부정론은 그들의 7원소 실재론의 논리적 귀결에 따른 학파적 관점이라고 할 수 있다. 하지만 푸라나 카사파(Purana Kassapa)는 직접적으로 도덕적 인과응보의 원리를 부정한다.

> 대왕이여, (자기 손으로 직접) 행하고 (명령하여) 행하게 하고 (남의 손 등을) 자르고 자르게 하고 (막대기로) 고문하고 고문하게 하고 (재물을 빼앗는 등으로) 슬프게 하고 (다른 이들을 시켜서) 슬퍼하게 하고 억압하고 억압하게 하고 생명을 죽이고 주지 않은 것을 가지고 문을 부수어 도둑질하고 약탈하고 주거침입을 하고 노상강도질을 하고 남의 아내를 범하고 거짓말을 하더라도 죄악을 범한 것이 아닙니다.

이 무슨 황당한 주장인가?

중생을 괴롭히고, 살생, 도둑, 음탕, 거짓, 겁탈, 방화 등의 온갖 극악한 중범죄를 저지르더라도 죄악이 아니라니. 그 같은 죄악에 대한 인과응보의 심판과 처벌이 없다니.

푸라나 카사파는 한술 더 떠서 중생에 대한 살생을 생생하게 묘사하면서 그로 인한 어떤 죄악도 없다고 단언한다.

> 대왕이여, 만일 날카로운 원반을 가진 바퀴로 이 땅의 생명들을 하나의 고깃덩어리로 만들고 세상에 가득하게 한다고 해도 그로 인한 어떤 죄악도 없으며 죄악이 생기지도 않습니다. 갠지스강의 남쪽 기슭에 가서 중생을 칼로 죽이고 죽이게 시키고, 자르고 자르게 시키고, 고문하고 고문하게 하더라도 그로 인한 어떤 죄악도 없으며 죄악이 생기지도 않습니다.

'죄악이 없다'는 말은 무슨 의미인가?

죄악의 성립이란 필시 정의와 불의의 확정을 전제로 한다. 우리는 진정으로 푸라나 카사파가 나열한 행위들이 불의이며 죄악이라는 합의에 도달해 있는가?

'한 명을 죽이면 살인자이고, 만 명을 죽이면 영웅이다'는 말이 있다. 철학자 장 로스땅(Jean Rostand)은 그의 책 『한 생물학자의 생각』에서 "한 명을 죽이면 살인자지만, 백만 명을 죽이면 정복자요. 모두를 죽이면 신이라"[3]고 한다며 사람들의 윤리관을 비웃었다.

우리는 정복자와 신(神)의 죄악에 대해 경악하고 항의한 적이 있는가?

도대체 정의란 무엇인가?

플라톤의 『국가론』 제1권에는 정의(正義)에 대한 소크라테스와 트라시마코스(Thrasymachos)의 논쟁이 소개된다. 트라시마코스의 정의관은 냉소적이면서도 현실적이다.

'정의란 강자의 이익이다.'

트라시마코스는 말한다.

법률을 제정할 때, 정권은 자기 이익을 목적으로 한다.
법의 제정을 마친 다음에는 이 법을 통치를 받는 사람들에게 정의로운 것처럼 발표하고, 이를 위반하는 사람들을 불의한 자로 취급하고 처벌

---

3 "Kill one man, and you are a murderer. Kill millions of men, and you are a conqueror. Kill them all, and you are a God", *Thoughts of a Biologist*, 1938.

한다. 따라서 모든 나라에서 정권의 이익이 정의이고, 정의는 더 강한 자의 이익으로 귀결된다.

정의란 강한 자나 통치자들의 이익일 뿐, 복종하고 섬겨야 할 사람들에게는 자신에게 해로운 것이다.

무엇보다 트라시마코스의 논증은 우리가 직면하고 있는 현실을 적나라하게 드러내고 있다는 점에서 강력하다. 반면 소크라테스는 정의란 강자의 이익이 아닌 옳은 행위에 근거해야 하며, 국가와 개인의 복지를 실현하는 것이 목적이라고 주장한다. 소크라테스는 '진정한 X의 오류'를 동원하여 트라시마코스를 논파하고자 한다. 강자들도 길게 보면 자신들의 이익에 반하는 법률을 제정할 수 있다. 그 법은 강제력을 가지고 실행됨으로써 자신들의 이익에 반하게 될 수 있다. 이때에도 이 법은 법인 이상 이행되어야 한다.

이에 대해 트라시마코스는 "진정한 강자들, 전문가들이라면, 자신들의 이익에 반하는 실수를 하지 않을 것이다"라고 주장하고,

소크라테스는 "진정한 강자, 전문가들, 제대로 된 지식을 가진 이들이라면, 자기 이익에 편중된 법을 만들지 않을 것이다"라고 맞받아친다.

'정의는 강자의 이익인가?'라는 주제는 '진정한 강자, 전문가들'의 문제로 이탈한다.

'진정한 정의', '진정한 강자', '진정한 전문가'라는 말들은 모두 '진정한 X'의 실재성을 전제한다. 불교적 관점에서 '진정한 X'란 의문스러운 존재이다. 모든 것은 무상(無常)하기 때문이다.

살인, 사기, 부의 축적, 표창장, 경력의 포장, 주가조작, 무고, 비방, 폭행, 도둑, 음탕, 거짓 고백, 허풍, 위선 가운데 몇 가지는 불의(不義)임에 틀

림없을 것이다.

그렇다면 불의가 불의임을 확인하는 방법은 무엇인가?

어떤 죄악에 대해 어떠한 처벌도 없다면, 그것은 '진정한 죄악'인가?

'진정한 불의와 죄악'이 '진정한 전문가들'에 의해 확정된다고 하더라도, 불의와 죄악에 대한 인과적 처벌이 이루어지지 않는다면, 정의와 불의의 구분은 무의미하다. 부도덕하고 야비한 인간이 멀쩡히 살아가는 모습이 곤혹스럽다. 돈과 권력으로 음주운전, 마약, 폭행, 도박, 사기를 가볍게 빠져나가는 자들을 쉽게 발견한다. 나라를 팔아먹은 매국노와 그의 후손들이 잘 먹고 잘사는 초현실적인 풍경이 현실에서 펼쳐지고 있다. 좋은 결과를 낳는 불의라는 것이 존재할 수 있는가? 그렇다면 정의가 도대체 무슨 소용이 있겠는가?

따라서 '정의란 무엇인가?'에 대한 물음만큼이나 '법률의 정의롭고 공정한 이행'이 결정적으로 중요하다. 즉 선악에 대한 인과응보가 공정하고 정의롭게 이루어져야 한다. 모든 사람이 평등하게 하나의 기준에 따라 자신의 행위를 평가하고 평가받을 수 있어야 한다.

만일 누군가 타인의 '죄악들'은 길게 나열하고 엄격하게 처벌하면서, 자신의 죄악 리스트에서 그것들을 제외한다면, 도덕적 인과는 성립하지 않는 것이다.

21세기의 문명을 이루고 있는 우리 사회에서 도덕적 인과율은 작동하고 있는가?

푸라나 카사파는 도덕적 인과가 작동하지 않는 사회에서 '죄악'이란 허구적이고 무용한 개념일 뿐임을 뼈저리게 지적한다. 그리고 과감하게 도덕적 인과를 부정한다.

이제 '죄악'뿐만 아니라, '선한 행위들'에 대해서도 인과적인 보응은 기대할 수 없다.

갠지스강의 북쪽 기슭에 가서 일체의 중생들에게 보시하고 공양하고 중생들을 고루 이익되게 하고 자신을 길들이고 제어하고 바른 말을 하더라도 그로 인한 어떤 공덕도 없으며 공덕이 생기지도 않습니다.

'보시, 공양, 중생의 이익, 자기 절제, 바른 말'과 같은 도덕적 가치들이 어떤 공덕도 만들어내지 못하는 이유는, 죄악이 처벌받는 인과율이 작동하지 않기 때문이다. 불의가 처벌받지 않는 상황에서 정의만이 보상을 받는다는 설정은 가능하지 않다.

일반적으로 불교에서는 행위 자체가 '진정한 선악'으로 규정되거나 실재성을 지니지 않는다고 앞서 언급하였다.

『벽암록(碧巖錄)』 제1칙에 양나라의 무제(武帝)와 달마대사의 문답이 소개된다.

유명한 달마대사를 만난 무제는 자신의 치적을 자랑하였다.

나는 절을 짓고 승려를 양성하였습니다. 무슨 공덕이 있습니까?

달마대사가 대답하였다.

'무공덕(無功德)': 공덕이 없습니다.

비록 선행이라 하더라도 그 자체만으로 공덕이 있는 것은 아니다. 자신의 행위를 드러내고자 하는 자의식이 없는 마음의 상태라야 올바른 선행이라 할 수 있다. 나아가 비록 행위로 나타나지 않았을지라도 청정한 마음 씀만으로 공덕을 지을 수도 있다. 그렇다면, 온갖 행위들이 어떤 공덕도 짓지 못한다는 말은 사실이 아닌가? 불교에서는 행위를 부정하는가?

결론부터 말하자면, 불교에서는 행위(karma)의 중요성을 거듭 강조한다.

행위의 업은 반드시 인과법에 따라 결과를 낳은 후에야 소멸한다. 선한 행위와 악한 행위는 때와 조건을 기다려 성숙하고 열매를 맺는다. 결정적인 가늠자는 무아(無我)이다. 행위는 무아의 전제에서 행해져야 한다. 그리고 무아임에도 불구하고 윤리적이고 도덕적인 행위를 애써 행해야 한다. 사실 불교의 윤리학에서 가장 핵심적인 주제가 바로 무아와 업의 관계라고 할 수 있다. 행하는 주체가 무아임에도 불구하고, 행위의 업이 과보를 맺으며 인과법칙이 작동한다. 불교윤리학은 '정의의 공정한 이행'이 반드시 성취된다는 인과법칙에 뿌리를 내리고 있다.

운명론자 아지비카

막칼리 고살라(Makkhali Gosāla)는 운명에 대한 결정론적 견해를 펼친 아지비카(Ājīvika)의 3대 교조였다. 그는 자이나교의 교조 마하비라(Mahāvīra)와 6년간 함께 고행한 것으로 알려져 있다. 불교에서는 그의 학설이 운명이나 생명에 대한 그릇된 견해를 가르친다고 하여 사명외도(邪命外道)라고 불렀다. 그들의 학파명은 '삶의 방식'을 의미하는 아지바(ājīva)에서 유래하였으며, 따라서 아지비카는 '삶의 방식에 관련된 특정한 규칙을 따르는 무리'를 뜻한다. 이들은 무신론적 관점에서 유물론과 유사한 자연주의적 입장을 견지하였으며, 초기 형태의 원자개념을 채택하였다.

『사문과경』에 따르면, 막칼리 고살라는 다음과 같이 말한다.

대왕이여, 중생들이 오염되는 것에는 어떤 원인도 어떤 조건도 없습니다. 어떤 원인도 어떤 조건도 없이 중생들은 오염됩니다. 중생들이 청정하게 되는 어떤 원인도 어떤 조건도 없습니다. 어떤 원인도 어떤 조건도 없이 중생들은 청정하게 됩니다.

자신의 행위도 남의 행위도 인간의 행위도 없습니다. 힘도 없고 정진력도 없고 근력도 없고 분발도 없습니다. 모든 중생들과 모든 생명들과 모든 영혼들은 (자신의 운명을) 지배하지 못하고 힘도 없고 정진력도 없이 운명과 우연의 일치와 본성의 틀에 짜여서 여섯 종류의 생에서 즐거움과 괴로움을 겪습니다.

중생이 염오하게 되어 고통의 늪에 빠지는 비극에는 어떠한 특별한 이유나 원인이 있는 것이 아니다. 마찬가지로 고통이나 염오한 상태에서 벗어나 청정하고 해탈의 자유로운 경지에 도달하는 것도 어떠한 원인이나 조건이나 노력의 결과라고 할 수 없다.

때문에 결과에 영향을 미치는 유의미한 행위라는 것은 존재하지 않는다. 나의 노력이 나의 운명을 바꿀 수 없다. 그렇다고 다른 이들의 행동이나 간섭이 나의 운명에 도움을 주거나 피해를 끼치는 일도 없다. 나아가 모든 유정(有情), 즉 어떠한 지각을 지닌 존재들의 힘도 각각의 유정에게 부과된 운명을 거스를 수는 없다. 깨달음이나 해탈을 향한 종교적 수행들이 수행자들을 구원하는 것이 아니며, 오직 우연과 운명이 정해준 행로를 따라 즐거움과 괴로움을 겪을 뿐이다.

아지비카는 최초로 자연 현상의 '우연성'에 중심적 역할을 부여한 학파이다. 우리 우주가 처음 발생한 것도, 태양 주위에 지구가 생성된 것도, 지구에 생명이 등장한 것도, 생명 가운데 인간이 진화한 것도, 그 많은 인간들 가운데 내가 태어난 것도 모두 우연의 결과이다. 어떠한 존재양태로 세계에 등장하는가는 전적으로 우연의 지배를 받는다. 우리는 이것을 '우연발생론'이라고 부를 수 있을 것이다.

그러나 일단 특정한 종(種, sangati)으로 태어나면, 무엇이건 그 종의 자성(svabhāva)에 속박되어 살아갈 수밖에 없는 운명(niyati)에 떨어진다. 우주에는 헤아릴 수 없이 많은 종이 존재하고, 그 각각은 자신의 종의 운명이 이끄는 길을 따라 고락의 파도를 건너갈 뿐이다. 세계는 수백만 대겁(大劫)의 긴 시간 동안 140만 가지의 모태에서 태어난 여섯 가지 종(種)과 여덟 가지 인간계와 4,900종의 생명체가 있으며, 2천 가지의 감각기관과 3천 종의 지옥(地獄)이 있다. 그 어떤 곳에 어떤 것으로 태어나건, 한번 자신의 위치가 정해지면 그 자리에 주어진 운명은 피할 수 없다. 그것은 어리석은 자나 현명한 자나 차이가 없다.

> 어리석은 자나 현자나 같이 그것을 모두 치달리고 윤회하고 나서야 괴로움의 끝을 냅니다. 그러므로 여기에 '나는 계나 서계(誓戒)나 고행이나 청정범행으로 (아직) 익지 않은 업을 익게 하겠다'라거나 '익은 업을 점차로 없애겠다'라는 것은 있을 수 없습니다. 즐거움과 괴로움의 크기가 정해져 있는 이 윤회에는 아무것도 줄이거나 늘일 수 없으며 아무것도 증가시키거나 감소시킬 수 없습니다. 마치 감긴 실타래를 던지면 (실이 다 풀릴 때까지) 굴러가는 것처럼 그와 마찬가지로 어리석은 자나 현자나 같이 유전하고 윤회하고 나서야 괴로움의 끝을 냅니다.

고통스러운 윤회의 사슬에서 벗어나 해탈하고자 하는 고행이나 선한 행위의 실천은 무용하다. 누적된 업이 속히 성숙하여 결과를 맺도록 하려는 노력도, 악한 업을 선한 업으로 덮거나 소멸시키고자 하는 노력도 결과를 바꾸지는 못한다. 아지비카의 극단적인 결정론이 개별 중생들의 자유의지 자체를 부정하지는 않는다. 개개인들은 자신의 의지에 따라 삶에 변화를 꾀할 수 있다. 그러나 그 모든 행위의 총합이 도달하는 운명적 목적지는 바뀌지 못한다. 각자에게 주어진 운명에 따라 즐거움과 괴로움의 총량은 정해져 있고, 그것을 늘이거나 줄이는 것은 불가능하다. 도무지 풀 수 없는 인생의 실타래를 억지로 풀려고 한들 소용이 없다. 시간이 허락하는 한 실이 다 풀릴 때까지 구르고 굴러 실타래가 전부 풀어진 후에야 이번 생의 즐거움이나 괴로움이 끝나게 된다.

이것은 신분사회에서 태어난 한 인간의 삶에 대한 적나라한 초상이다. 양반의 아들로 태어난 적자와 서자로 태어난 자, 그리고 노예의 아들딸은 각자의 운명이 정한 삶에 포로가 되어 있다. '금수저와 흙수저'로 태어난 것은 우연이지만, 그가 살아가야 하는 삶은 운명이다. 비록 자신의 의지적 행위들이 얼마간의 변화와 희망을 보여주는 듯하지만, 결국에 도달하는 지점은 고용주와 직원으로 끝난다. 그렇지 않은가?

대학입시는 한국사회의 전 국민을 줄세우는 신분질서의 입교의식이다. 입시에 성공하기 위해서는 '할아버지의 재력, 어머니의 정보력, 아버지의 무관심'이 필수적이라고 한다. 3대에 걸친 재력, 높은 교육을 받았지만 직장생활을 하는 대신 자식교육에 올인하는 어머니, 그리고 할아버지 이상의 돈과 권력을 위해 일과 결혼한 아버지의 집에서 태어날 때, 그의 종(種)으로서 자성과 운명은 결정된다. 간혹 높은 허들을 넘어 이들의 입교의식에 성공한 이들도 입학식이 끝나고 얼마간의 시간이 지나고 나면 알게 된다. 같은 대학의 학생이라고 같은 학생이 아니라는 사실을.

현실이 이와 같은데, 우리는 막칼리 고살라의 지나칠 정도로 냉정한 인식이 잘못되었다고 자신 있게 말할 수 있는가?

물론 붓다는 그것이 잘못되었다고 말한다.

불교에서는 어떤 현상도 완벽한 우연이란 없다. 동시에 어떤 것도 운명적으로 결정되어 있지 않다. 모든 것은 업의 인과효력과 상호 의존적 조건에 의해 결정된다. 개인의 노력이 모든 환경을 변화시키고 결과를 바꿀 수는 없을지도 모른다. 그러나 고통과 실패에도 불구하고 지치지 않는 노력이 적절한 때를 만나는 순간, 비바람을 견뎌온 시간이 열매를 맺게 될 것이다.

선한 동기를 가진 선한 행위들은 선한 열매를 맺으며 해탈로 이끌어가는 추진력이 있다. 누구나 적극적으로 윤리적 행위를 위해 노력할 수 있고, 해야 한다는 측면에서 우리는 모두 자유의지를 행사할 수 있다. 아지비카의 희망은 840만 대겁(大劫)의 우주시간을 지나 저절로 이루어지는 해탈이다. 불교에서의 희망은 오늘의 의지적 결단과 업의 인과작용에 대한 믿음에 있다.

불가지론(ajñāna vādin)

산자야 벨라티푸타(Sañjaya Bellaṭṭhiputta), 즉 '벨라타족의 아들' 산자야는 인도 불가지론을 대표하는 붓다이다. 그와 불교의 인연은 다소 굴욕적이라 할 수 있다. 그의 제자들 사리뿌트라와 목갈라나가 붓다에게 감화되어 무리를 이끌고 사캬무니의 상가로 개종하였기 때문이다.

『사문과경』에는 내세(來世)의 존재, 유정의 변화와 재생(윤회), 선악업의 과보에 대한 물음, 여래(如來)는 사후에도 존재하는지 여부에 대한 벨라티푸타의 반복적인 해명을 전하고 있다.

대왕이여, 만일 대왕이 '저 세상이 있습니까?'라고 내게 묻고, 내가 '저 세상은 있다'라고 생각한다면, 나는 '저 세상은 있다'라고 대답해야 할 것입니다. 그러나 나는 이러하다고도 하지 않으며, 그러하다고도 하지 않으며, 다르다고도 하지 않으며, 아니다라고도 하지 않으며, 아니지 않다고도 하지 않습니다.

산자야의 주장은 모든 가능한 경우를 탐색하고 장황하고 반복적이지만 아무 내용이 없다. 그는 '저 세상이 존재하는가'에 대해서 자신이 어떻게 생각하건, 자신은 내세가 있다고도 없다고도 그렇다고도 아니라고도 말하지 않을 것이라고 천명한다. 그러고 나서 다시 그는
　'저 세상은 존재하지 않는가?'
　'저 세상은 있기도 하고 없기도 한가?'
　'저 세상은 있는 것도 아니고, 없는 것도 아닌가?'
라는 각각의 질문에 대해 앞에서와 동일한 대답을 반복한다.

하나의 주제에 대한 네 가지 가능성의 탐색을 우리는 사구(四句, catuṣkoti) 논증이라고 한다. 사구논증의 구조는 다음과 같다.

X　　　　　　: 내세는 존재한다
~X　　　　　: 내세는 존재하지 않는다
X & ~X　　　: 내세는 있기도 하고, 없기도 하다
~X & ~~X : 내세는 있는 것도 아니고, 없는 것도 아니다

사구논증은 불교논리학이나 유식, 중관학파의 논서에서 매우 빈번하

게 등장하는 논증법이다. 논사들은 특정한 주제에 대해 네 가지 양상의 가능성을 고찰하면서, 어떤 경우에도 사실이 성립하지 않음을 논증한다. 불교에서 무아론이나 비실재 논증에서 사구논증은 사구의 부정으로 각각의 성립 가능성을 배제하는데, 이것을 사구부정이라 한다. 『중론(中論)』의 논리를 다루는 곳에서 자세히 살펴보도록 하겠다.

산자야의 사구논증은 사구의 불가지논증 혹은 응답회피의 방식을 취한다.

자신의 견해가 있더라도, 일단 각각의 가능한 대답에 대해 '판단중지(epochē)'한다. 희랍철학자 피론(Pyrrho, ca. 360~270 BCE)은 어떤 생각도 그에 대한 반론이 가능하기 때문에 확정적 판단을 유보해야 하며, 그를 통해 근심과 걱정으로부터 자유로운 아타락시아(ataraxia)에 도달할 수 있다고 주장하였다. 이는 산자야의 주장과 매우 유사하며, 불교의 중관학파 역시 이 같은 사유방식을 공유하고 있다.

산자야는 내세의 존재에 대한 집착으로 인해 내세에 태어나는 화생(化生), 선악의 행위에 대한 과보의 문제에 대해서도 같은 방식의 해명을 반복하고, 마지막으로 '여래(tathāgata)는 사후에도 존재하는가?'라는 질문에 대해 동일한 답변을 제시한다.

대왕이여, 만일 대왕이 '여래는 사후에도 존재합니까?'라고 내게 묻고, 내가 '여래는 사후에도 존재한다'라고 생각한다면, 나는 '여래는 사후에도 존재한다'라고 대답해야 할 것입니다. 그러나 나는 이러하다고도 하지 않으며, 그러하다고도 하지 않으며, 다르다고도 하지 않으며, 아니다라고도 하지 않으며, 아니지 않다고도 하지 않습니다.

붓다가 대답하지 않은 열 가지 질문은 시간과 공간의 무한성, 몸과 마음의 연속성, 여래의 사후존재 여부로 분류할 수 있다. 산자야는 여래의 사후존재 여부에 대해 정확히 동일한 질문을 제기한다. 붓다는 이 질문에 대해 답변을 회피하였다. 산자야는 같은 질문에 대해 판단을 유보하고, 이것도 저것도 아니라는 답변으로 대신하였다.

산자야의 학설은 표면적으로 불교와 큰 차이가 없어 보일 뿐만 아니라, 논리적 사유방식에서는 초기 불교논리학과 거의 동일하다. 또한 어떠한 명제에 대해서도 절대적 진리나 실재성을 주장하지 않는 불교적 관점과 산자야의 '판단유보'는 공통점을 지닌다.

여기서도 쟁점은 일차적 관심사의 문제이다.

산자야가 하나의 종교철학적 질문을 대하는 세밀하고 논리적인 분석과 장황하지만 명확하지 않은 설명은 현학적인 탁상공론을 연상시킨다. 자신의 견해를 절대화하지 않는 회의주의적이며 비판적인 진리의 추구라는 명분은, 어떤 것도 책임지지 않는 기회주의적인 상대주의로 해석될 수 있다.

붓다가 열 가지 질문에 대답을 회피하는 이유는 명확하다.

그에게는 중생들이 직면하고 있는 고통의 문제를 해결하는 과제가 급선무이다. 다른 형이상학적이고 종교적인 논란은 한가한 지적 유희에 지나지 않는다.

물론 우리는 '불교철학'에 대한 책을 읽으면서, 일정 정도 자기모순에 빠져 있지만, 불교를 철학하는 사람이라면 반드시 붓다가 대중의 고통에 긴급하게 대응하고자 하였던 위기의식을 잊지 말아야 한다. 그렇지 않으면, 지식을 자랑하고 현란한 말솜씨를 뽐내는 만큼 붓다로부터 멀어지게 될 것이다.

자이나의 고행주의

니간타 나타푸타(Nigantha Nātaputta)는 자이나교를 창시한 붓다 마하비라(Mahāvīra)의 다른 이름이다. 슈라마나에 속하는 수많은 전통들 가운데 지금까지 살아남은 학파는 자이나교와 불교 단 둘에 불과하다. 자이나교는 인도에서 독자적인 종교사상으로 전해져 왔지만, 인도 이외의 지역으로는 전혀 전파되지 않았다. 한 가지 중요한 원인은 인도의 기후와 환경을 벗어나서는 생존할 수 없는 그들의 엄격한 고행전통과 관련이 있다.

사캬무니 붓다가 지나친 고행의 문제를 인식하고, 중도적 수행의 길을 발견하면서 최상의 깨달음을 성취한 반면, 자이나교도들은 2천 년이 지난 오늘날까지 혹독한 고행을 수행의 근간으로 삼고 있다.

그럼에도 불교와 자이나교는 쌍둥이처럼 모든 면에서 유사성을 지니고 있다.

자이나교에서는 서기전 6세기경 비하르(Bihar)의 즈림비카그라마(Jrimbhikagrama)에서 출현한 붓다가 그들의 스물네 번째 구원자(tīrthañkara)라고 한다. '티르탕카라(tirthankara)'는 문자적으로는 개울이 얕고 좁아지는 '여울목을 만드는 자'를 뜻하며, 이생의 속박에서 벗어난 구원의 삶으로 인도하는 구원자라는 의미를 지닌다. 그는 '영적 승리자'인 지나(Jina), '위대한 영웅'인 '대웅(大雄)', 즉 '마하비라(mahāvīra)', 붓다(buddha), 아라한(arhat), 세존(bhagavad) 등의 이름으로 불렸다. 같은 시기 비하르의 보드가야(Bodhgaya)에서 최상의 깨달음에 도달한 사캬무니 붓다 또한 이러한 명칭을 사용하였다. 그 가운데 자이나(Jain)는 특별히 '지나'에서 명칭을 취하였고, 불교는 '붓다'에서 이름을 얻었다. 때문에 붓다를 따르는 불교도들은 인도인들에게 '바우다(Bauddha)'로 불리게 되었다. 자이나교는 자신들의 교조를 '마하비라(Mahāvīra)'라고 고유명사화하였는데, 불교사찰에 가보면 대웅전(大雄殿)에 불교의 '대웅(大雄)', 즉 사캬무니 붓다를 모신 것과 평행을 이룬다.

마하비라의 어머니는 흰 코끼리 꿈을 비롯해 열네 가지의 태몽을 꾸었으며, 성장하면 전륜성왕이 되거나 종교적 구세주가 될 것이라는 신탁을 받았다. 전륜성왕(轉輪聖王, cakravarti-rāja)은 '올바른 진리의 수레바퀴를 굴려서 세상의 모든 장애를 물리치고 수미산의 동서남북에 있는 모든 대륙을 다스리는 왕', 즉 이상적인 세속권력자를 뜻하며, 구세주는 종교적 메시아를 암시한다. 사캬무니 붓다의 출생신화에서도 동일한 신탁을 전하고 있으며, 예수의 탄생을 전후하여 유대인들도 정치적 메시아와 종교적 메시아의 출현을 간절히 기다리고 있었다.

마하비라는 출가(出家)하여 13년간 고행을 하였으며 사라나무 아래에서 '완전한 지혜(kevala jñāna)'를 증득하였다. 아이러니하게도 사캬무니 붓다는 사라나무 아래에서 '열반(nirvana)'에 든 것으로 알려져 있다. 6년간의 고행 후에 중도적인 수행법을 취하여 보리수 아래에서 깨달음을 증득한 사캬무니 붓다에 비교하면, 완전한 지혜를 얻기 위한 그의 노력은 훨씬 더 긴 시간 동안의 혹독한 고행이었음을 짐작할 수 있다. 그는 또한 '모든 지혜와 모든 통찰을 갖춘 이로서, 모든 것을 알고 깨달아 언제 어디서나 지혜가 구현되는' 일체지자(一切智者, sarvajña)로 존경을 받았으며, 30년 동안 포교활동을 하다가 72세에 입멸하였다.

그렇다면, 자이나교에 출가하여 수행하는 사문(沙門)들에게는 어떤 열매가 있는가?

니간타 존자여, 당신도 이와 같이 지금 여기에서 스스로 보아 알 수 있는 출가생활의 결실을 천명하실 수 있습니까?

대왕이여, 네 가지 제어로 단속합니다.

대왕이여, 여기 니간타는 모든 찬물을 금하고, 모든 악을 금하고, (모든 악을) 철저하게 금하여 모든 악을 제거하고, 모든 악을 금하여 (해탈)을 얻습니다. 대왕이여, 이와 같이 니간타는 네 가지 제어로 단속합니다. 대왕이여, 이를 일러 니간타 나타푸타는 자아에 도달했고, 자아에 계합했고, 자아에 머문다고 합니다.

무엇보다 먼저, 자이나교와 불교의 매우 강한 유사성에도 불구하고 『사문과경』에서 제기하는 문제는 단순하고 명료하게 두 가지로 압축된다. 하나는 금욕적 제어의 문제이고, 다른 하나는 '자아'의 인정에 관한 것이다.

자이나교에서는 세계를 '영혼'과 '영혼 없는 존재', 즉 지바(jiva)와 아지바(ajiva)의 이원적 구도로 이해한다. 모든 생명있는 존재들은 신체의 제약 정도에 따라 차이가 있을 수는 있지만 어느 정도 지바를 지니고 있다. 비록 일정 정도 제약되어 있다고 하더라도, 물질세계는 말단까지 영혼의 생명력이 스며들어 약동하는 살아있는 세계이다. 따라서 생명을 해치는 행위는 '영혼'을 파괴하는 행위이므로 엄격히 금지(ahimsā)된다. 영혼은 장애가 없다면 본질에 있어 전지(全知, omniscience)할 수 있지만, 현실에서 자아는 온갖 업(karma)에 의해 생겨난 구속으로 말미암아 무지의 상태로 떨어진다. 자이나교는 육체, 감각, 의식을 모두 업에 의해 발생하는 생명현상으로 이해한다.

업을 완전히 제거함으로써 감각기관의 매개없이 직접적으로 대상을 인식하는 절대적인(pāramārthika) 직접지를 획득할 수 있으며, 그 외 감각기관을 통한 감관지나 추론 등은 모두 상대적인 지식만을 제공한다. 따라서 경험에 근거하여 파악되는 지식/인식에 대해서는 '어떤 관점에서는'

혹은 '아마도(syād, maybe)'라는 조건적 상대주의(syād vāda) 태도를 견지한다.

1) 아마도 그럴 것이다.

2) 아마도 그렇지 않을 것이다.

3) 아마도 그렇거나, 그렇지 않을 것이다.

4) 아마도 말할 수 없을 것이다.

5) 아마도 그렇거나, 말할 수 없을 것이다.

6) 아마도 그렇지 않거나, 말할 수 없을 것이다.

7) 아마도 그렇거나 그렇지 않던지, 말할 수 없을 것이다.

경험적 세계는 우선 세 가지 가능성을 지닌다: X, ~X, X or ~X

다음으로 지각하였으나 언설로 표현할 수 없는 경험들이 있다. 세 가지 경험지각에 대해 각각 말할 수 없는 불가언설의 가능성을 추가한다. 경험 자체가 '아마도'로 관점에 따라 달라질 수 있을 뿐만 아니라 그것마저 언설로 전할 수 없는 것들이 있다. 대상의 속성은 단정할 수 없으며 조건에 의존하여 변화하고 다르게 지각된다. 흙으로 만든 주전자는 조건에 따라 색깔이 다르다. 산소가 공급되어 철분이 산화한 토기는 붉은색, 산소 공급이 원활하지 않은 토기는 회색이나 검은색을 띤다. 그렇다면,

"삼각형의 내각의 합은 180도이다"와 같은 명제는 어떠한가?

유클리드 평면에서라면, "삼각형의 내각의 합은 180도이다"라고 말할 수 있다. 자이나의 지식론을 단순히 상대주의나 회의론으로 등치할 수 없다. 삼각형의 내각의 합이 보는 사람에 따라 제각각이라거나, 어떤 경우에도 180도라고 확정할 수 없는 것이 아니다. 자이나의 지식은 실재성에

토대를 두고 있으며, 단지 그것에 대한 판단의 조건적, 상대적 특성을 강조하고자 한다. 유클리드 평면이라는 특정한 조건에서는 '삼각형의 내각의 합은 180도'이며, 그것은 실재성에 근거한 진리이다.

자이나교에서 업은 물질적 성격을 지니며, 물질계의 모든 공간에 편재해 있다. 업에 의해 공간과 물질에 속박된 영혼은 완전한 지식, 무한한 통찰과 기쁨이 제약당한다. 영혼은 원자적 물질, 즉 극미(paramāṇu)와의 결합에 의해 우주적 공간에 속박되며, 이 속박을 끊고 자유로운 상태로 돌아갈 때 자아는 해탈한다. 지바의 속박을 강제하는 업력의 크기를 수적 개념으로 계량화한 것이 '공간점의 속박(pradeśa bandha)'이다.[4] 각각의 업력은 세기에 비례하는 숫자의 공간점과 결합한다. 지바가 업물질에 속박되어 있는 결박의 상태를 수량으로 드러내고, 그것들 하나하나의 속박을 끊어내는 수행의 과정이 그들의 독특한 고행전통이다. 고행은 업물질을 제거하고, 물질 공간에 속박된 영혼을 해방시키는 수학적 계산작업을 근거로 한다. 죽음의 순간까지 해탈하지 못한 영혼은 업물질에 구속되어 다른 세계로 이끌려 간다.

더 이상의 몸(身)과 말(口)과 생각(意)의 업을 짓지 않고, 지은 업을 소멸하기 위한 자이나교도들의 노력은 5대 서원(誓願)으로 압축된다.

1) 아힘사(ahimsā): 살아 있는 것을 해치지 않는다.

2) 사티얌(satyam): 거짓말을 하지 않는다.

3) 아스테얌(asteyam): 훔치지 않는다.

4) 브라흐마차르얌(brahmacaryam): 성적인 방종을 금한다.

---

4   이규완 (2018). "자이니즘의 paramāṇu와 pradeśa에 관하여", 『인도철학』, 54호, 201-239.

5) 아파리그라하(aparigraha): 소유를 비롯하여 대상에 대한 집착을 금한다.

특히 아힘사의 실천은 자이나교의 가장 특징적인 생활양식으로 잘 알려져 있다. 모든 생명있는 존재들은 '영혼'을 포함하고 있기 때문에, 살아있는 생명을 해치는 행위는 영혼을 파괴하는 치명적인 결과를 초래한다. 때문에 자이나교도들은 육식의 금지는 물론 채식에서조차 생명을 끊어야 하는 뿌리채소의 섭취를 금하는 등 철저한 음식규정을 따르고 있다. 이러한 엄격한 고행주의는 극심한 가뭄의 위기에 직면하였을 때 교단의 분열을 야기하였다. 철저한 원칙주의자들은 완전한 무소유와 엄격한 규율을 준수하며, 나체수행을 고집하였기 때문에 공의파(digambara)로 불렸으며, 변화된 환경에 일정한 적응을 추구하였던 개혁파는 흰옷을 입었기 때문에 백의파(śvetāmbara)라는 이름을 얻었다. 일종의 개량주의라고 할 수 있는 백의파의 생활규범도 여타 종교의 수행에 비교하면 엄격한 고행에 가깝다. 수행자들은 길을 걸을 때에도 생명을 가진 곤충 등을 삼키지 않도록 마스크를 쓰고, 벌레를 밟지 않도록 빗자루로 쓸고 다닌다. 공의파에서 완전한 지혜를 증득한 성자는 더 이상 육신을 위한 음식을 먹지 않으며, 여성은 남성으로 다시 태어난 이후에 해탈할 수 있다고 생각한다. 반면 백의파는 이러한 주장을 부정하고, 여성의 출가와 해탈을 인정한다.

자이나교도들은 엄격한 계율과 고행의 실천으로 인해 직업선택에 제약을 갖게 되었다. 불가피하게 생명을 해칠 수밖에 없는 농업이나 어업은 선택할 수 없었기 때문에, 상업이나 예술, 교육 분야 등으로 집중하였다. 그 결과 2천 년 이상 유지해 온 직업군의 전문성과 종교적 계율의 결합으로 자이나교도들은 인도 경제계에서 두드러진 약진을 보여주었다. 실제로 인도 인구의 0.4%에 불과한 자이나교도들이 인도 전체 세금의 3분의 1을 내는 것으로 알려져 있다. 자이나교는 인도에서 영향력 있는 종교로 살아남은 유일한 슈라마나 전통이다.

붓다들의 시대에 슈라마나학파들은 철학적으로나 수행적으로 매우 밀접한 관계에 속해 있었다. 아지비카의 막칼리 고살라는 자이나교의 교조 마하비라와 6년간 함께 고행을 하였으며, 사캬무니 붓다는 깨달음 이후 처음으로 아지비카(사명외도)의 수행자들에게 가르침을 전하였다. 또한 불가지론자 산자야 벨라티뿌타의 제자였던 목건련(目犍連, Moggallana)과 사리불(舍利弗, Sāriputta)은 불교로 개종하여 나란히 사캬무니 붓다의 10대 제자가 되었다. 자이나교의 엄격한 고행주의를 비판하였던 불교는 인도 땅에서 1천 년을 동행하다가 마침내 인도 밖으로 전파되면서 자취를 감추었다.

불교는 행위 자체의 구속력을 강조하는 자이나교의 업이론과 그에 따른 고행주의를 부정한다. "나의 오늘은 모두 과거의 업에 의해 결정된다"는 자이나의 숙작인론(宿作因論)에 따르면, 과거의 업이 오늘을 결정하고, 나아가 미래도 결정하게 될 것이다. 이것은 결과적으로 수행이나 노력을 무용하게 하여 자이나의 고행주의와 모순에 빠지게 된다. 불교에서 행위(karma)는 행위 자체뿐만 아니라 행위의 동기가 깊이 고려되어야 한다. 사캬무니 붓다는 당시 슈라마나의 고행주의 전통에 따라 극단적인 고행을 강행하였으나 도무지 깨달음에 도달할 수 없었다. 그는 마침내 고행을 완화하여 건강을 회복하고 나서 물질계(색계)의 제4선정에서 깨달음을 증득하였다. 이제 이 같은 슈라마나 전통의 토대에서 출현한 사캬무니 붓다의 삶과 가르침에 대해 살펴보기로 하자.

함께 읽어 볼 책

- 『사문과경(samanaphalasutta)』. 각묵 스님 역. 『디가니까야』 제1권. 경남: 초기불전 연구원, 185–264쪽.
- 김미숙 (2013). 『인도 불교와 자이나교 – 슈라마나 전통과 사상』. 서울: 씨아이알.
- 강성용 (2024). 『인생의 괴로움과 깨달음』. 서울: 불광출판사.

04

두 전통

- 고통과 무지

두 전통
- 고통과 무지

불교를 개창한 사캬무니 붓다의 사상은 먼저 인도정통사상에 대한 반작용의 하나로 등장하였으며, 그것은 '있는 그대로'의 정견(正見)과 그 결과 도달한 '무아(無我)'로 요약할 수 있다. 그러나 불교의 핵심적인 가르침으로 간주되는 무상(無常), 고(苦), 무아(無我)의 진리는 다양한 방식의 극단주의적 해석으로 오해될 여지가 있었다. 『사문과경』은 같은 슈라마나 전통에 속하는 여섯 학파의 핵심적인 주장들을 열거하면서, 불교사상이 다른 학파들의 해석처럼 오독(誤讀)될 수 있는 가능성을 배제하고자 하였다.

붓다의 가르침을 따르는 자는

'이것이 괴로움이다'라고 있는 그대로 철저히 압니다.
'이것이 괴로움의 일어남이다'라고 있는 그대로 철저히 압니다.
'이것이 괴로움의 소멸이다'라고 있는 그대로 철저히 압니다.

04 두 전통 - 고통과 무지

'이것이 괴로움의 소멸에 이르는 길이다'라고 있는 그대로 철저히 압니다.

'이것이 번뇌다'라고 있는 그대로 철저히 압니다.
'이것이 번뇌의 일어남이다'라고 있는 그대로 철저히 압니다.
'이것이 번뇌의 소멸이다'라고 있는 그대로 철저히 압니다.
'이것이 번뇌의 소멸에 이르는 길이다'라고 있는 그대로 철저히 압니다.

(SN2. 『사문과경』)

'철저히 안다'는 것은 '있는 그대로(yathābhūtam)'의 사태를 정확하게 안다는 의미이다. 붓다의 제일 관심사는 뭇 중생의 괴로움과 번뇌의 소멸이다. 그것은 극단의 고행주의도 아니고, 유물론적 도덕부정론도 아니다. 그것은 또한 결정론적 운명론도 아니고 동시에 업의 인과율에 대한 부정도 아니다. 세계는 요소들의 결합으로 이루어져 있지만, 구성요소와 의식, 자아 등은 어떤 실재성도 지니지 않는다. 요컨대 붓다가 깨달은 진리와 수행의 길은 절대주의와 회의주의 사이에 놓인 좁은 길이며, 중도(中道)의 길이다.

이제부터 붓다의 삶과 불설(佛說)의 전승이 안내하는 그 좁은 길을 탐색해 보도록 하자.

고타마 싯다르타

붓다의 출생신화는 고대 영웅신화의 전형적인 구조를 따르고 있다. 서기전 6세기경 카필라국의 왕 숫도다나(Śuddhodāna)와 왕비 마야(Māyā) 사이에 아들이 태어났다. 출산을 위해 친정으로 향하던 마야부인은 갠지스강과 야무나강의 상류지방에 위치한 룸비니(Lumbini)에서 아들 고타마 싯다르타(Gautama Siddhārtha)를 낳고 7일 만에 세상을 떠났다. 붓다의 삶은 죽음과 아주 가까이서 시작된 것이다.

고타마의 탄생 소식을 듣고 아시타(Asita)라는 선인은 "태어난 아이의 징조를 보니, 그는 '전륜성왕'이 되거나 천상천하 제일의 '붓다'가 될 상이다"라고 예언하였다. 그는 세상에 붓다가 오는 날이 멀지 않았지만, 자신이 너무 늙어 붓다의 진리를 배울 기회가 없음을 슬퍼하였다고 한다.

고타마의 아버지 숫도다나는 아들이 제국의 왕으로 성장하는 모습을 보고 싶었으므로, 그가 어떤 종교적인 감수성을 가질 수 있는 환경을 차단하고, 궁궐의 풍요로운 생활에 젖어들게 하였다. 고타마 싯다르타는 16세에 결혼하여 아들을 두었는데, 무슨 이유에서인지 그는 아들에게 '길에 놓인 장애물'을 의미하는 라훌라(Rāhula)라는 이름을 지어주었다.

사문유관(四門遊觀)

어느 날 고타마는 성문 밖을 나가 일반 백성들의 삶을 목격하게 되었다. 동쪽 문을 나서자 늙어 얼굴에 깊은 주름이 잡히고 허리는 굽어 쪼그라든 노인의 모습을 보았다. 화려한 젊음이 사라진 늙은이의 무너져가는 모습은 누구도 피할 수 없는 운명이다. 고타마는 남문으로 나가서 이번에는 병든 환자를 마주하였다. 질병으로 고통받는 부서지는 몸을 가진 인간의 삶이란 얼마나 비극에 취약한 존재인가? 건강하게 늙어가는 노년은 축복이요, 병들어 자식들에게 부담을 주지 않는 것은 희망이다. 하지만 그 끝은 결국 죽음이다. 고타마는 서쪽 문을 나가 삶의 종착인 죽음을 목격하였다. 인생은 결국 늙고, 병들고, 죽음으로 끝나는 것인가?

고타마는 마지막으로 북문으로 나가서 세속적 욕망을 버리고 수행하는 출가자의 삶을 보았다. 출가자의 삶은 고통을 벗어날 수 없는 생로병사의 인생에서 하나의 출구였다.

붓다는 진리를 깨달은 성도(成道) 이후 녹야원에서 인생의 네 가지 진리(四聖諦)에 대해 설하였다.

> 부처님은 이 녹야원에서 일찍이 어떤 사람도 또 어느 곳에서도 굴린 적이 없는 최상의 법륜을 굴리셨으니, 그것은 곧 고집멸도의 네 가지 진리입니다.
> 그럼 어떤 것이 고(苦)의 진리입니까. 나고 늙고 병들고 죽는 것이 고(苦)요, 원수를 만나게 되는 것이 고요, 사랑에는 이별이 있으니 그것이 고요, 구하는 것을 얻을 수 없으니 고요, 걱정 근심과 번민과 슬픔이 고입니다. 한 말로 한다면 인생의 존재 그 자체가 고의 집합체인 것입니다.
>
> (『장아함』「분별성제」)

인생은 태어나 늙고, 병들고, 죽는 네 가지 고통(4苦)을 벗어날 수 없다. 또한 삶을 살아가는 과정에 우리는 미워하는 사람을 만나게 되는 고통, 사랑하는 사람과 헤어지는 고통, 원하는 것을 얻지 못하는 고통을 일상으로 경험한다. 역설적으로 더 사랑할수록, 더 미워할수록, 더 원하고 희망할수록 하루하루 감내하고 극복해야 하는 고통은 더욱더 커진다. 빠른 속도로 나는 비행기의 공기저항이 급증하듯이 더 빨리 질주하는 자들은 더욱 날카로운 칼바람을 온몸으로 맞아야 한다. 바닥에 떨어진 자존감마저 포기하고 살아가는 아픔이 쓰리지만, 그것을 극복하기 위해 노력하면서 부딪혀야 하는 절망도 그에 못지않게 고통스럽다. 앞으로건 뒤로건 움직이기만 하면 고통이 조여온다. 한마디로 나를 구성하는 몸과 마음이 고통의 집합체이다. 생로병사와 삶의 네 가지 고통을 모두 합해서 8고(苦)라 한다.

이것은 어떤 윤리나 도덕적 평가가 아니라, 너나 할 것 없이 우리 중생들이 살아가는 삶의 현실이며 삶의 진리이다. 그렇다면 모든 중생이 고통 가운데 있다는 진리는 도무지 어찌할 수 없는 운명인가?

고타마 싯다르타가 이 고통의 진리도 단지 진리의 일부분이라는 사실을 깨닫기 위해서는 결단의 시간이 필요하였다. 그는 마침내 출가를 결심하고, 29세에 부인과 아들을 두고 야반도주를 감행하였다.

고타마 싯다르타는 출가 후 슈라마나의 고행전통에 따라 6년간의 극심한 고행을 감행하였다. 뼈를 깎는 고통으로 육신이 쇠하여지는데, 정신이 신체와 별개의 상태를 유지할 수는 없었다. 극단적인 육체적 고행은 그에게 평안과 깨달음을 주지 못하였다. 그는 마침내 육체의 고행을 통한 극단적인 고행주의 방식을 포기하였다. 같이 수행하던 동료들은 그의 유약함을 비웃고 그의 변심을 비난하였다. 그러나 고타마는 육체를 위해 가벼운 우유죽을 얻어먹고, 목욕으로 몸을 깨끗이 한 후, 보리수나무 아래에서 다시 한번 깊은 명상에 들어갔다. 건강한 몸과 마음으로 드디어 그는 모든 감각이 제어되고 지각이 소멸한 적멸의 상태(nirodha)에 도달하였다.

사성제(四聖諦)

깊은 선정에서 붓다가 깨달은 진리는 무엇인가?

보리수 아래에서 '붓다'가 된 고타마 싯다르타는 먼저 함께 수행하였던 다섯 슈라마나를 떠올렸다. 붓다는 아직 그들이 머물고 있던 녹야원(鹿野園)으로 나아가 자신이 깨달은 바를 전하고자 하였다. 싯다르타의 수행적 타락을 비난하던 다섯 사문은 붓다를 애써 외면하려 하였으나, 그의 변화된 모습에 이끌렸다.

'장로 고타마여, 그대는 청정한 감로의 성도(成道)를 얻었습니까?'

이때 붓다는 말한다.

그대들은 나를 여래(如來)라고 부르고, 고타마라고 하지 마시오. 나는 이미 감로의 도(道)를 발견했고, 나는 이제 감로의 법을 증득했기 때문이오. 나는 곧바로 붓다로서 일체지를 완전히 갖추었으며 고요하고 번뇌가 없어서 마음에 자재로움을 얻었다오.   (『불본행집경』)

비구들이여, 출가자가 가까이 하지 않아야 할 두 가지 극단이 있다. 무엇이 둘인가?
그것은 저열하고 촌스럽고 범속하고 성스럽지 못하고 이익을 주지 못하는 감각적 욕망들에 대한 쾌락의 탐닉에 몰두하는 것과, 괴롭고 성스럽지 못하고 이익을 주지 못하는 자기 학대에 몰두하는 것이다.
비구들이여, 이러한 두 가지 극단을 의지하지 않고 여래는 중도(中道)를 완전히 깨달았나니, 이 중도는 안목을 만들고 지혜를 만들며, 고요함과 최상의 지혜와 바른 깨달음과 열반으로 인도한다.
(『쌍윳따 니까야』 6권. 「초전법륜경」. S56:11)

붓다는 이제 자신이 '있는 그대로'의 진리를 증득하여 오고감을 초월한 '여래(tathāgata)'가 되었다고 선언한다. 그는 불사(不死)의 영원한 생명을 상징하는 '감미로운 이슬'과 같은 진리의 길을 발견하고 증득하였으며, 일체지(一切智)를 갖춘 자가 되었다. 마음은 고요하고 번뇌가 사라졌으며 진정한 자유를 얻었다. 이러한 해탈의 경지는 쾌락의 탐닉이나 자기 학대적인 고행으로 성취한 것이 아니다. 양극단을 피하고 중도의 길을 추구하여 최상의 지혜와 바른 깨달음과 열반에 도달하였다.

그렇다면 어떤 것이 중도의 길인가?

그것은 8정도(正道)이다. 여덟 가지 성스러운 바른 길은, 바른 견해, 바른 사유, 바른 말, 바른 행위, 바른 생활, 바른 정진, 바른 마음챙김, 바른 삼매이다.

여기서 바른 견해(正見)에 주목할 필요가 있다. 정견이란 삼약 드르슈티(samyak-dṛṣṭi)의 번역으로, 실재에 대한 바른 견해(見解), 즉 보아서 앎을 의미한다. 고전시대에서는 동서를 막론하고 '본다'는 것은 직접적인 지각을 통해 '안다'는 의미를 함축하였다. 실재에 대한 직접적인 지각과 바른 견해만이 바른 사유를 가능하게 하고, 나아가 바른 삼매에 이르는 길을 열어준다. 괴로움의 소멸은 바른 견해에서 시작한다.

8정도는 네 가지 성스러운 진리(四聖諦)의 네 번째 진리를 가리킨다.

사문유관에서 시작된 붓다의 의문은 '모든 중생은 고통 가운데 있다'는 고성제(苦聖諦)에서 출발하여, 고통을 소멸하는 길이 있다는 도성제(道聖諦)로 완결된다. 붓다는 8정도의 수행을 통해 사성제(四聖諦)에 대한 안목(眼目)과 지혜(智)와 통찰(慧)이 생겼다.

나는 어떤 법을 한결같이 말하는가? 나는 이런 이치를 한결같이 말하나니, 곧 괴로움(苦)과 괴로움의 발생(苦集)과 괴로움의 소멸(苦滅)과 괴로움의 소멸에 이르는 길(滅道)의 자취이니, 나는 이것을 한결같이 말한다.

무슨 까닭으로 나는 이것을 한결같이 말하는가? 이것은 이치와 맞고 법과 맞으며, 또 이것은 범행의 근본으로서 지혜로 나아가고, 깨달음으로 나아가며, 열반으로 나아간다.

그러므로 나는 한결같이 이것만을 말한다. 이것이 바로 말하지 않아야 할 것은 말하지 않고 말하여야 할 것은 말한다고 하는 것이다.

(『전유경(箭喩經, Cūlamālunkyaputta-sutta)』)

사성제를 요약하면 다음과 같다.

> 고성제(苦聖諦): 모든 중생은 고통 가운데 있다.
> 집성제(集聖諦): 고통이 일어나는 원인은 집착에 있다.
> 멸성제(滅聖諦): 고통은 소멸할 수 있다.
> 도성제(道聖諦): 고통을 소멸하는 길이 존재한다.

인도의 모든 종교사상들은 고통스러운 현실의 반복적인 윤회와 그로부터의 해탈이라는 공통적인 구도를 갖추고 있다. 불교의 고성제와 멸성제도 이러한 인도종교사상 일반의 기본구도를 반영한다고 할 수 있다. 그렇다면 붓다의 깨달음에서 독특성은 어디에 있는가?

그것은 "고통의 원인은 자아에 대한 집착에서 비롯된다"는 집성제와 고통의 소멸에는 여덟 단계의 수행의 길이 있다는 도성제이다. 공통적으로 문제는 '괴로움'이고 그것의 소멸이 과제이지만, 붓다가 제시한 그것의 원인과 해결의 경로는 특수하다.

자아에 대한 집착은 모든 괴로움의 원인이다.

무아(無我, anātman)

『무아상경(Anattalakkhaṇa Sutta)』은 붓다가『초전법륜』에 이어 두 번째로 설한 경전으로 알려져 있다. 붓다는 이곳에서 자아(自我)라고 생각되는 것은 사실 물질(色), 느낌(受), 지각(想), 개념(行), 의식(識)이 일시적으로 결합하여 만들어진 복합체라고 말한다. 물질(rūpa), 느낌(vedanā), 지각(saṃjñā), 개념(saṃskāra), 의식(vijñāna) 각각은 자아가 아니며, 그 복합체도 자아가 아니고, 내가 마음대로 어찌할 수 있는 것도 아니다.

우리는 일상의 경험을 통해 '나'의 '느낌'이 수시로 변하는 것을 알고 있다.

맛있는 짜장면은 미각적으로 좋은 느낌을 준다. 맛있게 먹다가 짜장면에서 파리 같은 벌레를 발견했다면, 좋은 느낌은 혐오감으로 돌변한다. 그런데 다시 보니 채소와 양념이 버무려진 것이라는 사실을 아는 순간, 역겨움은 사라진다. 두리안이라는 과일을 먹어 본 이라면, 두리안과의 첫 만남에서 느꼈던 쿰쿰한 화장실 냄새를 '기억'할 것이다. 동남아나 중국 남부의 호텔에서는 그 냄새 때문에 두리안 반입을 금지하기도 한다. 그러나 두리안을 먹기 전 미간을 찌푸리게 하던 불쾌한 감정은 그 맛을 알고 나면 잊힌다. '과일의 왕'의 맛에 중독되고 나면, 현관문을 열고 온 집안에 은은하게 퍼진 두리안 냄새에 입맛을 다시게 된다. 이제 그 쿰쿰한 냄새의 불쾌함은 즐거운 향기로 바뀐다. 호불호의 느낌은 가변적이다.

마찬가지로 우리의 지각, 개념, 의식까지도 불변적이지 않다.

같은 색깔이 사람과 상황과 문화에 따라 다르게 보이기도 하고, 하나의 대상에 대한 판단이나 개념도 제각기 다르다. 뜨거운 태양은 어느 곳에서는 생명과 희망이지만, 열대지방에 사는 사람에게는 심판과 고통이 될 수 있다. 의식이나 생각이 일관적이지 않다는 사실은 우리 모두 매일 경험하는 일상이다. 아침에 생각해 둔 저녁 메뉴가 오후가 되면 달라진다. 누군가 옆에서 그럴듯한 말을 속삭이면, 내 삶의 의미조차 다르게 생각된다. 우리의 생각은 너무나 가변적이고 휘발성이 강해서 나 자신도 믿을 수 없는 경우가 많다.

물질로 되어 있는 우리의 신체조차 항상 거기에 그대로 있는 것이 아니다. 나를 구성하는 신체는 '나'의 인체세포뿐만 아니라 약 2kg에 달하는 미생물을 포함한다. 인체세포수는 약 30조인 반면 미생물 세포의 수는 39조 개를 헤아린다고 한다. 또한 체내 미생물들은 인간유전정보의 몇 배에 달하는 유전자수를 가지고 있는 것으로 알려져 있다.

게다가 나의 물리적 신체를 구성하는 세포들은 매일 매 순간 생멸하면서 교체되고 있다. 아기 때의 나는 여기에 없다. 십 년 전의 나와 지금의 나는 물질적인 측면에서 다른 신체를 가진 존재이다.

평균적으로 우리는 하루 약 3,300억 개의 세포를 교체하는데, 질량으로는 80g에 해당한다. 세포들도 각기 수명이 달라서, 백혈구는 약 1일, 내장의 상피세포는 3~5일, 소뇌의 뉴런과 수정체는 거의 일평생을 함께하는 것으로 알려져 있다. 지방세포와 근육세포는 질량회전율이 낮아서 비교적 오래 지속한다. 세포의 숫자로 본 인체세포의 회전주기는 평균 80일이며, 질량 기준으로는 평균 1년 6개월 정도된다고 한다. 평균적으로는 1년 6개월이면 나의 세포가 대부분 교체되며, 수명이 긴 세포를 기준으로 한다고 하더라도, 약 10년 정도면 소뇌의 뉴런과 수정체를 제외한 나머지는 이전의 나의 신체가 아니다.

다시 인체의 구성성분을 원소로 분석하면, 산소(65%), 탄소(18%), 수소(10%), 질소(3.2%)의 네 원소가 전체 96%를 차지한다. 그리고 인체를 구성하는 원자의 약 98%가 일 년마다 한 번 이상 교체된다. 원자 단위에서 우리의 수명은 일 년 정도이다. 따라서 20대 청년과 80대 노인은 원자단 위에서는 동년배라고 할 수 있다.

그와 같이

> 물질(색) 등은 모두 무상(無常)한 것이며, 무상하여 변화하는 것들은 모두 괴로운 것이다. 그렇다면, 무상하고 괴롭고 변화하는 법을 '이것은 내 것이고, 이것이야말로 나이며, 이것은 나의 자아다'라고 하는 것은 옳은 것인가?

물질(rūpa)은 변화하고 부서지는(rupyate) 것이다. 그리고 항상하지 않고 변화하는 것은 괴로움을 일으키는 원인이 된다. 이처럼 변화하고 괴로운 것들로 구성된 오온의 집합체(오취온(五取蘊))를 자아라고 하는 것이 옳은 일인가?

붓다는 자신의 물음에 스스로 답한다.

> 어떠한 물질이든 과거에 속하든 미래에 속하든 현재에 속하든 내적이건 외적이건 거칠건 미세하건 저열하건 탁월하건 멀리 있건 가까이 있건 그 모든 물질은 이와 같이 '이것은 나의 것이 아니고 이것이야말로 내가 아니고 이것이 나의 자아가 아니다'라고 올바른 지혜로서 관찰해야 한다.
>
> (『무아상경(무아경)』)

모든 중생이 고통 가운데 있다는 사실은 성스러운 진리이다. 그리고 그 고통은 자아에 대한 집착에서 비롯되었다는 성스러운 진리를 안다는 것은 무아(無我)를 아는 지혜이다. 무아는 '아트만이 없음(anātman)'을 말한다. 우리가 자아라고 생각했던 것은 물질, 느낌, 지각, 개념, 의식이라는 다섯 가지 덩어리, 즉 오온(五蘊, 5 skandha)이 일시적으로 결합한 현상이다. 붓다는 그 구성요소들이 모두 시시각각 변화하고 있으며, 순간순간 흘러가는 그것을 나의 '자아(ātman)'라고 착각하고 있다는 사실을 지적한다.

> 이와 같이 보고 잘 배운 고귀한 제자는 '물질'에서도 싫어하여 떠나고 '느낌'에서도 싫어하여 떠나고 '지각'에서도 싫어하여 떠나고 '개념'에서도 싫어하여 떠나고 '의식'에서도 싫어하여 떠나며, 싫어하여 떠나서 사라지고 사라져서 해탈한다. 해탈하면 '나는 해탈했다'는 지혜가 생겨나서 '태어남은 부서지고 청정한 삶은 이루어졌다. 해야 할 일을 다 마치고 더 이상 윤회하지 않는다'라고 그는 분명히 안다.　(『무아상경(무아경)』)

무아(anātman)의 진리를 깨달은 자는 오온의 집합체는 물론 오온 각각에 대해서도 집착하지 않는다. 물질과 느낌과 지각과 개념과 의식에 대한 집착을 모두 버리고 떠나면, 변화와 괴로움을 일으키는 집착의 원인을 떠나게 된다. 집착을 떠나면 고통이 사라지고, 고통이 사라지면 해탈한다. 그리고 이 고통으로부터의 해탈을 통해 윤회를 끊는다. 더 이상 무한히 반복되는 고통의 윤회는 없다.

그러나 자아의 실재성이 없다는 '무아(無我, anātman)' 개념은 종교, 철학적으로 어려운 문제를 야기한다.

돌 사진에 찍힌 아이와 나는 어떻게 같은 사람인가?

어제 사과를 훔친 자의 죄를 오늘의 내가 왜 받아야 하는가?

지금 이 책을 읽고 있는 자는 누구인가?

존재하지 않는 자가 책을 읽는다는 사실은 가능한가? 그리고 그것은 무슨 의미인가?

무아와 연기

파구나라는 한 제자의 마음에도 이런 의문이 일어났다.

> 파구나가 부처에게 물었다.
> "세존이시여, 자아가 존재하지 않는다면 누가 사랑하는 것입니까?"
> 부처가 파구나에게 말하였다.
> "나는 사랑하는 자에 대해 설하지 않았다. 내가 만약 사랑하는 자가 존재한다고 설하였다면, 그대는 마땅히 '누가 사랑하는가'라고 물어야 하겠지만, 그러나 그대는 마땅히 '무엇을 조건으로 하여 사랑이 있게 된 것인가?'라고 물었어야 할 것이다. 그러면 나는 응당 느낌(수)을 조건으로 하여 사랑이 있으며, 사랑을 조건으로 하여 집착(취)이 있다고 대답할 것이다. (『잡아함경』 권15, 제372경; 『구사론』 권30, p.1364.)

비록 사랑이 모든 슬픔과 허무와 아픔의 원인이 된다고 할지라도, 우리는 사랑할 때 살아있음을 느낀다. 사랑이야말로 불완전한 인생이 여전히 불완전하여도 아름다울 수 있게 만드는 건 아닌가? <나의 해방일지>라는 드라마에서 주인공 염미정은 독백한다.

> 당신과 함께 여기 앉아서 일한다고 생각하면 이런 거지 같은 일도 아름다운 일이 돼요
> 견딜 만한 일이 돼요. ......
> 난 지금 누군가를 사랑하고, 누군가의 지지를 받고, 그래서 편안한 상태라고 상상하고 싶어요

그런데 사랑하는 자아가 존재하지 않는다면, 누가 사랑하는 것인가? 사랑으로 인해 견디고 의미를 찾는 나, 누군가를 사랑하고 지지하고 편안한 상태가 되는 그런 '나'가 없다면, 사랑은 무슨 의미가 있다는 것인가? 사랑하는 자가 없는 사랑은 어떤 종류의 사랑인가?

그러나 붓다는 말한다. 그대의 질문은 잘못되었다.

> 그대는 마땅히 "무엇을 조건으로 하여 사랑이 있게 된 것인가?"라고 물었어야 한다.

우리는 '내'가 '너'를 사랑한다고 생각한다. 나와 너가 우선하고 그 사이에 사랑이 있다. 그러나 '사랑'은 외롭고, 결핍되어 있고, 불안하고, 욕망하는 한쪽의 조건이 다른 쪽의 조건과 만나면서 아름답게 채색된 현상이 아닌가? 그 사랑은 정말 '나'가 없으면 일어나지 않을 사건이었던가? 그 사랑은 정말 '너'가 없었다면 일어나지 않았을까?

우리는 "사랑이 어떻게 변해?"라고 묻지만, 사랑이 변한 것일까?

단지 사랑의 한쪽 끝이 '나' 혹은 '너'가 아니라도 얼마든지 가능하다는 비밀을 들켜버리고 만 것은 아닌가?

물론 사랑은 인간이 다듬어 온 가장 아름다운 마음이다.

그러나 그 사랑이 '나'의 것 아니면 '너'의 것으로 한정되고 집착하게 될 때 사랑은 고통이 된다. 역설적으로 사랑은 '나'와 '너'가 없을 때, 자아가 없을 때 완성된다.

사랑이라는 마음은 우리 인류가 아름다운 세상을 꿈꿀 수 있도록 하는 힘이다. 그러나 그 힘은 '네가 거기 있기 때문에 내가 있다', 또한 '내가 있으므로 너가 있다'는 상호조건에서 발현한다. 나는 고립된 '나'가 아니라,

'너로 인해 여기에 존재하는 나', 곧 우분투(ubuntu)이다.

붓다는 바로 이러한 관계가 인간관계뿐만 아니라 세계존재를 관통한다고 보았다.

부처님께서 마가다국의 왕사성 죽림정사에 계실 때였다.
자이나교도인 사끌루다인이 과거와 미래에 대해 질문하자 부처님은 이렇게 대답하셨다.

과거는 과거대로 내버려두고
미래는 미래대로 내버려두자.
내가 너에게 현실을 통해 법을 설하겠다.

이것이 있으므로 저것이 있게 되고	(此有故彼有)
이것이 일어나므로 저것이 일어난다.	(此生故彼生)
이것이 없으므로 저것이 없게 되고	(此無故彼無)
이것이 소멸하므로 저것이 소멸한다.	(此滅故彼滅)

『맛지마 니까야』 M.II. 229)

붓다의 시선에서 볼 때, 자이나교는 과거의 업에 속박되어 있는 자들이고, 미래의 과보를 두려워하는 자들이다. 이제 과거와 미래를 그대로 내버려두고, 현실을 통해 진리를 살펴보자.

현실은 이렇게 작동한다.

이것이 있어서 저것이 있고, 이것이 없으면 저것도 없다.

이것이 생겨서 저것이 생겨나고, 이것이 소멸하면 저것도 소멸한다.

붓다가 깨달은 '연기(緣起, pratītyasamutpāda)' 개념은 혁명적 형이상학이다.

연기 개념은 최종적으로 12개의 고리가 이어진 12연기로 완성된다.

-무명(無明)-행(行)-식(識)-6입처(入處)-촉(觸)-수(受)-애(愛)-취(取)-유(有)-생(生)-노사(老死)-(무명)-

12연기 고리의 해석은 '과거의 삶'(무명-행)에서 '현재의 삶'(식-유), '미래의 삶'(생-노사)으로 직선적이고 생물학적으로 이해하는 고전적인 방식과 동시적으로 열두 개의 연기고리가 상호인과적으로 발생한다고 보는 공시적 해석방식이 공존한다. 앞의 방식에 따르면, 우리들은 시간적 인과에 따라 변천하며, 과거의 조건이 오늘의 '나'라고 생각되는 의식과 신체와 감각과 욕망을 만들었듯이, 오늘을 살아가면서 짓는 조건들이 미래의 생(生)과 사(死)를 만들어 낸다.

반면 두 번째 방식의 해석에서는 매 순간 12가지 조건의 고리들이 원인이 되어 '나'라고 생각되는 찰나적 현상을 생기한다. 지금의 나는 무한한 조건들이 상호작용한 결과이면서 무한한 가능세계의 원인이다. 그 사이에 고정되고 불변하며 영원한 '나' 같은 것은 없다. 단지 조건의 결과이면서, 원인이 되는 찰나의 현상이 있을 뿐이다.

주목할 부분은 이 모든 사슬의 연쇄가 무명(無明, avidyā), 즉 무지(無知)에서 비롯된다는 사실이다.

인과고리의 끊임없는 연쇄작용, 괴로움과 업(業)의 상속과 누적은 궁극적으로 무명(無明), 무지몽매(無知蒙昧), 즉 지혜가 없어서 어두움에 싸인 상태에서 출발한다. 이제 고통의 문제는 지혜의 문제가 된다. 지혜가 모든 문제를 일거에 해결해주지는 못할지라도, 무명을 깨뜨리는 일은 고통으로부터 벗어나 해탈로 향하는 출발지점이 된다.

『연기경』에서는 생사의 고통으로 떨어지는 연기과정을 연기의 순관(順觀), 생사의 문제를 해결하는 연기과정을 연기의 역관(逆觀)으로 묘사한다. 연기적 존재현상이 발생하는 순서대로 관찰을 하고, 그 현상적 존재와 괴로움이 소멸해가는 반대 순서에 따라 관찰하는 수행법을 말한다.

> 그러면 어떤 것이 연기인가?
> 비구들이여, 무명을 조건으로 의도적 행위(行)가,
> ······
> 태어남을 조건으로 늙음 죽음(老死)과
> 근심 탄식 육체적 고통 정신적 고통 절망(憂悲苦惱)이 발생한다.
> 이와 같이 전체 괴로움의 무더기(苦蘊)가 발생한다.
> 비구들이여 이를 일러 연기라 한다.
>
> 그러나 무명이 남김없이 빛바래 소멸하기 때문에 의도적 행위들이 소멸하고,
> ······
> 태어남이 소멸하기 때문에 늙음 죽음과
> 근심 탄식 육체적 고통 정신적 고통 절망(憂悲苦惱)이 소멸한다.
> 이와 같이 전체 괴로움의 무더기(苦蘊)가 소멸한다.
>
> (각묵 『쌍윳따 니까야』 2권, 85-91쪽. paṭiccasamuppāda-sutta S12:1)

연기법은 존재의 형이상학인 동시에 해탈의 구제론이기도 하다. 붓다는 연기 개념을 통해 무아(無我)를 해명하고, 연기의 관찰을 통해 고통과 생사를 벗어났으며, 마침내 연기적 존재 자체가 되었다. 『맛지마 니까야(Majjhima Nikāya)』(MN28)에서 붓다는 "연기를 보는 자는 법을 보고, 법

을 보는 자는 연기를 본다."[1]고 했으며, 『쌍윳따 니까야』(SN22:87)에서는 "법을 보는 자는 나[붓다]를 보고, 나[붓다]를 보는 자는 법을 본다."[2]고 하였다.

연기를 보는 것은 붓다를 보는 것이고, 붓다의 가르침을 아는 것이고, 진리 자체를 깨닫는 일이다. 세계를 '있는 그대로' 파악하고자 하였던 붓다는 모든 존재의 고통을 비롯한 사성제에서 출발하여, '무아(anātman)'의 진리를 증득하였으며, '연기설(pratītyasamutpāda)'로 그것을 해명하였다. 무아의 세계에서 만약 붓다가 존재한다면, 그는 연기적 현상으로 조건과 인연에 따라 우리에게 나타날 뿐이다.

냉정한 진리

예수의 삶을 불같은 열정과 뜨거운 사랑으로 비유한다면, 붓다의 삶은 시원한 바람이나 얼음물 입수와 같이 정신을 번쩍 일깨우는 각성의 느낌을 준다. 죽음과 극단의 폭력에 대한 붓다의 대응을 통해, 그가 전하는 냉정한 진리의 일단을 살펴볼 수 있다.

'여성장로의 게송'을 뜻하는 『테리가타』의 주석에 죽은 아이를 슬퍼하는 여인 끼사 고따미(Kisa Gotamī)의 이야기가 전한다. 힘든 생활에도 불

---

1   MN I, 190-191: yo paṭiccasamuppādaṃ passati so dhammaṃ passati, yo dhammaṃ passati so paṭiccasamuppādaṃ passatī'ti.: 『中阿含經』 卷7: 若見緣起便見法, 若見法便見緣起. (T01, 467a9-10)

2   SN III, 120: yo kho dhammaṃ passati so maṃ passati, yo maṃ passati so dhammaṃ passati: cf. 『增壹阿含經』 卷20: 其觀法者, 則觀我已. (T02, 652c28); 『大寶積經』 卷39: 若觀法者即觀如來. (T11, 228a26)

구하고 귀한 아들 하나가 모든 기쁨이었고 삶의 의미였던 여인이 있었다. 그런데 갑자기 그 아들이 죽었다. 그녀는 아들의 죽음을 받아들일 수 없었다. 붓다를 찾아간 고따미는 애원하였다. 내 아들을 살려달라고

붓다가 대답하였다. "아들을 살릴 방도를 가르쳐 주겠소. 단 마을에 가서 가족들 가운데 죽은 사람이 아무도 없는 집에서 겨자씨를 하나만 얻어오시오."

여인은 아들을 살릴 수만 있다면, 목숨이라도 아깝지 않았다. 겨자씨 하나쯤은 손쉽게 구할 수 있으리라 생각하고 희망을 품었다. 그러나 막상 한 집씩 문을 두드리면서, 그녀는 마침내 죽은 사람이 없는 집은 하나도 없다는 사실을 받아들이지 않을 수 없었다. 멀쩡해 보이는 사람들, 화려하게 꾸민 집들, 부러움을 사는 삶의 이면에도 죽음과 고통은 자리를 떠나지 않고 있었다. 모두 한 가지씩은 감당할 수 없는 아픔을 가지고 살아가고 있었다. 나만 아픈 게 아니었다. 불행한 결혼과 자식의 죽음도 속을 들여다 보면 별반 차이가 없었다. 그렇구나. 인생이란 모두가 이런 것이구나.

고따미는 말한다.

> 자식을 잃은 어머니도 아니고, 남자도 이미 지난 일이다. 나는 슬퍼하지도 울지도 않을 것이다. 벗이여, 악마도 두렵지 않다네. 모든 쾌락은 부서졌고, 어두운 구성요소는 파괴되었네. 죽음의 군대에 승리하여, 속세의 번뇌없이 나는 살아간다네. (SN 1. 129)

고따미는 붓다가 지시한 냉정한 진리의 길을 따라, 남편과 자식에 대한 마음을 내려놓고 출가하여 비구니의 삶을 살아간다.

붓다의 냉정함은 라자로에 대한 예수의 반응과 극적으로 대조된다.

예수가 사랑하는 제자들 가운데 마리아와 마르다가 있었다. 그들은 오빠 라사로가 심각한 병에 걸렸다는 소식을 듣고, 예수에게 고쳐주기를 부탁하였다. 예수는 얼마 전 바로 그 마을 베다니에서 군중의 돌에 맞을 뻔한 위기를 겪었다. 그러나 예수는 라사로를 위하여 그 마을로 향한다. 도착해 보니 라사로는 이미 죽어 장사를 마친 후였다. 예수는 라사로의 무덤을 찾아가서, "라사로야, 나오너라"고 외친다. 그러자 죽은 라사로가 살아서 무덤을 걸어 나왔다.

예수는 고통 가운데 있는 사람들의 요구에 직접적으로 응답하고 문제를 해결하고자 한다. 예수에게 죽음의 극복은, 죽음을 이기고 '다시 사는 것'(부활)이다.

신화적 과장이나 기적 속에서도 붓다는 자아에 대한 집착이나 헛된 희망/욕망을 허락하지 않는다. 라사로를 다시 살린다 한들, 오온이 일시적으로 모여 있는 한 인간의 삶이란 다시 죽을 수밖에 없는 일이다. 어쩌면 문제를 해결하려고 치달리는 우리의 노력이 상황을 더욱 악화시키고 있는지도 모른다.

앙굴리말라(Aṅgulimāla)[3]

'앙굴리말라'는 '손가락 목걸이'라는 뜻을 가진 이름이다. 그의 아버지는 불길한 별자리를 의식하여 그가 사람을 해치지 않기를 바라는 마음에 '아힘사카(Ahiṃsaka)', 곧 '아무도 해치지 않는 자'라는 이름을 지어주었다.

---

3 중부(中部, 맛지마 니까야(Majjhima Nikaya)), MN 86. 『앙굴리말라경(Angulimala Sutta)』 및 한역(漢訳) 대장경(大蔵経)의 아함부(阿含部) 『앙굴마라경(央掘摩羅経)』

그는 부모의 기대에 부응하여, 브라만 스승을 모시고 성실하고 뛰어난 아이로 성장하였다.

어느 날 스승이 외출한 가운데, 스승의 아내가 아힘사카를 유혹하였다. 하지만 아힘사카는 유혹에 넘어가지 않고 거절하였다. 무안하고 화가 난 스승의 아내는 자신의 옷을 찢고 슬픈 표정으로 '아힘사카에게 폭행을 당하였다'고 그를 무고하였다. 분노한 스승은 아힘사카에게 거짓 가르침을 주었다.

"내일부터 만나는 사람을 순서대로 죽여서 그 손가락으로 목걸이를 만들어 100개의 손가락을 채우는 날 너의 수행이 완성될 것이다."

아힘사카는 고심 끝에 스승의 가르침을 실행에 옮긴다. 닥치는 대로 사람을 죽여 손가락으로 목걸이를 완성해 가면서 그는 광기에 휩싸였고, 사람들에게는 앙굴리말라라 불리며 공포의 대상이 되었다. 이 소식은 붓다의 귀에도 들어갔다. 붓다가 살펴보니, 앙굴리말라가 이미 99명을 살해하였고, 이제 살인마가 된 아들을 찾아 나선 어머니를 만나면 어머니마저 살해하여 100명을 채울 기세임을 알게 되었다. 붓다는 바삐 앙굴리말라가 있는 곳으로 갔다.

앙굴리말라는 붓다가 나타나자 그를 뒤쫓기 시작했다. 이제 백 번째 손가락을 고급진 것으로 채울 수 있는 기회였다. 그러나 앙굴리말라가 아무리 달려도 붓다와의 거리가 좁혀지지 않았다. 앙굴리말라가 외쳤다.

"수행자여, 걸음을 멈추어 보시오."

그러자 붓다가 뒤돌아 보면서 말했다.

"나는 이미 멈추었는데, 그대는 멈추지 않는구나."

"그게 무슨 말이오?"

"나는 이미 모든 생명에 대한 폭력을 멈추었다. 그러나 그대는 생명에 대한 폭력을 멈추지 않고 있구나."

앙굴리말라는 크게 회심하여 이곳에서 붓다에게 출가하였다.

이후 앙굴리말라의 수행생활은 순탄하지 않았다. 그가 가는 곳마다 끔찍한 연쇄살인마에게 돌세례를 퍼부었다. 앙굴리말라는 대중의 분노를 받고 폭행을 당하면서도 평온한 마음을 유지하였다. 붓다가 앙굴리말라에게 말하였다.

"그대는 인내하라. 그대는 인내하라. 그대가 업의 과보로 수백 년, 수천 년을 지옥에서 받을 업보를 그대가 지금 여기서 받고 있는 것이다."

앙굴리말라의 죽음 이후에, 제자들 사이에서 앙굴리말라가 과연 열반에 들었는지 논쟁이 일어났다. 광포한 살인자도, 무려 99명의 목숨을 살해한 자도 열반에 들 수 있는 것인가?

여러분은 어떻게 생각하시는가?

'그릇된 견해'에 관하여

『중아함』에 「삼도경(三度經)」이라는 소품 경전이 실려 있다. 여기에서 붓다는 슈라마나 수행자들 사이에 유행하는 '그릇된 견해(邪見)'에 대해 설명하였다.

이 세상에 세 가지 그릇된 견해를 가진 외도(外道)들이 있다. ......
세 가지 그릇된 견해란 무엇인가?
첫째, 어떤 사문이나 바라문은 "사람이 이 세상에 경험하는 것은 괴롭든

즐겁든 모두 전생의 업에 의한 것이다"라고 하였다.

둘째, 어떤 사람들은 "모든 것은 자재천(自在天)의 뜻에 의한 것이다"라고 한다.

샛째, 혹은 "원인(因)도 없고, 조건(緣)도 없다"고 말한다.

불교도들 가운데에도 지금 이곳의 현생에서 경험하는 일들이 모두 다 전생의 업에 의한 것이라고 말하는 이들이 있다. 다음에 자세히 설명하겠지만, 그러한 해석은 붓다의 가르침과 맞지 않다. 우리의 행위(업)가 원인과 조건이 되어 어떤 결과를 산출한다는 사실이 지금 나의 현실을 전부 과거의 탓으로 돌리도록 허락하지는 않는다. 또는 우리는 모든 원인을 신(神)의 탓이나 도움으로 설명할 수도 있을 것이다. 그것도 아니면 모든 일에 반드시 원인과 조건이 있어야 하는 것은 아니며, 세상사란 그저 우연히 그렇게 되었을 뿐이라고 생각할 수도 있다. 붓다는 이 세 가지 견해가 모두 잘못되었다고 지적한다.

만약 그렇다면, 이 일을 해서는 안 된다거나 이 일은 해야겠다는 **의지도 노력**도 소용없게 될 것이다. 따라서 어떤 자제력도 없이 마음 내키는 대로 **함부로 행동하는 사람**을 정당한 사문 혹은 바라문이라고 하지 않겠는가?

붓다의 가르침이 모든 중생의 고통, 무아, 연기 등의 개념으로 설명되기 때문에, 혹자는 불교가 매우 수동적이고 허무주의적인 종교사상이라고 생각하기도 한다. 하지만 붓다는 처음부터 수행자의 '의지와 노력'을 매우 강조하였으며, 윤리적 행동의 중요성을 분명히 하였다. 만약 지금의 세계가 과거의 업에 의해 결정되어 있고, 미래가 지금에 의해 결정되어 있다면, 현재를 살아가는 사람들의 의지나 노력은 아무 소용이 없을 것이다. 우리는 이미 앞에서 슈라마나 전통 가운데 사명외도의 주장을 살펴보았다.

그렇다고 세상만사가 모두 신(神)의 뜻대로 되었다는 믿음에 근거가 있는 것도 아니다. 이 경우에는 모든 책임이 전지전능한 신에게 돌려져야 할 것이다. 바로 이 점이 기독교사상에서 가장 오래된 신정론의 문제이다. 전지전능한 신이 창조하고 지배하는 세계에 어떻게 악(惡)이 있을 수 있는가? 악(惡)과 고통의 현실을 인정한다면, 우리는 신(神)이 전지무능하거나 무지전능하다고 정의해야 하는 건 아닌가?

마찬가지로, 만약 우주질서가 원인도 조건도 없이 그저 우연히 저절로 일어나는 것이라면, 어떤 것으로부터 어떤 일이 일어나도 하나도 이상하지 않을 것이다. 세계에 질서는 존재하지 않고, 따라서 일정한 법칙의 지배를 받으며 운행하는 조화로운 우주인 코스모스(cosmos)는 존재할 수 없었을 것이다.

사문(沙門)이란, 고통스러운 현실에서 벗어나 해탈하고자 하는 의지를 가지고 고행을 마다하지 않는 노력을 삶의 방식으로 삼는다. 결정론이나 절대적 존재에 의지한다거나 인과의 지배를 부정하는 자들은 '의지나 노력'이 없이 '함부로 행동하는 사람'들이 되기 십상이다. 그들은 슈라마나가 요구하는 엄격한 윤리적 삶을 추구하기 어렵다. 붓다는 결정론자나 타력주의자가 아니지만, 동시에 인과를 부정하거나 불가지론을 주장하지도 않는다. 그는 오히려 윤리적 삶의 중요성을 강조한다.

전승

이러한 붓다의 가르침에 따라 붓다의 진리를 실천하고 전수하는 공동체가 불교의 전통을 구성한다. 우리를 그것을 붓다, 진리, 상가 공동체, 즉 불법승(佛法僧)의 세 가지 보물(三寶)이라고 부른다. 붓다가 열반에 들어 더 이상 제자들의 공동체와 함께 할 수 없게 되자, 초기 불교 공동체는 붓다의 가르침을 확정하여 전승하기로 하였다. 그 가운데 붓다의 말씀을 기록한 경전(sūtra)들의 묶음을 경장(經藏, sūtrapiṭaka), 공동체의 생활규율에 관한 기록을 율장(律藏, vinayapiṭaka)이라고 한다. 아비다르마(abhidharma)라고 불리는 논장(論藏, abhidharmapiṭaka)은 몇 세기 후에 체계가 갖추어졌다. 불교철학이란 경장에 근거하기는 하지만, 기본적으로 아비다르마의 사유와 논쟁의 역사라고 할 수 있다.

여타의 고전적 경전들이 그렇듯이 불교의 경전도 변형과 확장, 편집, 선택의 과정을 거치면서 전승을 형성해 왔다. 다음에 살펴볼 아쇼카왕의 시대를 지나면서, 불교의 초기전승은 빨리어로 인도 아대륙의 남부에 전해졌는데, 이 전승은 사변적 논의보다는 고통으로부터의 해방이라는 초기불교의 관심을 보다 잘 반영하여 수행론적인 특징이 강하다.

반면 북쪽으로 전개된 불교는 북부 왕조와 상류계층의 언어인 산스크리트어를 채택하여 경전을 번역하였고, 형이상학적 사유를 비롯한 번쇄하고 철학적인 논의를 추가하면서 아비다르마철학이 꽃피게 되었다. 남쪽으로 전해진 빨리어 문헌은 니까야(Nikāya), 북쪽으로 전해진 산스크리트어 경전은 아가마(Āgama), 한역에서는 아함(阿含)이라고 한다.

남쪽과 북쪽이 전승하는 경전의 종류와 분량을 간단히 비교하면 다음과 같다.

경장(經藏): 남전의 니까야(Nikāya)와 북전의 아가마(阿含, Āgama)

니까야	아가마
Dīgha Nikāya(장부경전), 34경	장아함경, 30경
Majjhima Nikāya(중부경전), 152경	중아함경, 221경
Samyutta Nikāya(상응부경전), 2872경	잡아함경, 1362경
Anguttara Nikāya(증지부경전), 2198경	증일아함경, 471경
Khuddaka Nikāya(소부경전), 15경	

　　니까야와 아가마는 편제와 분량, 내용적인 측면에서 볼 때 매우 유사하고 중첩되는 부분이 많다. 이는 현존하는 남전문헌과 북전문헌이 어떤 하나의 공통 문헌군에서 유래하였다는 사실을 암시한다. 니까야는 스리랑카 지역으로 전해진 후, 마우리야왕조의 멸망으로 북쪽과 교류가 단절되면서 비교적 초기전통의 지향을 고수한 채로 발전하였다. 반면 북쪽의 아가마전승은 일차로 산스크리트어 번역과정을 거치고, 왕조들의 부침과 변화하는 사상적 조류를 담아내는 시대적 과제에 충실하였다. 이후 인도 문화권을 떠나 동아시아와 티베트 지역으로 이전한 불교사상도 바로 이 아가마전승에 기초한 불교이다. 우리가 이 책에서 고찰하는 불교철학도 일차적으로는 아가마와 북전의 아비다르마철학에 뿌리를 두고 있다.

함께 읽어 볼 책

- 미산 (2010). 『미산 스님의 초기경전 강의』. 서울: 명진출판.
- 법륜 (2010). 『인간 붓다, 그 위대한 삶과 사상』. 서울: 정토출판.

05

무아와 윤회
- '나'는 존재하지 않는다

무아와 윤회
- '나'는 존재하지 않는다

김광규 시인은 그의 시(詩) <나>[1]에서 "아무도 모르고 있는 나"는 무엇이고 "지금 여기 있는 나"는 누구인가 묻는다.

'아버지'에서 '개의 주인'까지 다양한 나의 모습은 '하나뿐인 나'는 아니다. 그렇다면 하나뿐인 '참된 나', '참나', 진아(眞我)는 무엇인가?

인도의 정통철학에서는 '네가 바로 그것(tat tvam asi)'이다.

> 그것들은 모두 궁극적으로 단일한 존재이다. 그것은 아주 미세한 본질, 세상의 모든 것은 그것을 자아로 삼고 있다. 그것이 바로 진실이며, 그것이 바로 자아이다. 네가 바로 그것이다. (『찬도갸 우파니샤드』 VI. 10.3.)

---

1   시 전문은 김광규 (1979). 『우리를 적시는 마지막 꿈』. 서울: 문학과지성사.

모든 차별이 소멸하고 궁극적으로 하나인 존재, 만물을 현상하는 존재의 토대, 그것은 진리이고, '아트만(ātman)'이며, 오히려 언설을 넘어서는 '그것'이다. 육신은 변화하고 생멸하기 때문에 죽음에 지배당한 존재이다. 그것은 아트만이 임시로 거처하는 집이다. 아트만은 이 임시적인 집을 통해 세계를 보고 세계와 소통한다. 눈은 단지 도구일 뿐이며, 도구를 통해 보여지는 세계는 도구적 존재 양태에 상응하게 보여진다. 그러나 아트만은 세계의 바탕, 존재 자체를 본다. 아트만만이 진정으로 대상을 본다.

그러나 붓다의 관점에서 '아트만'은 입증되지 않은 미신적 존재이다.

영원불변하는 '영혼'과 같은 존재에 대한 집착과 미혹(迷惑)은 근본적으로 무지(無知)의 소산이며, 모든 괴로움의 근원이다. 없는 것에 집착하여 기대하고 실망하는 어리석음을 반복하는 삶이 중생의 삶이다.

이상적인 나와 현실의 나 사이에 가로놓인 아득한 간극은 마음에서 일어나는 갈등과 괴로움의 중요한 원인이다. 너무 높은 이상 때문에 유혹에 넘어지고 현실로 인해 절망하기 쉽다. 태어날 때부터 '금수저'와 '흙수저'로 신분이 정해졌다면, 우리는 오직 우리의 '영혼'이 다음 생에는 더 좋은 신분으로 태어나기를 바라는 마음으로 오늘에 순응해야 한다. 그것이 오늘의 종교들이 가르치는 구원이고 복음이고 해탈이지 않은가. 모든 종교들이 중생의 무지(無知)를 토양으로 삼아, 소비자가 검증하고 후기를 남길 수 없는 종류의 상품인 '영혼'과 '영생'을 파는 사업으로 질주하고 있다.

그러나 붓다는 말한다. '자아(ātman)'는 존재하지 않는다. 무아(無我, anātman)이다.

고통을 받는 주인공은 무아(無我)이다.

인생이 허무한 그는 무아이다.

별을 보는 자도 '자아'가 아니고, 소리를 듣고, 향기를 맡고, 맛을 보고,

촉감을 느끼는 이도 자아가 아니다.

지각과 인식의 주체로 어떤 '자아'나 '영혼'과 같은 불변하는 '나'가 있는 것이 아니다. 불교에서는 '나'로 인식되는 그것의 정체를 오온(五蘊)과 12처(處) 등으로 설명한다.

오온(five skandha)이란 다섯 겹의 구성요소들이 특정한 관점에서 '나'라는 착시를 불러 일으키는 착시예술(illusion sculpture) 작품과 같은 것이다. 남아프리카 콰줄루나탈의 설치미술은 여러 개의 평면적인 기둥을 배열하여 특정한 시각에서 넬슨 만델라의 이미지를 드러낸다. 물질(색), 느낌, 지각, 개념, 의식의 다섯 무더기가 특정하게 배열하였을 때, 우리에게 '나'라는 의식이 현상한다.[2]

밀린다팡하(Milinda pañha)

'밀린다팡하'란 '밀린다왕의 질문'이라는 의미이다. 알렉산더의 원정 이후 인도 아대륙의 북서부에는 헬레니즘의 영향을 받은 왕국이 등장하였으며, 헬라어와 헬레니즘 문화가 지배하였다. '밀린다'는 메난드로스의 인도식 표기이다. 서기전 150년경 희랍계인 박트리아의 왕 메난드로스(Menandros)는 불교의 교학에 깊은 관심을 가지고 있었다. 메난드로스는 나가세나(Nagasena)라는 학승을 초빙하여 불교사상의 다양한 주제에 대해 질문하였다. 그 대화의 전말이 빨리어로 기록되어 전해졌으며, 한역에

---

2   참고: The Power of Perspective: Nelson Mandela Sculpture
    (https://www.whatispsychology.biz/nelson-mandela-steel-sculpture)

서는 『나선비구경(那先比丘經)』이라는 경전으로 번역되었다. 이것은 아마도 헬레니즘문화권과 인도불교 사이에 이루어진 첫 번째 교류의 기록으로 특별한 의미를 지닌다.

메난드로스의 첫 번째 질문은 '이름'과 그것이 '지시하는 대상'에 관한 문제였다.

왕　　: 당신의 이름은 무엇입니까?

비구 : 저는 나가세나라고 알려져 있습니다. 하지만 그것은 단지 명칭, 호칭, 가명에 지나지 않습니다. 거기에는 육체 속에 영원불변하게 거하는 인격적 주체 같은 것은 없습니다.

왕　　: 만약 그렇다면, 수행에 힘쓰는 자나 살생을 하는 자는 누구입니까? 만약 인격적 주체가 없다면, 선행과 악행의 과보도 없을 것입니다. 승단에는 스승도, 계율의 전수도 없게 될 것입니다.

비구 : 그렇지 않습니다.

왕　　: 그렇다면 오온을 모두 합친 것이 나가세나라는 인격적 주체입니까?

비구 : 아닙니다.

왕　　: 그렇다면 '나가세나는 존재하지 않는다'는 거짓말을 하는 셈이군요.

비구 : 오늘 험한 길을 오면서, 걸어왔습니까? 마차를 타고 왔습니까?

왕　　: 마차를 타고 왔습니다.

비구 : 마차는 무엇입니까? 마차는 바퀴입니까? 차체(車體), 차틀, 멍에, 밧줄, 바퀴살, 채찍이 마차입니까?

왕　　: 그것들은 마차가 아닙니다.

비구 : 그렇다면 마차는 무엇입니까?

왕　　: 마차는 이 모든 것을 포함하고 있기 때문에 그것을 조건으로 해서 '마차'라는 명칭을 부여한 것뿐입니다.

비구 : 그렇습니다. 마차의 부분들을 모아 '마차'라는 말이 생기듯이, 다섯 무더기의 요소들이 모여 있을 때 '나가세나'와 같은 존재의 이름도 생기는 것입니다.

첫 번째 탐색전에서 메난드로스는 개념과 대상, 지시어와 지시체에 관련된 철학적 주제를 '나가세나'라는 이름과 학승 나가세나의 관계에 대한 질문으로 제기하였다. 나가세나는 나가세나라는 불변하는 인격적 주체, 혹은 아트만은 실재하지 않으며 단지 오온이 특수한 조건에서 계기적으로 결합해 있는 현상을 '나가세나'라는 가명(假名)으로 임시적, 관습적, 실용적 측면에서 사용하는 것일 뿐이라고 대답한다.

일회전에서 상대의 전력탐색을 마친 후 메난드로스와 나가세나의 대론은 보다 세부적이고 다양한 주제로 확장된다. 본격적인 논쟁을 시작하기 전에 나가세나는 메난드로스왕에게 계급장을 떼고 논쟁에 임할 것을 제안한다.

"만일 현자(賢者)로서 대론을 원한다면, 나는 그대와 대론하겠습니다. 그러나 만일 왕으로서 대론을 원한다면 나는 그대와 대론하지 않겠습니다."

메난드로스는 나가세나의 제안을 받아들인다. '현자의 대론'이란 무엇인가?

"존자여, 현자로서 대론한다 함을 어떻게 하는 것입니까?"
"현자의 대론에 있어서는 문제가 해명되고, 비판받고, 수정받고, 반박(反駁)받지만, 그것으로 성내는 일이 없습니다."

나가세나가 제시하는 '현자의 대론'은 한국학계의 권위주의적 풍토에 대해서뿐만 아니라, 필자를 포함한 모든 학자들과 토론자들이 마음에 새겨야 할 중요한 덕목이다. 학벌, 신분, 지위, 사제 간의 인맥에 따라 학문적 입장과 찬반이 결정되는 학계는 불교의 기본을 부정하는 이익집단으로 규정될 것이다. 대론을 통해서 토론자들은 무엇보다 문제의 해결에 주목해야 하며, 그것을 위해 비판을 받고 자신의 입장을 수정하기에 망설임이 없어야 한다. 또한 상대방으로부터 반박이나 공격을 받았을 때, 감정적으로 분노하고 직간접적인 방식으로 보복하는 옹졸함에서 벗어나야 한다.

권력과 학문의 관계에서 이러한 원칙의 존중은 특히 중요성을 띤다.

권력을 가진 자가 학문의 자유를 억압하고, 과학적 연구의 결과를 왜곡하거나 통제하려 든다면, 학문이 쇠퇴하고 곡학아세(曲學阿世)하는 아첨꾼들이 득세할 것이다. 또한 장기적으로는 잘못된 지식에 이끌리는 국가나 공동체의 운명을 위태롭게 할 것이다.

진리를 탐구하는 자들에게는 나가세나의 원칙과 용기가 필요하고, 권력을 가진 자들에게는 메난드로스의 관용과 담대함이 요구된다.

메난드로스는 확실히 총명하고 호기심이 많은 왕이었다. 그는 '이름'과 '실재'에 대한 논의를 이어서 지각하는 존재들인 유정(有情)의 '생명'에 관해 파고든다.

메난드로스는 묻는다. 그것이 불변하는 아트만이 아니라면, 그것을 '들이쉬고 내쉬는 숨(呼吸)'이라고 볼 수는 없을까?

'숨'은 고대사상에서 자주 생명과 동일시되었다.

히브리성서의 창조신은 만물을 창조할 때에, 흙(adama)으로 인간(adam)을 만들고 나서, 그의 코에 '숨(ru'ah)'을 불어 넣어 인간이 무정물이 아니라 살아 있는 생기(生氣)가 되도록 하였다. 산소와 질소 등으로 이루어진 공기와는 달리, 그것은 보이지 않는 신(神)의 '생명'과 '의식'의 부분이다. 숨을 들이쉬고 내쉬는 반복적인 호흡(呼吸)은 신 혹은 우주적 보편자와의 지속적인 교류와 연결을 상징한다. 호흡은 독립적인 부분으로서의 나를 구분하는 동시에 전체로서 하나와의 연속성을 의미한다.

그러나 나가세나는 그 '호흡'에는 생명이 없다고 말한다.

> "피리 부는 사람이 피리를 불 때, 그가 내쉰 숨이 다시 그에게로 돌아오는가?"

만일 호흡이 생명이라면, 나간 숨이 돌아오지 않는 피리 부는 자는 왜 죽지 않는가? 따라서 들숨과 날숨이란 신체의 활동을 지속시키는 힘이지만, 그 자체가 생명은 아니다.

하지만 『우파니샤드』의 '아트만(ātmna)' 사상에 깊은 영향을 받은 사람들은 '무아(anātman)'를 수용하기가 어려웠다.

일부 인도의 지식인들은 아트만을 거주하는 공간적 크기로 설명하려고 시도하였다.

> 어떤 이들은 아트만이 두루 편재한다고 생각하고, 어떤 이들은 아트만이 자신의 신체와 크기가 같다고 생각하며, 또 어떤 이들은 아트만이 극미(極微)와 같다고 한다. (『대승광백론석론』「파아품」)

첫째 주장은 전통적인 아트만 개념에 부합한다. 자아는 만물이 거주하는 허공과 같아서 없는 곳이 없으며, 어떤 특정한 형태나 성질을 갖지도 않으며, 신체에 의지하여 오고 가거나, 나고 죽는 변화와 작용도 없다. 고통과 즐거움을 경험하고, 형태와 성질에 변화가 발생하는 것은 오직 신체성에 속하는 일이다.

두 번째 부류의 해석은 만약 자아의 본성이 신체의 형태와 크기에 의존한다면, 자아는 마땅히 신체의 모든 부분에 동일하게 퍼져 있어야 한다. 자아는 신체의 모든 부분에 겹쳐 있어야 한다. 사고로 신체부위가 손상된 환자들 가운데 마치 손상된 손이나 발이 그 자리에 있는 듯한 감각이나 통증을 경험하는 경우가 있다. 신체와 의식이 나란히 겹쳐져 있다고 믿는 이들이라면, 이러한 의학적 보고에 무척 고무될 것이다.

마지막으로 자아는 원자와 같은 극히 미세한 기본 입자의 크기로 존재하며, 본질은 항상하고 변화하지 않는다는 주장이다. 이들은 자아는 극미의 존재이지만, 신체의 전 영역을 매우 빠른 속도로 회전하기 때문에 신체 전체가 하나의 살아 있는 유기체로 작동한다고 보았다. 마치 쥐불놀이할 때 아이들이 불붙은 깡통을 빠르게 돌리면 하나의 붉은 동그라미가 그려지듯이, 자아가 빠르게 회전하면 신체를 전부 포함하는 자아의식의 동그라미가 형성된다.

불교의 입장은 단호하다.

극미이건, 신체의 크기이건, 허공에 편재하는 존재이건, 영원하고 불변하는 '아트만'과 같은 자아는 존재하지 않는다.

독자들은 어떻게 생각하는가?

성급하게 결론을 내릴 필요는 없다. 이 문제는 이후로도 불교사를 관통하여 모든 학파철학들이 해명해야 할 핵심적인 주제이다. 각 학파들은 무아(無我)가 야기하는 난제들을 어떤 방식으로 해명하느냐에 따라 다른 학파들과 갈등, 대립하면서 자신들의 철학적 정체성을 확립해 갔다.

환생(還生)과 윤회(輪廻)

'아트만'을 부정하는 불교 특유의 무아사상은 즉각 인도 일반의 윤회 개념과 충돌하지 않을 수 없었다. 윤회(輪廻)란 물론 수레바퀴가 돌고 도는 것처럼, 우리의 인생도 거듭 태어나고 죽기를 반복한다는 개념이다. 산스크리트어 '삼사라(saṃsāra)'는 '돌다, 회전하다' 등의 뜻을 가진 동사 '삼스르(samsṛ)'에서 파생하였으며, 주기적으로 반복하는 변화와 세계를 의미한다. 윤회는 인도의 모든 사상들이 공통적으로 가지고 있는 특징적인 개념이다. 정통 6파철학은 물론 슈라마나의 학파들에서도 (유물론을 제외하고) 모두 윤회를 기본값으로 설정하고 해명하고자 한다.

윤회는 '죽음'을 고리로 죽음 너머로 '감'과 죽음 너머로부터 다시 '옴'을 통합한 개념이다. 어떤 사유체계에서는 죽음 이후에 우리는 죽음 너머 저 세상으로 가서 그곳에서 영원히 거한다고 한다. 그러나 그 '영원'의 앞에는 '심판대'가 기다리고 있다. 한 번 혹은 거듭된 오고감 끝에 종착지에 도착하고 나면, 어떤 이들은 '하늘 나라'(천국)나 '지극히 즐거운 곳'(극락)에서 영원히 살게 되지만, 불행히도 '지하의 감옥'(지옥)행이 결정되는 이들은 지옥의 영원한 고통에서 벗어나지 못하게 된다. 지금 여기의 이생(已生)은 풍성한 추수를 생각하며 씨를 뿌리고 가꾸는 농부의 삶과 같고, 다가올 내생(來生)은 농사철의 노력의 대가로 따뜻한 겨울을 사는 농부의 삶과 같다. 그리고 한 번의 삶의 결과는 치명적이고 결정적이다. 이런 믿음에 뿌리를 둔 삶이 더욱 절박하리라는 점은 쉽게 유추할 수 있다.

반면, 어떤 세계관에서는 죽음 이후에도 우리는 이 세상으로 반복적으로 다시 온다고 한다. 이 세상으로 다시 태어나는 것이 '환생(還生, re-birth)'이다. 대부분이 고통뿐이긴 하나 괴로움과 즐거움이 끊임없이 순환하는 '죽음'과 '환생'을 반복하는 것이 중생들의 윤회이며, 더 이상 생사(生死)의 윤회를 지속하지 않고 윤회의 굴레로부터 영원히 벗어나는 것을 해탈(解脫)이라고 한다. 인도정통사상에는 브라흐만과 아트만의 영원한 합일(合一)이 해탈이고, 유일신적 세계관에서는 타락한 세계를 떠나 신과 합일하거나 신의 나라에 영원히 거하는 것이 해탈이다.

불교에서 삶은 고통스러운 것이고, 생(生)의 반복은 고통의 반복과 같은 의미이다. 따라서 불교에서도 윤회로부터의 해탈은 일차적 과제이며, 이를 위해 이번 생의 소중한 기회를 수행하는 삶으로 살고자 한다. 그 수행의 단계에서 '더 이상 돌아오지 않음'을 뜻하는 '아나함(阿那含, anāgāmī)', 즉 불환(不還)은 해탈에 이르는 최종단계를 의미한다. 그러나 단 한 번의 해탈 사건이 일어나지 않는 한, 끝없이 반복되는 괴로움, 간혹의 즐거움, 기니긴 무의미와 부조리(不條理)의 시간은 지속된다.

신의 노여움을 산 시시포스(Sisyphos)라는 인간이 있었다. 그의 형벌은 높고 가파른 산의 정상으로 커다란 바위돌을 밀어 올리는 일이다. 온 몸이 날카로운 바위에 찢기면서 무거운 바위돌을 정상에 올려 놓으면, 바위돌은 무심하게 아래로 굴러 떨어진다. 시시포스는 처음부터 다시 그 바위돌을 정상으로 올려 놓고, 바위는 다시 굴러떨어진다. 이렇게 오직 고통만을 야기하는 반복된 바위 올리기는 끝없이 지속된다. 이것이 윤회하는 인생이라면, 우리는 어떻게 해야 할까?

니체(Nietzsche)는 말한다.

우주가 무한하다면, 무한우주는 반드시 동일한 사태를 반복할 것이다.

네가 지금 살고 있고, 살아왔던 이 삶을 너는 다시 한번 살아야만 하고, 또 무수히 반복해서 살아야만 할 것이다. 거기에 새로운 것이란 없으며, 모든 고통, 모든 쾌락, 모든 사상과 탄식, 네 삶에서 이루 말할 수 없이 크고 작은 모든 것들이 네게 다시 찾아올 것이다.

(니체, 『즐거운 학문』, p. 341)

이것을 니체는 '동일한 사태의 영원한 반복(The Eternal Recurrence of the Same)', 즉 영겁회귀(永劫回歸, Ewige Wiederkunft) 혹은 '영원회귀'라고 한다. 영원회귀라는 사태 앞에서 우리는 잠시 말을 잃고, 무한의 고통을 결정한 악마에게 저주를 퍼부을 수 있다.

'우리는 이 삶을 다시 한번, 그리고 무수히 반복해서 다시 살기를 원하는가'

니체는 일종의 전복적인 대답을 제시한다.

가장 세계 부정적인 사고방식의 정체를 — 부처나 쇼펜하우어처럼 도덕적인 속박이나 망상에 사로잡혀서가 아니라 선악의 저편에서 — 꿰뚫어 보고 그 밑바닥에 이르기까지 내려다본 사람은 아마도 바로 이로 말미암아 전혀 의도치 않게 정반대의 이상에 눈을 뜨게 되었을 것이다.

(『선악의 저편』, p. 56)

니체는 생명력으로 충만하고 모든 무의미와 부조리까지 긍정하는 절대긍정의 인간이 바라보는 이상에 눈을 뜬다. 그는 과거에 존재했고 현재에도 존재하는 모든 것에 만족하고 그것들을 있는 그대로 받아들인다. 그러한 인간은 자신과 자신의 삶을 절대적으로 필요한 것으로 만들기 위하여, 영원에 걸쳐서 굽힐 줄 모르고 '처음부터 다시(da capo)'라고 부르짖는다. 삶은 부조리하고 세상이 부여하는 가치는 믿을 수 없다. 이제 우리는 스스로 삶의 가치를 만들어 나가야 한다. 무한 반복해도 기대감 넘치는 영원회귀의 삶을 창조하기 위해, 현재의 삶을 긍정하고 자신을 필요한 존재로 만들어가는 사람을 니체는 '초인(超人, Übermensch)'이라고 한다.

알베르 카뮈도 마찬가지로 시시포스의 무의미하고 부조리한 인생을 긍정하고자 한다.

> 산정(山頂)을 향한 투쟁 그 자체가 인간의 마음을 가득 채우기에 충분하다. 행복한 시지프를 마음속에 그려보지 않으면 안 된다.
>
> (『시지프 신화-부조리에 관한 시론』. 김화영 역)

시시포스가 깨어있는 의식을 가진 존재가 아니라면, 독자들이 시시포스의 신화를 깨어있는 의식으로 읽지 않는다면, '바위 올리기'는 무의미한 반복적인 사건의 하나일 뿐이다. 지구가 태양을 돌듯이, 나귀가 바퀴를 돌리듯이. 시시포스의 신화를 비극으로 만들고, 그것이 우리의 신경세포에 강력한 자극을 주는 이유는 그와 우리의 의식이 깨어있기 때문이다. 어깨에 진 바위의 무게, 날카로운 바위 모서리가 찢는 고통, 높은 정상까지 숨이 턱에 차는 발걸음, 그리고 무엇보다 정상에서 다시 굴러 떨어지는 바위 덩어리. 다시 산 아래로 내려오는 시시포스는 이 모든 사실을 알고 있다. 바로 이 사실. 시시포스가 저 바위-밀어-올리기의 무의미를 뼛속 깊이 인식하고 있다는 사실만이 그 사건에 차별성을 부여한다. "그에게 고뇌를 안겨주는 통찰이 동시에 그의 승리를 완성시킬 것이다." 무의미의 반복에서 의미를 획득하는 조건은 고통의 각인이다.

무아(無我)와 윤회(輪廻)

붓다는 해탈한 이후의 '여래의 모습'에 대해 대답하지 않았다. 해탈은 윤회를 벗어났기 때문에 세속의 현상과 언어로 묘사할 수는 없다. 그렇다면, 윤회하는 중생이 죽은 후의 상태는 어떻게 보아야 할까? 무아(anātman)를 전제로 하는 불교에서 죽은 자가 다시 태어난다고 할 때, 누가 죽고 누가 태어나는 것일까? 니체가 지적한 것처럼, 삶은 도덕적 속박이나 망상에 사로잡힌 윤회의 반복일 뿐인가?

메난드로스왕이 다시 묻는다.

"다시 태어난 자와 죽어 없어진 자는 동일합니까? 또는 다릅니까?"

"동일하지도 않고, 다르지도 않습니다."

불일(不一) 불이(不異). 나가세나의 대답은 긍정도 부정도 아니다. 같지도 않고 다르지도 않다. 불교에서 윤회는 '동일한 것(the same)', 즉 동일자(同一者)의 나고 죽음이 성립하지 않는다. 그렇지만 갓난아기와 어른이 된 메난드로스왕은 서로 다르기도 하지만, 한 사람이기도 하다. 그가 서로 다르다면, 어머니가 낳은 아이와 스승이 가르친 젊은이와 왕이 된 어른 메난드로스는 다른 사람이게 될 것이다. 이것은 우리의 직관에 부합하지 않는다. 그러나 동시에 우리는 갓난아이와 왕인 메난드로스의 차이도 분명하게 인식한다.

그것은 마치 등불이 밤새도록 탈 때, 초저녁과 한밤중의 불꽃이 서로 같다고도 다르다고도 할 수 없는 것과 같다.

인간이나 사물의 연속은 꼭 그와 같습니다. 생겨난 것과 없어지는 것은 별개의 것이지만, 서로 앞서거나 뒤쳐지지 않고 동시에 지속됩니다. 이리하여 모든 존재는 동일하지도 않고 상이하지도 않으면서, 최종 단계의 의식으로 포섭되는 것입니다. (『밀린다팡하』 2장)

우리가 어떤 인식주체(자아)나 사물(대상)이 연속하는 것으로 볼 때에, 그것은 불변하는 실재가 지속하는 것도 아니고, 동일한 것이 소멸하였다가 다시 생겨나는 것도 아니다. 그것은 서로 별개의 사태이지만, 끊어지지 않고 지속되는 현상이다. 앞과 뒤를 구별해 본다면 그것은 별개로 보이지만, 그것들은 서로 연속되어 있어서 분리되는 것이 아니다. 때문에 의식의 측면에서 '나'란 이전의 의식과 연결되어 있으면서 지금 찰나에 현상하는 '나'라는 '의식'이다. 물론 이 '의식'은 다음 찰나에는 과거의 의식이 되어버리고, 새로운 '의식'이 '나'라는 의식으로 이어진다.

우리는 앞에서 신체가 나의 연속성을 보장하지 못한다는 사실을 살펴보았다. 그렇다면 매순간 변화하는 나에게 연속성을 주는 것은 무엇일까? 흔히들 '기억'을 떠올린다. 기억이 나에게 통합적인 관념을 주는 것은 사실이지만, 곧바로 기억상실증에 걸렸거나 기억의 왜곡현상에 대한 질문에 걸리게 된다. 그렇다면 유전자는 어떤가? 유전자는 수태(受胎)의 순간부터 나의 신체적 죽음에 이르기까지 나의 동일성을 보장해 주지 않을까?

영화 <제6일(The Sixth Day)>에서는 이 주제를 흥미롭게 전개해 보여준다.

주인공 아담(Adam)은 헬기 조종사이다. 동료 행크가 아담을 대신해 그날의 비행을 맡고, 아담은 가족과 생일을 보내기 위해 집으로 향하였다. 그런데 집에 도착해 보니, 자기 자신이 아닌 자신과 동일한 사람이 생일

파티를 하고 있는 게 아닌가. 행크의 비행기가 추락하는 사고가 발생하자 아담이 죽은 것으로 착각한 복제회사에서 아담의 복제신체에 죽은 시각까지의 기억을 입력하고 일상으로 복귀시켰다. 유전적으로나 기억에 있어 동일한 복제인간 '아담'이 등장한 것이다. 뒤늦게 착오를 깨달은 회사는 실수를 감추기 위해 두 '아담' 중 하나를 제거하려 한다. 반면 두 명의 '아담'은 생존하여 자신이 누구인지를 밝혀내고자 한다.

복제된 아담을 제거하려는 아담에게 회사는 "네가 복제된 아담"이라고 말한다.

잘못을 숨기려는 회사 입장에서 어느 아담이 복제이고, 누가 진짜 아담인지를 따지는 것이 의미가 있을까?

영화가 보여주는 흥미로운 사실은, 복제를 통해 부활하는 회사 요원들의 태도이다. 그들은 아놀드 슈왈제네거가 연기한 아담을 제거하려다가 도리어 비참한 죽음을 맞는다. 차에 깔려 죽은 요원은 복제된 신체에 직전까지의 기억을 실어 되살아 나면서, 자동차에 깔리는 죽음의 순간에 분노하지만, 죽음을 두려워하지는 않는다. 복제된 요원은 자신이 다시 복제될 것을 알고 있다. 죽음 이후에 다시 복제된 몸에 나의 기억이 옮겨져 살아가게 될 것이다. 만일 내가 사고로 목숨을 잃게 되어 나의 유전자를 복제한 신체에 나의 기억을 옮겨 심는다면, 복제된 나는 나인가? 건강하고 젊은 복제신체가 주어진다면, 나는 지금 나의 죽음을 기꺼이 받아들일 수 있는가?

엄밀한 의미에서 요원들과 복제된 요원들은 서로 별개의 존재자들이다. 하지만 그들은 자신의 신체가 복제되고 기억이 연속되는 경험을 통해 죽음을 두려워하지 않게 되었다. 과거의 나는 사라졌지만, 지금 내가 과거와 연속되어 있다는 느낌, 그리고 미래의 복제된 나도 이와 같이 연속적인 느낌을 가질 것이라는 믿음이 그들을 죽음의 두려움에서 벗어나게 하였다.

그들은 바로 윤회의 믿음을 갖게 된 셈이다.

무아의 윤리

복제된 아담은 가족의 안전을 위해 자신을 희생하지만, 복제된 요원들에게 재생의 보장은 무슨 악행이건 손쉽게 행할 수 있는 조건이 되었다. 무아(無我)가 윤리적 행위를 보장하지 못하는 것처럼, 윤회(輪廻)도 윤리적 삶의 자세로 이끌어주지 못한다. 그것은 어쩌면 초인과 같은 결단이 요구되는 문제인지도 모른다.

자아(自我, ātman)의 분석에 따른 윤리적 해석의 가능성을 다음 세 가지로 생각해 볼 수 있다. 먼저, 영원하고 불변하는 자아가 존재하며, 우리가 경험하고 살아가는 현실은 환영(幻影, māyā)에 불과하다고 할 때, 우리는 어떤 삶의 자세를 가질 수 있을까? 어떤 이들은 환영에 불과한 것에 얽매이지 말고 현실의 과제에 최선을 다하려 한다. 정당한 대의(大義)와 명분(名分)을 위해서라면, 어떤 외부적인 압력에도 굴하지 않는 용기와 의지를 보여줄 것이다. 절대적 존재나 신(神)에 대한 신앙으로 무장한 이들이 어떤 권력의 압력이나 유혹에도 굴하지 않는 힘을 보여주는 역사적 사례들은 드물지 않게 발견할 수 있다.

그러나 동일한 믿음은 전혀 반대의 행위를 촉발할 수도 있다. 단지 환영(幻影)에 불과한 이 삶에서 무엇을 하건 아무 의미도 지니지 못한다는 허무주의가 그것이다. 특히 이원론적 세계관에서 육신에 속하는 삶과 행위들은 영원한 가치를 지니지 못하며, 궁극적으로 무의미한 것으로 여겨진다. 애써 노력하는 삶도 환영에 불과한 것이고, 온갖 불의한 폭력으로 세상을 휘저어도 환영일 뿐이다. 윤리적인 행위와 노력이란 무의미한 것이 된다.

다음으로, 영원하고 불변하는 자아(ātman)가 존재하지만, 현실에서는 그것이 때/죄에 덮혀 있어 고통스럽고 무지한 상태를 만들어 낸다는 관점이다. 비록 표면적으로 비천하고, 우둔하고, 추하고, 부도덕하고, 타락해 보일지라도, 폭포수에 진흙을 씻어내듯 염오한 때를 벗겨내기만 하면, 거기에 순수하고 영원불변하는 자아가 있다. 이러한 관점에 따르면, 일반적으로 때/죄를 벗고 또 새로운 때/죄를 더하지 않기 위해 절제되고 청정한 삶의 자세를 추구한다.

고삐 풀린 우리의 욕망이 조금은 절제된 삶의 양식으로 전환되지 않는다면, 지구상에서 인류의 미래는 길지 못할 것이다. 무분별한 욕망의 긍정, 무절제한 이익의 추구, 맹목적 소비의 과시가 미덕이 되는 신자유주의적 자본주의는 지속가능하지 않다. 도덕적으로 오만한 인류의 시대에 조금은 겸손하고 자기허물을 성찰하는 자세가 요구된다. 80억의 인류가 한정된 지구별에서 살아가기 위해서 우리는 공존의 윤리를 익혀야 한다. 인류의 현실이 이상적이지 않으며 불완전하고 오염된 상태로 병들어 있기 때문에, 우리의 삶을 조금 더 절제하고 청정하게 만들어가야 한다는 자세는 인류의 미래를 위해 유용한 접근법이 될지도 모른다.

하지만 이러한 접근방식에는 극단적 금욕 내지는 자학적 고행주의의 위험이 도사리고 있다. 중세 수도사들 가운데 욕망의 노예가 된 육체를 제어하기 위하여 날마다 채찍으로 육체에 고통을 가하는 수행자들이 있었다. 극단의 고행주의는 개인적 차원에서 중독성을 지닐 뿐만 아니라 사회적 측면에서 개인의 자유로운 사유와 행동을 제어하는 억압의 기제로 작용하기도 한다. 고대나 중세시대의 고행에 비교할 바는 아니지만, 고행주의는 현대에도 여전히 명맥을 유지하며 영향을 미치고 있다. 일부 종교 집단에서는 세속적인 음악을 악마화하거나 성을 규제하고 생활양식을 특정한 규율에 따라 제한하며, 신체의 통제를 신비화하는 방식으로 고행주의를 강요한다.

마지막으로 영원하고 불변하는 자아는 존재하지 않으며, 그것은 단지 무지에 의한 착각이라는 무아(無我)사상에서의 윤리(倫理)는 어떤 가능성을 함축하는가? 먼저, 무아(nairātmya)를 깨닫기만 하면, '나의 것'이라고 착각하였던 고통, 애증, 외로움, 허무함 등 마음의 속박에서 이미 벗어나 있음을 알게 된다. 경험의 주체가 없기 때문에 사실 벗어날 것도 없고 오직 감정들의 현상만이 생멸하고 있을 뿐이다.

반면 무아와 관련하여 자주 제기되는 질문이 있다.

"어차피 무아인데 덕을 쌓거나 죄를 짓는 것이 무슨 영향을 주겠는가?"

『밀린다팡하』의 논의를 다시 살펴보도록 한다.

나가세나는 저 세상에 태어나는 자는 정신과 육체가 바뀌어 태어난다고 말한다. 메난드로스는 묻는다.

"만일 현재의 명칭과 형태 그대로 저 세상에 태어나는 것이 아니라면, 인간은 악업으로부터 벗어날 수 있지 않겠습니까?"

지금 명칭과 신체로 나타나는 현생의 인격체가 그대로 다음 생에 태어나는 것이 아니라면, 이생에서의 악업을 지은 자가 그것을 가지고 다시 태어나지 않기 때문에, 결국 지금 이생에서 악업을 지었던 작자는 그 악업에서 벗어나게 되는 것이 아닌가?

이 질문에 대해 나가세나는 만일 저 세상에 태어나지 않는다면 악업에서 벗어났다고 할 수 있겠지만, 비록 다른 이름과 신체로 태어난다고 하더라도 저 세상에 다시 태어나는 한 악업에서 벗어나지는 못한다고 말한다. 나가세나는 여기서 재미있는 비유를 들어 설명한다.

어떤 사람이 추위에 몸을 녹이기 위해 불을 피웠다가 불을 끄지 않고 그냥 가버렸다. 이 불이 번져서 다른 사람의 밭에 옮겨 붙어 심한 화상을 입었다. 이 사람은 불을 끄지 않고 가버린 사람의 처벌을 요구하였다. 그러자 불을 피운 사람이 대답하였다.

"저는 이 사람의 밭을 태우지 않았습니다. 제가 끄지 않은 불과 이 사람의 밭을 태운 불은 다른 불입니다. 저는 죄가 없습니다."

이 사람의 항변을 어떻게 받아들여야 할까?

나가세나와 메난드로스는 모두 처음 불을 원인으로 해서 일어난 불이므로 처음 불을 지핀 사람이 죄가 있다는 데 동의한다. 여기서 중요한 점은 '사건의 인과성'이다. '처음의 불'이나 '화상을 일으킨 불'이 아니라 '처음의 불에서 화상을 일으킨 불'까지 인과적으로 이어지는 작용의 연속성이 핵심이다. 인과적 연쇄고리의 원인을 제공한 이는 그 원인이 이어지고 마침내 불러오는 결과에까지 책임이 있다. 비록 이름과 형태를 바꾼 존재로 태어났다고 하더라도 업(業, karma)의 인과의 연속성은 끊어지지 않고 선악의 업에 합당한 결과를 맺는다.

하지만 나가세나의 대답은 의문을 해소하기에 충분한 것인가?

만일 다음 생에 이름과 형태를 바꾸어 태어난 이가 이생에서의 인격성을 유지한 채 명칭과 형태만을 바꾸었다면, 그 인격성은 자아(自我)와 같은 것으로 판단해야 할 것이다. 그러나 그것은 불교의 전통에서는 받아들일 수 없는 해석이다. 그렇다면, 다음 생에 다른 이름과 형태로 태어난 이는 누구인가? 그것은 단지 업을 실어나르는 수레일 뿐인가?

만일 이생에서 비루한 삶을 살았던 이가 있다고 하자. 그는 이생에서 죽은 후, 이름과 형태를 바꾸어 남아메리카 아마존 정글에서 바퀴벌레로 태어났다고 하자. '비루한 이' 씨의 인격성이 바퀴벌레에 그대로 전이된 것도 아니고, 바퀴벌레가 전생의 '비루한 이' 씨를 기억하는 것도 아니다. 하지만 전생의 '비루한 이' 씨의 업은 바퀴벌레의 삶으로 이어진다. 아무 것도 알지 못하는 바퀴벌레는 '비루한 이' 씨의 업을 지고 살아가지만, 바퀴벌레가 할 수 있는 일이란 바퀴벌레가 할 수 있는 일을 벗어나지 못한다. '비루한 이' 씨의 업을 왜 알지도 못하는 바퀴벌레가 져야 하는가? 그리고 무엇보다 '비루한 이' 씨는 죽음 이후 어떻게 되는 것인가?

이것은 말장난을 위한 질문이 아니다. 수십 년간 불교학을 연구하였고, 서구의 대표적인 불교학자로 인정받았던 폴 윌리엄스(Paul Williams)가 만년에 가톨릭으로 개종하면서 제기하였던 문제가 바로 이것이다. 윌리엄스가 보기에 불교에는 죽음 이후에 구원이 없다.

폴 윌리엄스가 공부한 붓다의 가르침에서는 '폴 윌리엄스'가 환생하거나 영생하지 못한다. 이생의 삶이 끝나고 나면, '폴 윌리엄스'는 사라지고, 남아메리카의 바퀴벌레나, 천상의 천사나, 운이 좋으면 다른 어떤 인간으로 태어날지도 모른다. 그러나 그것은 폴 윌리엄스가 아니고, 폴 윌리엄스는 그것을 용납할 수 없다. 역시 무아(無我)가 문제이다. 평생 불교를 연구한 폴 윌리엄스에게조차 '무아'는 허무주의로 읽힌 것이다.

'무아'와 '윤회'는 이처럼 대립하는 모순적 개념으로 보인다. 그러나 불교의 형이상학적 토대로서, 무아와 윤리적 요구로서 윤회는 어느 것도 포기할 수 없는 핵심적 주제이다. 동시에 잡을 수 없는 두 개의 공을 저글링 하듯이, 아비다르마철학에서 논쟁은 더욱 현란하고 어지럽게 전개된다.

함께 읽어 볼 책

- 홍창성 (2023). 『무아, 그런 나는 없다』. 파주: 김영사.
- 서경수 (2002). 『밀린다팡하』. 서울: 민족사.
- 알베르 카뮈 (1997). 『시지프 신화 – 부조리에 관한 시론』. 김화영 역. 서울: 책세상.

아비다르마(Abhidharma) 철학

– 번쇄한 철학의 전성시대

아비다르마(Abhidharma)철학
- 번쇄한 철학의 전성시대

붓다는 어떤 것도 실재성을 지니지 않으며, 영원하고 변하지 않는 실재란 아무것도 없다고 설하였다. 그리고 그것은 불교(佛敎) 자체에 대해서도 적용되는 진리이다. 불교는 불변하고 단일한 진리체계가 아니라, 시간과 장소에 따라 다양한 얼굴을 한 사유체계들의 역사적 총합이다. 그럼에도 최근까지 불교에 대한 철학적 연구에서 '니체철학과 불교', '플로티누스의 사상과 불교', '불교와 현상학' 등과 같이 불교를 단일한 학파철학이나 개별 철학자와 같은 수준에서 비교하는 연구가 인기를 끌었다. 이러한 비교연구는 마치 '논어와 서양철학'이나 '왕양명과 기독교신학'과 같이 비교할 대상의 범주가 어긋한 연구사례라고 할 수 있다. 이는 물론 불교를 서양사상사에서 하나의 학파철학 정도로 간주하였던 초기 오리엔탈리즘적 시각을 반영한다.

하지만 불교사상의 역사는 서양에서 지난 2천 년간 변화 발전해 온 기독교사상보다 더 긴 역사를 가질 뿐만 아니라 더 넓은 지역과 상이한 문화권에서 다채롭게 발전해 온 다양한 사유전통들을 포함한다. 불교의 다양한 해석 가능성은 이미 청중의 눈높이에 맞추어 다르게 설해진 붓다 자신의 가르침, 즉 그의 대기설법(對機說法)에서 충분히 예시되고 있었지만, 당시에는 즉각적으로 이견을 조정하였던 붓다 자신의 권위에 의해 다양한 견해들이 통합을 유지할 수 있었다.

결집(結集)

붓다가 열반에 들자, 붓다를 따르던 승가(僧伽, sangha)공동체에서는 '붓다의 말씀'을 확정하고 보존해야 할 필요가 대두되었다. 붓다의 장례절차인 다비(茶毘, jhāeti)의식을 마친 후, 500명의 제자들이 한자리에 모였다. 붓다를 가까이 수행하며 그의 말씀을 기억해 두었던 아난다(Ānanda)가 "나는 이와 같이 들었다"는 말로 시작하여 붓다의 말씀을 암송하고, 승가대중이 동의하면, 그 말씀을 다함께 암송하여 경전으로 확정하였다. 이 모임을 제1차 결집이라고 한다. 제1 결집에서 500명의 비구들은 승가공동체가 집단적으로 기억하고 합송(合誦)한 내용으로 경전을 확정하였다.

붓다의 가르침에 대한 권위있는 표준경전을 결정하고자 했던 이 첫 번째 결집에서부터 이미 일부 장로들의 이견이 제기되었다. 『율장』의 「출라박가(Culavagga)」에는 이미 푸라나(Purāṇa) 비구가 제1차 결집에서 확정된 법(法, dhamma)과 율(律, vinaya)의 권위를 부정하였다고 전한다.

비구들이여! 법과 율은 (여기 모인) 장로들에 의해 잘 합송되었다. 그렇지만, 나는 세존의 면전에서 직접 듣고, 세존의 면전에서 수지한 것만을 수

지할 것이다. (Vin. Ⅱ. 「출라박가」 Ⅺ.1.11, 289)

푸라나 비구의 주장은 승단의 합의가 아니라, 붓다에게 자신이 직접 듣고 수지한 가르침만을 따르겠다는 지극히 정당하고 보수적인 관점이라 하겠다. 그러나 수십 년에 걸친 붓다의 가르침을 '면전에서 수지한 것'만을 기준으로 삼아 확정하고자 한다면, 아마도 불교는 처음부터 수백, 수천 개의 상이한 종단으로 첫발을 떼어야 했을 것이다. 공동체의 유지를 위해서는 최소한의 핵심사항에 기반한 합의가 현명한 접근법이다. 대동소이(大同小異). 넓게 보아 근본에서 동일하다면 작은 차이에 연연하여 구별하거나 차별할 필요가 없다. 그러나 용인하기 어려운 차이에 대해 서로 타협점을 찾을 수 없게 되면, 각각의 무리들은 '함께 할 수 없다'고 선언하고, 새로운 종단으로 분열하였다.

진리가 시간의 단층을 통과하면서 전승들이 기억의 프리즘을 통해 굴절, 퇴색, 변조, 과장되어 갈 때에, 우리는 전승을 어떻게 받아들여야 할 것인가? 주로 『열반경(涅槃經)』 계통에서 붓다의 전승을 검증하는 방식에 대한 기준을 제시하고 있다. 붓다의 열반이 임박하자, 제자들은 이제 어떻게 붓다가 깨달은 진리를 검증하고 전승할 것인지에 대한 기준을 확립하고자 한다.

빨리어 『열반경』(DN16: Mahāparinibbānasutta)이나 『장아함경(長阿含經)』의 「유행경(遊行經)」 등에는 진리검증의 정형구가 등장하는데, 이 4대교법(大敎法, mahāpadeśa)의 기본구조는 다음과 같다.

어떤 비구가 다음과 같이 주장한다.

"나는 [누구]로부터 이것을 들었다." 그러므로

"이것은 법(dharma)이고, 율(vinaya)이고,

[스승의 가르침(satthusāsana)]이다."

그러면 '그의 말을 잘 듣고, 단어와 문장을 잘 파악한 다음'

[검증기준에 맞는지] 검토해 보라.

만약 맞지 않으면, 비불설로 판단하여 버려야 한다.

만약 맞다면, 불설로 취해야 한다.

'4대교법'이라는 명칭은 전승의 발신자인 [누구]를 네 유형으로 구분한 것에서 유래하였다. 발신자는 1) 붓다, 2) 승가(僧伽), 3) 일군의 뛰어난 장로, 4) 한 명의 뛰어난 장로로 구분된다. 어떤 승려가 주장하기를, "나는 붓다로부터 X를 들었다. 그러므로 이것은 스승의 가르침이다"라고 한다면, 혹은 "나는 어떤 한 장로에게서 X를 들었다"라고 주장한다면, 우리는 그것을 붓다의 가르침, 즉 불설(佛說)로 인정할 수 있을까?

여기서 우리는 불교의 특징적 성격을 확인할 수 있다. 어떤 주장 X가 붓다의 가르침이며 합당한 진리인지에 대한 판단은 제시된 발신자의 권위에 의존하지 않는다. 그것이 붓다의 권위로 전해졌건 한 명의 장로의 증언으로 말해지건, 우리는 '그의 말을 잘 듣고, 단어와 문장의 의미를 잘 파악한 다음' 몇 가지 검증기준에 맞는지 검토해야 한다. 만약 그 기준에 부합하지 않으면 버리고, 기준에 부합한다면 붓다의 가르침으로 받아들인다.

이 검증기준으로는 기존의 '경전(sutta)'과 '계율(vinaya)'뿐만 아니라 법성(法性), 즉 진리성이 포함된다. 만일 한 명의 장로 이름으로 전해진 전승 X가 진리성에 부합한다면, 우리는 그것을 '붓다의 가르침'으로 인정할 수 있다.[1]

분열의 시작

붓다의 열반 이후 약 100년의 시간이 흘렀다. 이제 붓다에게서 직접 가르침을 받았던 직제자들뿐 아니라 직제자들의 제자들까지 모두 세상을 떠나고 직접적인 기억은 전설(傳說, kīla)이 되었다. 이제는 '내가 붓다로부터 직접 들었다'고 말해 줄 어른들도 존재하지 않는 상황에서 넓은 지역에 분포한 승단들 사이에는 '나는 이렇게 들었다'는 청문(聽聞)의 차이가 명백히 드러났으며, 생활규율에 대해서도 이견이 제기되었다. 그 가운데 초기승단의 어른들을 기억하고 있던 상좌(上座, Theravāda)들과 젊고 시대적 요구에 민감하였던 대중부(大衆部, Mahāsāṅghika) 사이에서 갈등이 표면화하였다. 요즘으로 말하자면 전통을 중시하는 장년 보수파와 개혁을 추구하는 청년 진보파의 대립이라 하겠다.

10사(事)

양 진영의 대립에 관해서는 북방불교와 남방불교가 각기 다른 전승을 기록하고 있다.

남방에서는 '섬의 역사'라는 뜻을 가진 『디빠방사(Dīpavaṃsa)』의 고문헌층에서 첫 번째 분열에 대해 언급한다. 바이샬리(Vaiśālī)지역의 한 비구는 대중의 다수가 빨리어 율장의 준수에서 '10가지 사항(10事, daśa-vastūni)'에 대해 해이해졌다고 비판하였다.

---

1   보다 자세한 논의는 다음을 참고하기 바란다. 이규완 (2018). "지평융합–불설(buddha vacana)은 해석의 지평에서 현존한다".

1) 일반적으로 먹을 것은 다음날까지 비축하여서는 안 되지만, 부패하지 않는 소금을 후일까지 소지하여도 무방하다. 염정(鹽淨)

2) 비구들은 태양이 남중하는 정오까지 식사할 수 있지만, 태양이 손가락 두 마디 정도 넘어갈 때까지는 먹어도 무방하다. 이지정(二指淨)

3) 탁발하여 한 번 식사를 마친 후라도 오전 중이라면 다른 마을에 가서 다시 탁발할 수 있다. 취락간정(聚落間淨)

4) 동일 지역의 비구들은 한 달에 두 번 반드시 한곳에 모여 포살(참회 의식)을 행해야 하지만, 사정에 따라 두 곳으로 나누어 시행하여도 무방하다. 주처정(住處淨)

5) 정족수에 미치지 않더라도 곧 도착할 비구의 동의를 예상하여 의결한 후, 사후에 승낙을 받아도 무방하다. 수의정(隨意淨)

6) 율(律) 규정에 없는 것은 스승의 관례에 따른다. 구주정(久住淨)

7) 식사 이후라도 응고하지 않은 우유는 마셔도 무방하다. 생화합정(生和合淨)

8) 비구는 술을 마셔서는 안 되지만, 발효하지 않은 야자즙과 같은 술은 약용으로 마실 수 있다. 수정(水淨)

9) 비구가 사용하는 방석은 크기가 결정되어 있지만, 테두리 장식이 없는 것이라면 크기에 제한이 없다. 불익루니사단정(不益縷尼師檀淨)

10) 출가자는 금이나 은을 가져서는 안 되지만, 부득이한 경우 이를 수납하여도 무방하다. 금은정(金銀淨)[2]

각각의 항목은 "빨리율에 따르면, 비구가 ~을 행하는 것이 적절한가?"

---

2   권오민 (2004). 『인도철학과 불교』. 서울: 민족사, p. 213.

라는 형식으로, 대중부의 완화된 생활규범에 대한 정당성을 추궁하고 있다. 이 가운데 1, 2, 3, 7, 8항은 음식에 관한 규정이고, 4, 5, 6, 9항은 승단의 공동생활에 관한 규정을 다루고 있다. 붓다 시대의 승려들은 매일 탁발을 하여 오전 중에 하루 한 끼의 식사만 할 수 있었다. 남방불교에서는 지금까지 하루 한 번 탁발을 하고 오후에는 음식을 섭취하지 않는 오후불식(午後不食)의 전통을 유지하고 있다. 한국불교에서도 1970년대까지는 승려들이 탁발하는 전통이 남아 있었지만, 일부 가짜승려들이 탁발을 명분으로 금품을 사취하는 폐단이 있어 금지되었다.

그런데 먼 마을에까지 가서 탁발을 하다가 그만 정오의 태양에서 손가락 두 마디 정도(약 30분쯤) 시간을 넘겨 하루 식사를 거르는 경우가 발생하였다. 이 정도는 눈 감아 주어도 되지 않을까? 또는 하필 마을이 빈한하여 탁발로 먹을 음식이 부족하였는데, 아직 정오까지는 시간이 남았다면, 다른 마을에서 탁발을 더 해도 되지 않을까? 식사를 마치긴 하였는데, 아직 요거트가 되지 않은 남은 우유는 마셔도 좋지 않을까?

사소한 음식에 관한 규정은 하루 한 끼 공양으로 만족해야 하는 승려들에게는 가장 일상적으로 시비를 불러일으키는 문제였다. 군대생활을 해 본 사람들은 매끼 배식 때마다 벌어지는 신경전을 기억할 것이다. 맛난 반찬을 조금이라도 더 먹기 위해 비굴함을 무릅쓰고, 초코파이 하나를 얻어먹기 위해 타종교의 행사참여도 불사하던 우리가 아니었던가? 거룩한 명분으로 포장된 종교적 수행에서도 가장 첨예하게 부딪히는 부분은 먹고 마시고 잠자는 일상의 요소들이다.

동방교회에서는 유프로시누스(Euphrosynos the Cook)라는 성인이 떠난 9월 11일을 축일로 기념한다. 유프로시누스는 헐벗은 유년기를 보내며 읽고 쓰기도 익히지 못한 떠돌이 신세였다. 허기에 지친 몸을 하룻밤

쉬어가려고 들어간 수도원에서 늙은 수사는 그에게 빵과 수프를 내어주고 잠자리도 허락하였다. 그는 일자무식이라 수사가 될 수 없었고, 숯검댕이가 떨어지는 주방에서 하루 종일 음식을 준비하는 것으로 보답하고자 하였다. 몇 년이 지나 수도사가 된 후에도 그는 식당에서 떠나지 않고 평생을 요리사로 다른 수도사들의 음식을 준비하였다. 학식있고 교양있는 수사들이 식사를 마치고 나가는 길에 유프로시누스는 언제나 "보잘것없는 음식을 용서해 주소서"라며 부족한 음식에 용서를 구하였다. 어떤 수사들은 소리없이 지나갔고, 어떤 이들은 지저분하고 무식한 그를 멀리하였으며, 간혹 비아냥거리는 소리도 들렸다. 그러나 유프로시누스는 음식에 대한 수사들의 불평과 자신에 대한 냉대에도 불구하고 성심껏 음식을 준비하였으며, 식당에서 일을 마치면 경건한 기도로 자신의 시간을 보냈다. 수십 년의 식당일을 하면서 그는 아무도 모르는 사이에 이미 성인(聖人)의 경지에 도달해 있었다. 먹는 것 앞에서 사람들은 한없이 치사해지고, 그런 사람들의 불평과 비난을 평생 감내하는 일은 성자가 될 만한 수행이다.

비록 사소해 보이지만 먹는 문제는 사람의 밑천을 드러내 보이는 결정적인 요인이 될 수 있다. 공동체의 분열을 촉발한 열 가지 항목의 이견에서 다섯 가지가 음식과 관련되어 있다는 사실은 의미심장하다. 그 외 승단의 공동생활을 유지하기 위한 몇 가지 규정들에 대한 세부적인 의견의 불일치도 있었지만, 무엇보다 중요한 문제는 소금과 금은의 소지였다. 소금은 일차적으로 음식의 부패를 막고 맛을 내는 기능을 하였지만, 화폐로도 사용되었다.

결국 문제는 소금이나 금은과 같은 화폐의 소유였다. 출가자가 돈을 사유하는 것이 용납될 수 있는가? 무소유(無所有)의 원칙은 인류사에서 극히 일부를 제외하고는 오직 이상으로만 존재하였다. 특히 자본주의적 가치가 지배하는 근대세계에서는 종교공동체조차도 돈의 지배를 받는 것이 현실이다. 제2차 결집에서 그 작은 균열이 시작되었다. '부득이한 경우'에는 돈을 소유할 수 있도록 예외를 두었으며, 시간이 지날수록 '부득이한 경우'는 헤아릴 수 없이 많아져 갔다.

이러한 도덕적 해이 사태에 직면하여, 일부 장로파들은 크게 염려하면서 원칙을 더욱 강화하고자 하였으며, 반대로 개량적인 다수파는 아예 독자적인 목소리를 내고자 결집하였다. 결국 불교 교단에서 첫 번째 분열이 이루어졌다. 역사는 이것을 '근본분열'이라고 부른다.

5사(事)

한편, 북방불교 전통에서는 첫 번째 분열에 대한 상이한 설명을 제공한다.

『대비바사론』이나 『이부종륜론』, 『논사(論事)』(Kathavatthu I.2) 등에 따르면, 주류교단에서 '번뇌에서 벗어난 자'로 인정하는 아라한(阿羅漢, arhat)의 지위에 대한 의문 내지는 도전이 있었음을 보여준다. 대천(大天, mahādeva)이 다섯 항목에 대해 아라한의 권위에 극단적 도전을 제기한 이 사건을 '대천오사(大天五事)'라고 부른다.

1) 유혹(parūpahāra): 아라한은 번뇌 때문은 아니지만, 마귀의 유혹에 의해서는 몽정을 할 수 있다.
2) 무지(無知, aññāṇa): 아라한은 번뇌와 열반에 관한 무지는 없지만, 세속적인 일에 관해서는 무지한 경우가 있다.
3) 불확실(kaṅkhā): 아라한은 수행과 열반에 관해서는 의혹이 없지만,

세속일에 관해서는 의혹이 있을 수 있다.

4) 아라한의 인가(paravitāraṇa): 아라한은 자신의 해탈을 자증하지만, 타인의 인도로 아는 경우도 있다.

5) 아라한의 퇴보(parihāyati): 아라한도 사성제를 일으키기 위해 마음의 소리를 내어 불러야 한다.

요컨대 번뇌를 벗어나 해탈한 지위를 지칭하는 '아라한(arhat)'이라 하더라도, 그들은 여러 방면에서 불완전한 존재라는 지적이다. 마하데바가 보기에 주류 상좌부의 '아라한'들이 보여주는 수준은 여전히 의심스럽다. 주로 남성 비구들의 승단에서 흔하게 목격하였을 몽정(夢精)이 아라한에게도 예외는 아니었다는 냉소적인 반응이나, 아라한들도 세속의 일에 대해서는 무지하거나 불확실하다는 사실을 받아들여야 한다는 주장은 주류 지도층의 권위에 대한 정면도전이었다. 마하데바는 아라한이라 불리는 승단의 어른들에 대해 그들의 종교적인 권위는 인정하겠지만, 그들이 세속적인 일에서도 완전무결한 것은 아니라고 주장하였다.

이러한 지적은 오늘날의 성직자들에 대해서도 동일하게 제기되는 문제이다. 많은 종교 전문가는 그들이 마치 세속의 일에서도 권위를 지닌 것처럼 신도들을 상담하거나 지도하고자 한다. 구한말이나 일제강점기와 같이 종교사상이 대중을 각성시키고 사회를 이끌던 특정한 계기에서 그런 역할은 어느 정도 수긍이 가는 측면도 있었다. 그러나 사회가 종교를 앞서 진보하고, 오히려 세속이 종교를 걱정해야 하는 시대라면, 그것은 눈먼 자가 대중의 행렬을 이끄는 꼴이 되고 말 것이다. 문제는 시대가 험할수록 몽매한 자들이 더욱 사회를 어둠으로 몰아가는 비극이 빈번해진다는 점이다. 종교와 정치 권력자들은 자신들의 허물을 은폐하고, 어떤 오류도 인정하려 하지 않을 뿐 아니라, 비극의 원인을 타인들에게 전가한다. 그들은 세속적 일에도 권위를 주장하지만, 그것에 책임을 지는 일은 없다.

당시에 주류 승단이 이와 같은 도덕적 위기에 직면해 있었는지는 분명하지 않다. 그러나 확실한 사실은 그들이 자신들의 종교적 권위를 강화하고자 하였으며, 전승의 해석에서 보수적인 입장을 완고하게 고집하였다는 점이다. '마하데바(대천)가 제기한 다섯 가지 의혹'에 대한 소위 대천오사(大天五事) 논쟁의 결과, 주류승단의 장로들은 대중의 지지를 얻는 데 실패하였으며 그 결과 활동의 무대를 카슈미르로 이동하게 되었다. 카슈미르 지역은 앞으로 보게 될 아비다르마철학의 대표 학파 설일체유부의 활동지역이다. 따라서 마하데바의 의혹은 당시 주류 상좌부 혹은 설일체유부에 대한 대중의 저항과 분열을 배경으로 제기된 것으로 추정된다.

마우리야왕조의 아쇼카(Aśoka)

정치적 상황은 종단의 분열과 통합에서 언제나 결정적인 중요성을 지녀왔다. 특히 강력한 왕국이나 제국이 등장하는 조건에서는 통치지역을 하나의 강력한 이념으로 통합하려는 시도가 이루어지게 된다. 하나의 국가, 하나의 이념. 제도적 통합과 함께 종교적 통합을 완성할 때에만 강력한 제국의 유지가 가능해지기 때문이다.

마우리야왕조는 인도 아대륙에서 최초의 통일제국을 확립하였다. 때는 바야흐로 서기전 326년, 파죽지세로 페르시아 대제국을 점령한 알렉산더의 정예부대는 인더스강의 북서부에 도달하였다. 마케도니아에서 인더스강까지 5천 km 이상을 달려온 알렉산더의 원정군은 파우라바왕국을 위시한 연합군에 맞서는 동시에 폭이 넓은 다섯 겹의 강을 건너야 하는 난관에 봉착하였다. 비록 알렉산더군에 패하긴 하였지만 용맹한 전사였던 파우라마의 왕에 따르면, 강 건너 인도측에는 보병 20만, 기병 2만, 전차 2천 대, 전투 코끼리 3천 이상의 군사력을 가진 난다(Nanda)왕국이 지키고 있었다. 패배를 모르는 알렉산더도 더 이상의 진군은 포기하고 인더스강의 북서쪽 강변을 따라 하류로 이동하여 귀국하여야 했다.

알렉산더가 회군한 직후인 321년에 난다왕국은 갑자기 멸망하고, 알렉산더 원정의 접경지에서 혜성같이 등장한 찬드라굽타의 마우리야(Maurya)왕국으로 교체되었다. 시기적으로 찬드라굽타는 알렉산더의 원정이 인도 북서부 인더스강 유역을 뒤흔들던 역사의 한 가운데에 서 있었다. 강력한 알렉산더의 정예부대와 새로운 문명을 접한 젊은 찬드라굽타는 아마도 무력한 난다제국을 대신한 새로운 인도의 미래를 꿈꾸었는지도 모른다.

마우리야왕조는 제3대 아쇼카(Aśoka, ca. 304~232 BCE)에 이르러 인도 아대륙의 거의 전역을 정벌하고, 통일제국의 위업을 달성하였다. 아쇼카 왕은 통일을 최종적으로 결정짓기 위해 대륙의 동남부에 자리 잡고 평화롭고 고상한 문화를 소유하였던 칼링가를 정벌하고자 하였다. 칼링가의 전투는 피아간에 15만 명씩의 인명피해를 초래한 참혹한 승리였다(ca. 260). 아쇼카는 칼링가 전투의 주검들 위에서 더 이상의 희생이 없는 평화의 시대를 선포하였다. 어쩌면 인도 아대륙에는 더 이상 희생을 요구하는 지역이 남아있지 않았을 수도 있다. 모든 전쟁과 전쟁이 야기한 처참한 비극은 제국이 가져다줄 평화로만 정당화될 수 있었다. 전쟁의 화신은 이제 무법적 세력들의 폭력과 착취로부터 사회 구성원과 약자들을 보호하는 책임을 스스로에게 부과하였다. 아쇼카가 자신의 석주에 기록한 바와 같이, 폭력에 의한 정복이 아니라 '진리에 의한 정복(dharma-vijaya)'만이 최상의 정복이다(「14장 마애법칙」중 제13장).

아쇼카는 다른 제국의 창립자들과 마찬가지로 제국민들의 이념적 통합을 추구하였는데, 그의 정책은 두 가지 측면에서 인상적이었다. 그는 새롭게 등장한 통일 마우리야왕국에서는 다양한 인종과 종교사상이 공존하는 정치문화적 지형을 형성하고자 하였다. 그는 전승을 기념하거나 국토를 순행하였던 지역에 40여 개의 석주(石柱)를 세우고, 자신의 통치이념과 치적을 기록하였다. 20세기 후반에야 완역이 이루어진 '아쇼카 비문'은 고대 마가디(Māgadhī)어를 브라흐미(Brāhimī) 문자로 표기하였으며, 카로슈티(Kharoṣṭī)어, 아람어 혹은 그리스어를 병기하고 있다.

비문은 정치, 사회, 경제 등에 관한 주요한 통치 원칙을 밝히고 있을 뿐만 아니라, 종교적, 윤리적 규범에서 높은 수준의 인권의식과 윤리의식을 드러내 보여준다. 마우리야왕조의 신민들은 스승에 대한 존경, 살생의 금지, 사문이나 바라문에 대한 보시, 노예와 하인에 대한 올바른 대우 등을 준수해야 한다. 아쇼카왕의 종교적 관용과 공존정책은 21세기에도 여전히 종교갈등에서 벗어나지 못하고 있는 인류에게 각성을 촉구한다. 아쇼카왕은 모든 종파들의 본질을 증진시키도록 돕는 일이 가장 좋은 보시이자 공양이라고 생각하였다. 본질을 증진시키는 방법이란, 자신의 종파를 빛내기 위해 다른 종파를 비방하는 행위 대신 각 종파들이 서로 법을 듣고 존중하도록 하는 것이다. 그러한 화합과 관용만이 진정으로 선(善)한 종교의 모습이다(「14장 마애법칙」중 제12장).

「소마애법칙」의 제1장에는 그가 불교의 재가신도인 우바새(優婆塞, upāsaka)였으며, 승가에 가서 수행하였다는 사실을 밝히고 있다. 아쇼카왕은 출가자와 재가자를 포괄하여 종교인들에 관한 업무를 담당하였던 법대관(法大官)을 임명하고, 법을 공포하였다(7장). 이 가운데 승단의 분열과 갈등을 암시하는 부분이 전한다.

> 누구도 승가의 화합을 깨뜨려서는 안 된다. 비구 또는 비구니로서 승가
> 의 화합을 깨뜨린 사람은 백의를 입혀서 주처가 아닌 곳에 살게 해야 한
> 다. 이와 같이, 이 법칙은 비구 승가와 비구니 승가에 알려지게 해야 한다.
>
> (「소석주법칙」)

제3결집

아쇼카왕은 종교 간의 관용과 공존을 강조하였을 뿐만 아니라, 불교 내부
에서의 화합을 강조하였다. 전승에 따르면 불멸 후 236년, 즉 서기전 250
년경에는 이미 비구들 사이에 깊은 반목이 형성되어 있었고, 아쇼카왕의
관리들과 비구들 사이에도 충돌이 있었던 것으로 알려져 있다. 아쇼카왕
은 장로들의 의견을 수렴하여 붓다의 정설을 확인하고, 화합을 해치는 무
리들을 교단에서 축출하였다. 목갈리뿟따띳사 장로는 경율론 삼장에 정
통한 1천 명의 비구들을 모아 붓다의 가르침을 새롭게 정립하였다. 이것
이 아쇼카 17년(혹은 18년)에 이루어진 제3결집이다.

이 결집에서 다루어진 교학적인 문제를 집대성한 저술이 『논사(論事)』,
즉 『카타밧투(Kathāvatthu)』라는 논서로 알려져 있지만, 시대착오적인 내
용이 포함된 것으로 보아 학계에서는 후대의 편집으로 간주한다. 다수의
전승에서 발견되는 역사적 왜곡으로 인해 제3결집의 정확한 시기와 내용
을 확정하기는 어렵다. 그러나 수차례의 결집을 통해 불교교학이 주류의
승자 중심으로 형성되고 전수되었다는 사실은 미루어 짐작할 수 있다. 결
집의 과정에서 불가피하게 다양하고 상이한 견해들이 하나의 표준에 따

라 통합되어야 했으며, 주도적인 학파의 경전과 계율이 지배적인 힘을 행사할 수 있게 되었다.

불교 교단을 내적으로 통일하고 체계화한 아쇼카왕은 서쪽으로 지중해 연안의 이집트나 그리스에까지 연결된 외교통로를 따라 불교의 포교사를 파견하고, 희랍의 철학서적을 입수하였으며, 남쪽으로 스리랑카섬에 불교경전을 전파하였다. 이렇게 하여 아쇼카왕은 이후 세계종교로 성장한 불교가 현대까지 이어온 법륜(法輪)의 첫 바퀴를 굴린 인물이 되었다. 그의 통치시기에 불교는 제국의 강역에 걸맞은 보편종교로서의 형식과 내용을 갖추게 되었다. 그러나 이처럼 다소 외부적으로 강제된 '화합'의 균질한 상태에서 급속하게 팽창하였던 불교는 마우리야왕조의 몰락과 함께 위기를 맞게 된다.

부파불교의 시대

아쇼카왕의 치세를 지나면서 중앙집권적 제어력이 약화되고, 최종적으로 187년 마우리야왕조가 멸망하자 강제된 '화합'을 유지하던 불교교단도 갈등의 압력을 누르지 못하고 분열하게 된다. 앞서 세 차례의 결집에서 제기되었던 철학적 논점들에 대한 상이한 해석과 실천적 자세에 따라 수많은 학파들이 출현하였다. 인도 아대륙에서 지역적 분포나 경전에 대한 해석의 차이로 인해 다양한 부파(Nikāya)들이 난립하였으며, 세력이 큰 부파들의 경우 자신들의 독립적인 경전(nikāya)을 결집하였다.

갠지스강 중부 지역에서 형성된 쁘라끄리뜨어 기반의 초기전승은 마가디어를 매개언어로 구전되었으며, 아쇼카왕의 시기에 새로운 결집을 거치고 제국의 통치이념으로 등극하면서 문자로 기록되기 시작하였다.

이후 스리랑카에 뿌리를 내린 남방전승은 빨리어를 경전문자로 채택하였으며, 보다 후에 상류 지식인층을 파고든 북전의 전승은 산스크리트어로 경전과 계율을 결집하였다. 남방으로 전해진 보다 초기의 전승은 붓다 시대의 핵심주제, 즉 고통의 소멸과 해탈이라는 수행론적 측면에 집중하여 전승을 발전시켜 간 반면, 산스크리트어 기반의 북전은 보다 번쇄하고 사변적인 논의에 많은 노력을 할당하였다.

유수한 학파들은 자신들의 경전과 계율에 더하여 철학적 논의를 집대성한 논장(論藏), 즉 '아비다르마'를 형성하였다. 학파분열의 원심력이 강하게 작용하는 시기에, 각 학파들은 다양한 교학적 쟁점들에 대한 경전과 율장의 논의를 종합하고 해석하는 백과사전적 논서를 통해 자신들의 철학적 원칙을 제시하고자 하였다. 그 가운데 설일체유부는 가장 강력한 교세를 자랑하였으며, 불교철학에서 제기될 수 있는 거의 모든 주제들을 망라하는 『아비달마대비바사론』을 저술하여 상세한 논의를 전하고 있다. 이들은 앞서 대중부의 대척점에 섰던 상좌부 계통에서 발전하였으며, 산스크리트어에 기반한 철학적 사유를 전개하면서 약 1천 년간 유력한 학파로 존재하였다. 그런 점에서 설일체유부는 아비다르마철학의 본산이면서, 대표적인 불교학파들 가운데서도 종가(宗家)의 위치를 점한다고 할 수 있다.

아비다르마 논서들

3차 결집 이후 학파의 분열이 뚜렷해지면서, 모호한 경전의 의미를 명확히 전달하기 위해 개념의 분류와 해설을 담은 초기 형태의 논서(論書, śāstra)들이 등장하였다. 논모(論母, matṛka)라고 불린 이 문헌들은 여전히 경전의 범주에 포함되어 있었지만, 아비다르마 논서들에서 발견되는 개념의 분류, 배열, 조직화, 해석 등의 특징들이 나타난다. 아비다르마(Abhidharma)는 음역으로는 아비달마(阿毘達磨)이고, 뜻으로는 대법(對法) 혹은 승법(勝法)으로 번역한다. 산스크리트어 접두어(upasarga) abhi-는 크게 '~ 대하여'와 '최상의'라는 두 가지 의미를 가지며, 아비다르마는 '다르마에 대하여' 혹은 '최상의 다르마'를 뜻하기 때문이다. 또 여기서 '다르마(dharma, 法)'는 구성요소, 원리, 진리, 가르침 등의 의미영역을 포괄하므로, 아비다르마란 '세계의 구성원리에 관한 최상의 해명' 정도로 이해할 수 있을 것이다.

설일체유부의 아비다르마 논서들은 이전의 아비다르마 전승이 확대 · 발전한 결과물이다. 서기전 250~50년 사이에 앞서 언급하였던 상좌부는 7종의 아비다르마 논서를 갖추고 있었다.

『법집론(法集論, Dhammasaṅgani)』

『분별론(分別論, Vibhaṅga)』

『논사(論事, Kathāvatthu)』

『인시설론(人施設論, Puggalapaññatti)』

『계론(界論, Dhātukathā)』

『쌍론(雙論, Yamaka)』

『발취론(發趣論 Patthanā)』

이 논서들은 서기 4세기경에 붓다고샤(Buddhagośa)의 『비숫디막가(Visuddhimagga)』(청정도론(淸淨道論))에서 종합적인 체계로 완성된다. 남방으로 전해진 불교전승에서는 고통의 소멸과 해탈의 증득이라는 수행론적인 측면에 보다 치중하였기 때문에 사변적인 논의는 북전계통의 아비다르마 논서에서 보다 활발한 철학적 논쟁으로 발전하게 된다. 설일체유부의 초기 논서들은 상좌부의 7론(論)을 계승한 것으로 추정된다.

설일체유부의 육족론(六足論, Sadpadaśāstra)

『집이문족론(集異門足論)』(Śāriputra 舍利弗)

『법온족론(法蘊足論)』(Maudgalyāyana)

『시설족론(施設足論)』(Maudgalyāyana)

『식신족론(識身足論)』(Devaśarman)

『계신족론(界身足論)』(Vasumitra)

『품류족론(品類足論)』(Vasumitra)

여섯 논서들은 모두 설일체유부철학의 토대를 딛고 있는 발(足)과 같다는 의미에서 '족론(足論, pada-śāstra)'이라는 명칭이 붙여졌다. 이 여섯 논서에 포함된 설일체유부의 사상을 독자적인 학파철학의 체계로 조직한 매우 압축적인 논서가 가다연니자(Kātyāyanīputra)에 의해 저술된 『발지론(發智論, Abhidharmajñānaprasthāna-śāstra)』이다. 그러나 이 논서는 너무나 소략하고 함축적이어서 그 내용을 정확히 이해하는 데 어려움이 있었다.

서기 150년경 쿠샨왕조의 카니시카왕 치세시기에 설일체유부는 학파 차원에서의 대백과사전 편찬작업에 돌입하였다. 『발지론』의 내용과 구조에 기반한 '상세한 주석서(vibhāṣa)'인 『아비달마대비바사론(Abhidharma-mahāvibhāṣā)』은 500명의 고승들이 참여하여 한역 200권에 달하는 분량으로 완결되었다. 아비다르마철학의 지나치리만큼 현학적이고 번쇄한 성격은 일반인은 말할 것도 없고 전문적인 논사들에게도 감당하기 버거운 수준이었다.

이를 감안하여 『대비바사론』의 축약본으로 『아비담심론(阿毘曇心論, Abhidharmahṛdaya śāstra)』이 저술되었지만, 이번에는 지나치게 압축적이어서 그 내용을 파악할 수 없었다. 이에 세친(世親, Vasubandhu, ca. 400~480)은 핵심적인 내용을 약 6백여 게송에 담아 주제에 따라 배열하고, 게송에 대한 자신의 해석과 비판을 추가한 전문적인 개론서로 한역 30권 분량의 『아비달마구사론(阿毘達磨俱舍論, Abhidharmakośabhāṣya)』을 저술하기에 이르렀다.

세친(바수반두)

설일체유부의 아비다르마철학을 살펴보기 전에 여기서 잠시 바수반두(Vasubandhu)의 행적에 주목할 필요가 있다. 바수반두의 생애와 관련된 기록에 따르면, 바수반두는 서기 320년경에 출생하였거나 400년경에 오늘날의 간다라 지방에서 태어난 것으로 추정된다. 그는 원래 설일체유부의 승려로 출가하였지만, 이후 경량부철학에 경도되었다가 최종적으로 유식사상으로 전향하였다. 그의 저술 역시 다양한 학파의 사상을 다루고 있으며, 자신의 관점에 따라 교차비판을 전개하는가 하면, 유식관계 저술에서는 철학적으로 상이한 개념과 관점을 드러내기도 한다. 이 같은 연대와 사상의 불일치 문제를 해소하고자, 프라우발너(Frauwallner, 1951)는 애초부터 두 명의 세친이 있었다는 가설을 제시하였으며, 최근까지 논란이 완전히 정리되지 못하고 있다.[3]

이곳에서는 400년경 출생한 한 명의 세친을 지지하는 주장에 따라 논의를 이어가도록 하겠다. 바수반두는 설일체유부로 출가하기는 하였지만, 간다라 지방의 사상적 색채는 카슈미르 정통파들과 차이를 보였다. 바수반두는 본고장의 아비다르마철학을 공부하고자 카슈미르의 승단에 숨어들어 설일체유부의 백과사전 『대비바사론』을 공부하였다. 이 유학의 결과 바수반두는 『대비바사론』의 사상을 약 600개의 게송으로 압축할 수 있었다. 한문 번역으로 200권에 달하는 방대한 분량의 백과사전을 600개의 게송으로 정리하자, 승단의 찬사가 자자하였다. 하지만 식견이 높은 스승들의 눈에 정통 설일체유부의 학설에서 벗어난 바수반두의 견해가 발견되었다. 카슈미르의 스승들은 바수반두에게 게송에 대한 해설을 붙여 보내도록 요구하였다. 바수반두는 『아비달마구사론(Abhidharmakośabhāṣya)』에 포함된 자신의 주석에서 종종 설일체유부의 정설을 비판하거나 경량부(經量部)의 주장을 대안으로 제시하곤 하였다.

불교철학의 4대 학파 가운데 하나로 거론되지만, 자세한 학파철학의 내용과 역사가 거의 알려지지 않은 경량부(Sautrāntika)가 처음으로 논란의 중심에 등장한 것이 바로 바수반두의 『구사론』을 통해서였다. 『구사론』에 대한 즉각적인 반발로 설일체유부의 학승 중현(衆賢, Sanghabhadra)은 한역 80권에 달하는 방대한 분량의 『순정리론(順正理論, Nyāyānusāra)』을 저술하였다. 중현은 세친(Vasubandhu)을 찾아와 직접 대론을 요구하였지만, 바수반두는 자신이 연로하였기 때문에 논쟁에 임할 수 없다며 회피하였다고 한다. 하지만 노년의 바수반두는 이미 설일체유부도 경량부도 아닌 유식사상으로 전향하고 있었다. 바수반두는 경량부의 인식존재론에 대한 분석의 결과, 인식주체의 밖에 존재하는 외계(外界)의 지각대상은 성립하지 않으며, 인식되는 모든 대상은 '단지 표상된 것일 뿐'이라

---

3   논란의 내용과 상세한 참고문헌을 위해서는 이규완 (2018), 5-7.을 참고하기 바란다.

는 유식명제에 도달하였다. 우리는 불교철학의 4대학파를 논하면서 설일체유부와 경량부에 대해『아비달마구사론』, 유식철학에 대해서는『유식이십론』과『유식삼십송』등 바수반두의 논서를 탐구하게 될 것이다. 바수반두는 실로 설일체유부와 경량부를 불교철학사의 중심에 세웠을 뿐만 아니라 유식철학의 체계를 확립한 논사이다.

『아비달마구사론』

바수반두의 저술『구사론』은 총 9장으로 구성되어 있으며, 1~3장에서 세계와 인간의 구성원리, 감각기관, 인식 그리고 외계에 존재하는 세계를 묘사하고 있다. 4~5장은 유정의 행위와 고통의 작동방식에 대해 설명하고, 6~8장은 수행과 성취의 방법과 단계를 기술한다. 그리고 마지막으로 아트만을 주장하는 이설(異說)들에 대한 논쟁적인 비판이 전개된다.

각 장은 독립된 주제로 구분되지만, 하나의 통합적인 철학체계 내에서 모든 부분이 상호지시하는 유기적 관계로 구성되어 있다. 이를테면, 세계

	제목	내용
제1장	계품(界品, dhātu-nirdeśa)	세계의 구성요소
제2장	근품(根品, indriya-nirdeśa)	감각기관
제3장	세간품(世間品, loka-nirdeśa)	세계의 구조와 운동
제4장	업품(業品, karma-nirdeśa)	행위와 업
제5장	수면품(隨眠品, anuśaya-nirdeśa)	잠재적 업의 힘
제6장	현성품(賢聖品, mārgapudgala-nirdeśa)	인간과 수행
제7장	지품(智品, jñāna-nirdeśa)	지혜
제8장	정품(定品, samāpatti-nirdeśa)	선정
제9장	파아품(破我品, atmavāda-pratiṣedha)	아트만설의 논파

의 구성요소에 대한 논의는 우리가 어떻게 번뇌에 휩싸이게 되고, 또 어떤 방법으로 번뇌를 벗어날 수 있는지에 대한 해법과 긴밀하게 연결되어 있다. 특히 아비다르마철학에서 세계의 존재와 구성요소들, 무아에 기반한 인간이해, 감각기관과 인식, 세계와 인간의 관계 등에 관한 철학적 주제들이 다루어지고 있는 부분은 전반부의 계품에서 업품까지에 해당한다. 요컨대 전반부는 인간을 포함한 세계의 해명이고 후반부는 고통과 번뇌 가운데 있는 인간의 실존과 그로부터의 해탈의 길을 제시하고 있다.

저술의 목적상 우리는 처음의 계품에서 업품까지에 주목하여, 설일체유부에서 분석한 세계의 구성요소와 구성방식, 업과 시간, 인식의 문제 등을 검토해 보도록 하겠다.

함께 읽어 볼 책

- 츠카모코 게이쇼 (2008). 『아쇼까와 비문』. 호진 · 정수 역. 서울: 불교시대사.
- 사쿠라베 하지메 (2004). 『아비달마의 철학』. 서울: 민족사.

07

설일체유부(說一切有部)

- 모든 것이 존재한다

설일체유부(說一切有部)
- 모든 것이 존재한다

'설일체유부(Sarvāstivādin)'는 '모든 것(一切, sarva)'이 '존재한다(有, asti)'
고 '주장하는(說, vada)' 학파이다. 여기서 '모든 것'은 75종의 다르마이다.
우리가 일상에서 경험하는 사물들과 심리적 상태들은 분별에 의한 망상
에 지나지 않는다. 조대한 물질들로 채워진 세계는 반드시 허물어지게 되
어 있으며, 남는 것은 그것들을 구성하는 가장 기본적인 요소들뿐이다.
그것이 다르마들이고, 그 다르마들은 항상 존재한다는 의미에서 법체항
유(法體恒有)이다.

 이 다르마들은 찰나적으로 생멸하면서 우리가 일상에서 경험하는 하
나의 현상세계를 드러내 보인다. 현상의 측면에서 다르마들과 다르마들
이 구성하는 조대(粗大)한 사물은 끊임없이 변화하고 생멸하는 것으로 보
인다. 하지만 실제에 있어 다르마들 그 자체는 변화하지 않는다. 단지 창
틈으로 비친 빛줄기가 먼지를 반짝이게 하듯이 현재 찰나에 잠깐 빛을 발

하는 것일 뿐이다. 이 다르마를 분석해 내는 일이야말로 아비다르마 논사들에게 핵심적이고 궁극적인 과제이다. 왜냐하면, 세계는 모두 이 다르마들의 결합과 분할에 의해 드러나는 현상이기 때문이다.

불교의 우주론

먼저 설일체유부가 묘사하는 가장 큰 세계, 우주에서부터 출발해 보기로 하자. 불교에서 우주는 시공간적으로 무한하다. 세계는 시작이 없는 시작에서 끝이 없는 끝까지 무한하게 펼쳐져 있지만, 유정이 경험하고 살아가는 하나의 우주는 크기와 시간을 가지며 생성과 소멸을 끝없이 반복한다. 이렇게 우주가 한 번 생성 소멸하는 데 걸리는 시간이 1겁(劫, kalpa)이다.

1겁을 설명하는 방식에는 두 가지가 있다. 하나는 1입방 요자나(yojana)의 바위가 있을 때, 100년에 한 번씩 천사가 내려와 비단으로 바위 표면을 스쳐서 모두 닳아 없어지는 시간에 해당한다. 1요자나는 약 12.5km 거리를 말한다. 하지만 천사의 옷깃이 한 번 스칠 때마다 닳는 바위의 양은 추산하기가 무척 곤란하다. 두 번째 방식으로는 계산이 가능하다. 1입방 요자나의 공간에 겨자씨가 가득 차 있다고 하자. 앞의 그 천사가 100년에 겨자씨 하나씩을 빼내어 겨자씨가 모두 없어지는 시간을 1겁이라고 한다. 겨자씨의 크기를 약 1mm라고 할 경우, 우주의 주기는 약 2×10^{23}년 정도로 추산된다. 현재 우리 우주의 나이가 1.38×10^{10}년인 것과 비교하면, 불교의 우주는 그보다 약 10조 배 더 긴 시간 동안 지속하게 된다.

우주의 공간적 크기는 가장 미세한 극미(極微, paramāṇu)에서 가장 큰 삼천대천세계(三千大千世界)까지를 포함한다. 극미가 일곱 개 모여 미진(微塵, aṇu), 미진이 일곱 개가 모여 동진(銅塵), 같은 방식으로 수진(水塵),

토끼털(鬼毛塵), 양털(羊毛塵), 소털(牛毛塵), 향유진(向遊塵), 서캐(蟣), 이(虱), 다시 이(lice) 일곱 마리의 크기인 귀리(積麥), 그리고 귀리 일곱 개 크기가 손가락 마디(指節)에 해당한다.[1] 1요자나를 12.5km로 상정할 경우, 1지절은 약 2cm에 해당한다. 이 경우 극미 하나는 어림잡아 약 1억 분의 1mm 크기를 갖게 된다.

우주의 중심에 위치한 수미산(須彌山, Sumeru)은 바다에 둘러싸여 있으며, 바다 가운데 동서남북으로 대륙이 하나씩 자리 잡고 있다. 수미산과 천상계를 포함하는 커다란 원반 모양의 세계 아래로 8열지옥과 8한지옥의 지하세계가 있으며, 천상계 위로는 욕망이 간섭하지 않는 물질계(色界)와 비물질계(無色界)가 상층을 형성하고 있다. 하나의 세계는 이렇게 수메르를 중심으로 네 대륙을 포함하는 원반 모양의 하늘과 땅을 포함하며, 그것이 1천 개가 모여 1소천(小千), 1소천이 1천 개가 모여 1중천(中千), 다시 이 중천이 1천 개가 모여 1대천(大千)을 이룬다. 이렇게 중첩된 우주 전체를 일러서 삼천대천세계(三千大千世界)라고 한다. 요약하면, 불교에서 우주는 삼천대천세계가 약 1억 년의 1억 배의 1억 배 동안 지속하는 세계이다.

그렇다면 이 기세간(器世間)의 세계는 무엇으로 인해 발생하는가?

『구사론』에서는 세계에 거주하는 유정들의 공통된 업(業, karma)으로 인해 하나의 세계가 현상한다고 말한다. 모든 유기체 존재들의 공통의 업에 기반하여 세계의 물리적 공간이 구조화되면, 이제 유정들의 개별적인 업에 따라서 천상계에서부터 지옥까지 상응하는 세계에 속하여 살아간

---

1 『阿毘達磨大毘婆沙論』卷136: 此七成一銅塵. 七水塵成一兔毫塵. 有說. 七銅塵成一兔毫塵. 七兔毫塵成一羊毛塵. 七羊毛塵成一牛毛塵. 七牛毛塵成一向遊塵. 七向遊塵成一蟣. 七蟣成一虱. 七虱成一積麥. 七積麥成指一節. (T27, 702a13-17)

다. 인간의 삶도 물론 이 세계의 한 부분을 구성하고 있다.

『구사론』「세간품」에는 인류의 타락에 관한 신화를 소개하고 있다.

우주 초기에 사람들은 완전하고 자유자재한 몸을 가지고, 즐거움만을 먹고 마셨으며, 매우 긴 수명의 삶을 살았다고 한다. 어느 때인가 사람들이 땅에서 난 것의 맛(地味, pṛthivīrasa)을 알고 그것에 탐닉하게 되었다. 사람들이 음식을 탐하여 다투어 먹어버리자 좋은 음식은 점차 사라지고, 거친 음식만이 남게 되었다. 이제 사람들은 땅에서 자라는 곡식을 먹어야 했다. 몸에는 소화되고 남은 찌꺼기가 남아 배설을 해야 하였고, 동시에 남녀의 성기에 성적인 분화가 이루어졌다.

남녀의 성이 분화하자 욕탐이 지배한 몸과 마음이 유혹을 당하고, 인간에게 애욕이 발동하기 시작하였다. 이제 사람들 가운데는 품성이 게으른 자와 탐욕이 가득한 자들이 있었으며, 그들 사이에 음식을 가져다 저장해 두고 먹는 관행이 생겨나게 되었다. 음식을 쌓아두기 시작하자, 밭의 경계를 나누고 담을 쌓아 방비를 하기 시작하였으며, 어떤 이들은 다른 이의 밭을 침입하여 노략질을 시도하였다.

사람들은 이를 막기 위해 무리 가운데 지도자를 세우고 그들에게 수확의 6분의 1을 대금으로 지불하였다. 사람들은 그들을 크샤트리아(kṣatriya)라고 부르고 왕으로 세우고자 하였다. 그런데 이번에는 왕들 중에서 재물을 탐하여 인민들에게 균등하게 분배하지 않는 자들이 나타났다. 그러자 가난한 자들은 살기 위해 도둑질을 행하였으며, 다시 그것을 금하기 위해 형벌이 도입되었다. 이로써 사람이 사람을 살해하는 일이 시작되었다. 사람들은 형벌이 무서워 잘못을 숨기고 거짓말을 일삼는 지경에 이르고 말았다.[2]

고대 신화의 세계관에서 신적 존재들은 '씹어서 삼키는 음식(段食)'을 먹지 않고, 향기를 맡아 생기를 받아들였다. 성서에서 구약의 신들은 제단에서 태워 바친 음식의 향기를 흠향(歆饗)하였으며, 인도와 불교에서 음악과 예능에 재능을 보이는 간다르바(Gandharva)도 음식의 향기를 취하는 것으로 알려져 있다. 간다르바는 건달바(乾達婆)로 한역되었다가, 한국에서는 폼생폼사 의리를 중시하며 하는 일 없이 건들거리는 '건달'로 토착화하였다. 인간은 원래 간다르바와 같은 존재였다가 '건달'과 같은 처지에 떨어지고, 마침내는 살생과 거짓을 일삼는 비천한 존재가 되고 말았다.

삼계(三界, traidhātuka)

불교의 우주론에서 살펴본 바와 같이, 불교의 세계는 물리적 세계와 심리적 세계 그리고 수행적 세계가 중첩되어 드러난다. 따라서 세계의 생성과 소멸은 물리적인 작동원리뿐만 아니라 수행의 단계와 심리적 상태에 따라서 서로 다르게 작동하게 된다. 삼계는 그와 같은 존재의 양태를 모두 포괄하는 세계를 의미하며, 욕계, 색계, 무색계의 세 층위로 설명된다.

욕계(欲界, kāmadhātu)는 기본적으로 탐욕이 지배하는 세계이다. 이 세계는 다섯 감각기관과 그 대상들이 모두 작용하는 세계이며, 때문에 욕계에 속한 우리들은 감각기관의 자극에 이끌려 살아가는 존재들이다. 우리들은 욕망이 이끄는 대로 행하고, 그 행위의 업에 따라 지옥, 아귀(餓鬼),

---

2   『구사론』 2권, pp. 573-576.

축생, 아수라, 인간, 천상의 층위를 떠돌아 다니며 육도윤회(六道輪廻)하는 존재들이다. 지금 내가 감각의 욕망과 자극에 노예가 되어 살고 있는 바로 이 세계가 욕계이다. 전통적으로 윤회를 믿는다는 말은, 자신이 지은 업에 따라 다음 생에는 지옥중생이나 굶주림에 발버둥치는 아귀나 바퀴벌레와 같은 동물이나 인간 혹은 천상의 존재로 다시 태어난다는 것을 의미한다. 인도의 종교전통과 마찬가지로 대부분의 불교학파들에서도 이런 윤회를 인정하였다.

그러나 일부 학파들과 현대적 해석자들은 윤회를 보다 현재적인 메타포로 해석한다. 우리는 평범한 가정의 사랑스러운 부모, 아내와 남편, 아들과 딸로 인간적인 아침을 시작할 수 있다. 소박한 꿈과 약간의 좌절도 있겠지만, 인간의 삶이 원래 그런 게 아니겠는가? 하지만 지옥철에서 팔꿈치로 밀치고 들어가 임산부석에 엉덩이를 밀어넣는 아수라(asura) 백작을 만나면서 나는 인간계를 벗어나기 시작한다. 아수라는 거짓과 시기, 질투, 분노, 오만무례한 존재들을 지칭한다. 그자가 아수라의 얼굴을 드러내는 순간 나는 축생으로 변하여 동물의 신음소리를 내고 만다. 조금씩 동물로 변신해가며 도착한 직장에서, 상급자에게는 애완견, 하급자에겐 맹견, 동료들에게는 교활한 여우나 너구리가 되는 다른 동물을 마주하면서, 나는 완전히 축생으로 변태를 마치게 된다.

아귀는 배가 불룩 솟은 산처럼 큰데 목구멍이 바늘처럼 좁아서 아무리 먹어도 배고픈 고통을 해소할 수 없는 존재이다. 이 배고픈 중생은 식탐이 극에 달해 무엇이건 먹어치우려고 눈이 충혈되어 있지만, 도무지 욕구가 충족되도록 먹을 수 없다. 아무리 먹어도 허기를 채우지 못하는 아귀의 모습은 경제적으로 선진국에 진입하였다고 하면서도 여전히 허기와 탐욕에 충혈된 눈을 부라리고 있는 우리들의 초상이기도 하다. 동물은 배가 부르면 사냥을 하지 않는다. 하지만 아귀가 된 인간은 집값이 떨어진 다며 장애인의 입주를 거부하고, 안전에 드는 비용 대신 사람의 목숨을 갈아 넣는다. 그렇게 아귀는 주변을 지옥으로 만들면서 지옥중생이 되어 간다.

생존을 위한 치열한 아귀다툼을 하다가 문득, '인간이라면 차마 그렇게까지는 하지 말아야 하는 게 아닌가?' 귀갓길에 마음 한켠에서 들려오는 목소리를 듣는다. 이 내면의 소리를 듣고, 주위의 사람들을 돌아보면서 우리는 다시 '인간'이 된다. 움켜쥔 마음의 주먹을 풀고 어려운 처지에 있는 사람들에 눈길을 준다. 그리고 집으로 돌아와 잠들어 있는 아이들의 숨소리를 들으며 나는 잠시 천상의 존재가 된다. 내일은 이 아이를 보는 눈으로 세상을 볼 수 있기를 꿈꾼다.

탐욕을 벗어난 물질세계가 색계(色界, rūpadhātu)이다. 색계에는 단지 냄새와 맛의 지각을 일으키는 향기와 미감의 대상만이 존재한다. 색계의 유정들은 화려한 색깔과 소리, 감각적인 촉감의 말초적 자극에서 벗어난 존재들이다. 욕계와 색계는 모두 물질적인 요소로 이루어져 있지만, 색계는 보다 청정하고 미세한 물질로 구성되어 있다고 여겨진다. 색계의 유정은 욕망의 지배에서는 벗어나 있다. 그러나 그곳은 물질적 형상이 여전히 작용하고 있는 세계이다. 욕계에서 벗어난 인간은 색계에서 4단계 선정의 수행적 천상세계를 경험하게 된다.

붓다는 이 색계 4선정(禪定)에서 깨달음을 성취하고 해탈하였다. 붓다가 물질을 완전히 떠난 무색계(無色界)가 아니라 색계에서 해탈하였다는 사실은 의미심장하다. 만약 붓다의 깨달음이 무색계에서 이루어졌다면, 붓다의 깨달음은 신체성을 벗어난 심리적 상태로만 묘사되었을 것이며, 깨달은 붓다의 존재는 정신화한 존재로 받아들여졌을 것이다. 그러나 붓

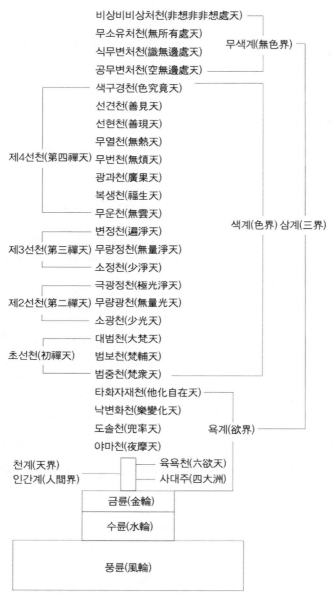

비상비비상처천(非想非非想處天)
무소유처천(無所有處天)
식무변처천(識無邊處天)   무색계(無色界)
공무변처천(空無邊處天)

색구경천(色究竟天)
선견천(善見天)
선현천(善現天)
무열천(無熱天)
제4선천(第四禪天) 무번천(無煩天)
광과천(廣果天)
복생천(福生天)
무운천(無雲天)

변정천(遍淨天)
제3선천(第三禪天) 무량정천(無量淨天)
소정천(少淨天)   색계(色界) 삼계(三界)

극광정천(極光淨天)
제2선천(第二禪天) 무량광천(無量光天)
소광천(少光天)

대범천(大梵天)
초선천(初禪天) 범보천(梵輔天)
범중천(梵衆天)

타화자재천(他化自在天)
낙변화천(樂變化天)
도솔천(兜率天)   욕계(欲界)
야마천(夜摩天)

천계(天界)
인간계(人間界)   육욕천(六欲天)
사대주(四大洲)

금륜(金輪)
수륜(水輪)
풍륜(風輪)

삼계(三界)와 수행적 단계. 붓다의 깨달음은 색계 4선정에서 성취됨다는 무색계의 최상위 선정상태에서 미세한 사유조차 있음과 없음을 말할 수 없는 비상비비상처천(非想非非想處天)에 도달하였지만, 마침내 색계의 4선정으로 내려와 삼계를 완전히 벗어나는 출세간의 해탈을 성취하였다.

무색계(無色界, arūpadhātu)는 물질적 형상의 조건에서 완전히 벗어난 순수한 정신의 세계이다. 이곳에는 의식과 의식의 대상인 다르마들만이 존재한다. 물질(色)의 작용이 완전히 사라지고, 오직 마음의 활동인 느낌(受), 지각(想), 개념(行), 의식(識)만이 활동하는 영역이다. 무색계에서의 선정은 공무변처천(空無邊處天)에서 식무변처천(識無邊處天), 무소유처천(無所有處天)을 거쳐 최종적으로 비상비비상처천(非想非非想處天)에 도달하게 된다. 공무변처는 물질이 없는 허공의 무한함에 집중하여 통찰하는 단계이며, 식무변처는 의식의 무한함에 집중하여 통찰하고, 무소유처에서는 허공과 의식에 대한 집중과 통찰을 넘어 의식에 어떤 대상도 담지 않는 무소유의 상태에 도달하는 선정의 단계이다. 최종적으로 비상비비상처에서는 의식이 끊어졌다고 해야겠지만 의식이 없는 무심(無心)이라고 할 수도 없는 선정의 상태를 지칭한다.

비상비비상처에 대해서는 사유작용이 완전히 멈춘 멸진정(滅盡定, nirodhasamāpatti)과 동일한 것으로 보는 견해와 멸진정의 바로 직전 단계로 간주하는 해석이 존재한다. 멸진정은 감각지각에서부터 사유작용까지 의식이 완전히 작용을 멈춘 선정상태를 말한다. 여기서 멸진(滅盡)의 상태에서 소멸한 의식과 신체의 관계를 어떻게 볼 것인가에 관한 일종의 심신관계 논쟁이 아비다르마 논사들 사이에서 제기되었다.

수행자들은 의식이 완전히 끊어지는 멸진정의 상태로 입정(入定)하였다가 일정한 시간이 지난 후 출정(出定)하며, 이때 입정 이전의 의식과 기억을 잃어버리지 않고 유지한다. 그렇다면 의식의 흐름이 끊어진 멸진정 이후에 새롭게 발생한 의식은 어떻게 이전의 의식과 직접적인 연속성을 가질 수 있는가? 만일 전후의 의식을 연결해 주는 어떤 의식이 여전히 남아 있었다면, 그것은 온전한 멸진정이라 할 수 없을 것이다. 하지만 의식이 완전히 끊어졌다면 일정한 시간이 지나 동일한 의식이 연속적으로 발생하는 현상을 설명하기 어렵게 된다. 그것은 원인이 없이 완전한 무(無)로부터 동일한 의식이 발생했다는 의미가 되기 때문이다.

이에 대한 설일체유부의 정통설은 시간의 상대성에 의한 해석이다. 선정 체험자와 관찰자는 서로 다른 시간대를 흘러간다. 관찰자에게 입정과 출정 사이에는 상당한 시간의 간격이 존재한다. 그러나 선정 체험자는 입정과 출정 사이에 시간적 간격이 없이(無間), 마치 입정하는 순간의 바로 다음 찰나에 출정하듯이 이전 찰나의 의식이 연속하여 흐르게 된다. 이런 해석은 다수의 멸진체험과 일치하는 해명이긴 하였지만, 일부 선정체험에 대한 상이한 증언으로 인해 도전에 직면하였다.

의식이 멈추는 곳에서 우주도 멈춘다

앞서 불교의 세계관에서는 물질적 세계와 심리적 세계, 수행적 세계가 서로 중첩되어 있다고 언급하였다. 욕망에 사로잡히고 신체성에 한정되며 의식을 벗어나지 못한 우리들은 모두 '삼계(三界)에 속한' 존재들이다. 욕망의 세계와 물질적 세계, 정신적 세계는 수행적 측면에서 보다 상향으로의 이행을 의미한다. 하지만 역으로 삼계로부터의 완전한 해탈을 이루기 위해서는 토대를 이루는 물질적 세계에 대한 완전한 이해와 그것의 소멸이 요구된다.

온갖 욕망과 번뇌를 일으키고 신체적 제약을 강제하는 물질적 세계는 어떻게 구성되어 있고, 어떻게 소멸할 수 있는가? 물질적 측면에서 세계는 4대종(大種), 즉 지(地, pṛthivī) · 수(水, ap) · 화(火, tejas) · 풍(風, vāyu)의 네 요소로 구성되어 있다. 『맛지마 니까야』 140경인 「계분별경(Dhātuvibhaṅgasutta)」에서는 사람이 물질적 요소와 의식적 요소로 되어 있음을 보여준다.

> 비구여, '사람은 이 여섯 가지 구성요소(dhātu)[를 가진다]'고 말해집니다. 그것은 무엇이라고 말해집니까? 그것은 여섯 가지 구성요소, 즉 지계, 수계, 화계, 풍계, 허공계 그리고 식계입니다. 비구여, '사람은 이 여섯 가지 구성요소[를 가진다]'고 말해지고, 그것은 이것을 말한 것입니다.[3]

네 가지 요소는 물질적인 측면에서 토대를 이루며, 그 자체는 지각되지 않는다. 그것들은 다수가 결합하였을 때, 색깔 등의 특성을 지닌 지각 경험의 대상이 된다. 지수화풍의 4원소설과 4원소에 허공(ākāśa)과 의식(vijñāna)을 포함한 6원소설은 지중해문명권의 자연철학과 인도의 종교 사상들이 공유하는 개념이다. 희랍철학에서 4원소설은 데모크리토스의 원자설과는 완전히 다른 경로를 거쳐 아리스토텔레스의 『생성소멸론(On Generation and Corruption)』에서 자연을 구성하는 네 요소로 통합된 이래 2천 년 동안 서양철학의 자연학에 기본개념으로 자리 잡았다. 반면 인도불교철학에서는 4원소가 극미(원자)와 등치되면서, 지수화풍은 지(地)극미 등으로 원자개념과 통합되었다. 이때 4요소들은 언제나 함께 하나의 묶음으로만 존재하고 작용하는 특징을 지닌다. 물질의 기본단위는

---

3 Dhātuvibhaṅgasuttaṃ 344. (MN 140, 3.239): Cf. 『中部』 140經 = 「界分別經」.

견고성, 유동과 응집성, 열성, 이동성의 속성을 지닌 네 원소의 함수적 관계에 의해 다양한 특성을 드러낸다. 우리가 지각할 수 있는 조대한 사물들은 이 극미들의 결합에 의해 형성된다.[4]

『니까야』와 『아함경』의 해석에 따르면, 사물을 구성하는 4원소들은 수행적, 분석적, 존재론적 차원에서 모두 최종적으로 제거되어야 할 대상들이다. 문제는 어떻게 그것이 가능할 것인가라는 점이다. 『딧가 니까야』의 11경, 「깨밧다 숫다(Kevaddha-sutta)」에는 이 궁극적인 물질세계의 소멸이 어디에서 이루어지는지 알기 원하는 비구의 이야기가 나온다.[5]

> "이들 지수화풍 4대종은 어디에서 남김없이 소멸하는가?"
> "의식이 멈추었을 때, 지수화풍의 4대는 더 이상 토대를 찾지 못하고, 길고 짧음, 작고 큼, 옳고 그름, 그리고 형상과 개념이 모두 존재하기를 멈추게 된다."
>
> (「깨밧다 숫다」 DN I: 215-223)

궁극적 실재가 소멸하는 곳을 찾기 위하여 무한한 공간을 탐색한다고 하더라도 그것은 헛된 일이다. '어디에서 그것들이 소멸할 것인가?'는 잘못된 질문이다. 붓다는 질문을 바꾸어야 한다고 말한다. '지, 수, 화, 풍은 어디에서 더이상 존재근거를 갖지 못하게 되는가? 어디에서 장, 단, 거침, 미세함, 명색(名色) 등의 물질적 성질들이 소멸하는가?' 그리고 그에 대한 대답은, '의식(viññāna)이 소멸할 때'이다. 의식이 멈추었을 때, 그곳에서 세계를 구성하는 원소들도 모두 현상하기를 멈추는 것이다.[6]

---

4 극미의 결합과 인식의 문제는 이 책의 '보론' (pp. 299-323)에서 상세히 논의한다.

5 Kevatta (Kevaddha) Sutta: To Kevatta. DN 11 (PTS: D i 211), 『아함경』의 상응 경전은 『長阿含經』 卷16 (T01, p. 102, c14-19).

붓다는 실재적 관점에서 4원소의 존재와 소멸을 묻는 질문이 근본적으로 잘못되었다고 지적하였다. 물질적 기본요소들도 모두 특정한 존재 근거에 의지하여 발현한 현상들이다. 4원소와 허공을 포함하는 물질적 요소들과 정신적 요소인 의식까지 모든 것은 조건에 의지하여 발생한 것이며, 따라서 항상 머무르고 변하지 않는 존재가 아니며 반드시 소멸할 것들이다. 수행적 맥락에서는 그것들의 소멸은 자연적으로 발생하거나 이루어지기를 기다리는 것이 아니라 이루어야 할 과제가 된다. 그리고 그 소멸은 그 존재의 토대를 이루는 것을 멈춤으로 인해 가능하게 된다. 이 최종적인 토대가 바로 의식(viññāna)이다.

일체(一切, sarvam)

붓다가 '모든 존재는 고통 가운데 있다'고 할 때, 모든 존재는 근본적으로 오온(五蘊)에 의해 구성된 모든 존재자들을 함축한다. 따라서 붓다의 일차적 관심사라고 할 수 있는 고통의 문제를 해결하기 위해서는 반드시 일체의 존재에 대한 이해가 선결되어야 한다. 다시 말해 일체의 존재가 '있는 그대로'의 실상을 파악하는 것, 물리적, 심리적, 관념적 존재들에 대한 일체지(一切智, sarvajñā)의 증득이 요구된다. 때문에 바수반두는 『구사론』의 첫 번째 장 「계품」에서 일체 존재의 구조와 구성요소에 대한 아비다르마적 고찰을 보여준다.

붓다시대부터 불교철학이 일관되게 고수하여 온 철학적 관점은 '일체

---

6   DN 1.223.

의 세계는 경험된 세계이다'라는 점이다. 설일체유부의 철학에서도 세계는 지각된 세계이다. 경험주의적 관점에 따르면, 세계 전체는 경험대상과 경험주체로 분류할 수 있다. 그리고 경험주체와 경험대상은 모두 실체가 없고 무상하며 변화하는 일시적 현상적 존재들이다. 그것을 자아(我)와 대상(法)의 무아(無我)라고 한다. 초기불교 전통에서는 만물의 무상성을 전제하면서, 주로 인식주체의 무아, 즉 인무아(人無我, pudgalanairātmya)의 규명에 집중하였던 반면, 소위 대승사상이 등장하면서 인무아와 함께 대상의 무아, 즉 법무아(法無我, dharmanairātmya)의 확립이 핵심적인 주제로 부상하게 되었다.

3과(科): 오온, 12처, 18계

붓다에 의하면, 중생들의 고통은 자아(自我)에 대한 그릇된 견해와 집착에서 비롯되었다. 윤회와 고통, 인식의 주체인 '자아', 아트만(ātman) 등은 실재하지 않는다. 하지만 무지한 중생은 존재하지 않는 허상에 집착하여 온갖 종류의 고통을 만들어 낸다. 우리가 자아라고 착각하여 집착하는 그 대상은 사실 무아(無我, anātman)이다. 그것은 단지 다섯 더미의 중첩이 만들어내는 오온(五蘊, pañcaskandha)의 현상이거나, 열두 가지 감각작용과 대상의 함수관계인 12입처(入處, āyatana)이거나, 18종의 요소들이 펼쳐 보이는 18계(界, dhātu)로 설명될 수 있다.

앞서 4장 '무아'의 해명에서 살펴본 바와 같이 오온 개념은 주로 인식주체의 분석에 치중한다. 반면 12처 개념은 인식대상인 물질(색)의 10가지 양태에 대한 상세한 분석에 기초하여 일체(一切)의 존재를 해명한다. 오온에서 색법(色法) 하나의 단층으로 묶였던 물질적 존재는 12처 개념에서 10종 + α의 물질적 다르마로 분석된다. 물질적으로 존재하는 모든 것(一切, sarvam)은 다섯 가지 감각기관으로 구성된 인식주체와 다섯 가지 감각기관에 의해 지각되는 대상으로 구분된다. 여기에서 처(處)는 지각의 영역을 의미하는데, 산스크리트어 아야타나(āyatana)는 '출입문', '지지대' 등에서 파생하여 지각을 일으키는 '기관', '토대', '힘' 등의 의미를 가진다.

『쌍윳따 니까야』의 「일체경(Sabba sutta)」(SN35)에서는 일체 세계를 12처 개념으로 설명하고 있다.

> 비구여, 내가 그대에게 일체에 대하여 설하겠다. 잘 들도록 하라. 비구여, 무엇을 일러 일체라 하는가? 그것은 눈과 물질(색), 귀와 소리, 코와 냄새, 혀와 맛, 몸과 감촉, 마음과 의식대상이다. 비구여, 이것이 일체이다.
>
> (「일체경」 SN35.23)

일체의 세계는 모두 이 열두 가지 범주에 포함하며, 시각, 청각, 후각, 미각, 촉각, 의식을 포함하는 내적인 감각주관과 시각의 대상인 물질(색깔과 형태), 청각의 대상인 소리, 후각의 대상인 냄새, 미각의 대상인 맛, 촉각의 대상인 촉감, 의식의 대상인 다르마(法)의 총체이다.

물리적 세계는 앞의 다섯 감각기관과 그것의 대상을 포함하는 10처(處)를 기본으로 하며, 설일체유부에서는 무표색(無表色, avijñapti-rūpa)을 독립된 하나의 다르마로 추가한다. 무표색이란 물질적 존재이지만 감관에 지각되지 않고 의식의 대상이 되는 '업(業, karma) 물질'과 같은 것이다. 행위는 무표색이라는 물질적 흔적을 남기기 때문에, 일정한 계율의 준수를 서약하는 종교적 행위(受戒) 혹은 선악의 다양한 행위들은 지각되지

	시각	청각	후각	미각	촉각	의식
내적 입처	눈, 안(眼) (cakṣur)	귀, 이(耳) (śrotra)	코, 비(鼻) (ghrāṇa)	혀, 설(舌) (jihva)	피부, 신(身) (kāya)	의식(意) (manas)
외적 입처	물질, 색(色) (rūpa)	소리, 성(聲) (śabda)	향기(香) (gandha)	맛, 미(味) (rasa)	감촉(觸) (spraṣṭavya)	법(法) (dharma)

않은 미세한 물질로 신체의 흐름 속에 침투한다. 설일체유부에서는 그것을 결합하여 복합체를 구성하지만 그 스스로는 드러나지 않는 4대종의 세력과 같은 것으로 설명되기도 한다. 반면 경량부에서는 행위의 잠재적 실재성을 요구하는 무표색의 개념을 인정하지 않는다.

알려진 세계는 우리의 경험에 한정되며, 우리의 경험은 우리의 감각기관의 기능과 범위에 제한된다. 때문에 우리에게 알려진 세계는 우리의 감각기관과 그것에 상응하는 대상으로만 구성된다. 설일체유부의 아비다르마철학에서는, 우리는 감각기능을 벗어난 어떤 대상도 경험할 수 없으며 따라서 그 존재를 입증할 수 없다. 가까이 눈앞에 놓여 있는 항아리나 먼 하늘의 달과 별들도 그것들의 색깔과 형태로 지각되고 그와 같이 존재한다. 수평선을 경계로 하여 푸른색의 바다와 하늘이 얼굴을 맞대고 있는 바닷가에 서면, 파도 소리와 바람을 타고 실려 온 바다의 냄새와 짠맛을 느낄 수 있다. 그리고 언젠가 바다로 여행을 떠났던 그 사람과의 아련한 추억과 배경으로 흘러갔던 음악이 떠오른다. 지금과 과거의 장면들 가운데 어느 것도 다섯 감각과 의식의 영역을 벗어나서는 경험되지 않는다.

18계(界, astādaśa dhātava) 개념은 다소 후대에 12처 개념을 보충하는 방식으로 정립된 일체법의 분류체계이다. 여기서 계(界, dhātu)는 요소, 성질, 종류 등의 의미를 지닌다. 각각의 계는 '하나의 실극미(實極微)'를 기본으로 하는 궁극적인 구성요소이고, 오온과 12처는 극미들이 집적하여 만들어진 것들이다.[7] 12입처의 분류방식에 따르면, 의식의 작용은 의처(意處, manas) 하나로 한정되어 있어서, 아무래도 다섯 가지 감각지각에 대한 의식작용을 설명하기에는 과부하가 걸리는 형국이 되고 만다. 때문에 18계에서는 여섯 감각기관과 대상에 대해 의식계(意識界)를 추가하여, 마음작용의 다양한 양태를 드러내었다.

	시각	청각	후각	미각	촉각	의식
내적 입처	눈, 안(眼)	귀, 이(耳)	코, 비(鼻)	혀, 설(舌)	피부, 신(身)	의식(意)
외적 입처	물질, 색(色)	소리, 성(聲)	냄새, 향(香)	맛, 미(味)	감촉(觸)	법(法)
인식	안식계	이식계	비식계	설식계	신식계	의식계

이로서 색깔에 대한 눈의 시각은 안식계(眼識界), 소리에 대한 귀의 청각은 이식계(耳識界), 냄새에 대한 코의 후각은 비식계(鼻識界)로, 나아가 비물질적 요소들에 대한 인식은 의식계(意識界)로 각각의 역할이 할당된다. 이제 의식의 종류와 대상은 명확히 구분되고, 각각의 감각기관에 상응하는 한 종류의 감각정보만을 인식한다.

잠시 호숫가에 자리 잡은 한 닭갈비집으로 공간이동해 보자.

테이블에 앉아 닭갈비 2인분과 소주 한 병을 주문하고, 불판에서 익어가는 닭갈비를 보고 있다. 나의 오감은 격렬하게 반응한다. 닭갈비의 색깔과 모양에 대한 순간의 지각이 안식계에 하나의 정보로 인식된다. 마찬가지로 익어가는 소리 정보는 이식계에, 달콤한 냄새와 매운 맛과

---

7   이규완 (2016). pp. 61-63.

부드러운 식감의 지각은 끊임없이 하나씩의 정보를 상응하는 계(界)에 제공한다.

설일체유부에 따르면, 오감의 정보는 한 찰나에 하나씩 개별적으로 전달되지 한꺼번에 겹쳐서 인식할 수 없다. 원숭이가 나무 사이를 이동할 때, 하나의 나무에서 손을 떼어야 다른 나뭇가지를 잡고 이동할 수 있는 것과 같이, 감각지각은 하나의 지각을 마치고 다른 지각으로 이동하여야 의식의 흐름을 유지할 수 있다. 우리는 닭갈비를 먹으면서 보고 듣고 냄새를 맡는 동시에 맛을 느낀다고 생각하지만, 지각작용은 아주 빠른 속도로 색깔과 소리와 향기와 맛 정보를 순서대로 번갈아 전달하고 있다는 것이다.

이렇게 오감에 의해 감각되고, 안식계 등에 의해 인식된 정보들은 의식에 전달된다. 이때 이를테면 설식계에서 맛 정보의 인식과 그것이 의식에 전달되는 사이에는 한 찰나의 간극이 발생한다. 따라서 현재의 지각이 발생하고 한 찰나가 지나서 닭갈비의 정보는 의식의 일부가 된다. 그것은 기억으로 혹은 비교나 판단의 자료로 다음 찰나에서 작용하며 흘러간다. 따라서 의식(意)은 단순화하자면 모든 지각정보들의 총체, 혹은 기억의 집합체라고 할 수도 있을 것이다. 이 의식이 비물질적인 정보들을 대상으로 인식을 일으키는 작용을 할 때, 그것을 의근(意根)이라고 한다.

닭갈비를 먹으며 의근은 비물질적 요소들을 대상으로 하여 주마등같이 빠르게 지나가는 인식을 일으킨다. 이외수의 시(詩)를 좋아하였던 신입생 그 아이와 어스름에 들어선 닭갈비집, 거리에서 흘러나왔던 음악과 가슴이 터질듯 하던 감정이 떠오른다. 그리고 아~~~ 인생은 덧없이 흘러가고, 변하지 않는 것은 없지. 사랑도 고통일 뿐이었지...... 생각에 사로잡힌다. 추억이 지배하는 시간 동안에는 맛도 소리도 지각되지 않고 사라진다. 이 순간에는 오감은 정지해 있다.

이 책의 독자들이라면, 그 순간 고집멸도의 진리, 사성제(四聖諦)를 떠올릴지도 모르겠다.

지각경험에 토대를 둔 세계의 존재양태는 인식주체인 마음의 지배를 받는다.

오온과 12처와 18계는 모두 일체의 존재를 다른 각도에서 해명하고자 하는 철학적 시도이며, 세계를 보는 관찰자의 상태에 상응하여 다른 방편으로 설해진 것이다. 『구사론』에는 3과(科)를 다르게 설명한 세 가지 이유를 밝히고 있다. 첫째는 수행자의 어리석음 정도에 따라 3과(科)를 설하였다. 마음작용을 '나'라고 착각하는 어리석은 자에게는 오온을, 물질을 '나'라고 생각하는 자에게는 12처를, 물질과 마음 모두에 대해 어리석은 생각을 일으키는 수행자를 위해서 18계를 설하였다. 둘째는 가르침을 수용하는 능력, 즉 근기(根器)의 차이에 따라 3과를 설했다고 한다. 가장 예리한 능력을 가진 자는 오온, 중간은 12처, 우둔한 수행자에게는 18계가 설해졌다. 마지막으로 수행자의 취향에 따라, 간략한 글을 좋아하는 이는 오온, 중간은 12처, 장황하고 자세한 글을 좋아하는 수행자에게는 18계를 설하였다.

흥미로운 점은 내용적으로 단순하고, 간략한 글을 좋아하는 사람에게 적절한 오온 개념이 실은 가장 뛰어난 사람들을 위해 설해졌다는 사실이다. 장황하고 복잡한 논의를 좋아하는 철학자들이나 철학서적을 읽고 있는 당신은 어쩌면 붓다의 진리를 이해하는 측면에서 능력이 부족한 사람일지도 모른다. 어쩔 것인가? 낮은 근기로 태어났다면, 더욱 열심히 읽고 공부하는 수밖에……

아비다르마철학에서는 '마음'을 심(心, citta), 의(意, manas), 식(識, vijñāna)

이라는 세 가지 개념으로 설명하곤 한다. 『구사론』에는 오온, 12처, 18계의 3과(科)에 따라 심의식(心意識)의 차이를 다음과 같이 서술하고 있다.

> [각각의 개념이] 설립된 체계에 따라 차이가 있다. 18계(界)에서는 심(心)이라 하고, 12처(處)에서는 의(意)라고 하며, 오온(蘊)에서는 식(識)이라 하기 때문이다. 또한 의미에도 차이가 있는데, 심은 [요소의] 종류(gotra)라는 뜻이고, 의는 발생하는 문(門, dvāra)의 의미이며, 식은 적취(積聚, saṃghāta)의 뜻이기 때문이다.[8]

18계에서 마음(心)은 의식(意識)에 안식계에서부터 내지 의식계까지의 여섯을 더하여 총 일곱 가지의 의식작용을 포함한다. 12처에서 마음의 요소는 의식(意) 하나이고, 오온의 경우에는 마음에 속하는 층위에 느낌(受, vedanā), 지각(想, saṃjñā), 개념(行, saṃskarā)과 의식(識, vijñāna)이 포함된다.

전통적으로 아비다르마철학에서는 12처 개념을 가장 완결성이 높은 분류체계로 인정해왔다. 오온은 물질적 존재를 단순히 하나로 묶어 버려서 지나치게 단순한 설명일 뿐만 아니라, 조건에 의해 성립하는 것이 아닌 무위법(無爲法)은 포함하고 있지 않다. 18계는 12처 개념의 확장이지만 특별히 새로운 통찰을 제공하지는 못하는 것으로 보인다.

---

8 『阿毘達磨大毘婆沙論』卷72: 復次施設亦有差別. 謂界中施設心. 處中施設意. 蘊中施設識故. 復次義亦有差別. 謂心是種族義. 意是生門義. 識是積聚義. (T27, 371b6-9)

5위(位) 75법(法)

설일체유부의 논사들은 일체 존재에 대한 깊은 통찰과 방대한 철학적 논의를 통해 다양한 해설과 주석서(vibhāṣā)를 남겼다. 설일체유부의 주석가들은 특별히 상세한 주석서의 저술에 공력을 쏟았고, 그 결과『발지론』에 대한 주석『아비달마대비바사론(Abhidharmamahāvibhāṣāśāstra)』, 즉 '아비다르마철학에 관한 대주석서'를 후세에 남겨 주었다. 이런 연유로 설일체유부 논사들은 '설일체유부의 비바사론 연구자'를 뜻하는 설일체유부 비바사사(毘婆沙師, Sarvāstivāda vaibhāṣika) 혹은 단순히 '비바사사'라고 불린다.

비바사사들은 3과(科)의 분류체계에서 오온과 12처 개념을 통합하면서, 일체의 구성요소를 물질적 존재, 심리적 존재, 관념적 존재의 범주하에 더욱 세밀하게 분류하고 분석하였다. 일체의 존재양태는 번뇌에 물들지 않은 수행자의 관찰과 분석에 따른 청정한 인식에 의해 실상이 드러난다.

설일체유부 비바사사의 분석에 따르면, 일체의 존재는 모두 다섯 범주(5位), 75종의 다르마(75法)에 포함된다. 세계는 먼저 특정한 조건에 의해 형성되는 존재의 측면(有爲法, saṃskṛta-dharma)과 조건에 영향을 받지 않고 생멸하지도 않는 존재의 측면(無爲法, asaṃskṛta-dharma)으로 구분된다. 유위법(有爲法)을 더욱 세분화하면 4종의 범주를 가지므로, 무위법(無爲法)과 함께 다섯 범주(5위)라고 한다.

유위법의 물질적 층위는 12처의 물질개념을 거의 전적으로 수용하여, 의식(意)을 제외한 11종의 다르마로 설명된다. 심리적 층위는 토대로서의 마음(心, citta)과 마음의 작용(心所, caitta)이라는 두 양태를 포함한다. 또한 관념적 층위는 마음의 작용에 속하지 않으며 다만 그 존재가 의식에 의해 추론되는 심불상응행법(心不相應行法, cittaviprayuktasaṃskāradharma)과 조건에 한정되지 않는 무위법의 두 종류로 분류된다. 무위법에는 허공(虛空, ākāśa)과 열반(택멸, 비택멸)이 포함된다.

비바사사들의 세계관에 따르면, 물리적 세계뿐만 아니라 심리적 세계 또한 어떤 기본적인 구성요소(다르마)로 이루어져 있다. 그들은 깊은 명상과 사유의 결과 다종다양한 마음의 현상들 이면에 존재하는 기본적이고 근본적인 심적 요소들을 추출해 내었으며, 그것들을 심리적 실재라고 판단하였다. 다수의 요소들이 결합하여 하나의 조대한 사물을 구성하듯이, 심리적 현상도 다수의 심적 요소들이 결합하여 발현한다. 하나의 심리현상은 일군의 심리적 요소들의 집합적인 출현을 의미한다.

모든 마음과 함께하는 마음작용

대지법(大地法, mahā-bhūmika)

아비다르마의 5위 75법 체계에서, '일체의 마음과 항상 함께하는 마음작용(심소법)'으로 10종의 다르마를 포함한다:

1. 수(受, vedanā): 고락의 느낌
2. 상(想, samjñā): 감각대상의 표상작용
3. 사(思, cetanā): 선, 불선 등의 의지
4. 촉(觸, sparśa): 접촉, 감관, 대상, 식의 화합
5. 욕(欲, chanda): 욕구, 욕망, 희구(希求)
6. 혜(慧, prajñā): 지혜, 이치를 가려내는 간택, 판단
7. 염(念, smṛti): 기억, 잊지 않음
8. 작의(作意, manaskāra): 주의 집중
9. 승해(勝解, adhimokṣa): 인식이나 앎을 마음에 인가(印可)
10. 삼마지(三摩地, samādhi): 정신집중, 삼매, 심일경성

대지법에 대응하는 유식체계(5위 100법)의 심소법(心所法)을 **변행심소(遍行心 所, sarvatraga-caitta)**라고 하며, 5종의 심소를 포함한다.

; 촉(觸, sparśa), 작의(作意, manaskāra), 수(受, vedanā), 상(想, samjñā), 사(思, cetanā)

어떤 심리작용이건 마음이 현행할 때면 언제나 함께 작용하는 요소들을 대지법이라고 하며, 여기에는 지각(vedanā), 표상(samjñā), 의지(cetanā), 기억(smṛti) 등 열 개의 다르마가 존재한다. 또한 부수적으로 선한 마음에 수반하거나 악한 마음에 수반하는 등 46종의 다르마가 작용하는 마음의 종류나 심리상태에 따라 다양한 집합을 이루며 현상한다.

예를 들어, 악한 마음에 반드시 포함되는 작용요소로 무참(無慚, āhrīkya)과 무괴(無愧, anapatrāpya)의 두 가지 다르마가 있다. 무참은 내적인 부끄러움이 결여된 심리적 상태이고, 무괴는 외적으로 타인들에 대해 부끄러움을 느끼지 못하는 심리적 상태를 의미한다. 분노(krodha), 질투(īrṣyā), 살의(vihiṃsā), 교만(mada) 등 번뇌를 일으키는 열 가지 심적 요소들이 있지만, 그것들은 모든 악한 마음에 항상 수반되는 다르마가 아니다. 자기 스스로 돌아보아 부끄러움을 느끼는 감정과 사람들의 생각과 시선에 대해 부끄러움을 느끼는 감정이 없는 상태야말로 모든 악심(惡心)에 수반하는 근본적인 요소라고 아비다르마 논사들은 분석한다. 성서에서는 도덕적 감정이 둔감해진 상태를 양심에 화인(火印)을 맞았다고 표현하기도 하는데, 아비다르마 논사들은 부끄러운 마음을 느끼지 못하는 자들이야말로 양심에 화인을 맞은 자이며, 그것이 모든 악행에 항상 수반하는 근본적인 요소라고 지적하는 것이다.

현대 분석심리학에서는 잘못된 행동을 타인이 알게 될 경우 자신이 느끼는 불편한 감정이나 부끄러움을 '수치심'이라 정의하고, 잘못된 행위에 대해 스스로 느끼는 불편한 감정이나 부끄러움을 수치심에서 발전한 '죄책감'이라고 설명한다. 이 가운데 수치심이 보다 원초적 감정이다. 따라서 수치심이 없다면 도덕적 감정이 매우 결여된 것으로 판단할 수 있을 것이다. 나르시스트들은 원초적 수치심은 느끼지만, 타자에 대한 죄책감을 느끼지 못하는 것으로 알려져 있다.

타인들의 시선에 대해 부끄러움을 느낀다는 것은 타인들의 감정상태에 공감한다는 의미이기도 하다. 우리는 타인의 감정상태에 대해 공감능력이 결여된 사람을 사이코패스(psychopath)라고 부른다. 자신의 고통에는 민감하지만, 타인의 고통이나 감정에 대해 공감하지 못하고, 부끄러움을 느끼거나 양심의 소리를 듣지 못하는 사람들은 모든 악행의 잠재력을 지닌 자들이다. 그런 점에서 '부끄러움을 모르는 철면피'라는 비판은 구제불능의 잠재적 악인에 대한 명패(名牌)라고 할 수 있다. 반대로 오늘도 남들이 보지 않는 골방에서 부끄러움으로 몸서리치는 당신에게 논사들은 말한다.

'당신은 나쁜 사람이 아니야. 부끄러움은 당신이 선하다는 징표이니, 힘내시게나.'

마음의 요소들 가운데 선불선의 성격이 결정되지 않은 8종의 심적요소가 있다. 나열하면, 후회(kaukṛtya), 흐리멍덩함(睡眠, middha), 거친 관찰(vitarka), 정밀한 관찰(vicāra), 욕망(貪, rāga), 분노(瞋, pratigha), 자만(慢, māna), 의심(疑, vicikitsā) 등이다. 이에 따르면, 욕망, 분노, 의심, 자만 등의 마음은 아직 선(善)이나 불선(不善)으로 향하지 않은 마음의 상태이고, 따라서 조건에 따라 선이나 불선 어느 쪽으로도 흐를 수 있는 불확정 상태에 있다는 뜻이다.

확정되지 않은 심적 요소에는 언제든 악한 행위를 추동하는 요소가 작용할 수 있다. 그러나 잘못된 말이나 행위에 대해 반성하고 돌이키는 후회라면 성장의 동력이 될 것이고, 이기적 욕망이 아니라 성취와 구도를 향한 건강한 욕망이라면, 혹은 모두의 이익을 위한 이타적 욕망이라면 그것은 선한 행위의 동기부여가 될 것이다. 마찬가지로 불의에 대한 정당한 분노와 자신에 대한 확신, 거짓에 대한 타당한 의심은 모두 올바른 방향으로 향하는 심리적 토대가 될 수 있다.

바수반두의 『구사론』에서는 심불상응행법, 즉 마음과 상응하지 않는 관념적 요소들로 14종의 다르마들에 실재성을 부여한다. 간단히 열거하면, 다르마들의 결합과 분리에 작용하는 득(得, prāpti), 비득(非得, aprāpti), 유기체의 동질성과 생명활동에 관계하는 동분(同分, sabhāgatā), 생명기능(命, jīvitendriya), 생기(生, jāti), 지속(住, sthiti), 변이(異, jarā), 소멸(滅, anityatā), 수행의 결과로 나타나는 특징적인 상태들로 무상과(無想果, āsaṃjñika), 무상정(無想定, asaṃjñisamāpatti), 멸진정(滅盡定, nirodhasamāpatti), 그리고 언어의 의미를 구성하는 기본단위로서 단어(名身, nāmakāya), 문장(句身, padakāya), 음소(文身, vyañjanakāya)를 들 수 있다.

아비다르마 논사들에게, 다르마들의 결합으로 구성되는 세계를 해명하기 위해서는 반드시 다르마들을 결합시켜 주는 요소가 실재해야 하며, 같은 이유로 분리요소가 존재해야 사물의 생성과 변화가 가능하게 된다. '동분'이란, 넓은 의미에서 유기체 종(種, species) 모두에 존재하는 유기체성이라 정의할 수도 있지만, 보다 구체적으로는 개별적인 종들이 지닌 그 종만의 특수한 동류성(同類性)을 의미한다. 이를테면, 다양한 모양으로

피는 '나팔꽃'들은 공통적으로 나팔꽃의 동분을 지니기 때문에 개별적인 차이에도 불구하고 나팔꽃이라는 종성(種性)을 지닌다. 마찬가지로 지금 이 글을 쓰는 저자와 독자들도 모두 '인간'이라는 동분을 지니기 때문에 다른 동물들과 구분되는 인류에 속한다.

세계가 공간에 고정된 고체가 아니라 매 찰나 변화한다는 사실은 생기, 지속, 변이, 소멸의 네 가지 다르마로 설명된다. 만일 사물에 생주이멸의 요소가 없다면, 그것들은 항구불변하는 실재성을 갖게 될 것이다. 그러나 붓다의 핵심적 가르침은 세계에 속하는 만물은 무상(無常, anityā)하기 때문에 항상 변화하고 소멸한다. 그리고 어떤 것이 변화하고 소멸한다는 것은 그것이 생성되었고, 찰나 동안 머무른 후에 다시 소멸하였음을 의미한다. 유기체 종들이나 인생의 경우, 변화는 노화(老化, jarā)이고 소멸은 죽음(mṛti)이 된다. 이것들은 생멸하는 모든 무상한 존재들에 늘 함께하는 요소들이다.

단어, 문장, 음소의 세 다르마는 불교언어학의 기본적 관점을 보여준다. 소리를 매개로 전승된 성스러운 언어(聖言)인 베다(Veda)는 그것의 음성(śabda)과 음성으로 전해지는 진리(veda)가 모두 실재성을 지닌다. 때문에 경전은 음성과 운율에 있어서 한 점의 오차도 없이 정확하게 암송되어야 하고, 그것에 실려 전해지는 진리의 실재성은 의심될 수 없다. 아비다르마 논사들의 언어 해석은 충분히 논의되지는 못하였지만, 소리의 기본 단위인 음소(音素, vyañjana)에 기반한 실재관을 펼치는 것으로 보인다. 설일체유부의 경우, 오온과 12처, 18계의 3과(科)의 실재성을 논증하면서, 오온이 실재한다고 보는 이유는 그것이 극미와 같은 실재에 기반하기 때문이라고 설명하였다. 마찬가지로 음소의 실재성에 근거하여, 단어와 문장은 의미의 실재성을 갖게 된다. 그러나 각각의 의미단위들이 모여서 만들어진 의미복합체인 경전(nikāya)은 실재성을 지니지 못한다. 이 같은 불교의 경전해석은 경전 자체를 진리의 최종적 승인으로 보는 베다전승과는 대립각을 이룬다. 특히 설일체유부의 논사들은 아비다르마철학이 경전의 불확실하고 불완전한 메시지를 바르게 해석하고 전달하는 임무를 수행한다고 주장하였다.

아마도 물질적인 영역에 속하지 않는 심리적 혹은 관념적 대상들이 실재한다는 사유방식은 조금 낯설기도 하고 어쩌면 다소 소박한 고전적 사고방식으로 보일지도 모르겠다. 그렇다면, '자유의지', '불멸하는 영혼', 혹은 '신(神)' 같은 것들이 실재한다는 주장은 어떤가? 칸트는 순수이성의 차원에서는 이율배반(二律背反, antinomy)에 떨어지는 자유와 불멸성을 실천이성에 의해 요청함으로써 존재를 인정하고자 하였다. 반면 아비다르마 논사들은 모든 물리적, 심리적 요소들을 분석함으로써 그것들이 세계를 구성하고 작동하게 하기 위해서는, 물리적 심리적 요소뿐만 아니라 추론으로 파악되는 관념적 요소들도 실재해야 한다는 결론에 도달한다.

동시대의 니야야-바이셰시카(Nyāya-Vaiśeṣika)의 다르마 분류와는 달리 설일체유부가 '시간(kāla)'과 '수(數, saṅkhya)'의 실재성을 인정하지 않은 점은 매우 흥미로운 대목이다. 니야야-바이셰시카 학파의 경우, 1, 2 등의 수(數, number)는 실재하는 존재자들이며, 객관적 실재로서 헤아릴 수 있는 모든 사물에 내속한다. 예를 들어, '흰색의 도자기'에는 '흰색'과 '둥근' 형태, 하나의 전체로서 '도자기' 등의 요소들이 실재할 뿐만 아니라, '하나'라는 수도 실재한다. 그렇기 때문에 지금 보고 있는 '흰색의 도자기'는 둘이나 셋이 아니라 '하나'이며, '하나'로 인식된다. '두 개의 날개를 가진 한 마리의 나비'라면, '나비'는 '하나'의 실재성을 가지고, 각각의 '날개'는 '둘'이라는 속성을 가지기 때문에 개별적인 날개들이 아니라

'둘'이 한 쌍을 이룬 날개를 가진 나비로 인식되는 것이다.

불교의 논사들은 다소 편집증적이라 할 만큼 각종의 요소와 개념들을 수에 따라 분류하는 데 열중한다. 하나의 마음(一心), 진실과 세속의 2제(二諦), 불법승의 3보(三寶), 4성제, 오온(蘊), 75법, 삼천대천(三千大千), 10의 68제곱 혹은 10의 128제곱의 값으로 말해지는 무량대수(無量大數) 등 다양한 요소/개념을 수(數)에 따라 분류하는 법수체계를 발전시켰다. 법수(法數)는 복잡한 교학적 논의를 간결하게 요약하고 기억하는 도구로서 도입되었다. 하지만 아비다르마 논사들은 적대적인 정통파들과는 달리 수에 실재성을 인정하지 않는다. 다수의 부분들이 모여서 형성되는 '하나'의 조대한 복합체는 실재성이 없다. 그것은 임시적으로 구성된 것이며 곧 소멸할 것이다. 따라서 부분을 가지는 전체로서의 '하나'는 실재하지 않는다. 그렇다면 가장 미세한 기본단위로서 '하나의 극미'에서 '하나'는 실재성을 가지는가? 극미는 가장 미세한 하나의 기본단위이므로 '하나'는 동어반복적이다. 또한 '하나'가 개별 극미의 '하나'와 다수를 포함한 전체의 복합체로서의 '하나'를 모두 지시할 수 있다는 점에서 알 수 있는 바와 같이, '하나'라는 수는 실재성을 지니지 못하며 개별성을 부여하는 관념에 지나지 않는다.

과거, 현재, 미래가 실재한다

설일체유부의 아비다르마철학에서 핵심적인 개념으로 삼세실유(三世實有), 즉 '과거와 현재와 미래세(未來世)가 실재한다'는 주장이 있다. 이에 대한 일반적인 오해는 '과거, 현재, 미래'의 시간(kāla)이 실재한다고 생각하는 것이다. 그러나 불교철학에서 '시간'은 실재하지 않는다. 다르게 표현하자면, 시간이란 사물의 공간적 구성이 변화하는 것을 지칭하는 개념일 뿐이다. 질적으로 동일한 다르마들이지만 작용의 상태에 따라 과거, 현재, 미래라는 삼세(三世, tryadhvan)의 양태(位, avasthā)를 띤다.

삼세실유 개념에 대해 서력 기원 전후의 아비다르마 논사들 사이에 이미 상당한 이견과 논란이 있었다. 비바사사 가운데 대표적인 4대 논사들의 주장을 간단히 살펴보면 다음과 같다. 이들 논사들은 모두 삼세에 걸쳐 다르마가 실재한다는 점에는 동의하였지만, 현재에 나타나는 다르마와 과거와 미래의 다르마가 어떻게 혹은 왜 다르게 인식되는지를 해명하는 데서 이견을 보였다.

1) 먼저 법구(法救)의 유부동설(類不同說)에 따르면, 다르마의 본질은 변화가 없지만, 시간에 따라 다르마의 '존재양태(類, bhava)'에 차이가 있을 뿐이다. 마치 금으로 만든 그릇을 변형하여 다른 모양으로 만들어도 금의 본질은 변하지 않는 것과 같다.

2) 묘음(妙音)의 상부동설(相不同說)은 다르마가 과거, 현재, 미래의 '양상(相, lakṣaṇa)'과 결합할 때 서로 다르게 현행하는 것으로 드러난다. 다르마들은 모두 과거와 현재와 미래의 양상을 가지고 있지만, 지금 결합하고 있는 양상에 따라 과거, 미래, 혹은 현재의 시간성을 지니게 된다. 논사는 재미난 비유를 들어 무지한 자를 깨우치고자 한다. 다르마의 본성은 변하지 않고 실재하는데 그것은 마치 한 남자가 여성을 사랑하는 것과 같다. 이 본성은 변하지 않고, 남자는 늘 거기에 있다. 그러나 그는 '현재'라는 한 여성과 사랑에 빠질 수 있다. 그렇다고 그가 다른 여성과 사랑에 빠질 능력이 소멸한 것은 아니다. 단지 그는 지금 '현재'라는 여인과 사랑에 빠진 것이고, 다음 찰나에

'과거'라는 여인과 사랑에 빠지게 된다.

3) 각천(覺天)의 대부동설(待不同說)은 '상대와의 관계(待, apekṣā)'에 차이가 있는 것으로 시간에 따른 현상의 변화를 설명한다. 역시 다르마는 과거, 현재, 미래에서 변화하지 않고 실재한다. 그러나 다르마가 어떤 시간에 작용할 때, 그 전후와의 관계에 따라 과거, 현재, 미래라는 이름이 붙여진다. 그것은 동일한 한 여인이 딸과 함께 있을 때는 어머니, 어머니와 함께 있을 때는 딸이라 불리는 것처럼, 삼세의 관계에 따라 과거, 현재, 미래라고 불리는 것일 뿐, 다르마 자체에는 어떤 변화도 없다.

4) 세우(世友)의 위부동설(位不同說)은 '위상의 차이(位, avastha)'로 동일한 다르마가 삼세에 다르게 나타나는 모습을 설명하였다. 십진법의 산수체계에서 '1'이라는 숫자가 일단위에 있을 때는 '일', 십단위에 있을 때는 '십', 백단위에 있을 때는 '백'으로 불리는 것과 같이, 동일한 다르마가 과거와 현재, 미래 어디에 있는가에 따라 과거, 현재, 미래의 이름과 의미를 지니게 된다. 다르마는 변화하지 않고 실재하지만, 그것이 과거, 현재, 미래의 서로 다른 위상에 놓이면 다른 의미를 갖는다는 설명이다. 설일체유부는 세우의 위부동설을 정설로 채택하였다.

이같이 난해한 설명들은 모두 다르마가 삼세에 걸쳐 변화하지 않는 실재성을 지닌다는 전제 위에 과거, 현재, 미래의 차이를 설명하고자 하는 시도를 반영한다. 그러나 이들에 반대하는 비유자나 분별론자 같은 논사들의 비유적 해석은 보다 직관적으로 이해하기 쉽다.

'과거 현재 미래의 본체는 항상 있는 것이지만 현행은 무상한 것이다. 현행이 시간에 따라 작용할 때, 그것은 마치 그릇에 담긴 과일과 같다. 하나의 그릇에서 나와서 다른 그릇에 담기는 것과 같이, 많은 사람들이 이 집에서 나와 저 집으로 들어가는 것과 같이, 현상도 마찬가지이다. 미래 시간에서 현재 시간으로 들어가고, 다시 현재 시간에서 과거 시간으로 들어간다.'[9]

여기에서는 과거, 현재, 미래의 시간대는 항상 자리를 지키고 있지만, 사물의 현행은 항상 변화하고 무상하다고 주장한다. 그것은 마치 과일을 서로 다른 시간의 광주리에 옮겨 담는 것처럼 시간을 옮겨간다. 이들의 주장은 앞서 4대 논사들의 주장과 차이가 모호해 보이지만, 사유의 전개와 발전과정에서 차별성이 분명하게 드러난다. 이후 비유자(경량부)들은 다르마가 오직 한 찰나만 지속하며, 과거와 미래의 다르마는 실재하지 않는다는 파격적인 주장으로 이행한다. 오직 현재의 한 찰나에서만 다르마가 생멸하며, 현상은 한 찰나에서 반짝 생멸하는 다르마들의 연속이다.

설일체유부의 비바사사는 이 주장을 논박하면서, 과거, 현재, 미래의 시간과 다르마의 현행은 본질에 있어 차이가 없다, 다르마의 현행이 삼세이고 삼세가 다르마의 현행이라고 다시 한번 강조한다. 보다 현대적인 방식으로 삼세실유론을 설명하기 위하여, 아날로그 시대의 영화관에서 볼 수 있었던 필름과 영사기가 종종 매력적인 비유로 사용된다. 봉준호 감독의 <설국열차(Snow Piercer)> 영화를 보고 있다고 하자. 거대한 엔진이 끄

---

9   『阿毘達磨大毘婆沙論』卷76: 如譬喻者分別論師. 彼作是說. 世體是常行體無常. 行行世時如器中果. 從此器出轉入彼器. 亦如多人從此舍出轉入彼舍. 諸行亦爾. 從未來世入現在世. 從現在世入過去世. 為止彼意顯世與行體無差別. 謂世即行行即是世. (T27, 393a11-16)

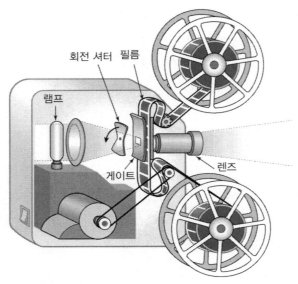

영사기와 찰나의 비춤

는 수백 량의 열차는 일 년에 한 번씩 세계궤도를 일주한다. 영화는 17년째 일주 과정에 일어난 폭동의 전개과정을 보여준다. 이제 영화의 필름에 주목해 보자. 영화가 상영되기 전, 영화의 모든 내용은 한쪽의 필름 릴에 걸려 있는 필름에 담겨 있다. 이제 필름이 필름통을 나와 영사기의 조명 장치를 지나갈 때, 광원에 비친 필름의 이미지가 스크린에 비추면서 영상을 만들어 낸다. 그리고 영상을 비춘 필름은 되감기릴(take-up reel)에 다시 감겨버린다. 아직 영상에 비추지 않은 필름은 미래이고, 현재 스크린에 비치고 있는 영상은 현재이며, 이미 영상에 비치고 되감겨 있는 필름은 과거이다. 스크린에 비친 일련의 영상이 현재를 현상하였지만, 삼세가 흐르는 동안 각각의 스틸 필름(다르마)에는 전혀 변화가 없이 원래 상태대로 존재한다. 다르마들은 변화하지 않고 항상 존재하기 때문에 시간의 변화가 없다.

다르마는 과거와 현재와 미래에 동일하게 실재하지만, 우리는 현재 찰나의 연속적인 현행을 변화로 인식한다. 우리가 과거를 기억하고, 또 그 기억이 사실일 수 있는 이유는 과거의 다르마가 실제로 존재하기 때문이다. 만약 과거의 다르마들이 실재하지 않는다면, 과거에 대한 우리의 기억은 모두 대상을 지니지 못한 허구가 되고 말 것이다. 미래의 실재성은 수행과 구제론적 관점에서 특히 중요성을 띤다. 만일 미래의 해탈이 실재성을 지니지 않는다면, 수행을 위한 우리의 의지와 노력은 의미를 상실할 것이며, 끝내 도달하고자 하는 해탈에 이를 수 없다는 비극적 종말을 예고하게 된다.

식필유경: 바르게 인식된 것은 반드시 그 대상이 존재한다

설일체유부에게는 과거이건 미래이건 바른 사유를 통해 얻어진 인식과 통찰은 반드시 실재하는 대상을 가지며, 가져야 한다. 바른 인식은 반드시 그에 상응하는 실재를 근거로 한다. 바르게 인식되었다면, 그 인식에는 반드시 실재하는 대상이 존재한다. 인식된 것은 존재하는 것이고, 존재하는 것은 인식된 것이다. 바른 인식을 통해 논사들은 물질적, 심리적, 관념적 실재들을 통찰할 수 있었으며, 고통의 소멸과 수행을 통한 해탈의 길을 확실히 증득할 수 있었다.

물론 '대상과 인식'의 관계는 동서양의 철학사를 관통하여 여전히 심오한 철학적 논의를 요구하는 문제로 남아 있다. 내가 지각한 대상은 내가 지각한 바와 같은 방식으로 존재하는가? 대상이 나의 지각을 촉발하였는가? 아니면 대상과는 관계없이 인식이 발생하였는가? 설일체유부를 포함한 불교철학파의 논사들은 기본적으로 '지각된 것은 존재하는 것'

이라는 경험주의적 전제를 수용한다. 하지만 짧은 명제는 해석의 관점에 따라 완전히 다른 의미를 함축할 수 있다. 설일체유부라면, '지각된 것'이 바르게 지각되었다면 반드시 존재를 함축하기 때문에, '지각된 것'은 바로 대상의 실재성을 의미할 수 있다. 반면 유식학파라면, '지각된 것'은 오직 '표상된 것'이며, 오직 그것만이 실재한다. 이러한 관점은 '존재하는 것은 지각된 것(esse est percipi)'이라는 버클리의 관념론과 유사하다고 할 수 있다.

'인식은 반드시 대상을 갖는다'는 설일체유부의 명제는 종종 일반적으로 지각되는 경험대상에 대해 실재성을 인정하는 것으로 오해되기도 한다. 설일체유부에서 실재성을 인정하는 대상은, 논사들에 따라 약간의 차이가 있긴 하지만 대체로 5위 75법으로 정리된 다르마에 한정된다. 따라서 '인식은 반드시 대상을 가진다'고 할 때에도 실재하는 대상은 다르마를 지시하는 것이다. 눈 앞의 '꽃병'이나 '다색의 무늬를 가진 나비'를 보았다면, 꽃병이나 나비는 가설적 존재로서 실재성을 지니지 않는다. 다만 꽃병이나 나비를 깊이 통찰하면, 색깔과 향기와 형태 등 실재성을 지닌 다르마들을 지각하고 분석해 낼 수 있다.

아비다르마에서는 그 같은 비판적 탐구와 분석작업을 '간택(簡擇, pravicaya)'이라고 한다. 명민한 지성의 간택에 의해, 우리는 자아(自我)라고 부르는 것이 다섯 더미(五蘊)의 중첩에 지나지 않으며, 열두 가지 인식 주체와 대상으로 구성되는 세계라는 것을 파악할 수 있다. 또한 우리는 간택에 의해서 사물이 보다 단순한 기본요소로 분할될 수 있음을 알게 되었다. 그것이 사물을 구성하는 가장 기본적인 단위인 극미(極微, paramāṇu)이다. 설일체유부는 지각의 영역 안에서 가장 미세하게 분할되는 실극미(實極微)와 추론에 의해 분할을 지속할 때 더 이상 분할할 수 없는 기본단위로 추상되는 가극미(假極微)를 구분한다. 직접지각과 추론의 두 가지 방식에 의해 대상의 실재성이 확인된다.

추론의 대상인 극미는 무한히 분할하여 더 이상 분할되지 않는 가장 미세한 기본단위이다. 무한 분할의 결과인 극미는 크기를 가지는가? 크기를 가진다면 그것은 더 쪼개질 수 있을 것이며, 크기를 갖지 않는다면 그것은 모여서 조대한 사물을 만들지 못할 것이다. 극미의 정의에 따른 추론적 사유는 모순적 상황으로 내몰리게 된다. 무한 분할의 결과 공간적 크기를 지니지 않게 되는 '원자'를 물질로 인정할 수 있을까? 천 년의 시간이 지나 라이프니츠는 물질적 원자를 포기하고, '형이상학적 원자'에 해당하는 모나드(monad) 개념으로 대답하였다.

설일체유부의 논사들은 직접지각의 영역을 넘어서 존재하기 때문에 오직 추론으로만 존재가 확인되는 대상들에 대해서도 여전히 식필유경(識必有境)의 원칙을 고수한다. 대상이 너무 미세하다는 등의 이유로 지각되지 않는다고 하더라도, 그것들은 여전히 지각되는 성질을 가지고 있다. 따라서 미세한 극미 혹은 다르마들이 다수가 결합하였을 때, 그 지각되는 성질이 발현하면서 극미복합체가 지각된다.

예를 들어, 여기에 커다란 통나무가 있다고 하자. 다섯 명의 나무꾼이 힘을 합쳐도 나무는 들리지 않을 만큼 무겁다. 그러나 여섯 명의 장정이 힘을 합치자 나무가 들어 올려졌다. 다섯 명이 들었을 때도 통나무를 들어 올리는 힘은 작용하고 있었지만, 그것이 들어 올리는 사태로 발현하지는 못하였다. 그러나 특정한 조건이 성숙하면, 통나무가 들어 올려지는 사태가 발생한다. 이때, 통나무를 들어 올린 힘은 한 명의 나무꾼이 들어 올리려 하였을 때에도 작용하고 있었지만, 여섯의 조건이 충족하지 않아서 발현하지 않았을 뿐이다. 비록 그 힘이 여섯의 조건에서만 발현하였지

5위(位) 75법(法)			
오위 (五位)	색법(色法) (11), 심법(心法) (1), 심소법(心所法) (46), 불상응행법(不相應行法) (14), 무위법(無爲法) (3)		
유위법 (有爲法) (72)	색법 (色法) (11)	5근(五根) (5)	안근(眼根), 이근(耳根), 비근(鼻根), 설근(舌根), 신근(身根)
		5경(五境) (5)	색경(色境), 성경(聲境), 향경(香境), 미경(味境), 촉경(觸境)
		무표색(無表色)	
	심법 (心法) (1)	6식(六識) 심(心)·의(意)· 식(識)	전5식 (前五識)	안식(眼識), 이식(耳識), 비식(鼻識), 설식(舌識), 신식(身識)
		제6식(第六識, 意)	
	심소법 (心所法) (46)	대지법 (大地法) (10)	수(受), 상(想), 사(思), 촉(觸), 욕(欲), 혜(慧), 염(念), 작의(作意), 승해(勝解), 삼마지(三摩地)
		대선지법 (大善地法) (10)	신(信), 불방일(不放逸), 경안(輕安), 사(捨), 참(慚), 괴(愧), 무탐(無貪), 무진(無瞋), 불해(不害), 근(勤)
		대번뇌지법 (大煩惱地法) (6)	치(癡), 방일(放逸), 해태(懈怠), 불신(不信), 혼침(惛沈), 도거(掉擧)
		대불선지법 (大不善地法) (2)	무참(無慚), 무괴(無愧)
		소번뇌지법 (小煩惱地法) (10)	분(忿), 부(覆), 간(慳), 질(嫉), 뇌(惱), 해(害), 한(恨), 첨(諂), 광(誑), 교(憍)
		부정지법 (不定地法) (8)	심(尋), 사(伺), 수면(睡眠), 악작(惡作), 탐(貪), 진(瞋), 만(慢), 의(疑)
	불상응행법 (不相應行法) (14)	득(得), 비득(非得), 동분(同分), 무상과(無想果), 무상정(無想定), 멸진정(滅盡定), 명(命), 생(生), 주(住), 이(異), 멸(滅), 명신(名身), 구신(句身), 문신(文身)	
무위법 (無爲法) (3)	무위법 (無爲法) (3)	허공(虛空), 택멸(擇滅), 비택멸(非擇滅)	

만, 나무꾼 한 명의 힘도 의심할 바 없이 동일한 성질을 가진 힘이다. 즉, 우리는 다수의 복합체를 관찰함으로써, 그것을 구성하는 요소들의 실재성과 그 작용을 추론할 수 있다.

이 같은 사유방식은 과학적 추론과정과 상당한 유사성을 띤다. 예를 들어, 중력, 전자기력, 강력, 약력과 같은 에너지는 다섯 가지 감각지각의 영역을 벗어나 존재하는 것처럼 보인다. 그러나 중력의 존재는 사과가 떨어지거나 중력에 의해 빛이 굴절되는 현상을 지각함으로써 확인된다. 과학적 실험과 검증이란, 경험의 축적과 그것에 대한 귀납적 추론이 예측하는 외삽(extrapolation)에 대한 경험적 확인의 과정이다. 실험이나 관측이 감각적 경험으로 확인되는 어떤 결과도 산출하지 못한다면, 그것은 존재를 인정받지 못하고 단지 하나의 가설(假設), 즉 이론적인 추론의 단계에 머무르게 될 것이다.

오감에 어떤 정보도 주지 않지만, 단지 감성이나 믿음에 의지해서 존재를 추론하는 대상을 존재한다고 할 수 있을까? 우주의 허공을 채우고 있는 '에테르'나 우주의 존재를 창조한 '신(神)' 같은 존재는 설일체유부의 관점에서는 매력적인 추론이 되지 못한다. '지각되는 것'으로 존재하는 범주의 바깥, 우주의 지평선 너머에 존재한다고 여겨지는 것들은 단지 분별망상의 관념들에 지나지 않는다.

함께 읽어 볼 책

- 권오민 (2003). 『아비달마불교』. 서울: 민족사.
- 사쿠라베 하지메 (1989). 『아비달마의 철학』. 정호영 역. 서울: 민족사.

08

중관철학
- 모든 것은 공(空)이로다

중관철학
- 모든 것은 공(空)이로다

'모든 것이 존재한다'고?

　설일체유부(說一切有部)는 지각되는 모든 것은 다르마로 구성되어 있으며, 다르마는 실재한다고 주장하였다. 서력기원 전후 설일체유부는 불교의 학파들 가운데 대부(代父)와 같은 지위에 있었으며, 백가쟁명의 아비다르마철학을 포괄하는 사상체계를 확립하고 있었다. 그들이 붓다의 가르침에서 핵심으로 꼽히는 '무아(anātman)'와 '무상(anitya)'을 몰랐을 리도 없고, 그것을 부정하였으리라고는 상상도 할 수 없다. 그런데 '모든 것(sarva)이 존재한다(asti)'고 주장하다니!

　그것은 붓다(佛)의 가르침(敎)을 배반하는 것이 아닌가?

　설일체유부의 논사들은 붓다가 말한 무아(無我)는 인식주체이며, 영원히 변하지 않는 영혼과 같은 자아를 말한 것이지, 물질적 사물의 비존재를 말한 것이 아니라고 항변한다. 더구나 실재하는 것은 일상의 경험에서 지각되는 조대한 사물이 아니라, 그것을 구성하는 기본요소인 '다르마 (dharma)'들일 뿐이다. 자아(自我)는 실재하지 않지만, 그것을 구성하는 물질(色), 느낌(受), 지각(想), 개념(行), 의식(識) 다섯 더미(五蘊)는 실재한 다. 붓다께서도 오온을 가르치지 않았는가? 그와 같이 높은 수준의 명상 상태에서는 세계를 구성하는 물질적, 심리적, 관념적 다르마들을 지각하 고 통찰할 수 있다. 유부의 고매한 스승들이 말하였다.

그러자 반야(般若)의 지혜에 관해 깊이 명상하는 수행자들이 반박하였다.

"스님들께서는 아직 '완전한 지혜(般若, prajñā)'를 얻지 못하였군요."

'완전히 성취된 지혜'인 반야를 증득하면, 세계를 구성하는 모든 요소 들도 환상과 같이 텅 빈 것임을 알게 될 것이다. 영취산(독수리산)에서 붓 다의 가르침을 제자 수부띠(Subhūti)는 다음과 같이 전한다.

"세존이시여, 환상과 물질은 다르지 않습니다. 세존이시여, 물질이 바로 환상이고, 환상이 바로 물질입니다. 실로 세존이시여, 환상과 느낌과 지 각과 개념은 다르지 않습니다. 세존이시여, 느낌, 지각, 개념이 바로 환 상이고, 환상이 바로 느낌, 지각, 개념입니다. 세존이시여, 환상과 의식 은 다르지 않습니다. 세존이시여, 의식이 바로 환상이고, 환상이 바로 의 식인 것입니다." (『팔천송반야경』 제1장)

세존(世尊)은 '존귀한 분', '축복받은 분'이라는 의미의 '바가밧(bhagavat)' 의 번역어로, 한문으로 박가범(薄伽梵)이라 음역한다. 『바가바드 기타 (Bhagavat Gita)』를 '성자의 노래'라고 할 때 그 '바가바드'이고, 지금 여기서는 물론 붓다(Buddha)를 지칭한다. 제자 수부띠가 붓다의 가르침을 받아 대답하기를 오온(五蘊)의 각 요소들도 모두 환상과 같은 것이라고 한다. 일군의 명상가들은 깊은 명상 가운데 세계를 구성하는 요소들까지도 모두 텅 빈 것으로 환상과 같이 흩어지는 체험을 하였다. 다르마들은 실재하는 것이 아니고, 마술사들이 눈앞에 펼쳐 보이는 환영(幻影)과 같은 것이었다.

반야경(般若經)

서력기원 전후로 불교계에서는 이 같은 체험에 기반한 경전들이 대량으로 등장하기 시작하였는데, 그것을 '완전히 성취된(pāramitā) 지혜(prajñā)를 담은 경전(sūtra)'이라는 의미에서 『반야바라밀다(般若波羅蜜多經)』, 줄여서 『반야경』 혹은 '반야경계 경전'이라고 한다. 반야경계 경전들은 설일체유부의 아비다르마철학에서 정립된 모든 개념들 각각에 대해서 하나씩 장황하고 반복적으로 그것들 모두가 환상과 같고 공(空, śūnya)하다고 가르친다.

두꺼운 책 한 권 분량의 『팔천송반야경』은 게송 8천 송으로 다소 간결한 편에 속하며, 확장판으로는 2만 5천 송 반야경이나 10만 송 반야경이 유통되었다. 삼장법사 현장(玄奘)은 대규모 번역팀을 이끌고 660~663년까지 3년에 걸쳐서 반야경계 경전을 망라하는 『대반야바라밀다경(摩訶般若波羅蜜多經, Mahāprajñāpāramitāsūtra)』을 번역하였는데, 그 결과물이 무려 600권, 5백만 자에 달한다. 거대한 반야경전은 일반인에게는 물론 전문적인 학승들도 감당하기 어려운 비대증에 걸리고 말았다.

그러자 『반야경』의 핵심을 압축한 경전들이 등장하였다. 『금강경(金剛

經)』으로 알려져 있는 『금강반야바라밀다경(Vajrachedikā-prajñāpāramitā sūtra)』은 금강(金剛), 즉 다이아몬드로 부수어도 깨지지 않는, 혹은 다이아몬드처럼 견고한 완전한 지혜를 전하는 경전이라는 의미이다. 『금강경』은 동아시아의 선불교에서 중요하게 받아들여졌으며 한국불교에서는 핵심경전으로 존중받고 있다. 『반야경』 계통의 경전 가운데 가장 압축적인 정수(精髓)만을 기록한 경전이 바로 『반야바라밀다심경(般若波羅蜜多心經, prajñāpāramitāhṛdaya sūtra)』이다. 여기서 심(心, hṛdaya)은 심장(心臟)이고 핵심(核心)이다. 영어로도 Heart Sutra, 즉 『심경(心經)』이라고 번역한다. 반야사상의 심장이라 할 만한 핵심을 모아놓은 경전이라는 의미이다.

조계종에서 제공하는 표준 한글번역 『한글 반야심경』을 읽어 보기로 하자.

마하반야바라밀다심경

관자재보살이 깊은 반야바라밀다를 행할 때,
오온이 공한 것을 비추어 보고 온갖 고통에서 건너느니라.

사리자여! 색이 공과 다르지 않고 공이 색과 다르지 않으며,
색이 곧 공이요 공이 곧 색이니, 수 상 행 식도 그러하니라.
사리자여! 모든 법은 공하여 나지도 멸하지도 않으며,
더럽지도 깨끗하지도 않으며, 늘지도 줄지도 않느니라.
그러므로 공 가운데는 색이 없고 수 상 행 식도 없으며,
안 이 비 설 신 의도 없고,
색 성 향 미 촉 법도 없으며,
눈의 경계도 의식의 경계까지도 없고,

무명도 무명이 다함까지도 없으며,
늙고 죽음도 늙고 죽음이 다함까지도 없고,
고 집 멸 도도 없으며, 지혜도 얻음도 없느니라.

얻을 것이 없는 까닭에 보살은 반야바라밀다를 의지하므로
마음에 걸림이 없고 걸림이 없으므로 두려움이 없어서,
뒤바뀐 헛된 생각을 멀리 떠나 완전한 열반에 들어가며,
삼세의 모든 부처님도 반야바라밀다를 의지하므로
최상의 깨달음을 얻느니라.

반야바라밀다는 가장 신비하고 밝은 주문이며 위 없는 주문이며
무엇과도 견줄 수 없는 주문이니,
온갖 괴로움을 없애고 진실하여 허망하지 않음을 알지니라.
이제 반야바라밀다주를 말하리라.

아제아제 바라아제 바라승아제 모지 사바하(3번)

　이것으로『반야심경』이라는 경전 한 권을 다 읽었다.

　한문 번역으로는 제목 10자와 본문 260자를 포함하여 총 270자가 전부이다. 한 번 독송하는 데 걸리는 시간은 2분 50초면 충분하다. 송광사 저녁 예불시간에 승가대중이 함께 독송하는 반야심경은 성스러운 음악이다.[1]

　『반야심경』은 불교인이라면 대부분이 암송하고 있는 대중적으로 잘 알려진 경전이다. 그러나 이 경전의 무게는 지구만큼 무겁고, 그것의 폭발력은 태양의 중심만큼이나 격렬하다. 20대의 도올 김용옥은『반야심경』을 읽고 충격을 받았다고 하지만, 그가 만일『반야심경』의 혁명적

1　송광사 예불 반야심경 독송 https://www.youtube.com/watch?v=w0BFf-S26EU (검색일 : 2024. 3.22.)

전복을 좀 더 깊이 이해했더라면, 분명 불교의 중관철학자가 되었을 것이다.

『반야심경』은 관자재보살(觀自在菩薩)이 '완성된 지혜'를 명상하는 가운데 비추어 본 실상을 전하고 있다. 관자재보살은 범어로 아발로끼떼슈바라(avalokiteśvara), '아래로(ava) 굽어보는(lokita) 자재신 이슈바라(iśvara)'의 합성어이다. 그러나 최근의 연구에 따르면, 아발로끼따스바라(avalokitasvara), '아래로(ava) 세상의 고통의 소리(svara)를 굽어보는(lokita) 보살', 즉 관세음보살(觀世音菩薩)이 원형이었다고 알려진다. 고통 가운데 신음하는 세상의 뭇 중생들을 굽어보면서 보살은 '완전하게 성취된 지혜'를 깊이 명상하고 풀어서 전해준다.

혹자는 자아가 존재한다고 하고, 혹자는 자아는 없고 오온만이 실재한다고 한다. 그러나 지혜로운 자는 본다. 고통의 주체인 자아도, 오온도 모두 실체가 없다. 물질과 느낌과 지각과 개념과 의식은 모두 텅 빈 것이고, 그렇기 때문에 일체의 고통과 재앙을 넘어간다. 더 이상 고통과 재앙의 재물이 될 그 어떤 것도 없다. 모두가 텅 빈 것일 뿐이다.

그뿐만이 아니다. 태어나고 소멸하는 것도, 더러움과 깨끗함도, 성장하고 쇠퇴함도 모두 실체가 없다. 끊임없이 나를 괴롭히는 생사의 문제도, 도덕과 성취의 문제도 모두 환상과 같은 것이다. 붓다시대부터 설일체유부의 아비다르마까지 금과옥조로 붙잡고 믿어왔던 사성제(四聖諦), 12처, 18계, 나아가 12연기(緣起)도 모두 공(空)한 것이다. 그러므로 무엇인가 붙잡을 것도, 얻을 것도, 증득하여 성취할 것도 없다.

따라서 우리가 알아야 하는 것은 오직 '완전한 지혜(prajñā)'인 공(空)이다.

이제 진실한 주문을 외워서 이 '완전한 지혜'를 잊지 말아야 할 것이다.

'아제 아제 바라아제 바라승아제 모지 스바하'

'gate, gatge, pāragate, pārasaṃgate, bodhi svāhā'

'갔네, 갔네, 건너갔네, 모두 건너갔다네. 깨달음이여!'

세상의 고통의 소리를 굽어 듣는 관세음보살이 우리에게 주는 희망의 메시지는 이것이다. 잘 살펴보면 알게 될 것이다. 고통도, 고통을 받는 자도, 고통을 주는 자도 모두 실체가 없는 환상일 뿐이다. 그것을 깨닫기만 한다면, 우리는 고통의 바다를 건너갈 수 있다.

물론 이 진리의 선포는 말은 쉽지만 받아들이기는 무척 어렵다. 단지 정신승리를 위한 교묘한 말장난이 아닌가? 그렇지 않다. 우리는 여기서 '제2의 붓다'라고도 불린 불교 제2의 천재 나가르주나를 만나게 된다.

나가르주나 aka 용수

나가르주나(Nāgārjuna)는 '용'이나 '뱀' 등을 뜻하는 '나가(nāga)'와 그가 '아르주나(arjuna)' 나무 밑에서 태어났다는 탄생설화를 반영하고 있다. 한문으로는 용수(龍樹)로 번역한다. 나가르주나는 설일체유부가 『비바사론』이라는 대백과사전을 편찬한 서기 150년 무렵에 태어난 것으로 추정된다. 그의 사후 2백 년이 지나 쿠마라지바(Kumārajīva, 344~413)가 한역한 『용수보살전(龍樹菩薩傳)』에서 나가르주나는 이미 온갖 허황하고 신비적인 일화들로 착색된 신화적 인물로 묘사되고 있다. 전기(傳記)에 따르면 나가르주나는 스스로를 모든 지혜에 통달한 자, 즉 '일체지자(一切智者, sarvajñā)'로 칭하였는데, 이는 그가 붓다와 같은 진리의 깨달음을 성취하였다는 의미가 된다.

서력기원 전후에 등장한 대승사상의 영향으로 불교는 대전환기에 접어드는데, 나가르주나의 중관사상은 기존의 상좌부 계통의 주류불교에 대한 전면적인 종교개혁을 위한 철학적 근거를 제공한다. 종래에 아비다르마철학에서는 무아(無我) 개념을 주로 인식주체 혹은 행위주체인 자아를 중심으로 이해하였다. 그러나 반야경 계통의 사상가들은 그 같은 인무아(人無我, pudgalanairātmya)의 개념에 더하여, 지각의 대상이 되며 세계를 구성하는 요소(dharma)들도 모두 '항구불변하는 실재성이 없다'는 법무아(法無我, dharmanairātmya)를 강조하였다. 그것을 일체 존재의 공(空, śūnya)이라 한다. 설일체유부에서는 5위 75법으로 분류된 다르마의 실재성이 철학적 토대를 이루었다. 하지만 이제 그것들은 모두 실재성을 상실하고 공(空)한 것으로 분석된다.

이러한 비판의 정점에 바로 나가르주나의 『중론』이 있다. 나가르주나는 대표작 『중론(中論, Mūlamadhyamakakārika)』과 『회쟁론(廻諍論, Vigrahavyāvartañi)』 등을 저술하여 중관철학을 창시하였으며, 그의 제자 아리아데바(Āryadeva)의 『사백론(Catuḥśataka)』, 『백론(Śataśāstra)』 등이 발표되면서 중관철학의 학파적 흐름이 정립되었다.

전통적으로 나가르주나의 저술로 돌려지고 있는 『십이문론』이나 『대지도론(大智度論)』 등의 중요한 논서들은 아직 저자의 진위가 확정되지 못하고 있다. 그렇지만 중관사상을 토대로 동아시아에서 성립된 삼론종(三論宗)에서는 『중론』, 『십이문론』, 『백론』을 핵심경전으로 사상을 발전시켰다. 삼론종의 기본사상을 정립한 승랑(僧朗)이 고구려 출신 승려라는 사실로 인해 특별히 한국불교학계의 관심을 끌고 있는 분야이기도 하다.

MMK: *Mūlamadhyamakakārika*, 『중론』

나가르주나의 철학을 가장 선명하게 보여주는 논서는 물론『중론』이다. 저술의 이름은 'Mūla(근본) madhyamaka(중간) kārika(시, 詩)'의 합성어로 『근본중론송』혹은 줄여서『중론』이라 한다. 논서에서는 아비다르마철학에서 논의된 철학적 주제들 가운데 총 27개의 핵심주제에 대해 중관철학의 분석을 제시하고 있다. 간단히 목차를 살펴보면 다음과 같다.

총 27장, 449게송(한역 445)

장(品)-게송 수	품명(品名)	parīkṣā nāma
I-16	관인연품(觀因緣品)	pratyaya
II-25	관거래품(觀去來品)	gatāgata
III-8	관6정품(觀六精品)	cakṣurādīndriya
IV-9	관5음품(觀五陰品)	skandha
V-8	관6종품(觀六種品)	dhātu
VI-10	관염염자품(觀染染者品)	rāgaratka
VII-34(35)	관3상품(觀三相品)	saṃskṛta
VIII-13(12)	관작작자품(觀作作者品)	karmakāraka
IX-12	관본주품(觀本住品)	pūrva
X-16	관연가연품(觀燃可燃品)	agnīndhana
XI-8	관본제품(觀本際品)	pūrvāparakoṭi
XII-10	관고품(觀苦品)	duḥkha
XIII-8(9)	관행품(觀行品)	saṃskara
XIV-8	관합품(觀合品)	saṃsarga
XV-11	관유무품(觀有無品)	svabhāva
XVI-10	관박해품(觀縛解品)	bandhanamokṣa
XVII-33	관업품(觀業品)	karmaphala
XVIII-12	관법품(觀法品)	ātma
XIX-6	관시품(觀時品)	kāla

장(品)-게송 수	품명(品名)	parīkṣā nāma
XX-24	관인과품(觀因果品)	sāmagrī
XXI-21(20)	관성괴품(觀成壞品)	saṃbhavavibhava
XXI-16	관여래품(觀如來品)	tathāgata
XXIII-25(24)	관전도품(觀顚倒品)	viparyāsa
XXIV-40	관4제품(觀四諦品)	āryasatya
XXV-24	관열반품(觀涅槃品)	nirvāṇa
XXVI-12(9)	관12연기품(觀十二因緣品)	dvādaśaṅga
XXVII-30	관사견품(觀邪見品)	dṛṣṭi

『중론』은 설일체유부 아비다르마에서 주장하는 모든 철학적 개념과 다르마의 실재성을 파기한다. 오온(IV), 12처(III), 18계(V), 4성제(XXIV), 12연기(XXVI)를 비롯하여, 운동, 고통, 사물의 성질, 요소의 결합, 인과법, 업(karma), 대상의 실재성, 시간, 열반에 이르기까지 전방위적이고 전면적으로 아비다르마 철학체계를 붕괴시킨다. 『중론』의 사상은 기존의 주류불교 자체의 부정이며, 완전한 전복이었다. 당연히 『중론』의 충격은 아비다르마 불교철학에 다양한 형태의 변화를 요구하였으며, 완전히 새로운 불교의 등장을 촉발하였다.

붓다는 영원불변하는 주체로서 아트만(ātman)의 실재성을 부정하였다. 나가르주나는 그것을 인식주체로서 자아(自我, ātman)뿐만 아니라 세계를 구성하는 일체 존재의 자성(自性, svabhāva)에 대한 부정으로 확대한다. 인도정통철학의 실재론에 대한 부정은 인식주체인 자아에 대한 부정인 인무아(人無我, pudgalanairātmya)와 만물의 자성에 대한 부정인 법무아(法無我, dharmanairātmya)로 압축된다. 그리고 이 두 층위의 무아가 공성(空性, śūnyatā)의 개념으로 정의된다. 몇 가지 주제에 대한 나가르주나의 논리를 『중론』을 통해서 살펴보도록 하자.

팔불(八不)

『중론』의 제1절 귀경게(歸敬偈)는 중관의 진리를 가르쳐준 붓다에 대한 공경을 표명하는 게송이다. 여기에서 나가르주나는 붓다께서 '여덟 가지 부정'[2]을 통해 원인과 조건의 진리를 밝히고, 온갖 쓸데없는 말장난들(戱論, prapañca)을 멈추었다고 찬탄한다.

> 멸함도 없고 또한 생겨남도 없으며,
> 항상함도 없고 또한 단절됨도 없으며,
> 동일한 것도 아니고 또한 다른 것도 아니며,
> 오는 것도 아니고 또한 가는 것도 아닌,
> 연기법을 가르쳐 주시고 희론(戱論)을 멸하신
> 붓다께 머리 숙여 예경하오니 모든 설법 가운데 제일이다.
>
> (MMK, 귀경게)

어떤 존재가 변하지 않는 자성(自性)을 가진다면, 생멸(生滅)도, 항상과 단절(常斷)도, 동이(同異)도, 오고감(出來)도 모순이고 불가능하게 될 것이다.

여기 '빨간 꽃'이 있다고 하자.

만약 그것이 불변하는 자성을 가진다면, 그 빨간 꽃은 '피어날' 수가 없다.

오늘 아침 그 꽃이 피었다면, 어제는 '빨간 꽃'이 없었다는 의미이고, 오늘 아침에 없던 꽃이 생겨났다는 말이다.

그렇다면 '빨간 꽃'은 불변하는 자성이 없다.

'빨간 꽃'이 자성을 가진다면, 같은 이유로 그 꽃은 지지도 않을 것이다.

---

2   不生亦不滅 不常亦不斷 不一亦不異 不來亦不出

'빨간 꽃'이 불변하는 자성을 가진다면, 그것은 생멸할 수 없다.

그러므로 '빨간 꽃'이 피고 진다는 것은 성립하지 않는다.

귀경게의 '여덟 가지 부정'에 이어지는 제1장 「관인연품」의 1절에서 나가르주나는 '생겨남(生)'의 모순에 대해 논증한다.

> 자신으로부터, 남으로부터, 양자로부터, 혹은 아무 원인도 없이건,
> 어느 곳에 무엇이건 사물들의 발생은 결코 존재하지 않는다. (MMK I.1)

만일 어떤 사물이 생겨났다고 하면, 그것은 반드시 '자신, 타자, 자신과 자타 동시, 혹은 원인이 없이'의 네 가지 경우를 벗어나지 못할 것이다. 그런데 만일 '빨간 꽃'이 '빨간 꽃'으로부터 생겨났다고 한다면, 실제로는 어떤 것도 생겨나지 않은 셈이다. '빨간 꽃'의 불변하는 자성을 가진 '빨간 꽃'이 이전부터 계속 있었을 뿐, 어떤 것이 생겨난 것은 아니다. 따라서 '빨간 꽃'이 자성을 가진다면, 자신으로부터 생겨나는 일은 불가능하다.

그렇다면, '빨간 꽃'은 다른 어떤 것으로부터 생겨난 것인가? 만일 그것이 아직 빨갛지 않은 '파란 꽃'에서 생겨난 것이거나, 혹은 '씨앗'에서 생겨났다고 하면 가능하지 않을까? 그렇다면 '빨간 꽃'은 불변하는 자성을 갖고 있지 않다. 이전에는 '파란 꽃'이 있었고, 그 이전에는 '씨앗'이 있었으며, 지금은 '빨간 꽃'이 있다고 설명할 수는 있겠지만, 그것들은 불변하는 '빨간 꽃'의 자성을 가지고 있지는 않다.

'빨간 꽃'이 '자기 자신으로부터인 동시에 다른 원인으로부터' 생겨났다고 하는 주장은 앞서의 두 가지 모순을 동시에 짊어지는 셈이다.

그렇다면 아예 자신으로부터도 남으로부터도 생겨나지 않고, 그냥 원인이 없이 생겨났다고 하면 어떨까? '빨간 꽃'이 아무 원인도 없이 생겨

났다면, 일차적으로 '빨간 꽃'이 없었을 때에 자성은 존재하지 않았을 것이며, 지금 생겨난 것도 불변하는 자성이라고는 할 수 없을 것이다. 더구나 아무 조건이 없는 것에서 '빨간 꽃'이 생겨났다면, 그것에서 '파란 꽃'이나 '씨앗'이나 혹은 그 어떤 것이 생겨난다고 해도 이상할 것이 없다. 그렇다면, 세계는 아무 원인도 없는 곳에서 어떤 것도 생겨날 수 있게 될 것이다. 허공 중에 갑자기 '빨간 꽃'이 피어나는 일이 얼마든지 가능하게 될 것이다.

그러므로 '빨간 꽃'이 자성을 갖는다면, 어느 경우에도 '빨간 꽃'의 생겨남은 불가능하다. 그리고 '빨간 꽃'이 생겨났다면, 그것은 자성을 가지고 있지 않다. 여기에서 '빨간 꽃'은 '파란 꽃'이나 '씨앗' 또는 다른 어떤 것(X)으로 대체해도 마찬가지이다. 마찬가지로 만일 '자아'가 실재한다면, 나에게는 태어남도 죽음도, 오고감도 그 어떤 변화도 불가능하게 될 것이다.

4구부정(四句否定, catuṣkoti vinirmukta)

나가르주나는 여기에서 '4구부정'으로 알려진 논증법을 구사하고 있다. 일반적으로 우리에게 친숙한 논리식의 진리값은 '참(T)'과 '거짓(F)' 두 개를 가진다. 이를테면, 오늘의 '나'는 어제의 '나'와 같거나 다를 것이다. 이 두 가지 가능성 외에는 다른 가능성이 없다. '오늘의 나는 어제의 나와 같다'는 명제가 참이라면, '오늘의 나는 어제의 나와 다르다'는 명제는 거짓이다.

그러나 4구부정은 진리값이 네 개인 다치논리에 속한다. 어떤 X의 생겨남을 예로 들어 보면 다음과 같다.

어떤 X는

1) 자기 자신으로부터 생긴다

2) 남으로부터 생긴다

3) 양자로부터 생긴다

4) 원인이 없이 생긴다

4구부정의 논리를 이해하는 데 가장 큰 어려움은 우리가 부지불식간에 이분법적 사고에 깊이 젖어 있다는 사실에 기인한다. 이것이 아니면 저것. 참이 아니면 거짓. 하나의 사태에 두 가지 진리값만이 존재할 수 없다는 배중률의 직관이 강하게 지배한다. 하지만 20세기 들어 진리값이 셋 이상인 다치논리가 도입되면서, 얀 우카시에비치(Jan Łukasiewicz)나 클레이니(Kleene) 같은 논리학자는 '참(T)', '거짓(F)'에 '불확정(I: Unknown)'을 더하여 세 개의 진리값을 가진 논리적 체계를 제시하였다. 또한 프리스트(Graham Priest)는 4구부정의 논증식을 자신의 논리학에 주요한 근거나 적용의 사례로 삼아 불교논리학 연구자들과 공동연구를 진행하고 있다.

엄밀한 비유는 아니지만, '나의 태어남'이라는 일상적인 사례를 들어 생각해 보자. 나의 태어남이라는 사건, 지금의 생물학적인 나를 형성하는 유전정보는 어디에서 온 것일까? 그것을 네 가지 경우를 들어 분석해 볼 수 있다. '나는 아버지로부터 왔다' 혹은 '나는 어머니로부터 왔다'는 두 가지 명제는 부분적으로만 참이다. '나는 아버지로부터도 왔고 어머니로부터도 왔다'는 명제는 앞의 두 명제와는 다른 의미를 내포하고, 그것은 참이다. 마지막으로 '나는 아무 원인도 없이 태어났다'는 명제는 당신이 무(無)로부터 스스로 생겨난 신(神)이 아니라면 거짓이다. 고전적 논리에서 가정하는 배중률의 관점에서는 수긍하기 어려운 설명방식이다.

하지만 빛이나 입자에 대한 양자역학의 해석은 바로 앞의 사례를 지지하는 것처럼 보인다. 빛의 입자성과 파동성에 대한 문제는 과학계에서 오랜 논란거리였다. 그러나 현대 물리학에서는 '빛이 입자이면서 동시에 파동이다'라고 해석한다. '빛은 입자이다' 혹은 '빛은 파동이다'라는 명제는 단지 부분적으로만 참이다. 물리학의 영역에 우리의 언어적 개념과 같이 이분법적으로 구분되지 않는 세계가 존재하는 것이다. 더구나 양입자와 음입자가 충돌하면, 물질은 사라지고 에너지가 발생한다. 입자들만으로 설명되지 않는 다른 영역도 존재한다.

4구부정의 논리에서는 함수의 정의역이 이분법적인 배중률을 넘어선다. 존재에 대해서 비존재만이 가능한 이분법적 세계관에 대해서, 1) 존재, 2) 비존재, 3) 존재이면서 비존재, 4) 존재도 비존재도 아닌 것을 상정하고 있다. 이러한 사고방식은 앞으로 전개될 불교철학의 많은 핵심적 개념들을 이해하는 데 필수적이다. 자아는 존재하는가? 불교에서의 대답은 '자아(ātman)는 존재하지 않는다'이다. 그렇다면 '자아는 비존재인가?'라고 묻는다면, 그것은 비존재는 아니다. 불교에서는 자아를 오온의 집적으로 설명한다.

한때 불교학계를 풍미하였던 정량부(正量部)학파는 자아(ātman)는 존재하지 않지만, 우리에게는 오온이 결합한 어떤 형태의 인격성(pudgala)이 존재한다고 주장하였다. 그들은 그 뿌드갈라를 "오온과 같은 것도 아니고 다른 것도 아니다(非卽非離蘊)"라고 정의하였다. 그것이 오온과 같다면 전통적인 오온설과 다름이 없다. 다르다고 하면, 붓다의 가르침을 부정하고 오온의 집합체인 '자아'와 유사한 개념을 상정하게 된다. 정량부 논사들은 뿌드갈라를 오온과 '같은 동시에 다르다'고 하는 대신, '같은 것도 아니고 다른 것도 아니다'라는 네 번째 가능성을 주장하였다. 이러한 논리적 우회로는 단순히 교묘한 지적 장난일 뿐일까? 아니면 어떤 심오한 논리적 깊이를 드러내 보여주고 있는 것인가?

귀류법

나가르주나는 4구부정식을 전개하여 인도사상과 아비다르마철학의 '실재' 개념을 부정하고 있다. 따라서 앞에서 언급한 4구부정식은 '어떤 X가 실재성을 가진다면'을 전제한 논증식이다. 나가르주나는 자신이 『중론』에서 제기하는 다양한 주제에 대해 네 가지 가능성이 모두 성립할 수 없음을 하나씩 논증한다. 그리고 모든 가능성이 파기되었으므로, '어떤 X가 실재성을 가진다'는 가정이 부정된다.

『중론』에서 나가르주나가 구사하는 이 논증방식을 귀류법(歸謬法, reductio ad absurdum)이라고 하며, 불교 논리학 개념으로는 쁘라상가(prasanga)라고 한다. 대상의 실재성을 부정하는 중관의 관점에서는 사태나 대상에 대한 적극적인 주장은 자기모순으로 간주될 수 있다. 만일 '모든 것은 공하다'는 명제가 참이라고 주장할 경우, '모든 것은 공하다'는 명제 자체도 '모든 것'에 포함되어 모순에 빠지게 될 것이다. 모든 것의 실재성을 부정하는 중관사상의 논리에는 그 자체를 부정하는 모순의 가능성이 항상 내재해 있다. 따라서 중관논사들은 '모든 것이 실재성을 갖는다'는 명제를 부정하는 귀류논증을 통해 대상의 비실재성을 주장하였으며, 이와 같은 논증방법을 사용한 이들을 귀류논증파(prāsangika)라고 하였다.

'어떤 X도 실재성이 없다'는 명제를 논증하기 위하여, 먼저 부정명제를 가정한다.

'만일 어떤 X가 실재한다면,' 그 X는 4구(句)의 하나로 설명되어야 할 것이다.

> '만일 어떤 X가 실재한다면,' 어떤 X는
> 1) 자기 자신으로부터 생기지 않는다
> 2) 남으로부터도 생겨나지 않는다
> 3) 양자로부터도 생겨나지 않는다
> 4) 원인이 없이 생기는 것도 성립하지 않는다
> 그러므로, 어떤 X는 실재하지 않는다.

『중론』 2장 「오고감에 관한 관찰」에서는 산스크리트어 시제의 특성을 사용한 흥미로운 말놀이를 보여준다. '오고감'이라는 사태는 실재성이 없다. 이를테면, '비는 내리지 않는다'거나 혹은 제논의 '화살은 날지 않는다'는 역설과 유사한 논증이다.

만일 어떤 사태가 불변하는 실재성을 갖는다면, '운동하고 있는 사물'의 '가는 것'과 같은 운동은 불가능하다.

> 움직임이 있는 곳에는 '가는 것'이 있다. 그 움직임은 '가고 있는 것'이기 때문에 '간 것'도 아니고 '가지 않은 것'도 아니며, '가고 있는 것'이 '가는 것'이다.
> 그러나 '가고 있는 것'이 '가는 것'이라는 말은 성립하지 않는다. 그것은 '가고 있는 것'이 '가고 있는' 것이라는 의미가 되기 때문이다.
>
> (MMK II.1-3 요약)

이러한 논증은 '가는 자는 가지 않는다'(8-14)거나 '가는 자는 멈추지 않는다'(15-17)는 역설적인 논증으로 이어지며, 결국 '가는 자', '가지 않

는 자', '가면서 가지 않는 자'도 없으며, '가는 것', '가는 자', '가는 곳'은
성립하지 않는다고 결론짓는다.

만일 '가는 것', '가는 자', '가는 곳'이 자성을 가지고 실재한다면, 이 같
은 모순에 직면하게 된다. 따라서 '가는 것', '가는 자', '가는 곳'은 실재하
지 않는다.

공성(空性, śūnyatā)

나가르주나의 『중론』은 한편으로 설일체유부의 다르마 해석에 대한 전면
적인 전복이었으며, 동시에 인식주체에 한정되어 있던 상좌불교의 무아론
을 일체의 존재로 확장한 대승불교사상이 치켜든 종교개혁의 성전(聖典)
이었다. 중관철학에서 핵심을 이루는 개념은 물론 '공성'이다. 『중론』은
'일체의 다르마가 존재한다'고 주장하는 설일체유부에 대하여 '일체는 공
하다, 텅 빈 것이다'고 설한다. 그렇다면, 공(空)하다는 것은 무슨 의미인
가? 눈에 보이는 대상은 허상이고, 모든 것은 비존재한다는 의미인가?

먼저 존재(有)의 세 가지 측면에 대한 『대지도론』의 설명을 보기로 하
자. 존재하는 것들은 세 부류로 구분된다. 첫째는 서로 짝을 이루는 상반
된 개념적 존재(相待有)이고, 둘째는 가설적인 명칭으로의 존재(假名有),
셋째는 다르마의 존재(法有)이다.

가설적 존재라는 것은 요거트와 같은 존재로서 색, 향, 미, 촉을 가진 것
이며, 4가지 감각정보의 원인과 조건이 화합하였기 때문에 가설적으로
이름하여 요거트라고 한다. 비록 존재한다고는 하지만 원인과 조건이
되는 다르마의 존재와는 같지 않고, 비록 존재하지 않는다고는 하지만

토끼뿔이나 거북의 털과 같이 비존재인 것은 아니다. 단지 원인과 조건의 화합[에 의해 발생한 것이기] 때문에 가설적으로 이름하여 요거트라고 하는 것이다.[3]

상대유(相待有)는 이분법적 분별에 의한 관념만이 있을 뿐 어떤 실재성도 지니지 못하는데(此皆有名而無實也), 색, 향, 미, 촉 등의 감각정보도 제공하지 못한다는 점에서 가명유(假名有)와도 구분된다.[4] 가명유란 그 자신의 고유한 속성(自性, svabhāva)을 가지는 다르마의 존재는 아니지만, 여러 가지 원인과 조건을 토대로 가지기 때문에 비존재는 아니다. 공성은 사물의 비존재를 의미하는 것이 아니라 사물들이 그 자체의 고유한 본성을 갖지 않는 무자성(無自性)의 가설적 존재(假名)임을 의미한다. 다르마의 존재에 대해 설일체유부는 실재성을 인정한다. 그러나 중관에서 다르마들의 실재성은 하나씩 부정된다. 다르마들은 모두 공(空)하다.

공성은 또한 일체 존재의 연기(緣起)와 동의어이다. 원인과 조건에 따라 상호의존하여 발생하는 연기적 관계에 있기 때문에 그것들은 공하다. 모든 것은 항구불변하는 실재성으로 가득 채워진 것이 아니라 오히려 텅 빈 것이다. 그것은 자신에게만 귀속되는 자성(自性)을 가지지 않으며, 수많은 원인과 조건들이 하나의 시공간에서 지각되는 현상이다.

---

3 『大智度論』: 假名有者, 如酪有色, 香, 味, 觸, 四事因緣合故, 假名為酪. 雖有, 不同因緣法有; 雖無, 亦不如兔角, 龜毛無; 但以因緣合故, 假名為酪. (T25.147c12-15)

4 『大智度論』: 復次, 「有」, 有三種：一者, 相待有, 二者, 假名有, 三者, 法有. 相待者, 如長短, 彼此等, 實無長短, 亦無彼此, 以相待故有名. 長因短有, 短亦因長; 彼亦因此, 此亦因彼; 若在物東, 則以為西, 在西則以為東; 一物未異而有東, 西之別, 此皆有名而無實也. 如是等, 名為相待有, 是中無實法, 不如色, 香, 味, 觸等. (T25.147c5-12)

원인과 조건에 의해 발생한 것, 그것을 나는 공성이라고 하고,

또 가설적 명칭이라 한다. 그것은 또한 중도라는 의미이다.

(MMK XXIV.18)[5]

공성이란 원인과 조건에 의해 발생하는 것, 즉 연기(緣起)한 것을 의미한다. 유부 아비다르마철학에서 연기는 실재하는 다르마들이 현상하기 위한 조건이다. 무명을 조건으로 의지적 힘이 발생하고, 의지적 힘을 조건으로 의식이 발생하고, 의식을 조건으로 심신의 씨앗이 형성되는 것과 같은 것을 연기 고리라고 한다.

반면 나가르주나에게 연기는 현상으로서 다르마 자체의 존재론적 근거이다. 다르마보다 연기가 먼저 있다. 연기적 조건의 성숙이 어떤 다르마 혹은 사물을 현상하게 한다. 그것은 불변적 속성을 가지지 않으며, 텅 빈 것이지만, 우리가 이름 붙여 부를 수 있는 현상으로 드러나 있다. 언어적으로 표현되는 가설적 존재는 비존재가 아니다. 때문에 가설적 존재는 단멸론(斷滅論)이나 허무주의로 떨어지지 않는다. 하지만 그것은 항구불변하는 자성을 가지지 않기 때문에 실재성을 주장하는 상주론(常住論)에도 빠지지 않는다.

공성(空性)은 현상의 변화와 운동에 대한 설명을 가능하게 한다. 항구불변하는 실재성을 가진 존재들은 운동과 변화가 불가능하다. 자성을 가진 사물은 인과적 발생이 성립하지 않으며, 어떤 사물이 자성을 가지고 실재한다면 그것은 항상 존재해야 한다. 그것은 어떤 발생의 원인이 될 수도 없고, 어떤 운동의 결과가 될 수도 없다. 자성을 갖지 않는 존재들은

---

5   因緣所生法 我說卽是空 亦爲是假名 亦是中道義. (MMK XXIV. 18)

영원불변성을 포기한 대신 변화와 운동을 갖는다.

'만물이 공(空)하다'는 선언은 혁명적이다.

인생의 정점에서 "더도 말고 덜도 말고 오늘만 같아라!"고 외치는 사람들에게는 내일을 대비하라는 경고의 메시지이다. 모든 것은 변하며, 오르는 길이 있으면 내리는 길이 있다. 변화하는 삶 앞에서는 겸손해야 한다.

반면, 인생의 밑바닥에서 신음하는 이들에게 '만물이 공하다'는 명제는 희망의 메시지이다. 고통의 때가 있으면 기쁨의 때가 있다. 어떤 것도 변하지 않는 실재가 아니다. 오늘의 나와 내일의 내가 달라질 수 있는 것은 불변하는 자성이 없고 공(空)하기 때문이다.

'만물이 공하다'는 것은 만물이 원인과 조건에 따라 연기(緣起)하였기 때문이다. '만물이 원인과 조건에 따라 생하였다'는 사실은 삶의 변화에 대한 강력한 요청이다.

지금 여기의 나는 전 지구의 생태계가 협력하여 만들어진 결과이다. 지금 나의 삶은 과거의 경험과 나와 연결된 모든 관계와 나의 생각이 서로 원인과 조건이 되어 드러난 현상이다. 지금의 나를 만든 수많은 원인과 조건들의 힘은 매우 강하고, 그 때문에 나의 삶이 쉽사리 바뀌지 않는다는 것도 사실이다. 그러나 모든 것들은 매 순간 조금씩 변화하고 있다. 그리고 '만물이 공하다'는 사실과 '만물은 원인과 조건에 따라 생한다'는 중관의 진리를 안다면, 나는 지금 나의 삶의 자리와 나의 생각이 불변하는 존재가 아님을 알 수 있다. 그것들은 변화하는 것이고 바꿀 수 있다. 그리고 자리의 이동과 생각의 변화를 조건으로 하여 미래의 삶은 달라지게 된다. 세상의 어떤 사태나 사물도 항구불변하는 것이 아니라 변화하는 것이고, 원인과 조건의 변화에 따라 달라지기 때문이다.

이제설(二諦說)

'이제설'이란 두 층위의 진리가 있다는 주장이다. 진리에는 궁극적 진리, 즉 진제(眞諦, paramārtha satya)와 세속적 차원의 진리인 속제(俗諦, lokasaṁvṛti satya)가 존재한다. 궁극적 진리란 앞서 살펴본 '만물은 공(空)하다'는 그 진리이다. 하지만 '만물은 공하다'는 말은 '만물은 공하다'는 그 사실을 정확하게 지시하지 못한다. 때문에 우리는 '만물이 공하다'는 언어적 표현을 두고 갑론을박하지 않을 수 없다. 그렇다고 해서 '만물은 공하다'는 사실이 부정되는 것도 아니다. 단지 '만물이 공하다'는 말이 '만물은 공하다'는 진실에 도달할 수 없을 뿐이다.

　'말할 수 없는 것에 관해서는 침묵해야 한다.'

　비트겐슈타인은 실증주의와 분석철학을 '말할 수 있는 것'에 유폐시켰다. 그리고 말할 수 있는 그림들이란 어떤 실재하는 대상도 지시하고 있지 않다는 사실로 인해 침묵해야 하는 운명에 처하고 말았다. 그렇다면 우리는 이제 진리로부터 영원히 격리된 채 '말할 수 있는' 언어의 세계에 갇혀 있어야 하는가? 여기에서 나가르주나는 우리의 암묵적인 전제를 뒤집는다.

　실재하는 대상이란 애초부터 존재한 적이 없다. 모든 것은 공(空)하기 때문이다. 어떤 것이 실재함에도 우리가 '말할 수 없는' 것이 아니라, 처음부터 세계는 대상과의 일치라는 관점에서는 '말할 수 없는 것'이다. 오직 궁극적인 진리가 있다면, 그것은 '세계는 공(空)하다'는 사실이다.

　역설적이게도 세계는 다시 언어가 그려내는 가설적 존재들의 총체이다.

　가설적 존재들의 그림이 세속적 진리이다. 세속적 진리에서 언어는 실재하는 지시체를 갖지 않으며, 단지 현상하는 사태에 대한 임시적 지시기능을 한다. 모든 존재들은 자성을 가진 실재가 아니며, 원인과 조건의 상호의존 관계에서 임시적으로 발현한 것들이고, 언어는 그러한 임시적 현상에 부여한 임시적 명칭에 지나지 않는다. 우리가 일상에서 사용하는 말은 실재를 지시하는 것이 아니라, 언어적 관습의 맥락에서 정의되고 일상의 생활세계에서 기능한다.

이 가설적 명칭들에 어떤 실재성을 부여하려는 집착은 고통의 원인이된다. 자아, 열반, 고통 등 모든 것들은 실재성을 지니지 않는 가명(假名)에 지나지 않는다. 원인과 조건에 따라 일시적으로 발현한 사물과 그 사물에 대한 가설적 명칭인 언어의 특성을 직관하였을 때, 우리는 명칭에속거나 집착하지 않고 '있는 그대로'의 세계를 관찰할 수 있다.

그것이 바로 '세계는 공하다'는 진리이다.

나가르주나는 말한다.

> 붓다의 가르침은 두 가지 진리에 의거한다. 그것은 세간에서 행해지는
> 진리와 궁극적 차원에서의 진리이다.
> 이 두 가지 진리를 구별하지 못하는 사람들은 붓다의 가르침의 심오한
> 진리를 알지 못한다.
> 언어적 관습에 의하지 않고 궁극적 진리는 가르쳐지지 않는다. 궁극의
> 진리에 도달하지 않고는 열반을 증득할 수 없다.   (XXIV.8–10)

나가르주나는 진리의 두 가지 층위를 구분하면서, 동시에 두 층위 사이의 연속적 관계를 암시한다. 만일 궁극적 진리에 세속적 진리를 초월하는 어떤 독립적인 존재의 위상을 부여한다면, 궁극적 진리는 세속과는 무

관한 것이 될 것이며, 공성(空性)이란 세속을 초월한 어떤 형이상학적 영역으로 떨어지고 말 것이다. 그러나 나가르주나에게 궁극적 진리는 세속적 진리를 배제하는 것이 아니다. 세속적 진리는 현상의 차원에서 경험되는 세계에 대한 기술이며, 그 세계의 궁극적인 사태는 공성으로 이해된다.

두 진리는 원인과 조건에 따라 현상한 세계의 서로 다른 면을 보고 있는 것이다. 그러므로 세속적인 진리를 알지 못하고는 공성의 진리를 알 수 없고, 공성의 진리를 알지 못하고는 열반을 증득할 수 없다. 이런 맥락에서 우리가 살아가는 세속적 현실에서의 삶과 죽음은 궁극적 차원에서 열반과 서로 떨어져 있지 않다(MMK XXV.19–20: 생사즉열반).

피론의 돼지

희랍 회의주의의 창시자 피론(Pyrrho, 365-275 BCE)은 원래 화가였다고 한다. 그는 알렉산더의 원정에 동반하여 인도에까지 도달하였다. 피론은 그곳에서 '알몸의 수행자들과 교분을 맺었으며,' 철학자로서 '사물의 진리는 파악할 수 없다는 것과 판단유보(epoche)라는 형식의 논의를 철학에 도입해 진실로 기품있는 방법으로 철학활동을 행한 것'[6]으로 알려져 있다. 피론과 그를 따르는 제자들은 회의주의자로 폄하되었지만, 그들은 지식에 대한 모든 교조적 주장들을 의심하고 절대적 판단을 유보하는 신중하고 비판적인 철학자들이었다. 그들은 언제나 진리를 탐구하는 자세와

---

6   디오게네스 라에르티오스 (2016). 『그리스철학자열전』. 전양범 역. 서울: 동서문화사, p. 618.

회의적 고찰, 탐구결과에 대한 판단유보의 자세로 지식의 불확실성을 폭로하였다. 때문에 참된 지식을 주장하는 자들에게 피론주의자들은 곤혹스러운 논적이었다.

회의주의자들은 여러 학파의 학설들을 다양한 측면에서 논파하면서도 자신들의 주장을 학설로 제시하지는 않았다. 그들은 학파의 주장에 대해 '어떤 것도 규정하지 않았으며,' 동시에 '어떤 것도 규정하지 않는 것'도 하지 않았다. 그들의 주장은 두 가지 형식으로 압축해 볼 수 있다.

1) 'A가 B보다 더 ...... 한 것은 아니다.'
2) '어떤 것은 A인 것만큼 B이기도 하다.'

회의주의자들은 감각기관에 지각되는 사실을 부정하는 것이 아니다. 감각에 지각되는 사실은 힘이 있고 작용을 한다. 벌꿀을 먹으면 달다는 느낌을 준다. 그러나 회의론자들이 묻는 것은 그것의 배후에 실재하는 것이 감각지각된 것과 동일하느냐는 질문이다. 벌꿀이 단맛으로 지각된다는 점에는 동의하지만, '벌꿀이 달다'는 명제가 불변의 진리라는 주장은 인정할 수 없다. 이를테면, 어떤 경우에 '벌꿀은 단 것만큼 쓰기도 하다.'

만일 누군가 '나를 규정하는 것은 정신이다'고 말한다면, 회의주의자는 '정신이 신체보다 더 나를 규정하는 것은 아니다.'고 반박할 것이다. 신체성을 제외하고 나를 규정한다는 견해는 허황된 이론에 불과할 뿐이다. 어떤 것도 절대적인 실재성을 주장할 수 없다. "왜냐하면 모든 사물에 있어 이것인 만큼 저것이기도 하기 때문이다."[7] 여기서 피론주의자들이

---

7   황설중 (2016). "피론주의와 중관", 『철학 사상 문화』 제21호. pp. 91-118.

보여주고자 하는 것은 '나를 규정하는 것이 정신이거나 신체'라는 것이 아니라, 어떤 주장도 확고하게 정립될 수 없다는 사실이다.

이러한 논증의 방식은 나가르주나의 『중론』에서 반복적으로 발견할 수 있다. 『중론』 25장, 「열반에 관한 고찰」의 한 부분을 살펴보기로 하자. 만물의 공성(空性)을 인정할 수 없는 논적들은 종교로서의 불교에서 포기할 수 없는 열반(涅槃, nirvāṇa)을 들어서 공격한다.

> 만일 모든 것이 공(空)하다면, 생겨남도 소멸함도 존재하지 않을 것이다. 그렇다면 무엇을 제거하고 소멸하여 열반이 성취되겠는가? (XXV.1)

그러자 나가르주나는 대답한다.

> 만일 모든 것이 공(空)하지 않다면, 생겨남도 소멸함도 존재하지 않을 것이다. 그렇다면 무엇을 제거하고 소멸하여 열반이 성취되겠는가?
>
> (XXV.2)

'만물이 공하다'고 할 때 제기되는 문제는 '만물이 공하지 않다'고 할 때에도 정확히 동일하게 말할 수 있다. 만물이 자성을 가지고 실재한다면, 그것들을 앞서 논증한 바와 같이 '오고감'이나 '생겨나고 소멸함' 등 어떤 변화도 가능하지 않다. 그렇다면 열반은 어떻게 성취한다는 말인가? 나가르주나는 여기서 열반을 다음과 같이 정의한다.

> 제거되지도 않고 획득되지도 않으며, 단멸의 상태도 아니고 상주의 상태

도 아니고, 소멸하는 것도 아니고 발생하는 것도 아닌 이것이 열반이다.

(XXV.3)

피론과 관련하여 전해오는 전설이 있다. 어느 날 피론은 배를 타고 항해를 하고 있었다. 그런데 갑자기 폭풍이 몰아쳐 배는 심하게 요동하고 금방 난파할 것 같은 위기에 처하였다. 사람들은 혼란에 빠져 허둥거렸다. 어떤 이들은 나무기둥을 잡고 매달렸으며, 어떤 사람은 배를 버리고 탈출하고 어떤 사람은 물을 퍼내며 배를 지키려 하였다. 또 어떤 사람들은 신에게 울부짖었다. 그 와중에 돼지 한 마리가 보였다. 돼지는 배에서 벌어지는 혼란에는 아랑곳하지 않고 자기 옆으로 굴러온 음식을 먹고 있었다. 이때 피론이 말했다. "현자라면 이 돼지처럼 평정한 상태(ataraxia)를 유지해야 한다."

배가 요동치고 있는 상황에서 '피론의 돼지'라고 해도 평정의 상태를 유지하지는 못하였을 것이다. 이것은 물론 피론이 가르친 아타락시아를 묘사하는 우화일 따름이다. 그렇지만 그것은 감각에 휘둘려 야단법석을 피우며 살아가는 우리들의 자화상은 아닌가? 무언가는 제거해야 하고, 무언가는 획득해야 하는 생활, 무언가는 소멸하고 무언가 새롭게 만들어내고자 하는 마음들이 하루하루의 삶을 지배하고 있는 것이 오늘 우리의 현실이 아닌가. 그것은 모두 생겨남도 소멸함도 오고감도 제거할 것도 획득할 것도 없는 공성에 대한 무지에 기인한다. 만일 만물이 실재한다면, 한 번 흔들리는 삶은 영원히 흔들릴 것이다. 오늘의 번뇌와 고통도 모두 변화를 기대할 수 없을 것이다. 그러나 그것들이 모두 텅 빈 것들이기 때문에 우리는 열반의 길을 추구할 수 있는 것이다.

보살(菩薩, bodhisattva)

나가르주나의 충격은 새로운 불교를 탄생시킬 만큼 강력한 것이었지만, 설일체유부를 비롯한 상좌부 계통의 전통불교학파들은 놀랍게도 여전히 건재하였다. 한편 승단의 폐쇄적인 울타리를 벗어나 재가대중과 함께 새로운 사상을 받아들인 공동체는 기존의 승단을 '소수의 해탈만을 추구하는 승단'이라는 의미에서 '소승(小乘, hinayāna)'이라고 폄칭하고, 자신들은 '모든 이들의 해탈을 추구하는 큰 수레를 타는 이들'이라는 의미에서 '대승(大乘, mahāyāna)'이라고 자칭하였다. 이 같은 대승사상을 담고 있는 문헌은 서기전 2세기에서 1세기 무렵부터 등장하는 것으로 알려져 있다.

소위 대승의 사상은 보살 개념의 이해에서 극명하게 드러나기 때문에 보살승(菩薩乘)이라고 칭하기도 한다. 전통적으로 보살은 깨달음을 이루기 전의 붓다에 대한 명칭으로 사용되었다. 붓다의 전생을 다루는 불전문학에서 보살은 오직 한 명 붓다 자신뿐이었다. 그러나 이제 그 보살의 관념은 모든 이들에게 깨달음의 길을 열어주는 붓다의 정신으로 확장된다.

붓다 한 명에게만 돌려진 보살이라는 명칭이 보편화하였다는 것은 범부 대중이 모두 붓다가 될 수 있다는 사실을 암시한다. 이제 보살은 수억 겁의 세월을 거치면 선한 행위를 쌓아서 되는 존재가 아니라 대승보살의 삶을 실천하겠다는 서원을 통해 탄생하는 존재이다.

10겁의 시간 전에 법장(dharmākara)이라는 비구가 있었다. 그는 자신이 살고 있는 세계의 모든 중생을 제도하기 전에는 붓다가 되는 성불(成佛)을 포기하겠다고 맹세하였다. 법장보살은 48가지의 서원을 세운 것으로 알려지는데 그중 몇 가지만 살펴보면 다음과 같다.

11. 내 불국토에서 태어나는 중생들은 이 생에서 바로 열반이 결정된 부류에 들어가 필경에는 성불할 것이다.

30. 내 불국토에 태어나는 중생들은 모두 걸림없는 지혜와 말솜씨를 얻을 것이다.

36. 시방세계의 한량없는 보살들이 내 이름을 듣기만 하여도 죽은 뒤 항상 청정한 행을 닦아 반드시 성불하게 될 것이다.

법장비구는 보살행의 서원을 세워 법장보살이 되었으며, 한 겁의 세계를 거쳐 극락정토(極樂淨土)의 주인인 아미타 붓다(amitābha buddha)가 되었다. 아미타불의 명칭에 대해서는 서로 다른 기원설이 설명되는데, 하나는 무량수(無量壽), 즉 셀 수 없이 긴 수명을 의미하는 아미타유스(amitāyus)이고, 다른 하나는 무량광(無量光), 즉 셀 수 없이 발하는 빛을 의미하는 아미타바(amitābha)에서 유래하였다는 설이다. 지금도 사찰에 가면 무량광불(無量光佛), 무량수불(無量壽佛)이나 아미타불(阿彌陀佛)을 모신 건물들을 볼 수 있다.

아미타불은 극락정토, 즉 지극한 즐거움이 충만한 청정한 땅을 관장하며, 모든 사람들이 성불하여 그곳에 오도록 초대한다. 때문에 삶의 질곡을 짊어지고 살아가는 많은 불자들은 아미타불의 도움을 간절히 기도한다. 일본에서는 호넨(法然, 1153~1212)과 그의 제자인 신란(親鸞, 1173~1262)에 의해 아미타불에 대한 절대적인 신앙을 강조하는 정토진종(淨土眞宗)이 개창되었다. 수 세기가 흘러 일본에 도착한 기독교 선교사들은 일본에서 '오직 믿음으로'라는 루터의 종교개혁 슬로건을 발견하고 당황하였다.

법장보살의 48서원 가운데 열여덟 번째 서원은 강력한 인상을 주는 동시에 불교의 생활문화 속으로 가장 깊숙히 침투한 서원이다.

18. 어떤 중생이든지 지극한 마음으로 내 불국토를 믿고 좋아하여 와서 태어나려는 이는 내 이름을 열 번만 불러도 반드시 왕생하게 될 것이다.

우리는 종교에 대한 설명에서 종종 불교는 자력구제의 종교이고 기독교, 이슬람 등은 타력구원 종교라는 말을 듣는다. 그러나 아미타신앙에 오면 그 차이는 모호해진다.

누구든지 나 여호와의 이름을 부르는 사람은 구원을 받을 것이다.

(「요엘」 2:32)

누구든지 주의 이름을 부르는 자는 구원을 받으리라.　(「로마서」 10:13)

오직 이름만 불러도 구원을 받을 수 있다면, 하루 먹고살기에도 벅찬 민중에게 그것은 간절한 희망이 되었을 것이다. '주일'에 근무 때문에 교회에 가지 못해 죄책감을 느껴야 하는 일용직 노동자에게 '이름만 불러도' 들어주고 구원해 주는 존재는 얼마나 고마운가? 때문에 아미타신앙은 대중에게 큰 인기를 누렸으며, 고통이 넘쳐나는 곳일수록 아미타신앙에 귀의하는 사람들이 증가하였다. 단지 그의 이름을 열 번만 부르면 된다고 하였음에도, 절박한 민중은 그의 이름을 입에 달고 되뇌었다.

나무아미타불 나무아미타불
나무아미타불 나무아미타불
나무아미타불 나무아미타불
나무아미타불 나무아미타불
나무아미타불 나무아미타불

"namo amitābha buddha." 여기서 나무(南無)는 '돌아간다, 귀의한다' 는 의미의 '나모(namo)'를 음역한 것이다. '아미타 붓다에게 귀의합니다. 아미타 붓다에게 돌아갑니다.'라는 의미가 된다. 앞의 '나무아미타불'을 모두 읽은 독자는 이제 아미타불이 거주하는 극락정토에 갈 자격을 획득한 것이다.

바라밀행(波羅密行)

'오직 믿음으로'라는 종교개혁의 정신은 시간이 흐르면서 점차 누구도 검증할 수 없는 '값싼 구원'의 승차권처럼 되어갔다. 하여 보살승의 전통에서는 초기부터 보살행을 서원하는 이들이 추구해야 할 행동의 지침을 제시하였다. 그것은 한 마디로 '바라밀행'으로 압축할 수 있다. 바라밀(波羅密)은 파라미타(pāramitā)의 음역으로 '완전한 성취와 도달'을 의미한다. 『반야바라밀다심경』에서 '바라밀다'가 바로 이 바라밀이다. 『대품반야경』의 「누교품(累教品)」을 보자.

> 모든 보살 마하살이 궁극의 깨달음을 얻고자 한다면 마땅히 6바라밀을 닦아야 한다. 왜냐하면 아난다여, 6바라밀은 보살 마하살의 어머니로서 모든 보살을 낳기 때문이다. 아난다여, 만약 보살 마하살이 6바라밀을 닦는다면 모두 궁극의 깨달음을 얻게 되리라.

여기서 여섯 가지 바라밀은 보시(布施), 지계(持戒), 인욕(忍辱), 정진(精進), 선정(禪定), 지혜(智慧)를 말한다. 남전의 빨리 경전에서도 10가지 바라밀행에 대한 기록을 찾을 수 있다. 보시(dāna), 지계(sīla), 출가(nekkhamma),

지혜(pañña), 정진(viriya), 인욕(khanti), 진실(sacca), 서원(adhiṭṭhāna), 자애(mettā), 평정(upekkhā)의 열 가지 바라밀행은 대승보살승의 6바라밀을 모두 포함하고 있다. 그렇다면 보살승에서 바라밀행은 어떤 차이를 가지는가?

중관철학이나 대승사상은 반야경전 계통에 뿌리를 두고 발전하였으며, 경전들은 한역 270자의 가장 짧은 경전인『반야바라밀다심경』에서 조차 '바라밀'을 포함하고 있다는 점을 살펴보았다. 그리고 그 반야바라밀, 즉 '완전한 지혜'는 "만물은 모두 공(空)하다"는 한 구절로 요약할 수 있다. 즉 보살승의 바라밀행은 공성(空性)에 뿌리박고 있다는 것이다.

물질적인 나눔, 행동규율의 준수, 인내함, 꾸준한 정진, 선정, 지혜(반야)는 모두 공성에 기반하여 행해질 때 '완전한' 바라밀행이 된다. 보시는 주는 자의 마음도 받는 자의 구분도 없이 행해질 때 완벽한 보시가 된다. 계율의 준수는 내가 어떠어떠한 계율을 준수한다는 의식도 없이 그 행위가 원만하게 이루어져야 한다. 마찬가지로 모든 바라밀행은 행위 주체의 공성과 행위 대상의 공성, 그리고 행위 자체의 공성을 만족하여야 바라밀행이라고 할 수 있다. 동아시아불교에서 특별히 존중되는『금강반야바라밀경』의 제10장에 구마라집(鳩摩羅什)의 번역 삽입으로 보이는 한 구절은 바라밀행의 정신을 가장 잘 보여준다.

應無所住 而生其心 (응무소주 이생기심)
머무는 바 없이 그 마음을 내야 한다.

색즉시공, 공즉시색(色卽是空 空卽是色)

서양화는 모든 공간이 색으로 가득 채워져 있다. 흰색의 사물이나 텅 빈 하늘에도 색을 칠해야 그림이 완성된다. 빈 공간은 허용될 수 없는 미완성을 의미한다. 반대로 동양화에서 화폭은 대부분이 여백으로 남겨진다. 서양인들의 눈에는 간단한 스케치로 보일지도 모를 그림을 보면서, 동양인들은 가득 차 있는 여백을 본다. 텅 빈 여백은 이미 가득 차 있는 배경이다.

고대 희랍의 원자론자들이 통찰하였듯이, 허공은 원자만큼이나 존재한다. 또한 원자는 허공만큼이나 비어 있다. 물리학에서 보여주는 원자의 세계는 거의 텅 비어 있으며, 거시적인 우주의 바다도 거의 텅 빈 허공일 뿐이다. 우리가 살고 있는 태양계를 벗어나 바로 이웃하는 별 센타우루스자리의 프록시마(Proxima)까지는 빛의 속도로 4년을 가야 하지만 그 사이는 거의 완벽하게 텅 빈 공간이다. 하지만 제임스 웹 우주 망원경이 하늘의 텅 빈 허공을 향해 찍은 사진에는 우리 은하와 같은 은하들로 가득 채워져 있다. 거시세계도 미시세계도 가득 차 있으면서 텅 비어 있는 것이다.

『중론』에서의 공성이란 물질(色)에 대한 공(空)만을 말하는 것이 아니다. 우리가 경험하는 세계는 물론 우리의 마음과 관념이 만들어내는 모든 형상들이 전부 텅 빈 것이며, 실체가 없고, 원인과 조건에 따라 발생한 것들이다. 우리의 삶을 지배하는 고통은 물론 열반까지도 어떤 실재성도 지니지 않는다. 이 같은 나가르주나의 철학은 인도 정통철학파들은 물론 불교 내부의 설일체유부와 같은 학파들로부터 단멸론이나 허무주의 혹은 허무적멸론이라는 비판을 받았다. 실제로 불교사에서 허무주의적 공성해석은 드물지 않게 문제를 야기하곤 하였다. 모든 것이 공한데 수행은 무슨 소용이랴.

나가르주나 이후 불교사상은 반드시 이 공성의 문제에 대답하여야 했다. 그것이 공(空)사상의 문제점에 대한 지적이건 아니면 공(空)의 재해석이건 공에 대한 언급이 없이는 어떤 불교철학도 성립하지 않는다. 학파들의 다채로운 대답을 보기 전에 여기서는 공사상에 제기되었던 몇 가지 질문만을 언급해 두고자 한다. 먼저, 지각의 대상이 어떤 자성도 갖지 않는다면, 자성이 없는 존재에 대한 인식은 어떻게 가능한가? 만일 모든 것이 공하다면, '공하다'는 명제도 또한 공한 것이 되어야 하는데, 그것은 자기모순의 역설이 아닌가? 공성을 주장하는 것은 결국 사성제와 연기 등과 같은 핵심적인 교리 자체의 진리성을 파괴할 것이며, 윤리적인 허무주의에 떨어지고 말 것이다.

이 같은 도전에 대한 중관논사들의 일차적인 답변은 공성 자체를 교조적으로 받아들여 도그마화하는 악취공(惡取空)에 대한 경고이다. 공성을 최상의 진리로 받드는 보살승 전통에서도 악취공에 떨어지는 자는 붓다도 교화하지 못할 것이라고 경고한다. 따라서 '공하다'는 주장도 공하다는 사실을 잊지 말아야 한다. 나가르주나는 다음과 같이 말했다.

"나는 증명해야 할 어떤 주장(pratijñā)도 가지고 있지 않다." (회쟁론 23)

摩訶般若波羅蜜多心經(마하반야바라밀다심경)

觀自在菩薩 行深般若波羅蜜多時 照見五蘊皆空 度一切苦厄
관자재보살 행심반야바라밀다시 조견오온개공 도일체고액

舍利子 色不異空 空不異色 色卽是空 空卽是色
사리자 색불이공 공불이색 색즉시공 공즉시색

受想行識 亦復如是 舍利子 是諸法空相
수상행식 역부여시 사리자 시제법공상

不生不滅 不垢不淨 不增不減 是故 空中無色 無受想行識

불생불멸 불구부정 부증불감 시고 공중무색 무수상행식

無眼耳鼻舌身意 無色聲香味觸法 無眼界 乃至 無意識界

무안이비설신의 무색성향미촉법 무안계 내지 무의식계

無無明 亦無無明盡 乃至 無老死 亦無老死盡 無苦集滅道

무무명 역무무명진 내지 무노사 역무노사진 무고집멸도

無智亦無得 以無所得故 菩提薩埵 依般若波羅蜜多故

무지역무득 이무소득고 보리살타 의반야바라밀다고

心無罣碍 無罣碍故 無有恐怖 遠離顚倒夢想 究竟涅槃

심무가애 무가애고 무유공포 원리전도몽상 구경열반

三世諸佛 依般若波羅蜜多故 得阿耨多羅三藐三菩提

삼세제불 의반야바라밀다고 득아뇩다라삼먁삼보리

故知般若波羅蜜多 是大神呪 是大明呪 是無上呪

고지반야바라밀다 시대신주 시대명주 시무상주

是無等等呪 能除一切苦 眞實不虛 故說 般若波羅蜜多呪

시무등등주 능제일체고 진실불허 고설 반야바라밀다주

卽說呪曰

즉설주왈

아제아제 바라아제 바라승아제 모지 사바하 (3번)

함께 읽어 볼 책

■ 프랭크 클로우스 (2014). 『보이드: 빅뱅 직전의 우주』. 이충환 역. 서울: MID.
■ 김용옥 (2019). 『스무살, 반야심경에 미치다』. 서울: 통나무.
■ 황설중 (2016). "피론주의와 중관". 『철학 사상 문화』 제21호, pp. 91-118.

경량부사상

- 대상이 없는 인식은 가능한가?

경량부사상
- 대상이 없는 인식은 가능한가?

서기 2세기경의 불교철학계는 한편으로『대비바사론』의 사변적 장벽과
그보다 더 높은 설일체유부를 비롯한 학파철학의 종교적 권위가 산성을
치고 있었으며, 다른 한편으로는 새롭게 등장한 반야계 경전의 압도하는
분량과 혁명적인 중관철학의 도전에 직면해 있었다. 아비다르마 논사들
의 철학적 자부심은 대단하여 자신들의 경전해석이야말로 장황한 경전
의 내용에 담겨 있는 불설(佛說)의 진수를 전하는 것이라고 주장하였다.

　평범한 일반인들을 대상으로 설해진 경전의 가르침보다는 경전에 담
긴 진리를 열어 보이는 아비다르마의 논서들이 더 높은 수준의 진리를 전
하는 것으로 평가되었다. 그리고 마침내 아비다르마 논서 자체가 경전적
지위를 확보하기에 이른다. 수많은 학파들이 방대한 아비다르마문헌을
저술함에 따라 아비다르마철학은 거의 모든 문제에 대한 거의 모든 논의
들이 총 망라된 난공불락의 백과사전적 지위를 차지하였다. 전승에 따르

면, 이 엄청난 지식의 보고는 학파들의 전략적 자산으로 간주되어 외부인들이 함부로 접근하거나 배우는 것도 제한하였던 것으로 보인다. 특히 설일체유부 아비다르마철학의 권위는 어떠한 새로운 사유의 시도조차 압도해 버렸다.

경전으로 돌아가라

기독교 종교개혁가 루터(Martin Luther, 1483~1546)는 유럽을 지배하고 있던 가톨릭의 권위에 도전하기 위한 근거로 '오직 성경(sola scriptura)'을 주장하였으며, 그의 후계자 멜랑히톤(Philip Melanchthon)은 그것을 '근원으로 돌아가자(ad frontes)'로 정의하였다. 압도적인 권위에 맞서기 위해 그들은 권위자들의 권위의 근원으로 돌아가자고 선언한 것이다. '경전으로 돌아가라'는 구호는 모든 권위를 부정하는 강력한 힘을 지니지만, 동시에 절대권위에 대한 도전으로 파국에 이를 수 있는 위험한 모험이다.

조선 중기의 조선성리학은 '오직 주자학'이라 할 만큼 유학 경전에 대한 주자(朱子)의 해석을 성스러운 경전(聖經)처럼 취급하였다. 임진왜란과 병자호란의 전란으로 국토는 황폐해지고 백성들은 굶주림으로 허덕이고 있었지만, 비루한 기득권층은 죽은 자의 장례에 상복을 몇 년 입어야 하는가를 두고 수십 년의 논쟁을 거듭하였다. 그들은 이미 멸망한 명나라에 대한 의리를 지켜 사대(事大)하고, 명나라의 정신과 문화를 계승하는 소중화(小中華)가 되고자 하였다. 이같이 기이한 집단적 정신분열의 상태에서 권위에 대한 도전은 자살행위나 다름이 없었다. 논쟁의 당사자였던 윤휴(尹鑴, 1617~1680)는 전통적인 경전해석에 어긋나고 세상을 어지럽힌 죄, 즉 사문난적(斯文亂賊)으로 규탄을 받았으며 끝내 처형을 당하였다.

설일체유부의 절대권위에 맞서는 한 혁신적인 학파도 '경전으로 회귀'의 깃발을 들었다. 그들은 '모든 판단의 기준을 경전으로 삼는다'는 의미에서 학파의 이름을 경량부(經量部)라고 칭하였다. 후대에 경량부 계통의 논사 야소비트라(Yaśomitra)는 다음과 같이 말했다.

> '경전'을 '지식의 근거(量)'로 삼고 [아비다르마] 논서를 지식의 근거로 삼지 않는 이들이 경량부(Sautrāntika)이다. (AKVy. p. 11)

경량부 논사들은 자신들의 철학을 펴기 위해 설일체유부의 주장을 논파하면서 항상 자신들이 인정하는 경전적 근거를 제시하였다. 설일체유부 아비다르마의 복잡하고 정교한 이론들이 그럴듯해 보이지만 경전에 전하는 붓다의 가르침과는 다르다는 비판이었다. 그러나 유부논사들이 보기에 경량부의 주장은 위선적인 자기변명에 지나지 않았다.

> 저들은 일체의 경전과 계율을 모두 지식의 결정적인 근거로 삼지도 않으면서 이름만 경량부라고 한다. (『순정리론』 T29.332a23-24)

경량부는 경전을 지식의 근거로 삼는다고 하면서, 실제로는 자신들의 입맛에 맞는 경전만을 선택하여 따르고 있다는 것이다. 전승의 경전적 권위를 존중하지 않고, 임의로 경전을 선택하여 자신들의 학설을 고집하는 것이 '경량부'라는 허명(虛名)이다. 『순정리론』의 저자 상가바드라는 만일 슈리라타(Śrīlāta)의 경전관을 따른다면, 자기 학파의 주장과 어긋나는 경전은 모두 버리게 될 것이고, 각 학파들이 서로 상대학파의 경전을 부정하게 되어 결국 모든 경전의 전통을 부정하는 파국에 이르게 될 것이라고 비판하였다. 이런 배경에서 앞서 언급한 불설논쟁이 촉발되었다.

　주류학파에 전면적으로 도전하였던 경량부는 역사적으로 단명하였기 때문에 최근까지도 그 학파의 전모가 거의 드러나지 않았다. 그럼에도 바수반두의 저술에서 그 내용이 전해지고, 이후 티베트불교사에서는 불교 4대학파의 하나로 연구되어 왔다. 일각에서는 경량부가 학파로서 존립하기는 하였는지에 대한 의문이 제기되기도 하였는데, 최근에 세계 학계의 관심과 특히 한국의 권오민, 박창환의 연구에 의해 경량부의 학파적 특성과 철학적 사유의 독창적인 면모가 보다 선명하게 드러나고 있다.

비유사와 경량부

경량부적 사유의 전통은 『비바사론』이 저술된 서기 150년경에 이미 발견된다. 설일체유부의 논사들은 주로 일상의 경험적 비유를 들어서 자신들의 논지를 전개하였다는 이유로 이들을 '비유사(譬喩師, dārṣṭāntika)'라고 불렀다. 전통적으로 인도사상의 논증은 경전적 근거(經證)와 논리적 혹은 이성적 증거(理證)로 구성되어 있었다. 비유사들은 이후 경량부에서 보듯이 경전의 선택에서 설일체유부 등과 의견을 달리하였으며, 논리적 근거로는 직관적으로 경험되는 사례의 비유를 들어 설명하는 방식을 취하였다. 그들은 근거없는 사유에 허황된 사유를 쌓아가는 탁상물림들의 관념적 허구에 대항하여, 일상에서 경험되는 구체적인 사례들을 제시하면서 논증하고 이론을 구축하고자 하였다.

　이러한 접근방식은 당시 인도논리학적 전제에도 부합하였다. 논증의 맥락에서 논거는 반드시 토론에서 논지를 전개하는 입론자나 그것에 반대하는 대론자 모두가 동의하고 나아가 세간의 전문가나 일반인도 인정할 수 있는 근거이어야 한다. 만일 '저 산에 불이 있다'는 주장명제를 논증하기 위해 '저 산에 연기가 있기 때문에'라는 원인을 제시하였다고 할때, '연기와 불'의 상관관계에 대해 모두가 동의할 수 있는 논거를 제시할수 있어야 한다. 여기서 우리는 '아궁이와 같이'라는 인도인들이 모두 일상에게 경험하는 공통의 경험적 사례를 제시할 수 있다. '아궁이의 비유'는 고대의 모든 인도인들이 경험하였으며, '연기가 있는 곳에는 불이 있다'는 아궁이의 경험적 사실에 동의할 수 있기 때문이다.

『비바사론』에서 80여 회 인용되고 있는 비유사의 주장에서는 다양한형태의 비유들을 발견할 수 있다. 한 가지 예로 '화살의 비유'를 살펴보자. 어떤 행위가 발생하여 업이 생겼다고 할 때, 그 업력(業力)을 소멸하기 위해서는 무엇이 필요한가? 설일체유부에서는 업력을 소멸하기 위해서 특정한 행위(業)와 노력이 요구된다. 요컨대 업력을 소멸하기 위해서는 수행과 선행 등 특정한 조건이 성숙하여 그 업을 획득(得, prāpti)하였던 효력을 정지시키는 비획득(非得, aprāpti)의 다르마를 획득하여야 한다. 그러나 비유사는 화살의 비유를 통해 업의 소멸을 설명한다. 어떤 행위의 작용은 그 힘이 다하면 저절로 소멸한다. 그것은 화살이 활시위를 떠나면처음의 힘이 다할 때까지 날아가서 떨어지는 것과 같은 이치이다. 업력은업을 구성하였던 처음의 힘이 다하면 자연히 소멸한다. 여기에 어떤 새로운 원인의 작용이나 비득(非得, aprāpti)과 같은 독립적인 다르마의 작용은필요하지 않다.

근대불교학에서는 비유사와 경량부의 연속성 문제와 경량부의 정체에 관련된 논쟁이 있어 왔다. 문제는 경량부가 독립적인 아비다르마 논서와 승단전통을 남기지 못하였기 때문에, 그들의 철학사상을 대부분 타학파의 언급을 통해 확인해야 하는 데 있었다. 최근에는 경량부가 실제로는 유식학의 추종자였는데 설일체유부와 대적하기 위해 '경량부'라는 가면을 쓴 것이라는 크리처-하라다의 주장이 널리 유포되기도 하였다. 그러나 『비바사론』에서 이미 특징적인 사유를 전개하여 비유사로 알려진 이들과 경량부의 철학이 연속성을 지닌다는 점을 입증한 박창환의 연구와 경량부의 상좌 슈리라타의 사상에 관한 권오민의 방대한 연구로 '경량부'라는 독특하고 창의적인 철학적 전통의 존재는 입증되었다.

경량부학파의 철학을 가장 상세하게 전하고 있는 논서는 상가바드라의 『순정리론(Nyāyānusāra)』이다. 상가바드라는 바수반두의 『구사론』을 비판하기 위해 『순정리론』을 저술하였으며, 『구사론』에서 경량부적인 흔적이 발견되는 곳마다 경량부 논사 슈리라타(Śrīlāta)의 논서 『경량부비바사(Sautrāntika vibhāṣā)』를 자세히 인용비판하면서, 바수반두의 일탈을 경계하고 있다. 아쉽게도 『경량부비바사』는 원문이 전하지 않지만, 최근 권오민이 『순정리론』에 전하는 슈리라타의 주장을 모아 집성본을 출간하였다.

경량부의 철학적 사유는 인도불교의 인식논리학의 발전과 티베트불교사상의 전개과정에 결정적인 역할을 하였다. 경량부철학은 설일체유부의 사유체계에 대한 일종의 '코페르니쿠스적 전회'를 의미하며, 설일체유부의 철학체계 전반에 대한 전면적인 재해석을 요구하였다. 여기서는 설일체유부의 몇 가지 핵심적인 이론들을 중심으로 경량부의 비판과 재해석을 소개해 보도록 하겠다.

경량부철학을 요약하면 다음과 같다.

세계는 물질적인 영역과 정신적인 영역으로 구성되어 있으며, 만물은 매 찰나 생멸하고, 지각은 대상의 존재 바로 다음 찰나에 이루어진다.

여기서 우리는 즉각적으로 물질과 정신의 상관관계, 찰나적 존재의 연속성(상속), 대상과 지각의 관계와 같은 철학적인 난제들을 마주하게 된다.

대상이 없는 지각

경량부의 '코페르니쿠스적 전회'는 칸트에서와 유사하게 대상과 인식의 관계에 대한 관점의 전면적인 전환을 의미한다. 설일체유부에게 인식은 대상으로부터 발생하며, 대상과 인식은 정확한 대응관계에 있었다. 그러나 경량부철학에서 인식은 대상을 조건으로 하지만 대상으로부터 발생하지 않으며, 따라서 인식은 대상과 직접적으로 대응하지는 않는다. 설일

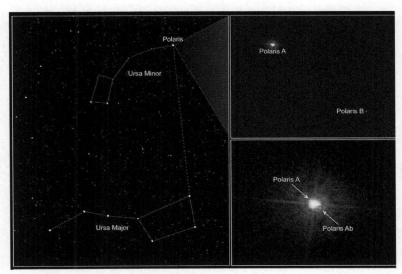

Hubble Space Telescope(NASA/HST)

체유부의 학설, '인식은 반드시 대상을 갖는다(識必有境)'는 주장은 경량부에서 '대상이 없이도 지각이 발생한다(無境覺說)'로 전회한다.

경량부의 주장은 전통 불교철학의 근간을 뒤집어 놓은 충격적인 것이었다. 만일 바르게 지각된 사실도 대상으로부터 발생한 것이 아니라면 어떻게 될까? 감관의 제어라는 요가를 통해 오류가 없이 바르게 지각된 사실들조차 진실과는 별개의 것이라면, 우리는 결국 진실에 도달하지 못하게 될 것이다. 특히 경험주의적 원칙에 입각한 불교 수행자들은 궁극적인 진리에 도달할 수 있는 통로를 차단당하게 된다. 이것은 단순히 지식의 문제를 넘어 해탈의 가능성을 부정하는 근본적인 도전이었다.

경량부의 '대상이 없는 지각'설은 우선 일차적인 경험적 사실에 근거한다. 『성실론』에는 마술사의 환술(幻術), 꿈에서 본 것, 선정체험에 나타나는 색깔 등 어떤 지각이 발생하였지만, 실제의 대상이 없는 지각의 사례들을 제시하고 있다. 또한 눈의 상태에 따라 대상이 다르게 보이기도 한다. 시력에 장애가 있거나 눈을 누르는 경우, 하나의 달이 두 개로 보일 수 있다. 달은 두 개인가 하나인가? 달이 하나라는 사실을 어떻게 확신할 수 있는가? 우리는 앞에서 북극성(polaris)에 대해 살펴보았다. 인류가 처음 북쪽 하늘에 움직이지 않는 별을 발견한 이후 수만 년 동안 '하나'의 북극성을 보아왔다. 그 별들이 우리 태양계의 크기보다 몇십 배 더 멀리 떨어져 있다는 사실을 알게 된 것은 아주 최근의 일이다. 우리의 감각지각은 그리 믿을 만한 것이 되지 못한다.

경량부 논사들은 이제 논의를 좀 더 확장하여, 대상이 없이도 인식이 발생할 수 있다는 곳으로 밀고 나간다. 『구사론』에 전하는 논증의 전개를 요약해 보자.

인식을 일으키는 어떤 존재가 있다고 할 때,

그 존재는 인식을 일으키는 실제의 조건인가? 아니면

인식에 주어진 인식대상인가?

첫째, 그것은 인식을 일으키는 실제의 조건이 아니다. 우리는 실제하지

않는 과거나 미래에 대해 어떤 인식을 가질 수 있다. 혹은 완전한 소멸을

성취한 열반에 대해서도 인식을 한다.

둘째, 만일 인식을 일으키는 것이 '인식에 주어진 인식대상'이라고 한다

면, 우리는 과거나 미래도, 열반도 모두 인식에 주어진 인식대상으로 존

재한다고 인정해야 할 것이다.   (『구사론』 T29.105b26-c15)

어떤 인식은 실재하는 조건이 없이도 발생한다. 과거나 미래, 열반은
현실에 존재하지 않는다. 그러므로 그러한 인식을 일으키는 실제의 조건
이 없는데도 과거, 미래, 열반, 나아가 '자아' 등에 대한 인식은 일어난다.
그런 점에서 인식과 대응하는 실제의 조건으로서 대상은 인정할 수 없다.

그러나 비록 그것들이 실제로 존재하지 않더라도 우리의 인식에는 어
떤 이미지들이 주어져 있고, 그런 점에서 우리는 그것을 과거나 미래의
사건, 열반, 하나의 북극성 등으로 인식할 수 있다. 과거의 사건들이나 세
개의 북극성들이 존재할 수 있지만, 지금 여기의 관점에서 볼 때, 과거는
이미 지나가서 사라진 사건이고, 북극성은 하나가 아니라 세 개의 별이
다. 그럼에도 불구하고 우리는 '과거' 혹은 '북극성'이라는 대상의 인식을
가질 수 있다. 우리는 그것을 '인식에 주어진 대상(所緣境)' 혹은 줄여서
'소연(所緣, ālambaṇa)'이라고 한다. 이처럼 현재 찰나에 대상이 존재하지
않는 비존재의 조건에서도 인식은 발생할 수 있다(緣無境識).

혼란을 피하기 위해 우리는 앞으로 의식의 밖에 실재하는 대상을 '(외

계)대상' 혹은 '대상(viṣaya)'이라 하고, 인식을 일으키는 대상을 '소연' 혹은 '인식대상'으로 정의하기로 한다. 설일체유부의 관점에서 대상과 인식대상은 동일하다. 경량부철학에서 대상은 지각되지 않고, 우리가 인식하는 것은 인식대상일뿐이다. 그리고 앞으로 살펴보게 될 유식(唯識) 철학의 경우, 외계의 대상은 존재하지 않으며, 세계는 '오직 의식일 뿐(唯識)'이다.

오직 현재의 한 찰나

설일체유부는 과거, 현재, 미래의 삼세(三世)가 모두 실재한다고 주장하였다. 그들에게 세계는 실재하는 미래가 현재에 찰나적으로 현상하였다가 과거로 떨어지는 연속적인 과정인데, 이때 과거와 현재와 미래의 다르마들은 모두 실제로 존재한다. 과거와 미래에 대한 참된 인식이 존재하는 한 과거와 미래 다르마의 실재성은 부정할 수 없다. 서기 2세기경 설일체유부의 『대비바사론』에는 이 견해에 반대하는 비유론자라는 학파의 존재를 기록하고 있다.

> 시간은 항상하지만, 현상은 무상한 것이다. 현상이 시간을 따라 작용할 때, 그것은 마치 그릇에 담긴 과일과 같다. 이쪽 그릇에서 나와서 저쪽 그릇으로 옮겨가는 것과 같이, 혹은 많은 사람이 이 집에서 나와 저 집으로 들어가는 것과 같이, 현상도 역시 그러하다. 미래의 시간에서 현재의 시간으로 들어가고, 다시 현재의 시간에서 과거의 시간으로 들어간다.
>
> (『비바사론』 T27.393a11-14.)

여기에서 현상은 '제행무상(諸行無常)'이라고 할 때의 행(行, saṃskāra)

을 의미하며, '모든 현상은 무상하다(sarva saṃskārā anityā)'는 붓다의 가르침을 근거로 한다. 경량부 논사들은 만물은 실재하지 않으며, '제행무상'이란 아직 일어나지 않은 일이 현재에 현상하였다가 과거로 사라지는 것으로 설명한다. 모든 것은 무상하기 때문에 단지 현재의 한 찰나(刹那)만 실재할 뿐이며, 미래와 과거는 존재하지 않는다. 우리가 경험하는 세계는 찰나적인 생멸의 연속이 남기는 영상과 같은 것이다. 경량부의 상좌 슈리라타는 실재하는 다르마를 '이미 발생하였으나 아직 소멸하지 않은 존재(已生未滅)'라고 정의하고, 오직 그것만이 현상하는 성질을 지닌다고 보았다.

설일체유부는 시간과 현상이 본질에 있어 동일하므로, 삼세의 현상은 삼세의 실재성을 드러내는 것이라고 주장하였다. 이들은 경량부를 '현세의 공간(pradeśa)만을 실재로 인정하는 이들' 혹은 '현재찰나론자'나 '삼세의 시간에 대해 어리석은 자들'이라고 비난하였다. 설일체유부에게는 어떤 대상에 대한 바른 인식이 발생하였다면, 그것은 그 대상이 실재한다는 의미이다. 과거, 현재, 미래와 열반 등에 대한 바른 인식은 삼세와 열반의 실재성을 입증한다. 만일 미래가 실재하지 않는다면 미래의 열반도 불가능할 것이며, 과거가 실재하지 않는다면 과거의 업이 작용하는 일도 없을 것이다.

상속-전변-차별(santati-pariṇāma-viśeṣa)

경량부는 존재론적 차원에서의 찰나 생멸을 주장한다. 만물은 매 찰나 발생하여 다음 찰나에 소멸한다. 만물이 찰나에 생멸한다면, 그 존재의 지속은 어떻게 가능한가? 이 문제에 대해서는 여러 학파들도 나름의 논리적 대답을 제시해야 할 처지에 있다. 마음의 작용이 완전히 소멸하여 끊어진 멸진정의 상태를 인정하는 한, 멸진정에서 입정과 출정 사이의 적멸 상태에도 불구하고 생명과 의식의 지속에 대해 학파들은 해명할 수 있어야 한다. 설일체유부는 멸진정 상태를 시간적 무(無)로 간주하여, 입정과 출정이 시간의 간격이 없이 무간(無間)으로 이어진다고 설명하였다.

일부 학파들은 멸진정에서도 어떤 미세한 의식의 흐름이 잠재하여 흐른다고 해석하였다. 경량부에서는 멸정의 상태에서 '목숨과 체온이 존재하기 때문에 죽음의 상태와는 다르고', '멸진정에 들어서도 의식은 몸을 떠나지 않는다'는 등의 근거를 들어 멸정유심(滅定有心)을 주장하였다. 의식의 완전한 소멸이라는 관점에서 볼 때, 멸진정은 실제로 존재하는 것이 아니고, 다만 마음의 흐름의 특수한 상태로서 멸진정을 구분해서 말한 것이다. 그러한 멸진정에서는 미세한 의식의 흐름이 남아 있어야 한다. 멸진정 상태에서의 이 미세한 마음은 유식학파에서도 알라야식이 존재해야 하는 이론적 근거로 수용되었다.

간다라 지방의 일파에서 제안한 것으로 알려진 색심호훈설(色心互熏說)은 심신의 관계에 대한 철학적 논의에 흥미로운 시사점을 제공한다. 수행자가 입정하는 순간 마음의 요소들은 신체 속으로 스며들었다가, 멸진정에서 깨어나는 순간에 다시 의식으로 발현한다. 마음이 신체로 스며들 때 마음의 요소들은 신체적 요소의 씨앗(종자)이 되고, 다시 신체가 의식으로 전환할 때 신체는 의식의 종자(種子, bīja)로 기능한다. 서로가 서로에 종자가 되어 상호 전환이 가능하게 된다. 이런 사유방식은 12연기에서 의식과 물질(名色)이 상호호환하는 특수한 계기의 연장선에서 이해될 수 있을 것이다.

경량부의 종자(씨앗) 개념은, 업(業)의 지속과 과보에 대한 해명을 위해,

곡물의 씨앗이 싹을 틔우고 싹이 자라나 종래에는 열매를 보게 된다는 비유에서 비롯하였다. 박창환은 여기서의 종자 개념이 현상을 발생시키는 이전의 요소들을 의미하는 비유사 그룹의 구수계(舊隨界, pūrva-anudhātu) 개념에서 유래하였음을 논증하였다. 세계를 구성하는 구성요소적 관점에서 '18계(界, dhatu)'의 요소(dhātu)에 기인하는 종자는 만물의 구성요소에 대한 생물학적 은유로 해석될 수 있다. 세계는 기존의 종자들이 생장하는 흐름의 연속이고, 새로운 종자들이 새로운 열매를 맺어가는 현상들로 충만하다. 현상세계의 배후에는 종자들이 가득 차 있다. 우리의 몸과 마음은 종자의 현행이고, 몸과 마음의 행위는 다시 종자에 저장된다.

물론 종자들도 찰나생멸하지 않을 수 없다. 그렇다면 종자는 어떻게 생장하고 열매를 맺는가? 종자는 열매를 맺기까지 상속–전변–차별이라는 특수한 전개 과정을 거친다. 바수반두의 설명을 들어보자.

> 종자(bīja)란 무엇인가?
> 직간접적으로 결과를 낳는 능력을 가지며, 전후지속적이며 명료하게 드러나는 힘을 가진 의식과 물질(nāmarūpa)이다.
> 전변(pariṇāma)은 무엇인가?
> 상속 중에 전후에 다른 것으로 바뀌는 것이다.
> 무엇을 차별(viśeṣa)이라 하는가?
> 시공간적 간격이 없이(無間) 바로 결과를 낳을 수 있는 능력이다.
>
> (『구사론』 T29,22c11-15)

종자는 간단히 말하면 어떤 결과를 낳을 수 있는 능력을 가진 정신적 물질적 요소들이다. 세계의 만물 가운데 인과의 지배를 받지 않는 것이 없다는 사실을 감안하면, 모든 물질과 의식의 구성요소가 전부 종자라고 할 수 있다. 이 종자들은 시간의 흐름에 따라 매 순간 조금씩 변화하다가, 특정한 시점에 도달하면 마지막 한 찰나에 질적으로 도약하면서 열매를 맺게 된다.

한 잔의 우유가 있다고 하자. 처음에는 우유에서 변화를 발견할 수 있다. 그러나 얼마간의 시간이 지나면서 우유는 조금씩 변화하여 간다. 그리고 어느 순간 우유는 요거트로 질적인 변화를 이룬다. 우리의 몸과 마음에 뿌리를 내린 업(karma)의 종자들은 전후찰나를 달리하여 조금씩 변화하면서 지속한다. 그것은 특정한 조건이 성숙할 때까지는 열매를 드러내지 않는다. 그러다 과보를 맺을 조건에 도달하면, 바로 한순간에 업의 과보를 발생시킨다.

경량부는 시간의 실재성을 인정하지 않는다. 시간이란 단지 만물이 찰나적으로 생멸하는 현재의 누적을 의미한다. 지금 여기의 존재, 즉 현재(現在)는 생멸하면서 변화하지만 상속의 연속성은 유지한다. 그러나 이를테면 씨앗의 상속이 특정한 임계적 조건에 도달하면 연속성이 끊어지고 질적인 변화를 창발시킨다. 씨앗이 싹이 되거나, 싹이 줄기와 꽃이 되고, 열매가 되는 것과 같은 질적 변화이다. 물질의 변화와 물질과 의식의 관계에서 이 같은 질적 변화 혹은 창발성의 발현은 경량부적 사유의 중요한 특징이라고 할 수 있다.

대상의 인식, 인식의 대상

의식은 감각기관을 통해 대상과 관계 맺는다. 대상이 감각기관과 접촉할 때 지각작용이 촉발된다. 그러나 경량부적 관점에 따르면, 대상과 의식 모두 찰나적으로 생멸하고 있다. 대상이 매 찰나에 생멸을 반복한다면, 대상에 대한 지각은 어떻게 발생하는가? 대상에 대한 지각과 인식은 시간적 경로를 따르는 일련의 과정을 의미한다.

다음은 지각의 과정을 간단히 도표화한 것이다.

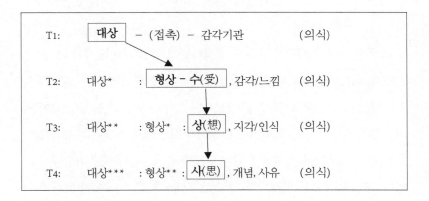

첫 찰나(T1)에 대상과 감각기관 사이에 접촉(觸, sparśa)이 발생하면 지각과정이 시작된다. 대상은 한 찰나만 지속하고 다음 찰나(T2)에는 소멸하고 없다. 하지만 대상은 소멸하면서 다음 찰나의 감각기관에 자신의 흔적을 남기는데 그것을 형상(形相, ākāra)이라고 한다. 형상은 두 번째 찰나의 의식에 남겨진 의식적 요소이면서, 의식의 측면에서는 대상의 이미지를 받아들이는 감각작용(受, vedanā)의 찰나에 해당한다. 그리고 두 번째 찰나의 대상*과 형상이 찰나의 생을 마치고 사라지는 다다음 찰나(T3)에는 형상/감각에 대한 인식 혹은 언어적 개념(想, saṃjñā)이 형성된다. 마지막으로 T3의 대상**과 형상*과 개념이 소멸하면서, T4에서 개념의 상속인 의지(思, cetanā)의 사유작용으로 이어진다.

설일체유부에서 수(受), 상(想), 사(思)는 마음의 작용을 구성하는 요소들이며, 각각은 독립적으로 실재하는 다르마들이다. 이것을 마음과 마음작용의 요소들이 개별적으로 존재한다는 의미에서 심심소 별체설(別體說)이라 한다. 그러나 경량부는 마음과 마음작용의 개별적 실재성을 인정하지 않는다. T2에서 감각작용은 T3의 지각, T4의 개념과 사유로 진행하는 하나의 마음이며, 시간의 전개에 따라 하나의 마음이 다르게 작용하며 나타나는 것일 뿐이다.

T2에서 형상의 지각은 불교의 인식론에서 특별히 논쟁적인 주제 '자기인식(svasamvitti)'과 '직접지각(pratyakṣa)'에 관련되어 있다. 경량부철학에서는 대상의 직접지각이 불가능하다. 그것은 언제나 한 찰나 전에 이미 소멸하였기 때문이다. 따라서 대상에 가장 근접한 지각은 대상의 형상에 대한 감각지각이며, 형상과 같은 찰나에 감각지각이 이루어진다는 점에서 '직접지각'으로 인정된다. 즉 경량부에서 바른 인식이란 형상에 대한 직접지각이고, 이 직접지각에 의해 바른 인식과 참된 지식이 얻어진 것으로 판단한다. 따라서 지식은 인식영역의 문제이고, 가장 정확한 지식은 T2에서의 형상에 대한 직접지각으로부터 획득된 인식이다.

T2에서 형상은 대상의 이미지가 의식에 던져진 것이기 때문에, 형상 자체는 이미 외계 대상의 영역을 떠난 의식의 영역에 속한다. 그리고 같은 찰나에 그 형상을 지각하는 작용도 의식의 작용이다. 여기에서 형상과 지각을 동일 찰나의 두 마음으로 볼 것인가, 아니면 하나의 현상에 대한 두 측면의 묘사로 볼 것인가에 대한 질문이 가능하다. 앞의 관점은 의식이 주체가 되어 같은 찰나에 떠오른 형상을 대상으로 감각지각한다는 의미이고, 뒤의 관점은 대상의 형상이 의식에 떠오르는 작용 자체가 감각지각의 작용이며, 따라서 형상과 지각에는 주객의 구분이 성립하지 않는다는 해석이다.

우리가 무언가 기억한다는 것은 이전 찰나의 정보를 다음 찰나로 전달한다는 의미이다. 기억이라는 마음작용은 매 찰나 형성되었다가 소멸하면서 이어진다는 점에서 T2에 대한 T3, T3에 대한 T4의 마음작용과 본질적으로 동일하다. 마음은 매 순간 생멸하면서 변화한다. 기억도 마찬가지이다. 매 찰나 한 치의 틈도 없이 형상을 '자기인식'하고 '직접지각'하지 않는다면, 지각과 기억은 언제라도 변화하고 왜곡될 수 있다. 수행이란 저 첫 찰나의 형상을 직접 지각하고 그것을 한 순간도 놓치지 않고 매 찰나 반복하면서 지속하는 의지적 작업이다.

심신이원론

우리는 앞에서 설일체유부가 세계를 물리적 영역, 심리적 영역, 관념적 영역으로 구분하고 그것을 구성하는 요소로 75종의 다르마를 제시하였다는 사실을 살펴보았다. 그러나 경량부는 세계를 4대 요소의 극미와 마음작용이라는 두 가지 층위로 압축한다. 역시 도표를 제시하고 구체적인 설명을 덧붙이도록 하겠다.

경량부에서는 세계를 구성하는 일체를 오온(五蘊)으로 해석하는 방식으로 회귀하는 경향을 보여준다. 세계는 크게 물질적인 영역과 마음의 영역을 포함한다. 물질적인 영역은 모두 지(地), 수(水), 화(火), 풍(風)의 4대종을 기본요소로 하여, 감각기관에 지각되는 색(色), 향(香), 미(味), 촉(觸)의 대상을 형성한다. 아비다르마철학에서는 그것들을 4대 요소로부터 만들어졌다는 의미에서 소조색(所造色, upādāyarūpa)이라고 한다.

그런데 경량부철학에서 기본요소로부터 만들어진 것들은 실재성을 지니지 않는다. 기본요소들이 결합하여 만들어진 복합체는 실재성이 없

2법(法)	5위(位)	세부항목	오온	12처	경량부
다르마 — 유위	색법	5근	색온	10처	**4대종극미 실재**
		5경			4대소조 현상 비실재
		무표색		무표(법처)	법처 비실재
	심(心)				심(心)=의(意)=식(識)
	심소	대지법	수(受) 상(想) 행(行) 식(識)	의처(意處)	수(受) 상(想) 사(思)
		대선지법			
		대번뇌지법			
		대불선지법			
		소번뇌지법			
		부정지법			
	심불상응행			법처	법처 비실재
무위	무위법		X	무위(법처)	법처 비실재

이규완 (2022), p. 36

지만, 감각기관과 접촉하면 다음 찰나의 감관에 복합체의 형상을 남기게 된다. 그러므로 4대종은 감관에 직접지각되지 않고 지각의 결과로부터 추론되는 대상이다. 반면에 감관에 직접지각되는 인식대상의 세계는 그 자체로 실재성을 지니지 않는 가설적인 현상세계이다. 경량부는 감관에 직접지각되지는 않지만 물질적 작용력을 지닌 무표색의 존재를 인정하지 않는다. 어떤 행위의 업은 물질적인 잔여물로 영향을 지속하는 것이 아니라, 심리적인 효력을 발휘하는 것으로 설명된다.

또한 경량부 아비다르마에서는 관념적인 요소들의 실재성을 부정하고, 심리적 요소들도 매우 제한적으로 그 존재를 인정한다. 관념적 요소들은 단지 관념의 구성일 뿐으로 실제적 존재의 근거나 작용력을 지니지 않는다. 심리적 요소로는 수(受), 상(想), 사(思)라는 인식의 단계를 구분하여 이해한다. 그러나 여기서도 마음의 세 양상은 설일체유부에서 주장하는 마음작용의 요소들과는 다르다. 지각과정의 해명에서 본 바와 같이 수(受), 상(想), 사(思)는 인식과정에서 시간적 경과와 마음작용의 성격에 따라 다르게 불리는 하나의 마음이다. 첫 찰나의 마음은 수, 두 번째 찰나의 마음은 상, 세 번째 찰나의 마음은 사라는 이름을 갖지만, 그것은 하나의 마음이 찰나적으로 생멸하면서 서로 다르게 현상하는 것일 뿐이다.

이렇게 보면, 경량부철학에서 세계는 4대종으로 구성된 '물질'과 하나의 '마음'이 찰나생멸하며 지속하는 세계이다. 물질과 마음은 무시(無始)이래로 존재해 왔기 때문에 존재의 선후를 따질 수 없다. 물질과 마음이 접촉하였을 때 의식작용이 발생한다. 이때 의식이 경험하는 세계는 외계의 물질적 대상 자체가 아니라 기본요소의 복합체로부터 의식에 던져진 형상의 구조물이다. 그것은 대상세계 자체가 아니라 현상적 이미지들이 구성하는 임시적이고 가설적인 세계이다. 이 세계는 엄밀히 말하자면 의식의 영역에 속한다. 반면 지각현상을 촉발하는 물리적 실재계는 지각의 범위를 초월하는 시공간에 존재한다.

눈이 보는가, 마음이 보는가?

지각작용과 관련하여 승가에 전해 내려오는 흥미로운 질문이 있다.

'눈이 눈을 볼 수 있는가?'

이 질문은 물질과 마음의 이원적 세계관에 특별히 도전적인 문제제기가 된다. 물질 일원론적 세계관에서 물질적인 눈은 자기 자신을 볼 수 없다. 유심론적 세계에서 마음의 눈은 그 자신을 볼 수 있다. 우리는 마음의 눈뿐만 아니라, 마음의 눈의 마음의 눈의 마음의 눈도 볼 수 있는 메타인지능력을 가지고 있다. 하지만 물질적인 눈이 마음의 눈을 본다거나, 마음의 눈이 물질의 눈을 본다는 문제에는 이원적 간극을 극복해야 하는 다소 복잡한 장애물이 존재한다.

이 문제와 관련하여 아비다르마철학에서 '대상을 보는 것은 눈인가, 의식인가'에 관한 논쟁을 전하고 있다. '대상을 보는 것은 감각기관인 눈이다'는 주장을 근견설(根見說)이라고 한다. 설일체유부의 정설은 '보는 작용(見, dṛṣṭi)은 두 눈에 의해 이루어진다'는 것이다. 여기서 눈은 물질적 눈알(眼球)이 아니라 '보는 작용 혹은 기능'으로서의 눈을 의미한다. 설일체유부는 이 기능적 측면의 눈이 4대요소로 만들어져 있으며, 청정하고 미세한 물질(淨色, pasāda-rūpa)의 특성을 가지는 것으로 보았다. 이들의 개념적 정의에 따르면 대상을 보는 것은 '보는 기능' 자체인 눈이다. 설일체유부의 지각론에서는 '보는 작용'이 보는 인식과 동일한 것이 아니다. 눈(眼)의 '보는 작용'에 이어 안식(眼識)이 그것을 인식하여 '지각작용'이 완성된다. 이때 눈의 보는 작용은 물질들을 '비추어 보는(觀照)' 것이다.

이에 대해 식견설(識見說)은 '대상을 보는 것은 의식이다'라고 주장한다. 대상을 단지 비추어 보는 눈은 그것이 무엇인지 판단하고 인식하지 못한다. 그렇다면 그것을 어떻게 본다고 할 수 있겠는가? 결국 '본다'는 인식작용이 이루어지는 것은 '보는 의식', 즉 안식에 의해 이루어진다고 말해야 한다. 각각의 지각대상에 대응하는 감각기관과 상응하여 안식, 이식(耳識) 등 전5식이 지각작용을 한다.

현대인들에게는 다소 생경하지만, 근견가와 식견가 사이의 논쟁을 따라가 보기로 한다.

> 근견가: 우리는 벽이나 장애물로 가로막힌 대상은 볼 수 없다. 만일 의식이 본다면, 의식은 공간적 장애를 받지 않기 때문에 장애물 뒤에

있는 사물도 볼 수 있을 것이다.

식견가: 장애물에 가려진 대상에 대해서는 인식이 발생하지 않는다. 대
상에 대한 인식이 없기 때문에 보는 일도 없는 것이다.

근견가: 눈은 저항성을 가진 사물은 볼 수 없다. 그러나 의식은 그렇지 않다.

식견가: 저항성은 신근(身根)의 문제이지 안근(眼根)의 문제가 아니다.
유리나 물같이 저항성을 가진 물질을 투과해서도 보는 것은 가
능하다.
또 '보는 자'와 '보는 작용'은 구분해야 한다.

근견가: '보는 자'인 눈과 '보는 작용'은 구분할 수 없다.

식견가: 안식이 '보는 작용'을 하지만, 감각기관인 눈에 의지하기 때문에
통상 '눈이 본다'고 말하는 것뿐이다.

식견가는 '보는 주체'와 '보는 작용'을 분리한다. 눈은 보는 기능을 담
당하지만 그것을 보는 주체는 안식이다. 실제로 안식이 보는 주체이지만,
안식이 눈의 보는 기능에 의지하기 때문에 사람들은 일반적으로 '눈이
본다'고 말하는 것이다. 이에 대해 근견가는 '보는 주체'와 '보는 작용'을
구분하는 것은 옳지 않다고 본다. 종소리를 내는 것이 종이기 때문에 '종
이 울린다'고 하는 것처럼, 보는 작용을 하는 것이 눈이기 때문에 '눈이
본다'고 해야 한다. 근견가와 식견가는 감각기관과 전5식의 작용에 대해
서는 거의 이견이 없지만, 어디까지를 '본다'고 할 것인가에 대한 개념적
인 문제, '보는 주체'와 '보는 작용'의 정의에 대한 문제로 논쟁을 벌이고
있다.

이에 대해 경량부 논사는 화합견설(和合見說)을 주장하였다.

지각현상은 대상(境, viṣaya), 감관(根, indriya), 의식(vijñāna)이 함께할
때 발생한다. 이것을 삼사화합(三事和合)이라고 한다. 첫 찰나에 대상과

감각기관이 접촉(觸, sparśa)한다. 다음 찰나에 의식에 대상의 형상(形相, ākāra)이 그려지면서 감각작용이 이루어지고, 이어서 개념과 사유의 인식작용이 전개된다. 지각의 과정은 앞에서 이미 서술한 바와 같다.

그러나 적대자들은 경량부의 주장이 대상과 감관, 의식이 '함께하여' 지각을 발생시킨다는 '삼사화합'의 개념을 부정하는 것이라고 반박한다. 지각의 세 요소가 찰나를 달리하면서 지각작용을 일으킨다면, 그것은 '함께하여' 지각을 발생시킨다고 볼 수 없다는 것이다. 이에 대한 경량부의 논박이 흥미롭다. '함께 한다'는 말은 '동시에 함께한다'는 뜻이 아니다. 여기서 '함께 한다'는 말은 마치 스승과 제자들이 '함께 걷는다'고 할 때와 같이 이해해야 한다. 스승과 제자들이 걸어갈 때, 비록 스승이 앞서고 제자들이 뒤따른다고 하더라도 우리는 스승과 제자가 '함께 걷는다'고 한다. 마치 그와 같이 대상과 감관과 의식이 찰나를 달리하면서 지각작용을 일으키더라도, 우리는 그것을 '함께하여' 지각을 발생시킨다고 말할 수 있다.

함께 읽어 볼 책

- 카지야마 유이치 (1990). 『인도불교철학』. 권오민 역. 서울: 민족사. pp. 73–103.
- 이규완 (2018). 『세친의 극미론』. 서울: 씨아이알.

■ 보론: 원자와 허공[1]

"하늘 위와 땅 아래, 그리고 하늘과 땅 사이에 존재하는 것, 나아
가 과거, 현재, 미래로 불리는 시간들, 그러한 모든 것은 무엇에 싸
여 있는 것인가?

　그것은 허공이다.

　그렇다면 허공은 무엇에 싸여 있는 것인가?"[2]

의문

만물(萬物)의 구성요소는 무엇이며, 세계의 구성과 작동을 지배하는 원리
는 무엇인가? 이것은 물리학과 철학이 분기하기 이전부터 인류가 제기하
였던 궁극적인 물음이며, 이 물음에서 철학이 태동하였다고 해도 과언은
아니다. 우파니샤드의 시인은 물질과 비물질, 그리고 그 사이에 존재하는
유기체를 포괄하는 일체(一切, sarvam)의 세계는 어디에 있는가, 과거와
현재와 미래의 시간 축 위에 놓여 있는 세계의 경계는 무엇으로 한정되어
있는지 묻고, "그것은 허공이다"라고 답하였다. 그러나 질문은 여전히 남
는다. 허공은 무엇인가? 허공은 세계의 끝인가? 아니면 또 다른 무엇으로
싸여 있는가?

　바른 질문은 대답보다 항구적인 중요성을 지닌다. 밀레토스의 탈레스
(Thales)는 이 질문을 제기함으로써 "그것은 물이다"라는 틀린 대답에도

1　보론은 『철학과 현실, 현실과 철학』(2024)에 실린 '원자와 허공'을 책의 형식에 맞게 수
　정하여 첨부하였다.
2　『브리하다란야카 우파니샤드』 III.8.6-7. (남수영 역)

불구하고 철학의 시조(始祖)라 불리게 되었다. 이 질문에 대한 희랍 자연철학자들의 탐구는 데모크리토스와 에피쿠로스의 원자론으로 일단락되면서, 다른 문명권과는 선명하게 대비되는 지중해 철학전통의 색조를 결정지었다. 이후 원자론은 서양사상의 지형에서 심층에 잠겨 있다가 근대 과학적 사유의 등장과 함께 부활할 수 있었다. 그에 앞서 천오백 년의 시차를 두고 가상디나 라이프니츠의 사상에서 새롭게 용출한 원자는 이미 물질적 성격을 잃고 형이상학적 존재로 변화된 상태였다.

　멀리 분가한 일란성 쌍생아와 같은 인더스문명권에서도 동일한 질문과 그에 대한 대답이 시도되었으나, 원자적 사유는 매우 상이한 방향으로 전개된다. 희랍자연철학자들과 유사한 맥락에서 출발한 4원소설과 원자 개념은 독특한 인도적 해석과 불교적 변용을 거치면서 종자(種子, bīja)와 같은 심리적/관념적 요소로 전변하였다. 이 글에서는 지중해문명권의 원자론에서 제기되었던 문제들이 인도문명권의 불교철학에서는 어떤 방식으로 논의가 전개되었는지를 '원자와 허공' 개념을 중심으로 살펴보고자 한다.

일체를 구성하는 다르마

인도사상에서 자연에 대한 탐구는 언제나 수행론적 맥락에서의 관심을 반영한다. 이를테면, 세계를 구성하는 물리적 원질로서 쁘라끄리띠(prakṛti)에 대한 분석은, '아트만'이 물질적 속박으로부터 벗어나 순수정신인 뿌르샤(puruṣa)로 회귀하기 위한 수행의 지적 토대를 마련하려는 노력의 일환이다. 자이나철학에서도 물리적 세계는 극미(paramāṇu)와 공간점(pradeśa)으로 구성되어 있으며, 영혼은 물질에 속박/오염되어 있는 한,

공간 매트릭스의 그물코를 투과할 수 없다. 때문에 세계의 구성요소인 원자와 원자들의 구성방식에 대한 이해는 영혼의 해방 조건을 파악하기 위한 지적 전제가 된다.

불교철학에서 원자와 허공에 대한 논의 역시 이 같은 인도사상의 맥락 위에 서 있다. 붓다의 깨달음은 일체의 세계에 대한 '있는 그대로'의 실상을 파악하는 것, 즉 '일체지(一切智, sarvajñā)'의 증득을 의미하는 것이었다. 붓다의 가르침을 통해 세계는 무상(無常)하여 끊임없이 변화하는 것이고, 세계를 인식하는 주체는 실재성을 지니지 않는 무아(無我, anātman)임이 밝혀졌다. 그것은 구체적으로 색(色), 수(受), 상(想), 행(行), 식(識) 다섯 층위의 중첩현상인 오온(五蘊) 혹은 여섯 가지 감각기관과 여섯 가지 감각대상을 포괄하는 12입처(入處, āyatana) 등으로 분석된다. 설일체유부 아비다르마철학의 '5위 75법' 체계는 이 두 가지 개념을 통합하여 모든 존재의 구성요소를 다섯 범주 75종의 요소로 분류한 것이다.

여기서 다섯 범주란, 조건에 영향을 받지 않는 항구적 요소로서 무위법(無爲法, asaṃskṛtadharma)과 조건에 의해 현상하는 존재들을 포괄하는 유위법(有爲法, saṃskṛtadharma)으로 분류된다. 유위법은 다시 물질적 층위에 해당하는 색법(色法, rūpa-dharma), 심리적 요소를 포함하는 심법(心法, citta-dharma)과 심소법(心所法, caitta-dharma), 그리고 심적 요소에 포함되지 않는 관념적인 층위의 요소를 지시하는 심불상응행법(心不相應行法, cittaviprayuktasaṃskāra-dharma)으로 구분된다. 예를 들어, '감각지각(受, vedanā)'과 같은 심적 요소는 더 이상 분할되지 않는 마음의 기본단위를 형성하고, '생기(生起, jāti)'와 같은 개념적 요소는 세계의 작동을 가능하게 하는 기본적인 힘 또는 원리로 파악된다.

그러나 경량부(經量部, Sautrāntika)학파는 5종의 범주를 단순화하여 실질적으로 심리적 요소와 물리적 요소로만 분류되는 이원적 체계를 주장하였다. 다르마의 분석을 둘러싼 설일체유부와 경량부 사이의 심오, 난해하며 흥미로운 논쟁은 이 글의 범위를 벗어나기 때문에, 이곳에서는 물질의 구성요소와 구성방식을 설명하는 색법과 허공(虛空, ākāśa)을 포함하는 무위법에 한정하여 논의를 전개할 것이다. 아비다르마철학 체계에서 세계를 구성하는 가장 기본적인 요소는 다르마(法, dharma)들이다. 이 다르마들 가운데 심리적 요소와 관념적 요소들을 제외하면, 물질을 구성하는 요소들과 '허공'이 남게 된다. 그리고 물질을 구성하는 요소들은 지수화풍의 4대요소와 극미(極微, paramāṇu)의 관계로 설명된다.

네 가지 요소들

'세계는 무엇으로 구성되어 있는가?'라는 물음은 '있음'에 대한 일차적 질문이었고, 초기의 대답들 역시 다소 직관적인 방식으로 제시되었다. 만물의 구성요소 혹은 근원으로 '물'이나 '불'을 포함한 4대요소를 질료적 기반으로 제시하거나, '허공'과 '의식'을 포함하는 6요소설은 고대 지중해 지역에서부터 인도 아대륙에 걸쳐 일반적으로 받아들여진 개념이었다.

> 비구여, 사람은 여섯 가지 요소들이 결합한 것이다. 그것은 무엇을 말하는가? 그것은 지(地, pṛthivī), 수(水, ap), 화(火, teja), 풍(風, vāyu)과 공계(空界)와 의식계(意識界)를 말한다.
>
> (『중아함경』「근본분별품(根本分別品)」(162), '분별육계경(分別六界經)')

불교경전에서 4원소에 관한 언급은 붓다시대에까지 소급되는데, 『디가니까야』「사마냐팔라경(samaññaphala sutta)」에서 경쟁적인 사문(沙門) 학파들을 비판하는 가운데, 파쿠다 카차야나가 주장하였던 일곱 가지 기본요소의 일부로 등장한다. 파쿠다 카차야나는 세계를 구성하는 기본요소로 지, 수, 화, 풍, 기쁨, 고통 그리고 의식의 일곱 가지를 열거하고, 이것들은 변하지 않는 실재라고 보았다.[3] 물과 불 등은 훨씬 고대의 신화적 전승에서부터 이미 근원적인 요소로 언급되어 왔지만, 「사마냐팔라경」에서는 4대 요소가 한 묶음으로 물리적 존재를 구성하는 요소로 명시된다.

　그러나 주지하는 바와 같이, 4원소설은 결코 원자론과 동일시할 수 없다. 4원소설은 만물의 질료적 기원에 주목하는 반면, 원자설은 만물을 구성하는 기본단위를 상정하고, 극미의 원자들이 결합하여 조대한 물질을 만든다는 사고방식을 의미한다. 지중해 문명권에서 데모크리토스의 원자론은 엠페도클레스 등의 4원소설에서 일종의 도약을 통해 등장하였다.

　이 도약의 추진력을 제공한 것이 파르메니데스의 실재의 감옥이다. 만물을 구성하는 기본요소들은 '뿌리'를 뜻하는 네 가지의 리좀(rhizōmata)이며, 이들 원질로 이루어진 실재들은 항구적이고 불변하기 때문에 생성이나 소멸이 있을 수 없다. 파르메니데스에 따르면, 어떤 존재가 실재한다고 할 때 그것은 단일한 하나의 전체이며, 부동(不動)이고 불변(不變)이어야 한다. 이 같은 주장은 자명한 직관에 반하고, 직접적인 경험에 대한 부정을 강요하였다. 경험세계는 한시도 멈추지 않고 운동하고 변화한다. 데모크리토스는 여기서 만물을 구성하는 기본요소의 개념과 항구적이고 변화하지 않는 실재성을 결합하여, 더 이상 쪼갤 수 없으며 파괴되지 않는 기본단위인 '원자(atomos)' 개념에 도달한다. 변화와 운동을 부정하

3　DN I. 47. 『사문과경』.

는 실재의 감옥에서 벗어나기 위해, 데모크리토스는 실재의 단위를 '더 이상 쪼갤 수 없는 극미'로 축소하고, 원자들의 우연한 결합에 의한 변화와 생성 그리고 '허공'을 통한 운동을 가능하게 하였다.

그러나 인도 아대륙에서 원자론은 4대종과 극미(極微) 개념이 하나로 융합되며, 그 결과 독특하게도 원자의 존재론적 층위와 인식론적 층위의 연속성을 주장하거나 두 층위의 불연속적 특성을 강조하는 철학적 논의로 발전한다. 세계는 4대요소로 만들어진 것이지만, 우리의 경험세계는 4대요소들이 결합하여 만들어진 물질(소조색)들이 기본단위를 형성한다.

> 물질(색)이란 무엇인가? 존재하는 물질(색)이란 모든 4대종과 4대소조색 일체를 말한다. 4대종은 지계, 수계, 화계, 풍계를 말하고, 소조색은 안근, 이근, 비근, 설근, 신근, 색경, 성경, 향경, 미경, 촉경의 일부 그리고 무표색을 말한다.[4]

각각의 요소들은 개별적으로는 존재하지 못하고, 지수화풍의 4대(大) 요소가 한 덩어리로 함께 존재하거나, 혹은 4대종(大種)과 그것으로 만들어진 색향미촉, 네 가지 소조색(所造色)을 포함하는 여덟 개를 하나의 단위로 하여서만 존재할 수 있다. 그런 점에서 현존하는 물질적 존재는 언제나 복합체이다. 소리(聲)는 물질적 요소에 포함되지 않는다. 앞서 12입처(入處)에 대해 간단히 언급하였듯이, 불교의 세계는 인식주체의 감각기관(根)과 그에 상응하는 감각대상(境)으로 구성된다. 인간의 경우, 만물은 눈, 귀, 코, 혀, 몸(피부)의 다섯 감관과 그에 대응하는 색깔, 소리, 냄새, 맛,

---

4 『阿毘達磨品類足論』(1 辯五事品), (T26.692.b24-27)

감촉의 다섯 가지 감각대상으로 분석된다. 그리고 이 소조색들은 모두 4대종으로 구성되어 있다.

설일체유부는 네 개의 기본요소와 그것들이 모여서 만들어진 네 개의 소조색을 합해 여덟 가지가 모두 실재성을 띠는 물질의 기본단위라고 상정한다. 반면 경량부에서는 오직 4대종만이 기본요소이고, 그것들이 모여서 만들어진 소조색은 실재성을 지니지 못한다고 해석한다. 이러한 차이는 두 학파에서 존재와 인식에 대한 커다란 철학적 차이를 반영한다. 설일체유부의 경우 소조색도 실재성을 지니기 때문에 감각기관에 의해 지각된 대상들이 실재성을 지닐 수 있게 된다. 우리는 감관을 통해 실재하는 대상을 지각할 수 있으며, 바른 인식은 대상에 대한 직접적인 지각을 통해 획득된 것이다. 그러나 경량부의 경우에는, 기본요소들이 결합하여 만들어진 소조색은 실재성을 결여한 것이고, 때문에 감각지각에 의해 경험된 세계는 실제 대상세계와는 별개로 인식에 던져진 형상(形相, ākāra)의 세계이다. 개별적인 요소들은 지각의 영역을 넘어 있기 때문에 직접적으로 지각할 수 없으며 오직 추론으로 파악된다.

4원소와 극미

먼저 아비다르마철학에서 극미 개념을 확인하고, 4대종과 극미 개념의 융합, 그리고 극미의 결합에 의해 만들어지는 조대한 사물과 구성요소의 관계에서 제기되는 문제들을 검토해 보고자 한다. 『비바사론』136권에서는 극미 개념을 다음과 같이 정의하고 있다.

[문] 그 극미의 크기는 어떠하다고 알아야 하는가?

[답] 마땅히 [다음과 같이 알아야 한다. 1) 극미는 가장 미세한 물질(색)이기 때문에 2) 자르거나 파괴하거나 꿰뚫을 수 없으며, 취하고 버리거나, 타고 내리거나, 모으거나 늘어뜨릴 수 없다. 3) 길지도 않고, 짧지도 않으며, 모난 것도 아니고, 둥근 것도 아니며, 네모이거나 네모가 아닌 것도 아니며, 높은 것도 낮은 것도 아니다. 4) 더 이상의 작은 부분이 없고, 더 이상 쪼갤 수 없다. 5) 볼 수도 소리를 들을 수도 없고, 냄새를 맡거나 맛을 볼 수도 없고, 만져서 접촉할 수도 없기 때문에 극미라고 한다. 6) 이것은 가장 미세한 것으로 그것의 일곱 개가 모여서 하나의 미진(微塵)을 이룬다. 7) 바로 이 미진이 눈과 안식이 지각하는 것 중에 가장 미세한 것이다. 8) 안근에는 세 가지 종류가 있다. 첫째는 천신의 눈, 둘째는 전륜성왕의 눈, 셋째는 보살의 눈이다. 일곱 개의 미진이 모여서 하나의 동진(銅塵)을 이룬다.[5]

인용문의 전반부(1~4)에서는 물질로서 극미의 성질을 나열하고, 후반부(5~8)는 그 극미와 지각의 문제를 다루고 있다. 극미는 가장 미세한 물질로서 더 이상의 작은 부분으로 쪼갤 수 없으며 변화하지 않고, 크기나 특정한 형태를 지니지 않는다. 또한 그것은 극히 미세하기 때문에 감각기관에 의해 지각되지 않지만, 일곱 개의 극미가 모여 하나의 미진(微塵)을 형성하면, 그때부터는 지각의 대상이 된다. 여기서도 인도사상 특유의 수행론적 평행세계가 묘사되는데, 지각 가능한 대상의 영역이 수행적 수준에 따라 구별된다. 높은 수행의 단계에 도달하지 못한 일반인의 감각기관으로는 다시 일곱 개의 미진이 모인 동진(銅塵), 혹은 그 이상의 크기를 가

---

5   『阿毘達磨大毘婆沙論』, (T27.702a4-12)

진 사물만을 지각할 수 있다.

데모크리토스의 원자론이 4원소설의 질료적 성질을 완전히 탈각한 것과는 대조적으로, 불교의 극미에서는 4대종과 융합이 발생하고, 그로 인한 개념적 혼란과 함께 두 층위의 극미라는 불교원자론의 특징적 성격을 드러낸다. 극미가 4대종 개념과의 통합은 1) 개별 요소들을 극미로 등치하는 방식과 2) 4대종을 한 묶음으로 하여 극미가 성립한다고 보는 두 가지 방향으로 전개된다. 이 두 층위의 극미문제는 주로 4대종/극미로 만들어진 조대한 사물이 보여주는 차별적 성격에 관한 논의의 맥락에서 다루어진다.

> [문] 하나의 4대종은 단지 하나의 소조색 극미만을 만드는가? 다수를 만들 수 있는가? 만약 단지 하나만을 만든다면, 네 가지 원인에 하나의 결과가 되지 않겠는가? 다수의 원인과 적은 수의 결과는 이치가 자연스럽지 못하다. 만약 다수를 만들 수 있다면, 다시 말해 하나의 4대종으로 만들어진 물질이 다수의 극미를 가진다면, 어찌하여 서로 구유인이 아니겠는가? ……
>
> [답] 마땅히 다음과 같이 말해야 한다. 하나의 4대종은 단지 하나의 조색 극미를 만들 수 있다.[6]

『대비바사론』의 본문은 한 묶음의 4대종이 하나의 극미를 만드는가에 대한 논란이다. 적대자는 묻는다. 1) 만일 네 가지 요소들이 한 묶음으로 하나의 극미를 만든다면, 다수의 원인으로부터 하나의 결과만이 산출되

---

6   『阿毘達磨大毘婆沙論』, (T27.663c7-13)

는 것은 자연스럽지 못하다. 그러나 2) 만약 다수의 요소들이 한 묶음으로 다수의 극미를 만든다면, 그것은 다수의 요소들이 서로 인과적으로 서로를 성립시키는 것인데, 극미들의 차별성은 어떻게 설명할 수 있는가?

이것은 지수화풍의 4원소(m)가 모여서 만들어진 하나의 소조색(U) 집합 개념으로 설명하면, U = {m}이고, 원소를 나열하면, U = {지, 수, 화, 풍}, 또는 U = {지, 수, 풍}, U = {지, 화, 화, 풍}, U = {지, 지, 지, 지} 등 매우 다양한 조합의 가능성이 존재한다. 그러나 『비바사론』에서는 '하나의 4대종'이라고 언급하여, 이 집합은 단지 U = {지, 수, 화, 풍}을 의미한다. 따라서 본문의 질문은 U가 단 하나인가? 아니면 다양한 Ux, Uy, Uz 등이 존재할 수 있는가를 묻는 것이 된다. 대론자는 U = {지, 수, 화, 풍} 단 하나의 U가 존재한다면, 네 가지 속성을 가진 존재들이 결합하여 단지 하나의 결과를 산출하는 것이 이치에 맞지 않다고 본다.

반대로 한 묶음의 4원소가 다수의 U를 만든다면, 그것은 원소들이 서로가 인과적으로 서로의 원인과 결과로 작동하여 차별을 만들어내야 할 것이다. 몇 가지 가능성을 탐색해 본다면, Ux = {지, 수, 화, 풍}, Uy = {수, 화, 풍, 지}, Uz = {화, 풍, 지, 수} 등과 같이 같은 구성요소를 가지더라도 서로 다른 집합이 가능하다고 보는 해석이 있을 수 있다. 이 경우에는 동일한 구성요소들이 서로에게 구유인으로 작용하면서도 서로 다른 결과를 산출할 수 있는 이유가 설명되어야 한다. 동일한 요소들의 집합, 즉 {지, 수, 화, 풍}이 경우에 따라 Ux, Uy, Uz 등 다수의 소조색을 만든다면, 동일한 하나의 조건에서 다수의 결과가 발생하는 문제가 제기될 것이다.[7]

---

7   이규완 (2019). pp. 55-56. fn.38. 수정 인용.

이에 대해『비바사론』의 저자는 한 묶음의 4대종은 하나의 극미를 만들 뿐이라고 답한다. 그렇다면 동일한 요소들로 만들어진 소조색이 어떻게 서로 다른 속성을 발생시킬 수 있는가?

이에 대해 소조색의 성질의 차이를 1) 대종극미의 숫자의 차이와 2) 대종극미의 세력의 차이로 설명하는 방식이 제시된다. 어떤 이는 이를테면 소조색의 견고함은 지극미(地極微)의 숫자가 더 많기 때문에 발현하는 성질이다. 그러나 이것은 4대종 요소들의 하나의 묶음으로만 존재한다는 전제를 위반한다.

> 만약 견고한 물질 가운데 지극미가 많고 수, 화, 풍이[극미가] 적다면,
> 지극미를 따라서 수 등이 결합하고 나머지는 서로 떨어져 존재하게
> 될 것이다.[8]

네 가지 원소들은 개별적으로 존재할 수 없고, 반드시 함께하여 한 덩어리로 모여서 다양한 소조색을 만들어낸다. 그런데 소조색의 차별성이 숫자의 차이에 의해서라면, 견고한 물질의 경우 지극미(地極微)의 숫자가 많기 때문에 4대종의 묶음을 만들고 개별적으로 남아서 떠도는 지극미들이 발생하게 될 것이다. 그러나 그 같은 개별적인 대종극미의 존재는 기본요소들이 한 묶음으로 있어야 한다는 존재양식을 벗어나기 때문에 불가능하다.

그런데 여기에서 우리는 앞에서 언급한 개별적인 4대요소들이 개별극미와 등치하는 극미 개념을 발견하게 된다. 개별 원소를 대표해서 지

---

8   『阿毘達磨大毘婆沙論』, (T27, 682c25-26)

(地)대종이 지극미(地極微)로 지칭되면서, 대중과 극미와 동일화된다. 그렇다면, 개별적인 존재가 추론될 수는 있지만, 반드시 4종의 요소들이 결합한 상태로서만 드러나는 극미(원자)의 층위가 존재한다는 의미가 된다.

한편, 어떤 이들은 4대종의 세력에 의해 소조색의 성질을 설명하였다.

> 어떤 이의 의견은 '대종의 자체에는 증감이 없다'고 한다.
> [문] [그렇다면] 암석 등은 어떻게 견고한 것과 연한 것 등이 다른가?
> [답] 사대종의 세력이 강하고 약함이 있기 때문이다. 견고한 물체 가운데 사대극미의 본체의 숫자는 비록 같다고 하더라도 그것의 세력에서는 지극미가 강한 것과 같다.[9]

4대종이 모여서 지각되는 사물의 기본단위를 만들 때, 소조색의 다양성은 구성원소들의 숫자가 아니라 세력의 강약에 의해 결정된다는 것이다. 견고한 물질은 견고성을 속성으로 하는 지극미의 세력이 강성하기 때문이다. 이것은 경험적 층위의 기본단위들이 보여주는 물리적 존재의 속성이 그것을 구성하는 요소들의 속성에 의해 결정된다는 관점이며, 나아가 경험적 층위 아래에 존재하는 구성요소들을 속성화하는 방식의 해석이라 할 수 있다.

아비다르마철학의 단계에서는 이처럼 4대종을 수량으로 계량되는 물리적 구성요소라기보다는 질적인 차원에서 속성화한 물리적 요소로 해석하는 전통이 확립된다.

---

9   『阿毘達磨大毘婆沙論』, (T27, 683a9-12)

[문] 지, 수, 화, 풍은 어떤 성질과 작용을 가지고 있는가?

[답] 견고함이 땅의 성질이고, 지지(支持)하는 것이 그 작용이다. 습기가 물의 성질이고, 포섭하는 것이 그 작용이다. 온난함이 불의 성질이고, 열기가 그 작용이다. 움직임이 바람의 성질이고, 늘이는 것이 그 작용이다.[10]

2층위의 극미론

사실 지수화풍의 네 원소를 질적으로 이해하는 방식은 엠페도클레스의 4원소설에서도 동일하게 나타난다. 그러나 아비다르마철학에서는 지각되는 존재의 기본단위로서 극미의 아래 층위에 존재하는 속성화한 4대종극미를 위치시킴으로써, 속성화한 상태로 존재하는 층위와 양화한 상태로 인식되는 층위를 구분하는 2층위의 원자론을 전개한다. 이러한 두 층위의 원자론의 정식화가『잡아비담심론』에서 발견된다.

[답] 2종의 극미, [즉] 사극미와 취극미가 있다. 사극미는 [예를 들어] 안근극미[와 같은 것을]를 말하는데, 바로 안근을 다른 극미들로 미분하여 모두 자체의 사태를 나타낸 것이다. 사극미이기 때문에 아비담에서 설하기를 안근은 1계, 1입처, 1온을 포섭한다고 설하였다. 취극미는 다수의 사극미가 모인 것을 여기에서 취극미라고 설한 것이다. 자상에 머무르기 때문에 다르마의 성질에 혼란을 일으키지 않는다.[11]

---

10 『阿毘達磨大毘婆沙論』, (T27.663b8-18)
11 『雜阿毘曇心論』「行品 2」, (T28, 882b16-20)

극미(極微)에는 사극미(事極微)와 취극미(聚極微)의 2종이 있다. 사극미에서 사(事, vastu)는 본질적이고 토대를 이루는 실재의 측면을 지시하는 것으로, 그것들이 모여서 만들어진 조대한 사물들의 존재론적 토대를 이루지만, 지각의 영역을 넘어서기 때문에 직접지각의 방식으로는 관찰되지 않는다. 반면, 취극미에서 취(聚, *samghata)는 기본적인 구성요소들이 모여서 만들어진 조대한 사물들의 존재방식이며, 그것이 생멸하고 변화하는 근거이다. 취극미 단계에서 비로소 물리적 대상은 지각의 영역으로 들어온다. 우리들은 사물을 분할해서 지각 가능한 가장 작은 단위에 도달할 수 있으며, 그것을 더욱 분할하면 지각되지 않으며 더 이상 분할할 수 없는 형이상학적 원자/극미라는 추론적 존재에 도달한다. 다시 말해, '더 이상 분할 불가능한 가장 작은 기본단위'를 지각가능성을 경계로 하여 취극미와 사극미의 2종으로 정의하고 있는 것이다. 보다 후대의 해석에서는 사극미와 취극미를 각각 '가(假)극미'와 '실(實)극미'로 재규정하고 있는데, 『순정리론』의 저술한 중현(衆賢, Sanghabhadra)은 가극미를 다음과 같이 설명하고 있다.

> 가극미는 분석에 의한 추론으로 알 수 있는 것이다. 이를테면 취색(聚色)을 사유에 의해 점차 분석하여 가장 작은 상태에 도달할 것이다. 그 후에 그것에서 색, 성 등의 극미의 차이를 분별한다. 이렇게 분석되어 극한에 이른 것을 이름하여 가극미라고 한다. 사유로 지극히 깊고 넓게 탐구하여 기쁨을 일으키게 한다. 이것은 미세함의 극한이기 때문에 극미라고 한다. '지극함'이란 물질(색)을 분석하여 궁극에 이르렀다는 것이고, '미세함'은 오직 혜안(慧眼)에 의해서만 인식되는 것을 말한다. 따라서 극미라는 말은 '미세함의 극한'이라는 뜻을 나타낸다.[12]

이것은 지각의 영역을 넘어선 사극미가 관념적으로 추론된 가설적 존재이며, 취극미를 실질적으로 존재하는 극미로 인정하고자 하는 사유경향으로의 변화를 보여준다.[13] 이러한 사유방식은 경량부에 의해 극단화하면서, 사극미는 지각을 초월하기 때문에 지각불가능하며 오직 추론으로만 확인되는 존재로 한정하고, 경험세계에서 지각대상이 되는 기본단위로는 취극미를 설정한다. 이제 인식의 영역은 취극미와 취극미의 집적에 의해 구성된 조대한 물질세계로 국한되며, 속성화한 대종극미들은 인식이 도달하지 못하는 영역으로 남게 된다. 그렇다면 현량(現量, pratyakṣa), 즉 직접지각으로 파악되지 않는 대종극미는 물리적 실재성을 지니는가? 그리고 대종극미와 극미들이 취집하여 만들어진 지각의 기본대상인 실극미는 존재성이나 속성에서 가극미와 어떤 연속성을 지니는가에 대해 물어야 할 것이다.

설일체유부의 인식존재론에서 기본적인 전제는 식필유경(識必有境), 즉 '지각된 것은 반드시 대상을 가진다'이며, 이는 '일체의 존재는 지각된 것(esse est percipi)'이라는 조지 버클리(George Berkeley)의 경험주의적 명제를 떠올리게 한다. 설일체유부에게 바르게 '지각된 것'은 반드시 실재하는 대상의 지각이며, 실재하는 대상은 지각을 일으키는 능력을 가진다. 따라서 대상을 바르게 지각했다는 것은 일체 존재에 대한 바른 지식을 획득했다는 사실을 의미한다. 반면 경량부에서는 비록 지각 너머에 존재하는 대상의 실재성을 인정하기는 하지만, '지각된 것'만이 일체의 경험세계를 구성한다. 그리고 여기서 '지각된 것'은 대상이 인식에 던져준 형상

---

12 『阿毘達磨順正理論』, (T29.522a7-12)
13 『阿毘達磨順正理論』, (T29.522a5-7)

(形相, ākāra)으로, 그것은 다수의 극미들이 결합할 때 개별극미들의 속성과는 질적으로 다르게 창발하는 감각대상들이다. 이후 유식사상은 경량부의 이원적 구도에서 지각의 영역을 넘어 추론되는 부분은 부정하고, 일체의 존재를 '오직 지각에 던져진 표상만'으로 한정하면서 철학적 토대를 마련하였다.[14]

개별적인 극미들이 결합하였을 때에도 속성의 연속성을 유지하는 결합방식을 화집(和集, samudita)이라 하고, 개별극미들과는 다른 속성이 창발하는 결합방식을 화합(和合, sañcita)이라고 한다. 설일체유부와 경량부 사이에 전개된 개별극미와 극미복합체 사이의 연속성 논쟁에서 논사들은 맹인의 비유로 설명을 시도하였다. 경량부 논사 슈리라타(Śrīlāta)는 '지금 현재 지각경험이 발생하고 있다'는 사실과, 그러나 '개별극미들은 감각지각을 초월해 있다'는 두 가지 전제로부터, 지각경험은 개별극미들의 속성에는 존재하지 않는 현상의 출현임을 설득하고자 한다. 지각되지 않는 개별극미들이 다수가 모인다고 하더라도 지각을 일으킬 수 없다. 그것은 마치 아무것도 볼 수 없는 맹인들이 다수가 모인다고 하더라도 아무것도 볼 수 없는 것과 같은 이치이다. 그러므로 지각이 발생하였다는 사실은, 극미들이 다수가 화합하였을 때 개별극미에는 없는 감각지각의 성질이 발현하였음을 증명한다.

그러나 설일체유부의 논사는 동일한 전제에서 다음과 같이 반복한다. 슈리라타의 맹인 비유는 오히려 개별극미와 극미복합체 사이의 연속성을 지지하는 논증일 뿐이다. 맹인들이 다수가 모인다고 보는 지각능력이 발생하지 않는다. 그런데 우리는 개별극미들이 결합하여 만들어진 대상

---

14   이규완(2018b). 『세친의 극미론』. 서울: 씨아이알, pp. 255-331.

을 지각할 수 있다. 그렇다면 개별극미들의 속성이 지각될 수 있는 힘을 지니고 있었다고 보아야 한다. 단지 그것들은 개별적으로 있을 때, 그 지각되는 능력이 발현하지 않았을 뿐이다. 그것은 마치 나무꾼들이 커다란 통나무를 드는 것과 같다. 예를 들어 아홉 명의 나무꾼들이 들지 못하던 통나무를 열 명이 힘을 합쳤을 때 들어 올렸다고 하자. 그것은 비록 들리지는 않았지만 아홉 명이 힘을 가했을 경우에도 여전히 드는 힘이 그곳에 잠재하여 있었음을 입증한다.

이처럼 아비다르마철학에서 극미론은 극미의 결합에 대한 논의로 전개되었으며, 이후 불교인식논리학의 발전과정에서 추상적 논의를 위한 구상적인 도구로서 지속적으로 사용되었다.

극미의 접촉과 풍계(風界)

이제 논의를 전환하여, 더 이상 분할할 수 없이 미세하면서 장소적 저항을 가진 극미에게 '결합'이 어떻게 가능한지에 대한 논란을 4원소의 하나인 풍계, 6요소 가운데 공계(空界), 그리고 무위법의 하나인 허공(虛空)과 관련하여 살펴보도록 하겠다. 먼저, 개별극미들이 결합할 때 접촉의 여부에 대한 질문에서 출발해 보도록 하자. 크기를 가지지 않는 다수의 극미들이 결합할 때, 극미들이 접촉하여 단일체를 이루어야 하지 않을까? 혹은 결합을 위해서 개별적인 극미들을 붙잡아 하나의 조대한 사물을 만드는 어떤 힘이 작용해야 하지 않을까?

이 문제에 대해서 아비다르마 논사들 사이에 상이한 견해의 충돌이 있었다. 세우(世友)존자는 극미의 접촉은 성립하지 않는다고 보았다. 찰나 생멸하는 극미가 접촉하기 위해서는 접촉 이전과 접촉한 찰나라는 2찰나의 지속을 본성으로 해야 하기 때문이다. 대덕(大德)은 극미가 실제로는 접촉하지 않지만, 극미와 극미 사이가 무간(無間, im-mediate)으로 벌어진 틈이 없기 때문에 '접촉한다고 가설'하였으며, 어떤 이는 극미들이 단순히 가까이 있는 것을 가설적으로 접촉이라고 칭한다고 주장하였다.

이 문제에 대해서 『대비바사론』이 전하는 설일체유부의 정설은 다음과 같다.

> [답] 마땅히 다음과 같이 설해야 한다. 극미는 서로 접촉하지 않는다. 만약 접촉한다면 마땅히 전부 또는 부분[에 접촉]하여야 할 것이다. 전부 접촉할 경우에는 하나의 본체가 되는 과실이 있게 된다. 부분이 접촉할 경우에는 부분이 있다는 과실이 발생한다. 그러나 모든 극미는 그보다 더 미세한 부분이 없다.[15]

개별적인 극미들은 부분을 가지지 않기 때문에 접촉할 수 없다. 부분을 가지지 않는다면, 무한한 수의 극미들도 모두 한 점에 겹쳐지게 될 것이다. 그러나 만일 접촉하지 않는다면, 모여 있는 개별극미들의 집합체는 단일체를 구성하지 못하고 모래 덩어리와 같이 흩어지고 말 것이다. 따라서 크기를 갖지 않는 극미들이 접촉하기 위해서는 부분을 가져야 할 것이다. 그러나 이것은 극미가 극히 미세하여서 부분을 가지지 않는다는 정의와 모순을 일으킨다.

이에 대해 비바사사(毘婆沙師)는 극미들이 접촉하지 않으면서도 결합의 상태를 유지할 수 있는 이유는, 풍계가 개별적인 극미들이 흩어지지

---

15 『阿毘達磨大毘婆沙論』, (T27, 683c28-684a2)

않도록 붙잡아주는 역할을 하기 때문이라고 설명한다.

> [문] 취집한 물질(색)이 서로 부딪힐 때 어찌하여 흩어지지 않는가?
> [답] 풍계가 포섭하여 유지하기 때문에 흩어지지 않는다.
> [문] 풍계는 떨어져 흩어지게 할 수 없는가?
> [답] 떨어져 흩어지게 할 수 있다. [세계가 무너지는] 괴겁의 때와 같이.
> 또 포섭하여 유지할 수 있다. [세계가 유지되는] 성겁의 때와 같이.[16]

4대원소 가운데 하나인 풍계(風界, vāyu-dhātu)는 만물을 구성하는 원질로서 운동의 속성을 지니며, 『비바사론』의 저자에 따르면, 개별적인 극미들이 모여서 결합할 때 서로 접촉하지 않은 상태에서도 하나의 단일체를 이룰 수 있도록 붙잡아 두는 힘으로 작용한다. 앞서 원소들이 모여서 만들어진 소조색의 속성은 구성원소들의 세력에 의존한다는 주장을 참고하면, 풍계의 세력에 의해 개별적인 극미들은 결합하거나 흩어질 수 있는 것으로 해석될 수 있을 것이다. 결국 만물이 형성되는 성겁(成劫)에는 풍계의 작용이 강성하여 물질의 결합을 이끌고, 우주가 허물어지는 괴겁(壞劫)에는 풍계의 세력이 약화하면서 구성요소들의 결합이 끊어지고 흩어지게 될 것이다.

이처럼 운동과 결합의 힘으로 작용하는 풍계는 만물을 구성하는 물질적 요소로서 인식되고 있다는 점에 주목할 필요가 있다. 4대종을 극미와 등치하는 아비다르마철학적 관점에서 풍계는 풍극미(風極微)로 파악될 것이며, 그것은 풍(風, vāyu)이 비물질적인 힘이 아니라 하나의 입자적 성

---

16 『阿毘達磨大毘婆沙論』, (T27. 684a2-4)

격을 지닌 힘으로 해석되어야 한다는 것을 의미한다. 이 같은 풍계의 특징은 원자핵의 양성자와 중성자를 결합하는 강한 상호작용을 매개하는 글루온(gluon)을 연상하게 한다. 풍계는 결합력의 속성을 지닌 입자인 셈이다.

공계(空界, ākāśa-dhātu)와 허공(虛空, ākāśa)

공계는 지수화풍의 4원소설을 확장하여 허공계와 의식계를 더한 6원소설에서 다섯 번째로 등장하는 요소이다. 따라서 공계는 만물을 구성하는 물질적 원질과는 구분되지만, 의식적인 요소와도 다른 어떤 것이다. 이 공계에 대해 서력기원 전까지 소급되는『법온족론』에서 최초로 언급된다.

공계란 내적인 공계와 외적인 공계의 2종으로 나눌 수 있다. 그 가운데 내공계는 신체의 내부에 존재하는 빈공간, 즉 귓구멍, 콧구멍이나 피부와 장기에 비어 있는 빈공간들을 포함한다. 외공계는 신체 외부에 존재하는 빈공간이며, 인아가색(鄰阿伽色)으로 정의된다. 여기서 인아가색이란 aghasāmantaka-rūpa의 음역이며, 일차적으로는 아가색(agha-rūpa)에 근접해 있는 물질적 요소라는 의미이다. 다시 아가색(阿伽色)은 문자적으로 '염오한' 혹은 '고통을 야기하는 물질'을 뜻하며, 그것은 다수의 구성요소들이 결합하여 만들어진 물질이기 때문에 변화와 소멸할 수밖에 없는 존재라는 의미를 함축한다. 다시 말해, 저항의 성격을 가진 극미들이 집적하여 만들어진 물질을 아가색이라 하며, 인아가색은 그러한 극미의 복합체들을 둘러싸고 있는 물리적 공간을 의미한다. 따라서 공계는 조대한 물질 구조체의 내외부에 존재하는 빈공간을 지시하는 개념이라는 것을 알 수 있다.

우리는 앞에서 설일체유부의 아비다르마철학에서 일체 만물을 다섯 범주 75종의 구성요소로 분류하였던 다르마체계를 살펴보았다. 그 가운데 기본요소들을 조건으로 하여 만들어지지 않은 무위법(無爲法)에 허공(ākāśa)이 포함되어 있다. 『구사론』에서는 이 허공을 '사물의 움직임을 장애하지 않는 것을 자성으로 하며, 그곳에서 사물이 운동하는' 공간으로 묘사되어 있다. 또 『비바사론』에서는 허공의 존재에 대한 상세한 논증을 네 가지 근거를 들어 제시하고 있다. 요약하면,

> [문] 어떻게 허공이 존재하는 것을 알 수 있는가?
> [답] 경전의 가르침에 의해 알 수 있을 뿐 아니라 추론에 의해서도 알 수 있다. 만약 허공이 존재하지 않는다면, 1) 일체의 사물을 수용할 수 있는 장소가 없게 된다. 2) 극미들이 오고가거나 취집하는 공간이 있을 수 없게 된다. 3) 저항의 힘을 가진 물체를 수용하는 공간이 없게 된다. 4) 만일 허공이 없다면, 모든 장소가 저항을 가지게 되어 운동이 불가능하게 될 것이다.[17]

공계는 마치 물질적인 부분과 텅 빈 부분으로 구성된 어떤 사물의 빈 공간처럼 묘사된다. 유리상자 안에 불상 조각이 있다고 할 때, 불상의 안에 빈공간이나 불상을 둘러싸고 있는 공간들은 공계에 해당한다. 반면에 허공은 사물의 변화와 운동이 가능한 공간 자체를 의미하는 것으로 보인다. 극미와 같은 기본원소들이 일정한 공간을 점유하고, 그곳에서 다른

---

17 『阿毘達磨大毘婆沙論』, (T27, 388c13-24)

것과 중첩되지 않는 저항력을 지니며, 다수의 극미들이 결합하고 변화할 뿐만 아니라 운동할 수 있는 공간이 바로 허공이다. 허공이 존재하지 않는다면, 극미로부터 조대한 사물까지 물체의 변화와 운동은 불가능하다.

그럼에도 불구하고, 공계와 허공은 내용에 있어 동어반복적인 정의의 변주에 지나지 않는 것처럼 보인다. 극미의 집적으로 인한 복합체의 내외를 둘러싸고 있는 공계와 사물이 변화하고 운동하는 공간을 의미하는 허공은 어떤 질적 차이를 가지는가? 공계(空界)는 다소 모호하긴 하지만 물질에 포함되는 반면, 허공은 물질적인 영역과는 명확히 구분되는 무위법에 속한다. 역시 『비바사론』의 설명을 풀어보면 다음과 같다.

> [문] 허공과 공계에는 어떤 차이가 있는가?
> [답] 허공은 물질이 아니고, 지각되지 않으며, 공간적 점유나 저항을 갖지 않고 염오하지 않은 무위법이다. 반면 공계는 물질에 속하고, 지각될 수 있으며, 공간적 점유나 저항을 가지고 때에 물들 수 있는 유위법이다.[18]

아비다르마철학에서 이미 공계와 허공은 질적으로 완전히 다른 영역의 개념이라는 점이 명시되고 있다. 그런데 여기에서 주목을 끄는 사실은 허공의 정의가 모두 부정적인 방식으로 표현되고 있다는 점이다. 그것은 어떤 긍정적인 방식으로 성격이 규정되거나 서술될 수 없는 것이지만, 다르마로서는 존재하는 것이다. 반면 공계는 마치 허공과 같이 사물이 거주하거나 운동하는 장소이기는 하지만, 그 자체도 지각의 대상이고 공간적

---

18 『阿毘達磨大毘婆沙論』, (T27, 388b19-21)

으로 특정한 영역을 차지하며, 다른 대상에 대한 저항력이 작용하고, 또 행위에 의해 더럽혀질 수 있는 물질에 속한다. 간단히 말하자면, 공계는 물질의 특성과 허공의 특성이 중첩되어 있는 존재라고 할 수 있다. 『비바 사론』에서는 이 공계를 무위법의 허공과 유위법의 물질계를 구성하는 4 대종을 매개하는 중간단계로 설정하고 있다.

[문] 허공은 어떤 작용을 하는가?

[답] 허공은 무위(無爲)이기 때문에 작용이 없다. 그러나 무위의 허공은 다수의 공계가 발생하는 증상연이 되며, 다수의 공계는 다수의 대 종이 발생하는 증상연, 다수의 대종은 다수의 소조색이 발생하는 증상연, 다수의 소조색은 다수의 심리적 요소들이 발생하는 증상연 이 된다. 그러므로 허공이 없다면, 이 같은 연쇄적인 발생은 일어나 지 않을 것이다.[19]

증상연(增上緣, adhipati-pratyaya)이란 아비다르마철학의 인과법칙(causal law)에서 네 가지 원인/조건 가운데 하나이며, 직접적인 원인, 인식의 대상, 직전 찰나의 조건에는 속하지 않는 모든 조건을 포함한다. 그것은 유위법 의 발생에 힘을 행사하는 적극적인 원인과 발생을 저해하지 않는 소극적 인 원인이 있다. 이를테면, '나'의 존재는 달이나 우주만물이 모두 증상연 으로 작용한 결과이다. 달이나 우주는 나의 존재를 방해하지 않았을 뿐만 아니라, '나'의 존재에 보이지 않는 다양한 힘과 원인으로 작용하고 있다. 그처럼 허공은 물질적 영역에 속하는 공계의 증상연이 된다. 허공이 공계

---

19 『阿毗達磨大毗婆沙論』, (T27, 389a1-6)

의 존재에 직접적인 원인이라고는 할 수 없을지라도, 허공이 없다면 공계는 존재할 수 없다. 마찬가지로 공계를 증상연으로 4대종이 발생하고, 4대종을 증상연으로 경험적 현상세계를 구성하는 소조색이 발생하며, 그리고 소조색을 증상연으로 하여 심리적 현상이 발생한다.

극미와 허공, 그 사이

원자론은 더 이상 분할 불가능한 '원자'와 그것이 운동하는 공간인 '허공'으로 세계가 구성되어 있다고 설명하는 철학체계이다. 파르메니데스의 '있음'의 철학과 헤라클레이토스의 '변화'의 철학이 융합할 수 있었던 것은, 바로 '더 이상 분할할 수 없이 있는 원자'와 '원자가 변화 운동할 수 있는 허공'의 존재를 수용함으로써 가능해졌다. 설일체유부의 아비다르마 철학에서는 4대종의 질료적 속성을 원자적인 극미로 등치시켜 받아들이고, 개별극미들의 속성화한 원자적 층위와 4대종의 속성들이 감각기관의 인식대상으로 전환되는 극미복합체의 층위를 구분한다. 극미의 두 층위는 인식을 발생시키는 존재론적 근거와 감각기관에 형상을 제공하는 인식론적 근거로 구분된다. 바로 이 지점은 이후 실재론적 설일체유부와 관념론적 유식철학 사이의 논쟁에서 지속적으로 문제가 된다.

한편, 극미들의 결합하여 조대한 사물을 만들 때, 극미의 접촉과 빈공간의 문제가 제기된다. 더 이상 쪼갤 수 없이 작기 때문에 접촉할 수 없는 극미들이 어떻게 결합할 수 있는가? 그것은 결합과 운동의 힘에 해당하는 물리적 요소 풍계(vāyu-dhātu)의 작용 덕분이다. 풍계의 결합력에 의해 다수의 극미들은 접촉하지 않으면서도 하나의 단일체를 형성하고 유지할 수 있다. 그렇게 조성된 사물과 유기체에는 빈공간들이 존재한다. 신체 내부의 빈공간과 사물을 담고 있는 그릇과 같은 빈공간을 함께 공계라고 한다. 이 공계는 물질적 영역에 속하지만, 사물의 변화와 운동을 수용하는 장소이다. 그리고 허공(ākāśa)이 있다. 허공은 그 자체는 만들어지지도 변화하지도 영향을 받지도 않는 공간이며, 단지 물질적 존재들이 적집하여 조대한 사물을 이루거나 운동할 수 있는 장소를 제공한다. 설일체유부에게 허공은 어떤 점에서는 절대공간과 같이 보이지만, 경량부학파에서는 허공의 실재성을 부정하기 때문에 불교철학의 일관된 해석이라고 할 수는 없다.

결론적으로 형성의 토대 측면에서 보면, 허공을 조건으로 공계(ākāśa-dhātu)와 4대종(mahādhātu)과 4종의 소조색(upādāyarūpa)과 심적 요소의 층위들이 존재하게 되지만, 경험세계의 현상의 측면에서는 허공이 열어주는 공간에 대종극미들이 결합하여 소조색이 만들어지고, 조대한 사물들의 현상이 현행한다. 결국 아비다르마철학에서 보는 세계는 극미와 허공이 만들어내는 현상 혹은 허공에서 춤추는 극미들로 묘사할 수 있을 것이다.

10

"오직 표상일 뿐"(vijñaptimātra)
– 세친의 『유식이십론』을 중심으로

"오직 표상일 뿐"(vijñaptimātra)

- 세친의 『유식이십론』을 중심으로

데카르트는 인식주체의 존재를 증명하는 사고실험으로 '사악하고 전능한 악마'의 가설을 제시하였다. 사악한 악마는 나도 모르는 사이에 외계의 대상을 보는 것과 동일한 감각정보를 나의 뇌에 주입한다. 나는 내가 대상을 보고 있다고 착각하고 있다. 그렇다면 나는 세계와 나에 대해 무엇을 확실하게 알 수 있는가? 이 질문에는 인식주체와 인식대상의 존재에 관한 이중의 문제가 내포되어 있다.

통속의 뇌(Brain in a Vat)

힐러리 퍼트남(Hilary Putnam)은 데카르트의 사고실험을 '통속의 뇌' 모형을 통해 새롭게 조명하였다. 뇌의 신경망과 완벽하게 결속되어 있는 컴퓨터를 통해 우리가 감각지각하는 것과 정확히 동일한 전자기적 신호를 입력한다면, 뇌는 외부 세계와 직접적인 접촉이 없이도 세계를 지각하고 있다고 느낄 것이다. 이때 통속의 뇌는 자신이 진짜 사람으로 외계를 지각하고 있는지 반대로 단지 통속의 뇌인지를 구분하여 알 수 없다. 우리가 통속의 뇌인지 확실히 알 수 없다면, 우리는 세계가 실제로 존재하는지도 알 수 없다. 왜냐하면 우리가 인식하는 것이 단지 전기신호인지 실제 외계에 대한 감각정보인지를 구분할 수 없기 때문이다.

영화 <매트릭스(the Matrix)>에서 '매트릭스'는 인공지능의 노예가 되어 통속의 뇌로 살아가는 사람들의 세계이다. 인공지능은 통속의 뇌가 된 인간들에게 감각정보의 전기신호를 제공하면서 현실을 살아간다는 착각을 심어준다. 영화에서는 통속의 뇌와 함께 신체가 보존되어 있으며, 매트릭스 내부에 '오라클'이라는 특이형을 통해 외부 세계의 존재에 대한 예언을 받을 수 있다는 설정으로 두 세계 사이의 틈을 남겨둔다. 오라클에 대한 믿음을 가지고 어떻게든 탈출을 감행하면, 통속의 뇌는 신체를 가진 뇌로 돌아갈 수도 있다. 하지만 비록 탈출에 성공하였다고 할지라도, 탈출하여 신체를 가진 뇌는 탈출한 그 자신이 더 이상은 통속의 뇌가 아니라는 사실을 어떻게 확신할 수 있는가?

사실 우리는 모두 '통속의 뇌'를 하나씩 가지고 있다. 우리의 뇌는 한 번도 빛을 본 적이 없고, 소리를 듣거나 맛을 본 적도 없다. 그것은 어둠 속에서 신체가 보내는 감각신호를 처리하고 있을 뿐이다. 소수의 뇌수술 환자를 제외하면 두뇌의 관점에서 '나'는 두개골 바깥의 세계와 직접 접촉한 적이 없다. '뇌 속의 나'는 단지 신경망을 통해 전해지는 전자기적 정보를 통해 세계를 구성하고 있다. 나의 두개골 속에 갇힌 뇌는 지금 내가 보고 있는 이 책과 컴퓨터 모니터와 자판을 두드리는 두 손이 그곳에 실제로 존재하는 것처럼 세계를 인식한다.

우리의 뇌는 세계가 저 밖에 실제로 존재하는지 확인할 수 없다. 그것은 외계에 존재하는 대상으로부터 혹은 인공지능과 같은 어떤 존재가 제공하는 지각정보를 받아서 세계를 구성할 뿐이다. 지금 나의 뇌에 떠오른 형상(形相)은 어떤 대상과 대응하는 것인가? 아니면 대상의 존재여부도 알 수 없는 단지 이미지 정보들의 흐름일 뿐인가? 이것이 유식학파의 문제의식이었다.

학문적 전향서: 『유식이십론』

경량부는 인식대상(ālambaṇa)을 4대종 극미들이 화합하였을 때 발현하는 형상으로 보았다. 물리적 실재로 인정하였던 4대 요소들은 지극히 미세하여 지각의 범위를 벗어나 있다. 때문에 사물의 구성요소인 물질 그 자체는 우리의 감각지각에 포착되지 않으며, 그것의 존재는 인식작용의 근거로서 추론될 뿐이다. 그렇다면 불확실한 물질 자체의 세계는 보류하고, 지각할 수 있는 의식의 영역만으로 경험세계를 한정해도 충분하지 않을까?

바로 이 의문의 끝에 바수반두는 결국 우리가 경험하는 세계는 '오직 표상일 뿐'이라는 표상주의로 이행하게 된다. 바수반두는 처음 설일체유부에 출가하였으며 경량부철학으로 철학적 사유를 연마하였지만, 최종적으로는 유심(唯心, cittamātra)사상을 수용하여 유식철학을 정립하였다. 『유식이십론(唯識二十論)』은 그의 학문적 전향서라고 할 수 있다.

바수반두는 이 논서에서 소박하고 직관적인 실재론을 주장하는 이들에서부터 자신이 경과하였던 설일체유부와 경량부철학에서 결국 수용할 수 없었던 문제점들을 거론하고 있다. 그는 또한 물질의 기본단위로 상정되는 극미가 성립할 수 없음을 논증하고, 유식적 관점에서 직접지각과 기억, 타자의 문제 등을 해명하면서 논서를 마무리짓는다.

『유식이십론』은 바수반두의 자기비판서인 동시에 당시 다양한 불교학파의 오류를 지적하는 파사(破邪)의 관점에서 저술된 논서이다. 이 논서는 형식적인 측면에서도 논쟁적이고, 내용적으로는 이후의 논쟁사에 반복적으로 등장하는 논쟁주제에 대한 예기(豫期)적 성격을 지닌다. 따라서 『유식이십론』을 이해하기 위해서는 특히 설일체유부와 경량부사상에 대한 배경적 지식이 요구된다. 또 바수반두 이후 불교의 유식사상과 인식논리학에 깊이 스며있는 비판적 사유의 맛을 깊이 음미하기 위해서도 『유식이십론』은 필수적이다.

바수반두가 만년에 저술한 『유식이십론』은 그의 학문적 여정과 완숙한 사상을 보여주는 최후의 작품이라는 점에서도 특별한 의미를 지닌다. 바수반두는 다음 장에서 살펴보게 될 『유식삼십송』의 게송을 저술한 후 해설을 남기지 못하고 입적하였다. 하지만 『유식이십론』은 20구의 게송에 대해 비교적 자세히 자신의 주석을 달아서 그의 논쟁적이고 생생한 육성을 전해준다.

『유식이십론』은 불교인식논리학에서는 디그나가(Dignāga)의 『집량론(Pramāṇasamuccaya)』과 다르마끼르티(Dharmakīrti)의 『양평석(Pramāṇavārttika)』에, 동아시아에서는 『유식삼십송』의 주석서 『성유식론(成唯識論)』의 빛에 가려 역사에서 거의 잊힌 경향이 있다. 그러나 『유식이십론』은 불교철학의 사상적 교차로에서 모든 길을 탐색하였던 노장이 지난 여정을 회상하는 보고서인 동시에 그의 앞에 남겨진 하나의 길을 제시하는 안내서이다.

『유식이십론』의 산스크리트 원본은 역사의 풍화에 소실되었다가, 티베트어 논서와 주석서에 남아 있는 인용문을 통하여 최근에 서론 일부를 제외한 대부분이 복원되었다.『유식이십론』의 제목에 관해서도 의견이 분분하였으나, 최근의 연구에서 일정한 합의에 도달하였다. 이 과정에서 한역경전이나 논서들의 중요성을 새롭게 확인하는 계기가 되었다.『유식이십론』을 주석한 규기(窺基)는 그의『유식이십론술기(唯識二十論述記)』에서 논서의 명칭을 다음과 같이 소개하고 있다.

> 산스크리트어 제목은 순서대로 '비약저(毘若底, vijñapti)', '마달라다(摩呾喇多, mātrata)', '빙시가(憑始迦, viṃśikā)', '사살저라(奢薩呾羅, śāstra)'이며, [한역으로는]『유식이십론(唯識二十論)』이라고 한다.[1]

이에 따르면 현장이 저본으로 삼은『유식이십론』의 산스크리트어 제목은 vijñaptimātratāviṃśikāśāstra이며, 축약형은 viṃśikā가 되어 최근의 연구결과와 일치한다.『유식이십론』은 5종의 티베트어 번역과 3종의 한역이 존재한다. 번역에 따라 게송의 숫자가 21게송에서 24게송까지 출입이 있지만, 서론과 결론에 대한 부분을 제외하면 대체로 일치한다.[2]

『유식이십론』은 내용에 따라 다음과 같은 구조를 보여준다.

---

1 T43.978, c29-979, a2.
2 상세한 논의와 참고자료는 이규완 (2023).『유식이십론술기 한글역』. 서울: 씨아이알, pp. 3-47. 참조.

『유식이십론술기』의 구조

『유식이십론』은 "욕계, 색계, 무색계의 삼계에 속하는 것은 모두 유식(唯識), 즉 '오직 표상일 뿐'이다"라는 주제를 해명하는 논서이다. 바수반두는 먼저 상식적이고 직관적인 차원에서 세계가 실재한다고 믿는 소박실재론자들(naïve realists)의 질문에 대답한 후, 설일체유부와 경량부의 실재론적 관점에서 제기될 수 있는 지옥과 지옥중생, 의식의 상속과 업의 훈습, 12처설에 대해 설명한다. 『유식이십론』의 논증에서 핵심을 이루는 부분은 극미설의 논파를 통한 외계대상의 부정에 있다. 이제 외계에 실재하는 대상이 성립할 수 없음을 논증한 후, 바수반두는 '오직 표상일 뿐'이라는 관점에서 직접지각과 기억, 타자의 존재와 마음을 어떻게 해설할 것인가에 대해 논의를 이어간다.

오직 마음뿐(cittamātra)

유식사상은 '오직 마음뿐'이라는 종교적 직관과 '오직 표상일 뿐(vijñaptimātra)'이라는 철학적 통찰의 창조적 융합의 결과이다. 초기불교와 남방 빨리어 경전의 전통에서 '오직 마음(cittamātra)'과 『유식이십론』에서 인용하는 '오직 마음뿐' 사이에는 몇 단계의 간극이 있다. 초기불교에서 물질과 정신은 서로 구분되지만, 12연기에서 물질과 의식, 즉 명색(名色)의 호환적 성격이 보여주는 바와 같이 상당한 연속성을 지닌 것으로 이해되었다. 설일체유부의 지각이론에서도 의식의 지각은 물리적 세계를 조건으로 하며, 양자는 분리나 제거가 불가능하게 결속되어 있다. 여기서 만약 어느 한편을 배제한다면, '오직 마음뿐'이라고 하는 것만큼 '오직 물질뿐'이라고 하는 것도 가능하다.

아비다르마철학의 맥락에서도 '오직 마음'이란, 일차적으로는 '인식 주체로서의 아트만(ātman)'에 대한 부정이지만, 동시에 행위의 동기나 결과에 대한 심리적 해석과 관련되어 있었던 것으로 보인다. 하지만 『반야경』계의 공(空)사상의 확산과 함께 물리적 세계의 실재성 부정은 '오직 마음뿐'의 해석에서 존재론적 차원의 유심(唯心) 이해를 강화하는 반작용을 수반하였다. 『십지경(Daśabhūmika sūtra)』에 등장하는 '삼계에 속하는 것은 오직 마음뿐'이라는 구절은 이러한 과도기적 단계를 반영한다. 『유식이십론』에서 바수반두는 '오직 표상일 뿐'을 해명하면서 『십지경』

제6 「현전지(現前地)」에 등장하는 '오직 마음뿐'을 경전적 근거로 제시한다.

> 세계는 오직 마음일 뿐이다. (『능가경』)
> 삼계에 속하는 그것은 오직 마음일 뿐이다. (『십지경』)
> 삼계에 속하는 것은 오직 마음일 뿐이다. (『유식이십론』에서 인용문)
> 대승에서 삼계에 속하는 것은 오직 표상일 뿐이다.
>
> (『유식이십론』의 주장명제)[3]

일반적으로 『십지경』의 이 구절은 『유식이십론』이나 유식철학의 관점에서 '마음이 세계 만물을 만들어낸다'는 의미로 해석되곤 하였다. 그러나 와이먼(Wyman) 등의 학자들은, 이 구절이 '세계는 모두 마음이고, 마음이 만들어낸다'는 의미가 아니라, 삼계의 존재를 전제한 상태에서 '세계에 어떤 작용이나 변화를 주는 것은 오직 마음이다'라는 방식으로 해석하였다.[4] 이는 삼계(三界)에 대한 개념적 해석만으로도 추론할 수 있는데, 욕망의 영역(欲界), 물질적 영역(色界), 비물질적 영역(無色界)에 공통하는 것은 '오직 마음뿐'이기 때문이다.

산스크리트어 제1 게송은 삼단 논증의 방식으로 구성되어 있다.

(종) 삼계에 속하는 것은 '오직 표상일 뿐'이다.
(인) 실재하지 않는 대상이 외계대상과 비슷하게 현현한 것이기 때문에

---

3 cittamātram lokam (Laṅkāvatāra sūtra)
   cittamātram idam yad idam traidhātukam (*Daśabhūmika sūtra*)
   cittamātram yad traidhātukam (*Vimśikā*)
   mahāyāne traidhātukam vijñaptimātram (*Vimśikā*)

4 Wayman, Alex. "A Defense of Yogacara Buddhism." *Philosophy East and West*. 1996: 447-476.

(유) 눈병 걸린 사람이 실재하지 않는 머리카락이나 달을 보는 것과 같이.

'오직 표상일 뿐(vijñaptimātra)'

유식(唯識)은 '오직 표상일 뿐'의 한역어이다. 우리가 경험하는 삼계(三界), 즉 욕망의 세계, 물질적 세계, 비물질적 세계 혹은 물리적, 심리적, 관념적 세계는 모두 '표상된 것들(vijñapti)'이 현상한 것이다. 이 같은 '오직 표상일 뿐' 개념이 확립된 것은 『해심밀경(Saṃdhinirmocana sūtra)』에서 처음으로 발견된다.

> (미륵보살이 세존께 여쭈었다.)
> "세존이시여, 비파사나 삼매의 대상인 영상, 그것은 무엇입니까.
> 그것은 마음과 다릅니까? 다르지 않습니까?
> (세존께서 설하셨다.)
> "미륵이여, [그 영상은 마음과] 다르지 않습니다.
> 왜냐하면, 그 영상은 '오직 표상일 뿐(vijñaptimātra, 唯識)'이기 때문입니다.
> 미륵이여, 의식(vijñāna, 識)은 인식대상이 '오직 표상일 뿐'을 특징으로 합니다.

『해심밀경』의 이 인용문은 유식철학의 등장을 알리는 선언문과 같다. 고대의 수행자들은 현대인들과는 매우 다른 방식으로 세계를 이해하였다. 그들에게는 어떤 감각경험적 사실보다 깊은 선정의 상태에서 체험한 사실들이 더 현실적이고 실재하는 것으로 여겨졌다. 명상 수행자들에게 삼매의 상태에서 비추어 본 영상(nimitta)은 무엇보다 실재적이다. 그것에는 의문의 여지가 없었다. 문제는 요가 수행자들이 관찰한 그 영상과 우리의 의식의 관계에 있었다.

미륵의 질문에 대해 붓다는 선정의 대상인 영상과 마음의 의식은 동일한 것이라고 말한다. 삼매(三昧)는 사마디(samādhi)의 한역으로, 의식이 하나의 대상에 집중하여 움직이지 않는 고요, 적멸, 적정(寂定)에 도달한 정신집중의 상태를 말한다. 이 상태에서 대상은 '있는 그대로'인 하나의 영상으로 떠오른다. 삼매에서 보는 영상은 마음과 동일하고, 의식이 인식 대상으로 삼는 형상과 동일한 종류의 것이다. 그것은 모두 '오직 표상일 뿐'이다.

『해심밀경』에 따르면, 삼매의 상태에서 보는 영상은 수행자가 도달할 수 있는 최고의 실재성이다. 그리고 그것은 의식에 주어지는 인식대상 (ālambaṇa)과 동질적이다. 우리의 지각에 의해 파악되는 최상은 바로 선 정상태에서의 이 영상과 동일한 종류의 것이다.

여기에서 주의해야 하는 점은, 『해심밀경』에서는 '오직 표상일 뿐'인 이 인식대상의 외부에 외계대상의 존재여부에 대해서는 언급하지 않고 있다는 사실이다. 이것은 이후 불교의 인식논리학파에서 제기되는 이론 적 충돌을 예고한다. 한편에서는 존재론적 관점에서 '오직 표상일 뿐'을 해석하여, 존재하는 세계는 모두 '오직 표상일 뿐'이라고 하였다. 다른 한 편에서는 '오직 표상일 뿐'을 인식론적 관점에서 경험된 세계의 실상을 밝히는 것으로 한정하였다. 이 『해심밀경』은 독립적인 경전이지만, 유식 학파의 백과사전이라 할 수 있는 『유가사지론』에 전문이 포함되어 있다.

『유가사지론(Yogācārabhūmi śāstra)』

『유가사지론(瑜伽師地論)』은 '요가 수행자들의 수행단계에 관한 논서'이며, 유식사상의 발전과정을 보여주는 백과사전이다. 『유가사지론』은 사상의 발전과정에 따라 다양한 문헌들이 추가되면서 하나의 문헌집성으로 편집되었기 때문에 전체 구성이 일관되지 못하거나 중복되는 특징을 보여주며, 내용적으로 유식사상의 상이한 단계를 반영하는 문헌들이 공존한다. 현장의 한역으로는 100권의 분량에 달하며, 약 300~350년경에 형성된 것으로 추정된다.

『유가사지론』의 편찬자는 아상가(Asaṅga), 즉 무착(無着)으로 알려진 인도의 유식사상가이다. 전설에 따르면 아상가는 수행 중에 도솔천에 올라가 미륵보살(彌勒菩薩)의 계시를 받아 『유가사지론』과 『대승장엄경론』을 대중에게 강의하였다고 한다. 그러나 아상가의 계시강의가 진정한 미륵보살의 가르침인지 청중이 의심하자, 아상가는 미륵보살, 즉 마이트레아(Maitreya)의 강림을 요청하여 밤마다 골방에서 마이트레아의 가르침을 듣고 옆 강당에서 청중에게 중계하는 방식으로 4개월에 걸쳐 『십칠지경』을 강의하였다. 이것이 『유가사지론』이다. 어떤 이들은 실제로는 아상가가 아요다(Ayodhya)에서 미륵(彌勒)이라는 스승을 통해 유식사상을 전수하였으며, 그 스승을 미륵보살과 동일시하여 전설적인 서사가 형성되었다고 추정한다. 반면 다른 이들은 아상가가 명상의 상태에서 자기 자신이 인격화한 대상인 마이트레아를 통해 유식사상을 깨달았다고 해석하기도 한다.

하지만 어떤 경우라도 아상가 한 명이 『유가사지론』의 저자로 돌려질 수는 없다. 『유가사지론』은 유식사상이 발전하기 이전의 문헌에서부터, '오직 표상일 뿐'으로의 전환이 이루어지는 『해심밀경』의 단계, 그리고 이후의 사상적 발전을 포괄하는 방대한 문헌의 역사를 포함한다. 그 가운데 『해심밀경』은 경전 전부가 『유가사지론』에 포함되어 있으며, 유식사상의 전환을 증거하는 핵심적인 문헌으로 연구되어 왔다. 티베트불교에서는 전통적으로 신라승 원측(圓測)의 『해심밀경소』를 『해심밀경』에 대한 가장 권위있는 해석으로 전승해 왔다.

미륵의 저술로 돌려지는 논서들로는 『유가사지론』 외에도 『대승장엄경론(大乘莊嚴經論, Mahāyānasūtrālaṃkāra)』, 『변중변론(辯中邊論, Madhyānta-vibhāga)』, 『법법성분별론(法法性分別論, Dharmadharmatā-vibhāga)』, 『현관장엄론(現觀莊嚴論, Abhisamayālaṃkāra)』 등이 있고, 아상가의 저술로는 『섭대승론(攝大乘論, Mahāyānasaṃgraha)』과 『대승아비달마집론(大乘阿毗達磨集論, Mahāyānābhidharma-samuccaya)』 등이 전한다. 아상가의 논서들은 유식사상의 핵심적인 개념과 이론을 통합하여 하나의 사상체계로 발전을 모색하고 있다.

아상가에게서 개념적 체계가 확립된 유식사상은 마침내 바수반두에 이르러 철학적 체계의 완성을 보여준다고 할 수 있다. 바수반두는 『유식이십론』을 저술하여 철학적 쟁점에서 대한 그릇된 견해를 논파(破邪)하고, 『유식삼십송』에서 유식철학의 핵심주제와 체계를 확립(顯正)하였다. 애석하게도 그는 『유식삼십송』에 대한 자신의 주석을 남기지 못하고 생을 마감하였다. 우리는 이번 장에서 바수반두의 『유식이십론』을, 다음 장에서는 『유식삼십송』을 중심으로 유식철학의 특징을 더듬어 보도록 하겠다.

네 가지 질문

경험하는 세계는 모두 의식일 뿐이라는 주장은 대상에 대한 생생한 경험
적 사실과 명백히 배치되는 것처럼 보인다. 우리의 지각이 외계에 실재하
는 대상이 없이 발생한다는 유식가의 주장에 대해 외계실재론자들은 네
가지 근거를 들어 의문을 제기한다.

> 만일 대상이 없이 의식에 표상이 일어난다면,
> 대상에 대한 장소와 시간의 한정,
> 인식주체들의 공통의 지각,
> 그리고 행위의 작용은 성립하지 않을 것이다. [게송2]

만일 우리의 의식 바깥에 어떤 물리적 존재가 없는데도 대상처럼 보이
는 표상(vijñapti)이 의식에 발생한다면, 그 표상들은 토대가 없는 허구적
의식현상에 지나지 않는다. 그것은 마치 꿈과 같아서 외계대상과 직접적
인 연속성을 지니지 않는다. 그렇다면, 그런 표상의 세계에서는 서울의
남산이 항상 그곳에 있어야 할 이유가 없고, 아침의 태양이 반드시 동쪽
에서 떠야 할 이유가 없다. 그것이 단지 의식일 뿐이라면, 우리가 낮에도
밤을 상상할 수 있는 것처럼, 직장 사무실에서도 휴양지의 바닷가를 거니
는 꿈을 꿀 수 있는 것처럼, 장소나 시간의 제약을 받지 않고 온갖 현상이
일어날 수 있어야 할 것이다. 그러나 실제로 그런 일은 발생하지 않는다.

또 만일 대상이 없이 지각이 발생한다면, 서울에 사는 모든 사람들이
동일하게 북한산을 보는 현상을 설명할 수 없다. 각자의 의식이 모두 대
상이 없이 발생하였는데, 어떻게 모두가 동일한 북한산을 볼 수 있는가?
서로 다른 사람들이 모두 동일한 사물을 볼 수 있다는 사실은 그곳에 의

식과는 독립적으로 존재하는 대상이 있다는 것을 입증한다.

더구나 만약 대상이 없이 지각이 발생하는 것이라면, 단지 의식일 뿐인 세계에서 일어난 일들은 어떤 작용력도 갖지 못할 것이다. 꿈속에서 맛있는 음식을 먹었다고 배가 불러지는 것이 아니고, 상상으로 운동을 하였다고 살이 빠지는 일도 일어나지 않는다. 우리가 먹으면 배가 부르고, 운동을 하면 건강해지는 것은 그것들이 모두 실제로 물리적 세계에서 일어나는 일이기 때문에 그런 것이다.

실재론자들은 만일 '오직 표상일 뿐'이라면, 그것은 꿈에서처럼 장소와 시간의 한정도 없고, 우리가 모두 공통된 대상의 지각을 가질 수 없으며, 어떤 행위가 작용을 일으키는 일도 일어나지 않을 것이라고 비판한다.

그러나 바수반두는 역으로 '오직 표상일 뿐'이라는 사실은 '꿈에서 처럼(svapnavat)' 확증된다고 주장한다. 바수반두는 꿈에서도 벌은 꽃 주위를 날아다니고, 정원사는 정원에서 일하지 전혀 다른 곳, 이를테면 해변에는 나타나지 않는다고 한다. 꿈이라고 해도 모든 것이 아무 때 아무 곳에 나타나는 것은 아니다. 외계에 존재하는 대상이 없이도 꿈에서처럼 대상은 특정한 장소와 시간에 한정해서 나타난다.

그렇다면 서울 사람들은 모두 동일하게 북한산을 보는 것과 같은 현상을 어떻게 설명할 것인가? 그것은 지옥에 거하는 아귀들이 고름이 흐르는 강물을 보는 것과 같다. 지옥에 사는 아귀들은 모두 비슷한 업을 지어서 그곳에 사는 존재들이고, 비슷한 업을 지은 자들은 어떤 현상을 비슷하게 보게 된다. 때문에 단지 한 아귀만이 아니라 모든 아귀들이 고름이 가득 차서 흐르는 강물을 본다.

불교의 신화적 세계관에 따르면, 지옥은 '여덟 층의 뜨겁게 불타는 지옥(팔열지옥)'과 '여덟 층의 냉기로 얼어붙는 지옥(팔한지옥)'으로 구성되어 있다. 또 지옥에는 지옥에 떨어진 죄인들(지옥유정)에게 고통을 주는 장치들이 준비되어 있다. 예를 들어, 지옥의 까마귀는 철로 된 부리를 가지고 있어서 지옥유정들의 눈을 쪼아 먹으며, 양구타충이라는 벌레는 지옥유정의 살을 파 먹는다. 그리고 지옥에는 철산이 있는데, 그곳에 나무들은 철 가시들로 뒤덮여 있다. 지옥유정이 나무를 기어 오를 때는 가시가 아래를 향하고, 나무에서 내려올 때는 가시가 위를 향하여 오르내리는 지옥유정을 찌르고 살을 베어낸다.

지옥의 종류

지옥(地獄, naraka, 捺落迦)	
팔열지옥	팔한지옥
등활지옥(saṃjīva-naraka)	알부타(頞部陀, arbuda)
흑승지옥(kālasūtra-)	니랄부타(尼剌部陀, nirarbuda)
중합지옥(saṃghāta-)	알찰타(頞哳吒, aṭaṭa)
호규환지옥(raurava-)	확확파(臛臛婆, hahava)
대규환지옥(mahāraurava-)	호호파(虎虎婆, huhuva)
염열지옥(tapana-)	올발라(嗢鉢羅, utpala-)
극열지옥(mahātapana-)	발특마(鉢特摩, padma-)
무간지옥(avīci-)	마하발특마(摩訶鉢特摩, mahā-padma-naraka)

그리고 지옥에는 이같이 고통을 가하는 일을 담당하고 있는 지옥간수들도 거주한다. 지옥유정에게 극심한 고통을 가하는 지옥에서 지옥간수들은 어떻게 생존할 수 있을까? 그들도 고통을 받는다면, 그 고통으로 인해 지옥유정을 괴롭히는 일을 할 수 없을 것이다. 그런데 지옥간수들은 지옥에서 고통을 당하지 않는다. 그들은 자신들의 업에 따라 그곳에서 지옥간수의 가학적인 일을 담당하고 있지만, 죄의 벌을 받고 있는 것은 아니다. 하지만 동일한 지옥에서 지옥유정들은 견딜 수 없는 고통을 당하게

된다. 이들을 고통스럽게 하는 것은 그들의 공통의 업(共業)이며, 이 공통의 업으로 인해 지옥유정들은 모두 동일한 지옥을 보고 동일한 고통을 경험한다.

마찬가지로 2024년 서울에 사는 사람들은 모두 동일하게 북한산을 북한산으로 보게 되는 공통의 업을 가지고 태어났다. 만일 우리가 매미나 물고기로 태어났다면 북한산은 북한산으로 보이지 않았을 것이다. 우리는 공통의 욕망으로 인해 돈이 인간을 지배하는 세계를 만들고, 공통의 증오로 갈등과 반목의 사회를 만들며, 공통의 이기심으로 가장 탐욕적인 자들이 지배하는 세계를 만들고 있다. 우리는 공통의 업이 만든 눈으로 동일한 세계를 본다.

유식에서 대상의 지각을 설명하는 일수사견(一水四見)의 비유가 있다. 일수사견이란 하나의 물을 각자의 업에 따라 네 가지의 서로 다른 현상으로 본다는 뜻이다. 인간은 그것을 마시는 물로, 물고기는 집으로, 아귀는 피고름으로, 천상의 존재는 장식하는 보배로 본다. 하나의 사물이나 현상을 각자의 업에 따라 전혀 다르게 인식한다. 부처의 눈에는 모두가 부처의 세계로 보이고, 돼지의 눈에는 모두가 돼지의 세계로 보인다. 욕망에 사로잡힌 인간에게 세계는 욕망의 세계로 보이고, 박쥐와 같은 동물에게 세계는 음파로 탐지되는 박쥐의 세계로 드러난다. 시각과 청각의 중간지점에서 박쥐가 '듣는' 것이 어떠한 것인지 우리는 알지 못한다. 다만 우리는 박쥐가 '들은' 대상을 우리의 눈이 전달하는 '보는' 정보를 통해 파악할 수 있을 뿐이다. 세계는 오직 인식주체의 업에 따라 서로 다르게 표상된 것들일 뿐이다.

인식	허구적 관념	(물)	(집)	(고름)	(보배)
	주관적 관념	물	집	고름	보배
존재	관념의 초월	물(H_2O)			

일수사견의 비유에서는 '하나의 물(H_2O)'이 인간, 물고기, 아귀, 천상의 존재에게 서로 다르게 보이는 것인지, 아니면 '하나의 물'이란 애초부터 존재하지 않고 단지 네 가지 다른 현상에 대한 인식만이 있을 뿐인지는 분명하지 않다. 그렇다면 표상을 지지하는 공통의 토대 혹은 존재의 영역은 부재하는가?

설일체유부에게 물에 대한 지각은 물(H_2O)을 대상으로 하여 발생한다. 다른 종류의 인식들은 착란이거나 열등한 것으로 보아야 할 것이다. 반면 경량부적인 관점에서라면, '물'이라는 언어적·관념적 구성은 인식적 차원의 세계들이다. 인간에게는 물, 물고기의 집, 아귀의 고름, 천상의 존재에게 보배는 모두 그 자체로 인식론적 정당성을 가진다. 다만, 이들은 모두 우리의 직접적인 지각의 영역을 벗어나 있는 H_2O라는 특정한 대상을 근거로 하여 발생한 현상들이다.

반면 유식(唯識)에서 일체의 현상은 모두 마음이 조작한 것이다. 그리고 그것 외에는 따로 존재가 없다. 여기서는 의식과 독립되어 표상을 일으키는 어떤 물리적 토대가 존재하지 않는다. '물'은 인간에게 인식된 의식의 흐름이며, 그것은 물고기에게 '집'으로, 아귀에게 '고름'으로, 천상의 존재에게는 '보배'로 인식된다. 그것은 모두 '오직 표상일 뿐'이고, 그것을 넘어서는 물질적 토대를 갖지 않는다.

마지막으로 '행위의 작용'을 어떻게 설명하는가?

행위의 작용은 꿈속에서 과오를 범하는 것과 같이 (작용을 일으킨다).

(게송4a)

여기서 과오는 몽정에 대한 완곡어법이다. 바수반두는 주로 비구승들로 구성된 승단의 상황을 반영하여 몽정의 사례로 '행위의 작용'에 대해 설명한다. 외계실재론자들은 '오직 표상일 뿐'이라면, 꿈에서 독을 마셨다고 해도 실제로 죽지는 않는 것처럼 어떤 작용도 없어야 할 것이라고 비판한다. 그러나 바수반두는 꿈에서의 행위가 실제로 작용을 일으키는 경우가 있다고 반박한다. 꿈에서 남녀가 성관계를 맺을 때, 남자는 몽정을 경험하게 된다. 꿈에서의 행위가 꿈 밖의 세계에 실제로 흔적을 남긴다.

그런데 바수반두의 이 비유는 범주를 빗나간 것처럼 보인다. 만일 꿈에서와 같이 '오직 표상일 뿐'인 이 세계에도 행위에 작용이 있다고 하려면, 꿈속에서 행위에 대한 작용이 그 꿈속에서 드러나야 하지 않을까? 꿈에서의 성행위가 꿈속에서 이를테면 임신이라는 작용으로 나타나는 것이 아니라, 꿈에서의 행위가 깨었을 때의 세계에 영향을 미친다고 설명하는 이유는 무엇일까?

유식적 관점에서 볼 때, 우리가 지금 살고 있는 이 세계는 '오직 표상일 뿐'이며 그것은 꿈에서와 같이 단지 의식의 현상에 지나지 않는다. 그러나 바수반두는 이 세계가 비록 꿈과 같은 것이지만, 이곳에서의 행위가 꿈에서 깬 세계에 어떤 작용을 남길 수 있다는 사실을 보여주고자 한다. 바수반두는 깨어난 세계에 대해서, 그것은 깨달은 자 붓다의 영역이라며 구체적인 언급을 피하고 있다. 하지만 분명한 것은 꿈과 같은 이 세계에서의 행위가 깨어난 세계에 어떤 결과를 낳는 작용의 힘을 가진다는 사실이다.

종자와 현행

바수반두는 외계에 실재하는 물질 자체에 대한 경량부의 견해를 부정하지만, 인식의 영역에서는 많은 부분 경량부의 설명방식을 채택하고 있다. 우리는 앞에서 여섯 가지 감각기관과 그에 상응하는 여섯 가지 대상을 포괄하는 12처(處) 개념을 살펴보았다. 12입처의 세계관에서는 인식주관인 6내처와 인식의 대상인 6외처로 일체의 존재를 포괄한다. 그런데 '오직 표상일 뿐'이라면, 감각기관에 대응하는 6외처, 즉 여섯 가지 외계대상은 성립하지 않는다.

종자	현행
안(眼)	시각 대상
이(耳)	청각 대상
비(鼻)	후각 대상
설(舌)	미각 대상
신(身)	촉각 대상
의(意)	의식 대상

바수반두는 이 문제를 경량부의 종자와 현현이라는 개념을 빌어 설명한다.

어떤 것의 인식은 자신의 종자로부터 현현하며,
6내처와 6외처의 두 가지 방식으로 발생한다.　　　　　　(게송9)

설일체유부에서 감각기관은 4대요소로 만들어졌고 정색(淨色, pasāda-rūpa)의 특성을 지닌 감각기능이다. 감각대상은 그에 상응하는 물질적 대상이었다. 그러나 바수반두는 여기에서 대상에 대한 인식은 종자로부터 발생하는 것이며, 대상이란 종자로부터 대상처럼 현현(顯現)한 것이라고 설명한다. 현장의 한역에서는 '대상의 모양과 비슷하게' 발생한 것이라고 번역하였다.

우리가 지각하는 대상이란 '단지 표상일 뿐'인데, 그 표상이란 종자(bīja)로부터 어떤 것으로 현현한 것이다. 종자는 상속을 지속하면서 변화를 누적해 가다가 특정한 전변의 단계에 도달하면 어떤 대상의 '표상(vijñapti)'으로 현현한다. 우리는 그것을 마치 외계의 대상을 보는 것으로 착각한다. 바수반두는 전통적인 12처 개념을 '종자와 현현'으로 재구성하고, 양자를 모두 의식의 영역에 포함시킨다.

바수반두 자신의 주석에 따르면, '종자와 현현'은 각각 6내처인 감각기관과 6외처인 감각대상에 상응하는 것으로 보인다. 이 경우 감각기관은 종자를 본질로 하기 때문에, 감각기관에 내재하는 종자들이 현현하여 '표상'을 만들어내는 것으로 해석된다. 다시 말해, 인식주관의 내부에 대상의 종자들이 이미 존재하고, 상속과 전변의 과정이 성숙하게 되면 '표상'으로 현현하여, 우리의 지각대상처럼 드러난다.

여기서 '종자'는 경량부적인 물리적 성격보다는 유식적 관점으로 재해석되고 있다. 그러나 이 '종자'는 감각기관이나 감각대상을 모두 현현하는 토대로서의 종자가 아니라 감각기관과 동일시되는 종자이다. 『유식이십론』의 이 같은 성격은 바수반두가 여전히 6식설의 관점에서 '종자'를 재해석하고 있으며, 아직 『유식삼십송』에서 펼쳐지는 제8식 알라야식의 관점에서 종자를 해석하고 있지 않다는 사실을 보여준다.[5]

---

5   이규완 (2023). 『유식이십론술기 한글역』, 208-216.

극미(極微, paramāṇu)의 부정

바수반두는 "만약 어떤 방식으로도 사물이 존재하지 않는다면, 유식(唯識)이라는 것도 성립하지 않을 것이다"라고 지적한다. 따라서 대상의 비실재성, 즉 법무아(法無我)의 논증은 '어떤 식으로도 다르마가 존재하지 않는 것은 아니다'라는 관점에서 논의된다. 역으로 말해, 다르마의 비실재성에도 불구하고 그곳에 무언가가 남겨져 있다. 그것은 물론 '오직 표상일 뿐'인 유식적 존재성이다.

바수반두의 법무아 논증은 『유식이십론』 게송 11-15의 극미 실재성에 대한 논파로 압축된다. '더 이상 분할할 수 없는' 극히 미세한 존재를 지시하는 빠라마누(paramāṇu)를 현장은 극미(極微)라고 한역하였다. 분할의 극한이 도달하는 미세함이라 하겠다. 여기에는 극한 또는 무한의 문제가 내포되어 있다. 반면 진제(眞諦, paramārtha, 499~569)는 원자 개념을 인허(鄰虛), 곧 '허공에 가까운 것'으로 번역한다. '허공에 가까운 것'이긴 하지만 허공은 아니라는 의미를 함축한다. 진제의 번역어 선택은 '무한한 분할'의 결과를 공(空, śūnya)과 동일시하는 해석을 차단한다.

바수반두에 따르면, 극미들이 모여서 조대한 물질을 구성하는 것은 근원적으로 불가능하다. 왜냐하면, 물리적 극미의 개념 자체가 모순적이기 때문이다.

> 대상은 하나도 아니고, 다수의 극미도 아니며,
> 또 화합한 것 등도 아니다. 극미가 성립하지 않기 때문에.　　　(게송11)

조대한 물질은 극미들이 다수가 모여서 만들어진다. 그런데 더 이상 분할할 수 없는 극미들은 어떤 방식으로 모여서 하나의 사물을 구성할 수 있을까? 바이셰시카학파는 다수의 극미들이 모여서 하나의 전체를 구성하며, 그것은 하나의 독립적인 실재성을 띤다고 주장한다. 원자들이 모여서 항아리를 만들었을 때, 하나의 '항아리'라는 전체상이 실제로 존재한다. 물론 실재성을 인정하지 않는 불교철학의 관점에서는 이 같은 결합방식을 인정하지 않는다.

설일체유부에서는 다수의 극미들이 화집(和集, samudita)이라는 방식으로 결합할 때, 각각의 구성요소들이 서로 함께 있는 조건에서 구성요소들이 지각될 수 있는 능력을 발현한다. 원자들이 화집하여 항아리를 구성할 때, 색깔, 형태 등 항아리의 구성요소들이 지각의 영역으로 드러난다. 개별적인 머리카락은 지각되지 않지만, 다수의 머리카락이 모여 있을 때 머리카락의 색깔이나 형태가 지각되는 것과 같은 이치이다.

반면 경량부 논사들은 극미들이 결합할 때, 화합(和合, sañcita)의 결합방식을 취하는 것으로 설명한다. 개별적인 극미들은 지각의 범위를 벗어나 있다. 하지만 다수의 극미들이 특수한 방식으로 결합할 때, 그것은 '항아리'라는 형상(形相, ākāra)을 인식에 던져준다. 먼 거리에서 산을 보면, 개별적인 나무들은 보이지 않지만 나무들이 모여서 만든 숲이 지각된다. 숲은 개별적인 나무들은 아니지만, 나무들이 화합하여 만들어낸 형상이다. 이 형상은 구성요소들의 존재와 화합이라는 결합방식을 조건으로 인식에 주어진 인식대상이다. 인식대상은 그것의 구성요소와 인식주체의 사이에서 현상한다. 관찰자가 숲에 가까이 가면, 이제 숲은 보이지 않고 개별적인 나무의 형상이 지각된다. 나무의 형상이 지각되는 단계에서는 아직 나무를 구성하는 개별적인 잎이나 잔가지들은 지각의 대상으로 드러나지 않는다.

바수반두는 자신의 유식론을 전개하면서 사물의 구성방식에 대한 경량부적 해석을 계승하는 것으로 보이지만, 마지막 단계에서 물리적 극미의 존재는 부정한다. '더 이상 쪼갤 수 없다'는 극미의 개념 자체가 모순을 내포하고 있기 때문이다.

먼저, '더 이상 분할할 수 없다'는 극미 개념은 극미의 무한한 분할을 함축한다. 결과적으로 극미는 크기를 갖지 않는 것이 되고 말 것이다. 크기를 갖지 않는 극미는 장소의 점유와 사물에 대한 저항이라는 물리적 성질을 가질 수 없다. 그 같은 극미는 '공(空, śūnya)' 혹은 수학적으로 영(零)에 수렴할 것이다. 그렇다면 양적으로 무(無)인 극미들이 모여서 크기를 갖는 조대한 사물을 구성하는 것은 불가능하다.

또한 극미들이 모여서 조대한 사물을 구성한다면, 네 방향과 상하를 포함하여 여섯 부분에서 다른 극미와 결합하여야 할 것이다. 그러나 극미가 크기를 갖지 않는다면, 극미들은 아무리 많은 수가 모인다고 하여도 결국 하나의 점에 집중되고 말 것이다. 만일 극미들이 여섯 방향으로 접촉하여 조대한 물질을 구성한다면, 극미들은 접촉의 부분을 갖게 되어 '더 이상 분할할 수 없다'는 극미의 정의를 위배하게 된다.

'더 이상 분할할 수 없다'는 극미의 개념으로부터 물리적 극미의 존재가 부정된다. 물리적 측면에서 극미는 영(零)에 수렴하고 공과 동일시된다. 그것은 물리적 실재라기보다는 하나의 개념, 곧 관념적 존재에 해당한다. 결국 물리적 극미는 부정되고, 관념적인 극미 개념만이 남게 된다. 그리고 그것은 물질적 성질을 상실한 유식적인 종자(bīja) 개념과 유사하다. 경량부 바수반두의 극미는 인식대상에 존재론적 근거를 제공하는 물질적 토대이었지만, 유식가 바수반두에게 극미는 물리적 존재성을 상실한 형이상학적 원자이다.[6]

직접지각(現量, pratyakṣa)

불교철학은 기본적으로 경험론적인 관점을 취하고 있으며, 따라서 신뢰할 수 있는 지식의 일차적 근거는 대상에 대한 직접적인 지각이다. 그렇다면 대상이 실재하지 않으며, 대상으로 보이는 것들은 '오직 표상일 뿐'이라고 주장하는 유식에서는 어떻게 직접지각이 성립하는가? 설일체유부에게 직접지각은 감각기관의 본질적 기능에 해당한다. 바른 지각은 대상에 대한 직접적인 지각이며, 지각된 것은 그와 같이 존재하는 것이다. 여기에는 대상과 인식대상의 차이가 없다. 경량부의 관점에서는 대상과 인식대상은 구분된다. 감각기관은 대상을 지각하지 못하고 인식에 주어진 형상을 인식하는데, 그것을 직접지각이라고 한다.

그렇다면 외계대상이 아예 존재하지 않는다고 주장하는 유식적 관점에서 직접지각이란 무엇인가? 대론자들은 묻는다.

만일 지각이 대상이 없이 발생하고, 그것이 꿈속에서와 같다고 한다면, 그것을 어떻게 직접지각이라 할 수 있는가?

바수반두는 여기서 외계대상이 없이도 의식에 현현하는 대상이 존재하면, 그 현현한 인식대상에 대한 직접지각이 가능하다고 주장한다. 앞의 꿈 논증에서 해명한 바와 같이, 의식에 현현한 대상들도 일정하고 일관된 대상으로 나타나며, 직접지각의 대상이 된다.

대론자들이 다시 말한다.

종자로부터 현현한 인식대상이 안식에 인식되는 순간에는 이미 그 대상이 사라진 다음 찰나이므로 직접지각이 성립하지 않는다. 만일 직접지

---

6   보다 상세한 논의는 이 책의 '원자와 허공', 필자의 『세친의 극미론』과 『유식이십론술기 한글역』, pp. 238-335를 참고하기 바란다.

각을 대상에 대한 기억과 같은 종류의 것이라고 해도 역시 직접지각은 성립하지 않는다. 모든 기억은 반드시 대상에 대한 이전의 경험에 의해 만들어진다. 직접지각이 기억과 같은 것이라고 한다면, 그것은 이미 사라져 비존재하는 과거에 대한 지각이므로 직접지각이라 할 수 없다. 그리고 만일 직접지각이 기억과 같다고 한다면, 그것은 기억을 일으킨 외계대상을 인정하는 셈이 될 것이다.

바수반두가 답한다.

외계대상이 없이도 대상과 유사하게 현현한 표상들이 인식의 대상이 된다. 그리고 그 표상으로부터 기억이 생겨난다. 따라서 인식대상이 소멸한 후 찰나에 인식의 발생이 외계대상의 존재를 전제하는 것은 아니다.

바수반두는 찰나적 시간의 흐름에 따른 인식의 전개과정을 인정하며, 직접지각이 현현한 표상이 소멸한 이후의 인식이라는 점에서 본질적으로 기억과 차이가 없다는 점을 인정하는 것으로 보인다. 다만 표상의 첫 찰나를 직접지각이라 한다면, 이후 찰나들로 이어지는 식의 흐름을 기억이라 해야 할 것이다.

꿈(夢)과 깸(覺)

대론자는 여기서 흥미로운 질문을 제기한다. 만약 꿈속에서와 같이 실재하는 대상이 없이도 의식이 발생하는 것이 유식이라면, 바로 꿈에서 깨어 있는 지금 유식의 상태에서 사람들은 대상이 없이 의식이 일어나는 경험을 해야 한다. 그렇다면 깨어 있는 사람들은 모두 자연스럽게 대상이 존재하지 않는다는 사실을 알게 될 것이다. 그러나 현실은 그렇지 않다.

이에 대해 바수반두는 꿈꾸고 있는 자는 꿈속에서 보는 것이 실재하지 않는다는 것을 알지 못한다고 반박한다. 잘못된 분별의식이나 습관에 따라 잠이 든 사람은 존재하지 않는 대상을 보고 온갖 망상을 지어내지만 그것이 비존재라는 것을 알지 못한다. 그는 여전히 그 꿈속에 있다. 그 꿈에서 깨어났을 때라야 자신의 꿈속에서 본 것들이 실재하지 않는 망상이 지어낸 것들임을 깨닫게 된다. 마찬가지로 세간을 떠나고 분별이 없는 지혜를 획득하여 깨달은 자라야 우리가 지금 경험하고 있는 분별과 망상의 세계가 단지 꿈과 같다는 사실을 안다.

깨달음(覺)은 꿈에서 깨어남(覺)과 동일하다.

그러나 꿈에서의 행위와 깨었을 때의 행위의 결과는 동일하지 않다. 꿈속에서 도둑이나 살인을 저지른 업의 영향력은 깨었을 때 저지른 행위의 업과 동일하지 않다. 하지만 꿈과 지금 깨었을 때의 현실이 본질적으로 동일하다면, 행위의 힘과 그 결과도 동일해야 하지 않을까?

그러나 그 결과는 같지 않다.

왜냐하면 꿈속에서는 마음이 수면(睡眠)상태에 있기 때문이다. 마음이 수면상태에 있을 때에는 신체적 활동이 가라앉고, 마음의 상태는 혼미해진다. 이러한 마음의 작용으로 인해 꿈속에서의 행위는 어둡고 불분명하며 세력이 약하다. 꿈속에서의 행위는 깨었을 때의 행위와 결과가 동일하지 않다. 하지만 꿈에서 몽정을 하는 것과 같이 꿈에서의 행위도 결과를 맺는다.

규기(窺基)는 비슷한 사례로 만취상태에서의 행위를 들고 있다. 만취한 상태에서는 마음의 세력이 파괴되어 행위의 업이 다르게 나타난다고 본 것이다. 그러나 이것은 적절한 비유로 보이지 않는다. 꿈속에서 남녀 사이의 성행위가 꿈 밖에서 신체적 행위로 이루어지는 것은 아니다. 그럼에도 꿈 속에서의 행위는 깨었을 때의 몽정으로 행위의 결과를 나타낸다.

그러나 만취상태의 행위는 취한 상태의 마음에서 일어나는 추태와 폭력과 다양한 언행이 깨어 있을 때와 동일한 신체적 행위로 실현된다. 만취자는 만취한 의식 속의 행위뿐만 아니라 깨어 있을 때와 상응하는 신체적 행위의 업도 부가하여 쌓고 있는 것이다.

타자의 존재

외계실재론자들은 또 타자와의 관계에 관련된 질문을 제기한다. 만일 '오직 표상일 뿐'이라면, 내가 경험하는 세계는 나 자신만의 의식이 지속하고 변화하는 것일 뿐이다. 그렇다면, 훌륭한 스승을 만나 가르침을 전수하거나, 좋은 친구를 통해 선한 영향력을 받거나, 혹은 나쁜 이웃의 영향으로 악한 행위에 떨어지는 등의 관계적 작용은 발생할 수 없을 것이다. 나의 의식에서 전개되는 모든 현상은 단지 나의 의식 속에서 일어나는 식의 흐름에 지나지 않기 때문이다.

유식철학에서 의식의 흐름은 '나만의 식의 흐름'을 의미하지 않는다. 천상과 지옥과 인간계를 떠도는 모든 유정(有情)들은 자신의 식의 흐름을 가진다. 지각능력을 가진 존재들의 모든 식의 흐름의 총체가 하나의 우주를 구성한다. 전 우주적 식의 흐름 속에 개별자들의 의식의 흐름이 한 부분을 차지하며 흘러간다. 헤아릴 수 없이 긴 세월 동안 공유하였던 업(業)의 결과 지구상에 살고 있는 모든 유정들은 지구의 환경이라는 하나의 표상을 공유하게 되었다. 서울에 가면 누구나 북한산을 볼 수 있고, 동해에 가면 누구나 바다를 볼 수 있다.

그러나 그것은 어디까지나 내 식의 흐름 내부의 일이다. 나와 너가 모두 BTS의 공연을 본다고 하더라도, 나와 너는 각각 별개의 식의 흐름 속에서 BTS라는 공통의 식의 흐름을 보고 있을 뿐이다. 나아가 내가 보고 있는 너 또한 나의 의식 속에 있는 나의 의식의 한 부분이다. 이 경우에 훌륭한 스승이나 선한 친구의 영향과 같은 것은 성립하지 않는다. 그것은 다만 나의 의식의 다양한 형태일 뿐이다.

그러나 우리는 스승의 가르침이나 선한 친구의 영향력, 혹은 나쁜 이웃의 악한 영향력을 받으며 살아가고 있기 때문에 그것을 부정할 수 없다. 특히 수행자들의 공동생활에서 스승의 가르침이나 동학들의 상호영향력은 수행의 증진을 위해 필수적인 요소이다. 만일 '스승'이나 '친구'라는 외계에 존재하는 대상이 존재하지 않는다면, 그것은 '허공에 핀 꽃'처럼 허구적인 자기망상에 지나지 않는 것인가?

바수반두은 다음과 같이 대답한다.

> 의식의 지배적인 힘으로 인해 '표상'이 상호 간에 영향력을 발휘한다.
>
> (게송18a)

타자들도 또한 독립적이고 개별적인 식의 흐름이다. 그 타자의 식의 흐름은 직접적으로 지각되지 않는다. 만일 타자의 식의 흐름을 직접지각한다면, 그것은 외계에 존재하는 대상을 지각하는 것이 될 것이다. 따라서 타자에 관한 지각은 외계에 존재하는 '타자의 식의 흐름'을 지각하는 것이 아니다. 대신 '나의 식의 흐름' 밖에 존재하는 '타자의 식의 흐름'이 어떤 지배적인 힘의 작용으로 나의 의식에 특수한 변화를 일으킨다. 그리고 그 결과 나의 심상속(心相續)에 특수한 '표상'이 생겨나게 하며, 나는 '나의 식의 흐름' 속에 생겨난 그 특수한 '표상'을 지각할 뿐이다. 내가 지각하는 것은 타자의 의식이 나의 의식에 남긴 파장의 흔적이다.

앞서 우리는 "만약 어떤 방식으로도 사물이 존재하지 않는다면, '오직 표상일 뿐(唯識)'이라는 것도 성립하지 않을 것이다"라는 바수반두의 언급을 살펴보았다. 유식철학에서 사물은 완전히 존재하지 않는 것이 아니라 단지 물리적 대상으로 존재하지 않을 뿐이다. 그것은 '식의 흐름'으로 존재하며, 나에게 지각되는 것은 '오직 표상일 뿐'이다.

이런 점에서 『유식이십론』의 유식철학은 인식주관 밖의 모든 존재를 부정하고 오직 자신만이 존재한다고 생각하는 유아론(唯我論)과는 다르다. 인식주체의 밖에는 다른 인식적 주체들이 '식의 흐름'의 형태로 존재한다. 그러나 인식주체는 다른 '식의 흐름'들을 직접지각의 대상으로 삼지 못한다. 그것들은 지각의 범위를 벗어나 있다. 대상을 지각하는 방식은 외부의 '식의 흐름'이 인식주관의 '식의 흐름'에 영향을 가하여 생겨나는 '표상'을 감각하는 것이다. 이러한 해석은 경량부의 지각이론과 구조적으로 동일하다. 다만 인식주체의 밖에 존재하는 대상은 물리적 존재가 아니라 심리적 존재라는 차이를 가진다.

논적들은 다시 묻는다. 우리가 단지 타자의 식의 흐름으로부터 생겨난 표상을 지각할 수 있을 뿐이라고 하면, 우리에 대한 타자의 신체적 행위도 단지 인식적 혹은 심리적 영향만을 미쳐야 할 것이다. 예를 들어, 오직 유식이라면 양(羊)을 도살하는 경우와 같이 타자의 상속을 중단시키는 일은 불가능할 것이다. 그리고 그처럼 타자에게 물리적 상처를 주거나 살해하는 등의 행위가 불가능하다면, 살생으로 인한 업과 죄과는 성립하지 않을 것이다.

바수반두는 이것에 대해 귀신이나 초능력자의 염력(念力)의 사례를 들어 반박한다. 타인의 심상속의 흐름이 나의 심상속에 표상의 변화를 야기하는 것처럼, 어떤 특수한 타자의 심상속은 다른 심상속에 죽음이나 기억상실 등과 같은 작용을 일으킬 수 있다. 규기는 『유식이십론』의 주석에서 신통력을 가진 스승이 제자에게 가르침을 주기 위해 염력으로 꿈을 꾸게 한 이야기를 전한다.

사라나왕은 출가하여 수행에 전념하고 있었다. 그러던 어느 날 적대국의 왕에게 심한 수모를 당하는 일이 발생하였다. 사라나왕은 잠시 본국에 돌아가 적국을 멸하고자 하는 마음을 품었다. 스승은 그의 마음을 알고 밤에 꿈을 꾸게 하였다. 꿈에서 그는 군대를 소집하여 적국을 정벌하고자 하였지만, 자신의 군대가 대패하고 자신은 적의 포로가 되어 손발이 묶이고 말았다. 사라나왕은 북소리에 맞추어 참수당하기 직전에 공포에 사로잡혀 울부짖었다. "저는 이제 돌아가지 않겠습니다. 스승이여, 저의 목숨을 살려주십시오." 바로 그 순간 그는 꿈에서 깨어났다. 이처럼 신통력을 가진 수행자나 선인(仙人, ṛṣi)들은 타인의 심상속에 영향을 주어 꿈을 꾸게 하거나, 기억상실 혹은 상속의 중단을 일으킬 수 있다.

수행자들에게는 타인의 마음을 아는 타심지(他心智)가 가능한 것으로 말해진다. 만일 타인의 마음을 직접 알 수 있다면, 그것은 '오직 표상일 뿐'에 위배될 것이다. 혹은 타인의 마음을 아는 지식이 타인의 심상속이 나의 마음에 '표상'된 것을 안다는 뜻이라면, 그것을 타심지라고 할 수는 없을 것이다. 그렇다면 유식에서는 타심지(他心智)는 불가능하다고 해야 할 것인가?

바수반두에 따르면, 비록 타심지라고는 하지만 그것은 사실 타인의 심상속을 있는 그대로 아는 것은 아니다. 타인의 마음을 바탕으로 해서 나의 심상속에 표상된 것이기 때문에 타인의 마음과 유사하기는 하지만 동일하지는 않다. 바수반두는 대상에 대한 지각 역시 대상을 있는 그대로 지각하는 것이 아니라는 사실을 환기시킨다. 그것은 다시 대상과 유사하게 현현한 표상을 지각하는 경량부 지각론을 연상시킨다.

우리는 인식의 영역에 주어져 있는 '표상'을 넘어설 수 없지만, 붓다의 인식은 대상을 있는 그대로 안다. 우리는 자신의 마음과 타인의 마음에 대해 모두 무지(無知)의 상태에 있기 때문에 대상을 있는 그대로 알지 못한다. 지각주체와 지각대상의 분별이 끊어지지 않았기 때문에 대상이 여실(如實)하게 드러나지 않고, 허망한 것이 외계대상과 유사하게 나타난다. 그러나 붓다의 청정한 지혜의 영역에서는 모든 장애가 제거되고 대상의 본원적인 성질이 있는 그대로 알려진다. 물론 그것은 세계의 유식성(唯識性, vijñaptimātratā)이다. 이 유식성은 헤아릴 수 없이 심오하고, 가르침과 분석의 종류는 끝이 없으며, 오직 '붓다의 지혜(佛智)'의 영역에 속한다.

나라까의 맹렬함에 따른 종류(增, utsada)

8지옥의 고통의 가중

8지옥(나라까)은 각각 사방으로 나가면 각기 네 가지 '고통을 가중(增)'하는 영역이 둘러싸고 있다.

1. **당외증(塘煨增, 熱灰園(구역), kukūla-utsada)**
   뜨거운 재가 무릎까지 차 있어 발을 내려 놓기만 하면 살과 피가 모두 불에 타 문드러지는 고통

2. **시분증(屍糞增, 死屍園(구역), kuṇapa-utsada)**
   시체와 똥오줌이 가득한 진창에 이빨이 날카롭고, 검은 머리에 흰 몸통을 가진 낭구타(娘矩吒, nyaṅkuṭa)라는 벌레가 있어 그곳에 거하는 유정의 살갗을 뚫고 뼛속으로 파고 들어가서 골수를 파먹는다.

3. **봉인증(鋒刃增, 刃路園(구역), kṣuradhāra-utsada)**
   여기에는 세 종류의 칼날이 유정에 고통을 준다.

1) 도인로(刀刃路, ksuradharacito mahapathah): 칼날이 가득 채워진 길을 걸으며 신체가 훼손과 회복을 반복하는 고통을 받는다.
2) 검엽림(劍葉林, asipattravanam): 숲의 나뭇잎이 칼날이 되어 신체의 살점을 자르고, 그것을 까마귀와 개가 뜯어먹는 고통을 받는다.
3) 철자림(鐵刺林, ayaḥśālmalīvanaṃ): 유정이 나무를 오르내릴 때, 쇠가시가 찌르고, 철부리를 가진 새가 눈알과 심장과 간을 쪼아 먹는 고통을 받는다.

4. 열하증(烈河增, 烈灰汁江圍(구역), nadī vaitaraṇī pūrṇā)
땅과 하계(下界)를 연결하는 강으로, 뜨겁고 짠물과 피고름과 악취가 극렬한 곳이다. 가마솥의 잿물에 살과 뼈가 문드러지는 고통

(Cf. 권오민 (2002). 『아비달마구사론』 권2. 서울: 동국역경원, pp. 515-518.)

함께 읽어 볼 책

- 효도 가즈오 (2011). 『유식불교, 유식이십론을 읽다』. 서울: 예문서원.
- 요코야마 코이츠 (2019). 『유식(唯識), 마음을 변화시키는 지혜』. 안환기 역. 서울: 민족사.

심층의식의 변화와 현상세계

-『유식삼십송』을 중심으로

심층의식의 변화와 현상세계
- 『유식삼십송』을 중심으로

볼츠만의 두뇌(Boltzman's Brain)

열역학 제2법칙에 따라 물질의 분포는 최대 엔트로피의 균질적인 평형상태를 향하여 움직인다. 구성요소들로 만들어진 모든 조대한 물질적 존재들이 반드시 생명을 다하고 흩어지는 물리적 이유이다. 엔트로피의 법칙에 따르면, 조대한 물질의 구성체인 하늘의 별이나 땅의 유기체들이 만들어지는 일은 애초에 일어나지 않아야 할 사건인 셈이다.

그러나 엔트로피가 우주적 지평에서 증가하는 과정에도 불구하고 국부적으로는 최대값에서 벗어나 줄어드는 '요동(fluctuation)' 현상, 즉 일종의 노이즈가 발생할 수 있다. 그런데 우주의 시간이 무한하거나 거의 무한하다면, 매우 매우 희박한 확률이긴 하지만 138억 년 전쯤에 아주 이례적으로 우주의 모든 양자파동이 한 점에 모이는 '요동'이 발생하고, 그 결과 빅뱅이 발생하였다고 생각하는 것도 가능하다.

여기서부터 '볼츠만의 두뇌'라고 불리는 해괴한 추론이 등장한다. 만약 거의 무한한 시간 속에서 매우 희박하긴 하지만, 우주를 구성할 정도의 물질이 한 점에 모이는 사건이 가능하다면, 그것보다 더 적은 엔트로피의 감소를 요구하는 일, 이를테면 지구가 만들어지는 사건은 더 자주발생할 수 있을 것이다. 그리고 그것보다는 원자들이 우연히 모여서 지구보다는 훨씬 작은 한 명의 인간을 구성하는 것이 더 가능성 있는 일이다. 이것을 더 연장하면 한 명의 사람을 만드는 일보다는 단 하나의 두뇌를 만드는 일은 발생할 확률이 훨씬 높을 것이다. 우주의 시간과 공간이 무한하다면, 그러한 두뇌들이 허공 중에 나타나는 일은 우주가 발생하는 빈도보다는 매우 흔하게 관찰될 것이다. 실제의 물리적 우주가 발생하는 것보다는 허공을 떠도는 두뇌가 우주를 상상하고 있을 가능성이 훨씬 높다. 결국 우주는 세계에 대한 정보를 담고 있는 두뇌들이 허공에 둥둥 뜬 채로 돌아다니는 기이한 모습으로 그려질 수 있다.

지금 우리의 관심은 '볼츠만의 두뇌'를 정확히 이해하거나 그것에 대한 반론을 제기하는 것이 아니다. 우리의 질문은 이것이다. 우리가 인식하는 것이 '오직 표상일 뿐'이고, 세계가 오직 유식성(vijñaptimātratā)으로 설명된다면, 그것은 '볼츠만의 두뇌'에서 일어나고 있는 의식작용과 얼마나 차이가 있는 것일까? 이제부터 약 1,500년 전 인도의 어느 도량에서 이와 유사한 문제로 고심하며 『유식삼십송』을 저술하였던 바수반두의 사유의 흐름을 따라가 보도록 하겠다.

『유식이십론』과『유식삼십송』

바수반두는『유식이십론』을 통해 자신의 철학적 여정과 전향의 분기점을 드러내 보여준다. 그는 설일체유부로 출가하고, 경량부철학을 통해 비판적인 사유와 창의적인 개념들을 습득하였으며, 그것으로부터의 사유를 끝까지 밀고 나가 도달하게 되는 철학적 귀결로서 유식철학을 정립하였다. 그는 외계실재론의 존재론적 토대를 허물고 '유식성'으로 대체하지만, 인식적 측면에서는 인식의 토대와 현상, '형상(ākāra)'으로서 인식대상, 지각의 조건, 직접지각의 개념, 의식의 찰나적 변화, 종자와 심층의식 등에서 경량부적 개념을 수용하였다.

5위 75법과 5위 100법

5위 75법			5위 100법	
10처, 무표색	색법(11)		심왕(8)	8식
6식	심법(1)			변행 5
대지법 10				별경 5
대선지법 10			심소(51)	선심소 11
대번뇌지법 6	심소법(46)	유위법		번뇌심소 6
대불선지법 2				수번뇌 20
소번뇌지법 10				부정심소 4
부정지법 8			색법	5근, 5경, 법경
14행법	심불상응행		심불상응행	24행법
3무위		무위법		6무위
75법				100법

바수반두는 자신의 사상을 정립하기 위하여 장점은 취하고 단점을 버리는 취장기단(取長棄短)의 개방적인 접근방식을 보인다. 그 결과 그의 철학은 많은 부분에서는 경량부적이면서도, 다른 부분에서는 설일체유부

적인 요소들을 드러내기도 한다. 특히 존재론적인 관점에서 바수반두는 설일체유부의 실유(實有), 즉 '실재하는 다르마'를 유식(唯識)적 존재로 대체하는 방식으로 다르마의 분류체계를 거의 전적으로 수용하였다. 설일체유부의 다섯 범주 75종의 다르마는 유식에서 동일한 다섯 범주에 100종의 다르마로 약간 추가되었다. 이 같은 다르마 분류체계는 아상가(Asanga)에서 거의 완결되었으며, 바수반두는 『대승오온론』에서 이러한 다르마의 분류와 개념을 간결하게 정리하였다.

유식체계의 다르마 분류에서 가장 특징적인 부분은 당연히 '마음(心)'을 근본적인 토대로 설정한다는 점과 그 마음을 여덟 층위로 구분하고 있는 지점이다. 물질적 존재로 나타나는 것들은 마음의 현행이므로, 부수적인 위치에 자리 잡는다. 물리적 존재로서 외계대상은 『유식이십론』에서 이미 잘못된 견해로 논파(破邪)되었고, 이제 그렇다면 우리가 경험하는 세계는 어떻게 구성되어 있는가에 대한 논증(顯正)의 과제가 『유식삼십송』에게 주어진다.

삼장법사 현장과 규기

삼장법사 현장(玄奘, 602~664)이 인도로 유학을 떠난 주된 이유는 유식을 공부하기 위한 것이었다. 현장은 귀국길에 수많은 경전을 가지고 장안으로 돌아와 나머지 인생을 다양한 경전과 논서들을 번역하는 일에 바쳤다. 당연히 현장이 들고 온 경론에는 유식 관련 문헌들이 많았으며, 『유식삼십송』에 대한 10대 논사들의 주석들도 모두 포함되어 있었다.

현장이 장기간의 유학(629~645)을 마치고 귀국한 2년 후 17세의 젊은 이가 출가하여 현장의 문하에 들어왔다. 그는 규기(窺基) 혹은 기(基)로 불렸으며, 처음에는 광복사에 머물다가 이후 자은사로 옮겨 수행하였기 때문에 후세에 자은대사(慈恩大師) 혹은 자은(慈恩) 규기라는 명칭을 얻었다. 규기(632~682)는 현장이 인도유학을 통해 전해 온 새로운 유식사상의 토대에서 출가와 수행을 시작하였으며, 때문에 그의 유식사상은 전적으로 신유식의 철학체계 위에 축조되었다.

현장의 번역사업은 황실의 전폭적인 지원을 받으며 매우 체계적으로 진행되었는데, 역장(譯場)에는 역주(譯主), 필수(筆受), 증범본(證梵本), 증범의(證梵義), 증의(證義), 교감(校勘) 등 다양한 단계로 세분화하여 전문적인 번역과 교정, 검증의 작업이 이루어졌다.[1] 규기는 현장의 역장에서 10여 년의 수습기간을 거쳐 28세가 되던 659년 『유식삼십송』에 대한 10대 논사들의 주석서 번역에 참여하였다. 현장은 규기의 건의를 받아들여, 10대 논사의 주석서들에 중복되는 부분을 피하고, 다양한 이설(異說)들이 야기하는 혼란을 제거하기 위하여 호법(護法, Dharmapāla)논사의 주석을 중심으로 안혜설을 대비시키면서 다른 논사들의 견해를 간헐적으로 추가하는 형식으로 『성유식론』을 편찬하였다. 하지만 호법의 유식설에 경도된 규기는 『성유식론』의 편집과 이후 주석서의 저술에서도 편향적 해석 경향을 보였다. 무엇보다도 그는 다양한 이설의 난립이 올바른 유식해석에 혼란을 초래한다는 명분으로 번역작업에 사용하였던 10대 논사들의 산스크리트어 주석 사본들을 폐기하여 큰 아쉬움을 남기고 있다.

규기는 출가 초기에 대승의 아비다르마 논서와 『유가사지론』을 중심으로 불교사상에 입문하였다. 현장의 역장에서 『유식삼십송』의 주석서

---

1   Cf. 김종섭 (2017). "중국 고대 역장(驛場) 제도에 대한 고찰-번역의 시스템과 방법을 중심으로." 『언어학연구』. 제22권 2호, 39-54.

를 한역하여『성유식론』의 편찬에 참여하는 것을 계기로 자신의 유식체계를 정립하였다. 그는 659년『성유식론』의 편찬과 동시에『성유식론술기』,『성유식론장중추요』,『성유식론요간』을 저술하고, 661년에는『변중변론술기』와『유식이십론술기』를 발표하면서 법상(法相) 철학의 기초를 확립하였다. 계속하여 규기는『성유식론』에 기반한 연구와 저술을 지속하여,『법화현찬(法華玄贊)』,『대승법원의림장(大乘法苑義林章)』등 50여 부(部)에 달하는 저술을 발표하면서 법상종(法相宗)의 체계를 완성하였다.

원측과 규기 사이의 불화설

신라 출신의 유식가 원측(圓測, 613~696)은 현장이 인도로 구법(求法)여행을 떠날 무렵인 627년 14세의 나이로 당(唐)나라 유학길에 올랐다. 그는 유식, 중관은 물론 화엄, 천태사상과 같은 보다 중국적인 불교사상이 만개하던 장안의 분위기에서 20대를 보냈으며, 현장이 귀국할 무렵에는 이미 유식사상에 대한 독자적인 견해를 형성하였다. 원측의 유식철학은 진제(眞諦)가 한역한 유식계 경론에 근거한 구유식에 기반을 두고 있었다.

그러나 그는 현장의 귀국과 함께 전해진 신유식 논서들을 비판적으로 수용하여, 규기보다 앞서『성유식론소』나『유가사지론소』등을 저술하였다. 현장의 귀국 후 규기가 출가한 647년에 원측은 이미 34세의 중견학자였으며,『성유식론』이 편찬되었을 때에도 먼저 주석서『성유식론소』를 제출하였다. 구유식의 철학적 토대 위에서 신유식을 수용하는 원측의 관점은 신유식의 토대에서 출가하고 사상을 형성한 규기의『성유식론술기』등과 차이를 보일 수밖에 없었다.

이런 해석의 차이는 원측과 규기 사이의 불화라는 소문의 불씨가 되었다. 전하는 소문에 의하면, 『성유식론』의 번역과 편찬과정에 참여하지 못한 원측이 역장 주변에서 현장의 강설 내용을 도청하고 그것을 토대로 먼저 『성유식론소』를 지어서 발표하였다는 것이다. 이 같은 불화설은 아마도 후대에 장안을 중심으로 한 규기계통의 법상철학과 신라 경주를 중심으로 한 원측계통의 법상철학 사이에 학파적 경쟁관계를 반영하는 것으로 추정된다.

엄밀히 말하면 원측과 규기를 동등한 수준에서 현장의 제자로 보는 일반적인 견해 자체에 무리가 있다. 원측은 완전히 현장의 영향 밖에서 자신의 유식철학을 정립한 반면, 규기는 처음부터 신유식의 토대에서 출가하고 유식을 연구하였다. 현장이라는 거인을 통해 신유식 사상이 전해지면서, 원측은 구유식을 신유식과 통합하고 발전시키는 방향을 모색하였다. 그러나 규기는 신유식적 해석을 배타적으로 추종하고 여타의 학설을 배제하는 경향을 드러내었다.

원측에게는 유식(唯識)조차도 중생을 구제하기 위한 방편이었으며, 붓다의 교설을 세 시기로 구분하는 삼시교판(三時教判)도 궁극적으로는 하나의 가르침에 대한 변주에 지나지 않았다. 반면 규기는 유식의 도리는 궁극적 진리이며, 유식적 존재는 실재한다고 주장하였다. 마찬가지로 삼시(三時)의 서로 다른 가르침에는 질적인 차이가 있으며, 제3시에 설한 중도의 유식법상종이 가장 뛰어난 가르침으로 보았다.

이러한 관점의 차이는 중생이 타고난 근기나 종성(種性)에 대한 해석에서 두드러지게 나타난다. 원측은 종성에 차이가 있을 수는 있으나 최종적으로는 모든 중생이 붓다의 깨달음에 도달할 수 있다는 포용적이고 희망적인 관점을 견지하였다. 그러나 규기는 다섯 가지 종성의 차이는 분명하고(五性各別), 진리를 듣고 깨달을 수 있는 선한 성품의 씨앗을 가지고 있지 않은 일천제(一闡提, icchantika)와 같은 이들에게 성불(成佛)은 불가능하다고 보았다.

　이러한 학설의 차이는 신구의 유식사상에 대한 이해에서 비롯된 것이기도 하겠지만, 변방인 신라에서 온 주변부 지식인과 장안에서 적통의 직계에 있는 주류 지식인 사이에 세계를 보는 시각의 차이를 반영하는 것이기도 하다. 그러나 동시에 현장에서 비롯하는 법상종의 전통은 원측과 규기의 두 가지 해석적 전통을 포괄하여 완전체를 이룬다고도 할 수 있다. 후세들은 장안 남쪽의 종남산에 위치한 흥교사(興敎寺)에 법상종을 대표하는 현장, 원측, 규기의 부도탑을 건립하였는데, 현장탑의 양편에 원측

흥교사 현장탑(중앙), 규기탑(좌), 원측탑(우)(汤馥鳞, CC BY-SA 4.0)[2]

2　https://en.m.wikipedia.org/wiki/File:%E5%85%B4%E6%95%99%E5%AF%BA%E5%A1%94CNSN-029-014.jpg

과 규기의 탑을 나란히 배치하여 하나의 완결된 법상유식의 세계를 형상화하고 있다.

유식에 관한 삼십 개의 게송

바수반두는 인생의 후반부에『유식이십송』을 짓고 자신의 주석을 달아 그의 유식적 전향서를 완성하였다. 그러나 그는 자신의 유식철학에 대해서는 삼십송의 게송만을 지은 뒤 주석을 다는 작업은 마치지 못하였다. 결국『유식삼십송』에 대한 주석은 바수반두의 가르침을 받은 후대 논사들의 몫으로 남겨졌는데, 대표적인 주석가로 호법(護法, Dharmapāla), 안혜(安慧, Sthiramati), 난타(難陀), 친승(親勝), 화변(火辨), 덕혜(德惠), 정월(淨月), 최승자(最勝子), 승우(勝友), 지월(智月) 등 10대 논사의 이름이 전해진다. 이 가운데 산스크리트어 원문이 전하는 것은 안혜의 주석뿐이다.

현장은『유식삼십송』에 대한 호법의 주석을 중심으로 안혜의 해석을 대비시키면서, 간혹 다른 논사들의 의견을 첨부하는 방식으로『성유식론』을 편찬하였다. 논서의 선택과 비중에서 현장은 이미 자신의 유식적 관점을 드러내고 있지만, 때론 직접 나란다의 스승 계현(戒賢, Śilabhadra)이나 자신의 견해를 표명하고 있어,『성유식론』은 단순한 번역편집이라기보다는 현장의 편저(編著)에 상당하다고 볼 수 있다.

『성유식론』은 30개의 게송을 16절까지의 전반부와 이후의 후반부로 구분하여, 전반부에서는 8식설을 상세히 기술하고, 17절부터는 전변설, 삼성설, 유식의 성취에 대해 해명한다. 장·절을 간단히 나열해 보면 다음과 같다.

성유식론의 구조와 내용	
1. 서론	1절
2. 주객의 비실재성	2−16절
1) 서론	− 2a절
2) 이숙	− 2b−4절
3) 사량	− 5−7절
4) 요별	− 8−16절
(1) 서론	: 8절
(2) 6종 심소	: 9절
a−f: 변행, 별경, 선, 번뇌, 수번뇌, 부정	: 10−14절
e. 근본식의 정지	: 15−16절
3. 전변설	17−19절
4. 삼성설	20−24절
− 삼성설	−20−22절
− 삼무성설	−23−24절
5. 유식성의 성취, 수행도	25−30절

『유식삼십송』의 제1송 첫 단어는 '자아와 다르마에 대한 언설(ātma-dharmopacāra)'로 시작하고, 안혜의 주석서에서도 '자아와 다르마의 무아에 대하여(pudgaladharmanairātmyayoḥ)'로 저술의 목적을 밝히는 부분은 의미심장하다. '자아와 다르마'의 무아논증은 유식철학의 제1문제의식이다. 이는『중론』에서 제시된 일체의 '법무아(法無我)'에 대해 유식적 해석과 대응이라는 목적의식을 명시하는 것이다. '법무아'의 주제는『팔천송반야경』에서 반복적으로 강조되었으며,『중론』에서 어떠한 실체도 부정하는 강력한 논증이 제시된 바 있다.

그러나 중관의 강경한 무아설이 야기할 수 있는 존재론적 허무주의를 어떻게 극복할 것인가? 유식사상이 주목한 핵심적인 문제의식은 여기에 있었다.

인무아와 법무아에 대하여 이해하지 못하거나 잘못 이해하는 이들에게
전도되지 않은 인무아와 법무아를 가르치기 위하여
『유식삼십론』을 시작한다.

안혜는 『유식삼십론』 저술의 목적을 '인무아와 법무아'의 해명이라고
천명한다. 탐욕과 분노와 어리석음의 모든 번뇌는 자아에 대한 집착의 견
해에서 비롯된다. 때문에 자아에 대한 바른 견해인 인무아는 번뇌를 벗어
나는 진리이고, 대상의 비실재성을 설하는 법무아는 알려진 대상세계에
대한 집착에서 벗어나게 하는 진리이다.
그렇다면 '자아와 다르마'는 무엇인가?

식이 변화하여, 자아와 다르마로 가설되는 다양한 현상들이 발생한다.
이 변화의 주체인 식은 세 가지 종류가 있다.　　　　　　　　(1절)

아주 단순화하자면, 세계는 인식하는 주체와 그것의 대상으로 구분해
볼 수 있다. 초기불교에서부터 인식하는 주체 혹은 번뇌하는 주체인 '나'
의 무아(無我)에 대해서는 공통적인 합의가 있었다. 그러나 대상세계에
대한 견해에는 불명확한 부분이 남겨져 있었다. 불교에서는 아비다르마
철학의 찰나설에서 보는 바와 같이, 세계의 만물이 찰나에 생멸하고 무상
하다고 주장하였지만, 그것이 다르마의 비실재성을 의미하는지는 분명
하지 않았다. 고통의 소멸에 관심을 집중하였던 붓다와 마찬가지로 어쩌
면 초기불교에서는 객관적 다르마의 실재성 여부는 주요한 관심사가 아
니었을지도 모른다.
그러나 다르마의 실재성을 주장하는 설일체유부와 일체의 공성(空性)

을 주장하는 중관사상이 대립하는 시점에서 그것은 더 이상 회피될 수 없는 문제가 되었다. 어떤 사람들은 '식처럼 식의 대상 또한 실체로서 반드시 존재한다'고 생각하였다. 유식론자들이 중관사상의 공성을 비판하고 의식은 존재한다고 주장한 것에 대해, 그들은 의식과 마찬가지로 대상도 실재한다고 주장하였다. 물론 이들은 모두 자아의 비실재성에 대해서는 동의하였다. 다른 한편 중관론자들은 '식의 대상처럼 식 또한 반드시 속제로서만 존재하고 승의제로서 존재하지 않는다'고 주장하였다.

이에 대해 유식론자들은 '의식은 실재하지만, 대상은 비실재하고, 나아가 단지 표상일 뿐인 유식(唯識)'이라고 주장하였다. 그렇다면 만물의 현상이 유식이라는 것은 어떻게 설명될 수 있는가? 그 대답이 식의 전변(轉變, pariṇāma)이다.

다양한 주장이나 논서들에서 자아와 다르마에 대해 언급하고 있다. 그러나 자아나 다르마라는 것은 모두 '식이 전변(vijñānapariṇāma)'하여 발생하는 현상이다. 자아, 영혼, 생명체, 피조물, 생물 등 다양한 이름으로 불리는 것들에 대해 '자아라는 가설(ātmaprajñapti)'이 붙여진다. 마찬가지로 오온(五蘊)의 색(色), 수(受), 상(想), 행(行), 식(識)이나, 12처, 18계 등의 명칭을 '다르마라고 가설(dharmaprajñapti)'한 것이다.

이 식의 전변에는 세 가지 종류가 있다. 그것은

> 이숙, 사량이라고 불리는 것, 그리고 대상의 요별.
> 그중 알라야라고 불리는 식이 이숙이고, 그것이 모든 종자를 지닌다.
>
> (2절)

알라야(ālaya)식은 가장 미세하고, 모든 종자를 포함하는 잠재적인 의식이고, 사량식(思量識)은 제8식인 알라야식을 보고 그것을 '자기'라고 생각하는 제7식을 말한다. 요별식(了別識)은 가장 거친 의식의 층위로 대상을 지각하는 안식(眼識) 등 여섯 의식을 말한다. 만물을 안식에서 의식, 사량식, 알라야식까지 총 8종의 식으로 설명하는 것이 유식의 8식설이다.

8식설의 경전적 근거는 『입능가경(入楞伽經)』에서 찾아볼 수 있다.

> 알라야식을 마음이라 하고, 사량을 본성으로 하는 것을 마나스라 하고, 대상의 형상을 요별하는 것을 의식이라 한다.[3]

요별식(了別識): 전5식과 제6식

우리는 앞서 12입처의 해명에서, 물리적 대상을 다섯 가지 감각기관과 상응하는 다섯 가지 대상으로 분석하는 방식을 살펴보았다. 설일체유부에 따르면, 감각기관의 대상은 인식의 외부에 존재하는 물리적 대상이다. 반면 경량부는 감각기관에 주어진 지각대상은 외부의 물리적 대상으로부터 의식에 주어진 '형상(形相, ākāra)'이라고 하였다. 여기서 인식의 대상은 의식 안에서 우리에게 지각되는 방식으로 드러나 있는 것들이다. 설일체유부의 외계대상에서 물리적 성질을 제거하고 경량부의 형상으로 평행이동하면, 유식학파가 의미하는 인식대상을 이해할 수 있다.

『유가사지론』에서는 안식(眼識)의 대상을 세 종류로 분석하고 있다.

---

3   『大乘入楞伽經』卷6: 藏識說名心, 思量以爲意, 能了諸境界, 是則名爲識. (T16, 626c22-23)

안식의 인식대상은 무엇인가? 그것은 보이는 성질과 저항을 가진 물질 (색)이다. 그것에는 또 여러 가지 종류가 있다. 요약하면 현색(顯色, varṇa)과 형색(形色, saṃsthāna)과 표색(表色, vijñapti)이다.[4]

시각적 인식인 안식은 색깔, 형태, 움직임이라는 세 종류의 양태를 대상으로 한다. 대상의 색깔은 현색이라고 하며, 청(靑), 황(黃), 적(赤), 백(白)의 네 가지 색을 포함한다. 대상의 형태를 뜻하는 형색은 길고(長), 짧고(短), 모나고(方), 둥글고(圓), 높고(高), 낮으며(下), 곧고(正), 굽은(不正) 여덟 가지 형태가 있다. 표색은 찰나로 생멸하는 대상의 움직임에 대한 지각을 의미하며, 여기서 운동이란 '어떤 형태와 색깔을 가지고 시각적으로 지각되는 대상이 처음 찰나에 존재하였던 바로 그곳에 발생하지 못하고 그곳과 다른 곳에 생겨나는 것'을 말한다.

현대 인지과학의 연구에 따르면, 뇌가 색깔, 형태, 동작에 대한 정보를 개별적으로 수용하여 통합적인 시각정보를 구성하는 것으로 알려진다. 때문에 특정한 뇌 부위에 손상을 입은 환자의 경우에는 색깔을 보지만 형태를 인식하지 못한다거나, 아예 대상을 보지 못하면서도 대상의 위치나 움직임을 감지하는 사례들이 발견되고 있다. 움직임을 인식하지 못하는 환자의 경우, 지하철의 달리는 열차나 움직이는 대상의 동작을 구분하지 못하고 색깔과 형태가 뭉개져 어지러운 중첩 이미지로 보이는 고통을 겪는 사례들이 알려져 있다. 이 같은 연구결과는 유가사들이 현대과학과는 전혀 다른 경로로 인지과정을 분석하였음에도 상당히 유사한 이해에 도달하였다는 사실을 보여준다.[5]

---

4   YBh 4.12-13: cakṣurvijñānasyālambanaṃ katamat | yad rūpaṃ sanidarśanaṃ sapratighaṃ | tat punar anekavidhaṃ | samāsato varṇṇaḥ saṃsthānaṃ vijñaptiś ca ||

감각기능으로서 눈, 즉 안근(眼根)은 안식의 대상을 조건으로 하여 시각적인 인식을 일으키고, 귀는 이근(耳根)의 대상을 조건으로 하여 청각적인 인식을 발생시킨다. 마찬가지로 비근(鼻根), 설근(舌根), 신근(身根)도 각각의 대상을 조건으로 대상에 대한 인식을 일으킨다. 이것을 전5식이라 한다. 이때 눈과 눈의 대상 등은 모두 제8식인 종자식이 현행하여 나타난 것들이다.

제6의식(意識)은 감각기관에 의지하여 대상을 지각하는 전5식과는 달리 광범위하게 내면의 의식활동을 전개한다. 대표적으로 감각지각의 대상이 아닌 다르마의 인식을 담당하며, 전5식의 감각지각과 함께하여 지각을 관찰하고 판단하는 기능을 한다. 눈이 파랑을 본다고 할 때, 눈은 파랑을 감각지각하고 제6의식은 그것을 '파랑'으로 인식하며, 음식을 맛보았을 때에는 혀가 지각한 단맛을 제6식에서 '달다'거나 '좋다'는 등의 인식을 일으킨다. 따라서 제6식은 전5식의 무분별한 지각에 대해 대상의 성질을 분별하는 의식이다. 우리가 세계를 지각하고 분별하여 활동할 수 있는 것은 모두 제6식 덕분이다.

제6의식은 대상에 대한 감각지각 기능이 없기 때문에, 의식의 내부에서 단독으로 활동하는 의식이다. 과거를 회상하고 기억하거나, 미래를 예측하고 계획하는 일 등은 제6식이 담당하는 특수한 기능이다. 꿈을 꾸는 의식도 제6의식이 하는 일이다. 꿈이란 일반적으로 생활에서 경험하고 지각한 사실들이 수면중에 의식을 통해 나타난 것이다. 그러나 간혹 전혀 경험하지 않은 망상으로 가득한 꿈을 꿀 때도 있다. 마찬가지로 백일몽으

---

5 개괄적인 연구논문을 위해서는 다음을 참고할 수 있다. Cf. Zeman, Adam. (2008) "Consciousness: Concepts, Neurobiology, Terminology of Impairments, Theoretical Models and Philosophical Background." Handbook of Clinical Neurology, Vol. 90 (3d Series), 3-31.

로 공상에 빠져 있거나 허황된 잡생각들이 떠오르는 것도 제6의식의 작용이다.

반대로 마음의 안정을 통해 정지한 마음의 상태도 제6식에 속한다. 명상 가운데 선정(禪定)에 들어간 상태의 동요하지 않고 산란하지 않은 마음이 바로 제6식의 마음이다. 이것을 선정중의 의식이라고 하며, 마음에 떠오른 대상과 마음이 하나가 되는 심일경성(心一境性)을 특징으로 한다. 제6식의 마음을 산란하게 하고 번뇌를 일으키는 근원이 제7식이다. 그러나 제6식도 지각된 대상세계에 대해 집착하고, 대상의 인식과 각종 선불선의 마음상태에 따라 총 51종의 마음작용을 일으킨다.

마음작용은 모두 여섯 범주로 분류하는데, 1) 변행심소(遍行心所): 의식이 대상을 인식하려면 언제나 함께 일어나는 마음작용, 2) 별경심소(別境心所): 모든 대상에 함께하는 것이 아니라 특수한 대상에 대해서만 함께 일어나는 마음작용, 3) 선심소(善心所): 선한 마음과 함께 일어나는 마음작용, 4) 번뇌심소(煩惱心所): 선의 작용을 방해하고 무지의 세계에 빠뜨리는 마음작용, 5) 수번뇌심소(隨煩惱心所): 근본번뇌에 파생하여 일어나는 지말번뇌의 마음작용, 6) 부정심소(不定心所): 선(善), 불선(不善)이 결정되지 않고, 의식이 일어나는 곳과 상응하는 것이 확정적이지 않은 마음작용으로, 번뇌의 일종인 수면(睡眠), 후회(惡作), 거친 관찰(尋, vitarka), 정밀한 관찰(伺, vicāra)을 포함한다.

전통적으로 아비다르마철학에서 제6식인 의식(意識)은 의근(意根)에 의지하여, 전5식에서 지각한 대상을 판단하고 다르마를 인식하는 의식으로 보았다. 전5식의 지각을 전찰나로 해서 그것에 의지하여 다음 찰나에서 다르마를 인식하기 때문에, 전찰나의 의식을 의근, 후찰나를 의식이라 구분하였다. 전후의 찰나에 존재하는 두 찰나의 의식 개념은 의식의 동시성을 부정하는 문제가 있었고, 전5식의 지각이 중단되거나 의식불명이 되는 특수한 상황에서 의식의 회복을 설명하기 어려운 난점이 있었다.

선정과 같은 종교적인 트랜스 체험이나 갑작스러운 충격에 의해 의식을 잃고 감각지각이 정지하는 경우에는 전찰나로 주어지는 의식이 끊어진다. 이처럼 전찰나의 의근으로 떨어지는 전5식의 지각이 정지하면, 의식이 의지하는 의근이 끊어지게 되기 때문에 더 이상 의식을 일으킬 수 없게 되는 것이다.

설일체유부나 경량부를 포함한 아비다르마 전통에서는 전후의 두 의식을 서로 별개의 식으로 구분하지 않았다. 두 식을 구분한다면, 그것은 제6식에 대해 제7식을 상정하는 것과 같은 의미가 될 것이다. 불교전통에서 제6식에 대한 '제7식', 12처에 대한 '제13처', 혹은 '토끼뿔'이나 '허공의 꽃'은 모두 비존재에 대한 허구적인 개념을 지칭하기 위해 사용되었다.

제7식 마나스(manas)

제6의식과 제7식 마나스 2종의 의식은 모두 현상하여 작용하는 마음이다. 제6의식(意識, manovijñāna)에 대하여 제7의식을 의(意, manas)로 칭하였기 때문에 용어상의 혼란이 야기되었다. 때문에 현장은 제7식을 번역할 때, 산스크리트어 음에 따라 말나식(末那識)으로 한역하여 차이를 드러내고자 하였다. 현장의 한역 게송5에서는 마나스를 다음과 같이 정의한다.

두 번째로 변화하는 식을 이름하여 마나스라고 한다.

마나스는 알라야식에 의지하여 전변하고

　　그 알라야식을 조건으로 하여, 사량하는 것을 특징으로 한다.

　　마나스는 의역하여 사량(思量)이라고 하는데, 그것은 '사유하고 추론한다'는 의미와 함께 '잘못 인식한다'는 의미도 함축한다. 논리학에서 추론을 뜻하는 비량(比量)과 함께 잘못된 추측인 비량(非量)의 기능까지도 포함하는 것이 마나스의 사량이다. 마나스는 근본식인 알라야식에 의지하여 현상하고, 그것을 조건으로 하여 사유의 작용을 일으킨다.

　　전5식과 제6식에도 일정한 사유의 작용이 있는 것이 사실이지만, 전6식에서는 대상의 접촉이 끊어지거나 의식이 단절되는 등의 사태에서 사유와 추론 등의 마음작용이 끊어지는 경우가 있기 때문에 사량이 항상 지속하지는 못한다. 반면 제7식은 제6식의 의식이 끊어진 후에도 멸진정(滅盡定)에 도달하기까지는 여전히 미세한 사량의 의식을 보존하고 있다.

　　제7식은 자아에 집착하는 의식이며, 선악을 분별하는 의식, 사량하는 의식이다. 제7 사량식의 가장 큰 특징이자 문제점은 바로 자아와 다르마의 무아(無我), 즉 아공(我空)과 법공(法空)을 그릇되게 오인하여 자아에 대한 집착(我執)과 다르마에 대한 집착(法執)을 일으킨다는 점이다. 이처럼 자아에 대하여 전도된 마음인 아집(我執)과 법집(法執)으로 인해 네 종류의 자아에 대한 무지와 번뇌가 발생한다.

　　아치(我痴)는 자아에 대한 어리석은 마음이다. 무아의 진리를 알지 못하고, 반대로 뒤집힌 견해, 즉 자아가 존재한다고 생각하고 그것에 집착한다. 자아에 대한 어리석은 마음을 제거하기 위해서는 감각기관을 통해 인식되는 대상들이 모두 원인과 조건에 의해 발생하는 현상이며, 실재성이 없다는 사실을 깨달아야 한다. 전6식의 마음을 정화하고 나면, 비로소

제7식 마나스에 미세하게 흐르고 있는 자아에 대한 어리석음이 드러난다.

아견(我見)은 자아에 대한 어리석은 마음이 야기하는 잘못된 견해들이다. 자아가 있다고 생각함으로 인해 '이기심'이 발동한다. 이기심은 타자와의 비교, 시기와 질투, 분노와 공격성으로 이어질 수 있고, 온갖 나쁜 행동의 원인이 될 수 있다. 아견은 '자기'의 실재성에 기반하여 발생하는 다양한 마음작용들의 총체이다.

아만(我慢)은 '자아'의식에서 나아가 이제 나와 타자를 분리하고 비교하는 의식에서 비롯한다. 타자와 분리된 나의 존재는 더 가치 있고 특별한 것으로 여겨진다. 흥미로운 것은 자만심이 드러나는 양태는 우월의식, 거만, 업신여기는 마음 등과 동시에 열등감이나 허풍과 같은 허위의식을 포함한다는 사실이다. 아비다르마 논서에서는 타자를 분리하고 나만을 중심에 놓으려는 마음작용이 일으키는 여러 가지 형태의 자만심을 보여준다.

『구사론』에서는 가장 일반적인 형태의 자만심을 자신이 남보다 뛰어나다고 생각하는 아승만(我勝慢), 다음은 자신이 다른 사람 못지 않게 고귀하다고 생각하는 아등만(我等慢), 속마음은 내가 더 우월하다고 고집하면서도 겉으로는 상대가 뛰어나다고 겸손한 척하는 아열만(我劣慢)으로 설명한다.

좀 더 구체적으로 살펴보면, 1) 자신보다 못하다고 생각하는 이에 대한 우월의식(慢, māna, arrogance), 2) 자신과 동등한 수준의 타자에 대해 자신이 더 뛰어나다고 생각하는 과만(過慢, ati-māna, exaggerated arrogance), 3) 자신과 동등한 사람에 대해 자신이 더 뛰어나다고 생각할 뿐 아니라 업신여기려 드는 만과만(慢過慢, mānāti-māna, outrageous arrogance), 4) 오직 나와 나의 것에만 집착하여 잘난 체하는 아만(我慢, ātma-māna, egoistic arrogance), 5) 자신이 아직 성취하지 못한 것을 증득하였다고 오만한 마음을 일으키는 증상만(增上慢, adhi-māna, false arrogance), 6) 자신보다 뛰어난 이에 대해 조금 열등하다고 자위하는 하열만(下劣慢, ūna-māna, modest arrogance), 7) 자신이 실제로는 덕이 없는데도 불구하고 자신이 훌륭한 덕을 갖추었다고 생각하는 사만(邪慢, mithyā-māna, distorted arrogance) 등을 열거할 수 있다.

아애(我愛)는 마음 깊숙히 자리 잡은 자아에 대한 애착을 의미한다. 앞의 세 가지 자아에 대한 어리석음은 모두 '자아에 대한 애착' 하나로 모아진다. 잘나고 못난 수준을 거론하는 자만의 개념이 불편한 이유는 내가 여전히 '자아에 대한 애착'을 고집하기 때문이다. 자아에 대한 애착은 호모 사피엔스가 역사를 추동하여 온 힘인 동시에 우리들이 만들어내는 모든 비극의 뿌리이기도 하다. 역사가 자신의 이름을 기억하기 원하였던 아킬레우스, 나의 가족을 지키기 위해 타인의 목숨마저 빼앗았던 알 카포네, 가족을 위한 고독한 희생을 아버지에게 인정받기 원하였던 (영화 <국제시장>) 덕수의 고단한 삶, 유리처럼 부서지기 쉬운 자존감에 상처를 주며 괴로워하는 연인들, 외로움을 감싸주고 아픔을 인정해 주는 한 마디 말에 눈물 흘리는 우리들, 이 모든 것들은 '자아에 대한 애착'이 부르는 애틋한 변주곡들이다.

어떤 이는 말한다. "나를 이해해 주는 사람을 만나는 것이 왜 이렇게 어려운 걸까요?" 그건 아마 자신에 대한 애착에 빠져, 나도 그도 모두 자기만 보고 있기 때문일지 모른다.

마나스는 인간의 감정이 창조하는 모든 희극과 비극의 연출자이고, 무대 위의 연기자이다. 제7식은 제6식에 힘을 부여하여 지각대상에 대한 요별의식을 일으키는 작용을 하며, 대상을 가지지 않는 사유와 그릇된 추론의 주체의식이다. 자아와 타자를 구분하고, 분열과 대립의 세계를 만들어 낸 것이 여기에 기인한다. 또한 제7식의 온갖 분별적 사유와 추론과 망상은 우리 인류의 정신이 만들어 온 과학과 철학과 문학과 예술의 근원이기도 하다.

영화 <웰컴 투 동막골>은 나와 너 사이의 극한적 이념이 충돌하는 전장 사이에 존재한다. 그 마을에 서로를 죽여야 하는 '나와 너'의 불청객들이 들이닥치고, 동막골도 피아를 분별해야 하는 긴장으로 빠져든다. 그러나 단 한 사람만은 '나와 너'의 구분을 잊었고, '자아에 대한 애착'마저 가지고 있지 않다. 머리에 꽃을 꽂은 여인 여일(강혜정 역)은 남쪽의 군인과 북쪽의 군인을 구분하지 않는다. 아니 군인과 마을 사람과 외국인과 동물들도 차별하는 마음이 없다. 영화를 보는 관객들은 여일을 보면서 아련한 향수와 순수를 떠올린다. 그러나 만일 우리 인류가 모두 그런 사람이라면 어떻게 될까? 우리는 진정 그런 인간의 역사와 문화를 받아들이기를 원할까?

이 영화의 감독은 한 인터뷰에서 여일을 통해 신과 인간 사이를 매개하는 순수한 영혼을 그려보고자 했다고 하였다. 분별하고 차별하는 사량의식이 사라진 인간이라면, 분명 신과 인간 중간쯤에 위치할 수 있을 것이다. 제7식은 우리를 번뇌에서 벗어나지 못하도록 가두어 두는 힘이고, 그것은 동시에 우리가 지금과 같은 인간이게 하는 힘이기도 하다. 비록 그것이 유쾌하고 만족스럽지는 못한다 할지라도.

과학기술을 발전시키고 놀라운 문명을 이루어 내고 있음에도 불구하고, 아니 그것에 비례하여 우리는 더욱 큰 번뇌에 빠져든다. 그리고 분별망상, 비교와 차별, 허무에서 벗어나 마음을 치유하고 회복하려는 시도들이 점증하고 있다. 이를 위해 불교에서 제시하는 길이 바로 선정(禪定)의 수행이다. 무상정(無想定)은 대상의 지각과 관련되어 있는 제6의식을 소멸하고, 제7의식인 마나스의 정화는 번뇌의 작용을 야기하는 근본적인 뿌리까지 제거하여 완전히 마음의 작용이 소멸한 멸진정을 통하여 이루어진다. 마나스에서 작용하는 아집(我執)의 번뇌는 매우 강하고 미세하고 집요하여, 수행의 열 단계에서 제7지(地)에 도달하고서야 소멸할 수 있다.

알라야식(ālayavijñāna)

알라야(ālaya)는 '저장소, 저장용기'를 의미하기 때문에, 현장은 알라야식을 장식(藏識)으로 번역하였다. 진제(眞諦)는 만유의 종자를 보존하고 잃어버리지 않는다는 의미에서 무몰식(無沒識)으로 이름하였다. 그러나 어떤 번역어도 알라야식의 중층적이고 복합적인 의미를 모두 담기에는 한계가 있었기 때문에, 그것을 단순히 음역하여 아뢰야식(阿賴耶識), 뢰야식(賴耶識) 등으로 번역하거나, 개념에 따라 상이한 명칭을 부여하기도 하였다.

알라야식은 많은 이름을 가지고 있다. 모든 식의 토대를 이룬다는 점에서 근본식(根本識, mūlavijñāna), 일체의 종자(種子, bīja)를 함장하고 있다는 의미에서 일체종자식(一切種子識, sarvabījakam vijñāna), 끊어지지 않고 지속하는 의식으로서 아다나식(阿陀那識, ādāna-vijñāna), 선업과 불선업이 조건에 따라 다르게 무르익어 나타나기 때문에 이숙식(異熟識, vipāka vijñāna) 등의 이름 외에도 업식(業識), 전식(轉識), 현식(現識) 등으로 불리기도 한다.

백과사전적『유가사지론』에 포함되어 있는『해심밀경』이 유식사상의 전후를 반분하는 핵심적 기준은 알라야식에 대한 언급이다.

이 식을 아다나식(阿陀那識)이라고 한다. 왜냐하면 이 식이 몸에 따라다니며 유지보존하기 때문이다. 또 아뢰야식(阿賴耶識)이라 한다. 왜냐하면 이 식이 몸 가운데서 포함되고 간직하여 편안함과 위태로움을 같이하기 때문이다. 또한 심(心)이라고도 하는데, 이 식이 물질, 소리, 향기, 맛, 감촉 등이 쌓이고 늘어나게 하기 때문이다.[6]

『해심밀경』에 따르면, 세존께서는 알라야식에 대해 설명하기를 꺼려하였다. 이유는 알라야식은 극히 심오하고 미세하며, 일체의 종자가 폭포수 흐르듯이 하는데, 사람들이 그것을 분별하고 집착하여 '자아'로 생각할까 염려하였기 때문이다.

알라야식은 다양한 명칭들 자체가 식의 개념적 특성을 하나씩 드러내 보여준다. 알라야식은 무엇보다 모든 업의 세력이 종자의 형태로 보존되고 유지되며, 소멸하지 않고 이어지는 폭포수와 같은 식의 흐름이다. 자아와 세계를 구성하는 다르마로 현행하기 이전에 만물은 헤아릴 수 없는 수의 종자의 상속으로 잠재해 있다. 또한 전6식과 제7식에서 발생하는 선업과 악업은 제8 알라야식으로 훈습(薰習, vāsanā)하여 새로운 종자를 생기하거나 이미 있는 종자의 세력에 영향을 준다. 이 같은 종자들이 모여서 하나의 화합상을 이룰 때 그것을 마음(心, citta)이라고 한다.

전7식의 활동과 제8 알라야식의 관계는 현행과 종자의 세 단계로 설명된다.

---

6   『解深密經』卷1: 廣慧! 此識亦名阿陀那識. 何以故? 由此識於身隨逐執持故. 亦名阿賴耶識. 何以故?由此識於身攝受, 藏隱, 同安危義故. 亦名爲心. 何以故? 由此識色聲香味觸等積集滋長故. (T16, 692b14-18)

- 종자생현행(種子生現行): 종자로부터 모든 사물의 현상과 마음작용이 일어난다. 전5식, 제6식, 제7식, 제8식의 순서로 불리는 것과는 반대로 제8 일체종자식은 모든 의식의 근본이 되는 근본식이고 제일 앞자리를 차지하는 제1식(識)이다. 또한 제8식은 시간과 공간과 양태에 있어 온갖 종류의 '변화를 일으키는' 첫 번째 식이기 때문에 제1능변식(第一能變)이라고 한다. 일체의 종자가 흘러가는 제8식이 전6식과 제7식에서 경험되는 온갖 현상세계와 마음작용을 생기한다.

- 현행훈종자(現行熏種子): 전6식의 지각활동과 의식, 그리고 제7식의 사유, 추론, 상상, 망상의 마음작용은 선불선의 작용(業, karma)을 일으키고, 그 행위의 업들은 다시 제8식의 종자로 스며든다. 인간의 정신현상이 이루어지는 전7식은 모두 무명(無明)과 각종 번뇌로 염오한 상태에 빠져 있다. 이것을 유루심(有漏心)이라 한다. 유식에서 총 51종에 달하는 마음작용은 모두 선(善)하거나, 불선(不善)하거나, 선악이 결정되지 않은 무기(無記)의 업을 짓게 된다. 그러한 업의 훈습을 통해, 물건에 향기가 배듯이 행위의 업이 종자에 배어들어가 새로운 종자를 만들거나 기존의 종자에 증감의 영향을 준다.

- 종자생종자(種子生種子): 종자와 현행의 상호영향은 동일 찰나에 이루어지는 반면, 종자가 다음 종자를 생기하는 종자생종자는 다음 찰나에 이루어진다. 현행의 훈습을 통해 새로운 업력을 획득한 종자는 다음 찰나에 종자의 변화를 촉발한다. 이렇게 변화한 종자는 다시 현행을 생기하고, 그 찰나의 현행은 종자에 훈습을 남긴다.

이것을 간단히 도표화하면 다음과 같다.

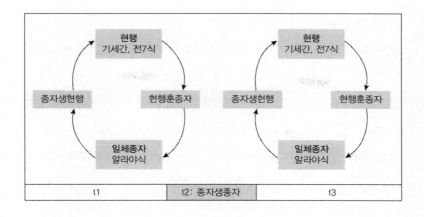

| | t1 | t2: 종자생종자 | t3 |

매 찰나에 세계의 단면은 일체종자의 정보와 그것이 현행하여 드러난 현상세계로 구성된다. 한 찰나의 단면은 종자의 현행과 현행의 훈습이 동시적으로 발생하며, 현행과 훈습을 거친 종자는 새로운 종자를 생기하면서 변화를 발생시킨다. 그러나 여기에서 한 찰나는 더 이상 분할불가능한 원자적 시간이라는 점에 주목할 필요가 있다. 현행과 훈습이 한 찰나에 동시적으로 발생한다면, 현행과 훈습 사이에는 시간적 간격이 존재하지 않으며, 행위의 변화가 일어날 시간적 공간이 존재하지 않게 된다. 이것은 행위의 변화를 통한 새로운 업의 훈습이 불가능하다는 의미이며, 나아가 종자의 변화를 위한 원인이 부재하게 되는 문제를 야기한다. 현행과 훈습 사이에 '발생–머묾–소멸'이라는 시간적 차이를 상정하지 않는다면, 도표의 구도는 정지한 장면의 무한한 반복으로 귀결하게 된다.

종자와 현행의 관계는 압축된 평면 이미지 정보가 3차원 입체 영상으로 펼쳐지는 홀로그램에 비유하여 생각해 볼 수 있다. 모든 정보는 평면상에 압축되어 저장되어 있고, 그것이 영상을 생기하는 근본적인 토대이다. 평면의 정보들이 변화함에 따라 3차원 이미지도 변화하면서 움직이는 영상을 만들어낸다.

　종자와 현행의 관계가 홀로그램의 비유와 맞지 않는 부분은 유식에서의 '종자와 현행'이 동일 찰나에 상호영향을 준다는 점이다. 저장 정보의 흐름에 절대적으로 의존하는 홀로그램의 영상과는 달리, 현행은 그 찰나에 발생한 행위의 업을 종자에 훈습한다. 비유하자면, 홀로그램 영상의 변화가 저장정보를 변화시키는 셈이다. 만일 사용자와 인터랙티브한 홀로그램 이미지가 있어서, 홀로그램 이미지를 조작할 수 있고, 그 경우에 영상과 정보가 모두 새롭게 조정된다면, 종자와 현행의 관계와 더 유사한 비유가 성립하게 될 것이다.

식의 전변(轉變, pariṇāma)

지금까지 게송1에서 명시된 3종의 식 전변에 대해 살펴보았다. 자아와 다르마로 현행하는 모든 현상은 이숙, 사량, 요별식이 전변하여 드러난 결과이다. 세친은 게송17에서 '식의 전변'을 재론하면서 '일체는 오직 유식'이라는 저술의 주제를 재확인하고자 한다.

> 식(vijñāna)은 분별하는 것과 분별되는 것으로 전변하지만,
> 그렇게 존재하는 것이 아니라, 일체는 오직 유식일 뿐이다.　　　　(게송17)

　전변은 일차적으로 영원히 상주하거나 고정되어 있지 않고 '변화하는 것'을 뜻하였다. 그러나 단순히 현상의 변화를 기술하던 '전변' 개념에 심오한 철학적 의미를 부여한 이는 바수반두이다. 연구자들은 불교의 전변 개념이 쁘라크리티의 전변을 통해 현상세계를 해명하였던 상키야학파

의 전변 개념에서 영향을 받은 것으로 믿고 있다.

설일체유부의 『대비바사론』에는 두 가지 상반된 전변설이 소개되고 있다.

> [외도들은] 현상이 상속하고 변화할 때에, 앞의 것이 소멸하지 않고 전변하여 뒤의 것이 된다고 주장한다. 나무가 재로 되고, 우유가 요거트가 되는 것과 같다.
> 그러나 우리는 현상이 상속하고 변화할 때에, 앞의 것이 소멸하고, 뒤의 것이 생기하며, 이때 전변이 일어난다고 주장한다.[7]

본문에서 외도가 주장하는 전변은 전후 찰나에 현상의 상속이 끊어지지 않고 연속성을 유지하는 변화이다. 쁘라크르티가 온갖 현상으로 전변하여도 연속성을 잃지 않는 것과 마찬가지로, 나무와 재, 우유와 요거트는 하나의 연속적인 상속으로 간주된다. 그러나 설일체유부는 앞 찰나에 존재하였던 것은 소멸하고, 다음 찰나로 상속이 이어지며, 이때에 전후 찰나의 상속에는 전변이 발생한다고 보았다.

전변에 대한 설일체유부의 초기 해석을 넘어서 경량부 철학에서 종자의 '상속－전변－차별'에 이르면 바수반두의 전변개념이 윤곽을 드러낸다. 경량부적 '종자'의 상속에서 '종자'의 유식적 해석으로 한 걸음만 나아가면, 만물은 식이 변화하여 현상한 것이라는 게송1의 '식의 전변'에 접근한다.

---

7   히라카와 아키라 등 (1993). 『唯識思想』. 이만 역. 서울: 경서원. p. 161 요약 인용. Cf. 『阿毘達磨大毘婆沙論』卷39: T27, 201c19-202a1.

그러나 『유식삼십송』에서 식의 전변은 현상의 잠재태인 식의 전변만을 의미하는 것이 아니다. 게송1에서 식의 전변은 이숙식, 사량식, 요별식으로 현상한다. 제8식인 일체종자식은 감각지각되는 6식이나 온갖 분별의식을 일으키는 제7식이라는 현상으로 전변하고 동시에 전7식이 제8식으로 전변하기도 한다는 점에서 특수성을 지닌다. 심층의식의 흐름과 표층적 현상은 서로가 전변의 전후를 구성하는 인과적 관계로 연결되어 있다. 이처럼 일체종자와 현상이 전변하여 상호인과적으로 작용하며 변화를 추동하는 과정은 종자생현행(種子生現行), 현행훈종자(現行熏種子), 종자생종자(種子生種子)로 표현된다.

유식논사에게 더 중요한 일차적 관심은 현행의 변화보다는 알라야식의 변화와 제거에 있었다.

일체의 종자로서 알라야식은 영원히 지속하는가?

『섭대승론』 2권의 설명을 보기로 하자.

> 이런 의미에 대한 현실에서의 비유가 있으니, 마치 보리와 같다. 자신의 싹을 내는 데 작용의 힘이 있기 때문에 종자의 속성이 있다. 그런데 오래 묵거나 혹은 불[火]에 닿으면, 이 보리는 결과를 내는 작용의 힘을 상실한다. 그때 보리의 모습은 본래와 같지만 세력이 파괴되었기 때문에 종자의 속성이 없게 된다. 아뢰야식도 역시 이와 같다.

보리의 씨앗과 같이 개별종자들은 생명력과 수명을 가지고 있다. 새로운 업의 수분을 제공하지 않으면 씨앗은 말라서 생명력이 다하게 될 것이다. 혹은 불로 태우듯이 그것이 싹을 틔우는 힘을 제거하는 것도 가능하다. 그렇게 씨앗의 세력이 파괴되면, 종자는 힘을 잃고 소멸한다. 그렇다면 무시 이래로 지금까지 업을 함장하고 있는 일체의 종자식들이 하나씩 모두 제거되었을 때, 알라야식은 소멸하게 되는 것인가?

때없는 의식(無垢識)

만일 모든 식들의 근본식인 알라야식이 소멸한다면, '유식'이 아닌 다른 세계의 영역이 존재한다거나 세계 자체가 소멸하여 무(無)로 돌아간다는 결론에 이르고 만다. 불교전통에서 어떤 학파도 단멸론의 견해를 받아들일 수 없다. 이 지점에서 모든 업이 소멸한 상태의 '선하고 때묻지 않은' 의식의 상태가 상정된다.

무구식(無垢識, amala-vijñāna)은 '선하고 청정한 상태의 제8식(善淨第八識)'으로 제8식의 특수한 양태이다. 『성유식론』 제3권의 설명을 보도록 하자.

[이 특수한 양태의 제8식을] 무구식이라고 이름한다. 가장 청정해서 모든 무루법이 의지하는 곳이기 때문이다. 이 명칭은 오직 여래지에만 해당한다. 보살 이승 범부의 지위에서는 유루종자를 지니고 훈습을 받을 수 있기 때문에, 선(善)하고 청정한 제8식을 증득하지 못한다. 경전에서 다음과 같이 말씀한 것과 같다.

여래의 무구식은
청정하고 무루이며 계(界)이다.
모든 장애에서 벗어났으며
대원경지와 상응한다.

아뢰야라는 명칭이 허물이 크기 때문이고, 최초로 버리기 때문에 여기서 그것에 비중을 두어 말한다. 이숙식의 자체(體)를, 보살은 깨달음(菩提, 해탈도)을 증득할 때에 버리고, 성문과 독각은 무여의열반에 들어갈 때에 버린다. 무구식의 자체를 버리는 시기는 없다. 유정을 이롭게 하는 행을 다할 때가 없기 때문이다.[8]

이제 알라야식에서 염오한 식의 흐름과 청정한 식의 흐름이라는 두 층위가 구분된다. 온갖 업의 흐름과 누적이며, 분별과 망상의 세계를 현현하는 토대를 이루는 심층의 의식과 지극히 선하고 청정한 의식은 전혀 이질적인 별개의 식으로 보인다. 이 두 층위를 하나의 식으로 인정할 수 있을까?

비유하자면, 지금 이 알라야식은 먹물과 같다고 할 수 있을지 모르겠다. 어떤 연유로 먹물이 흘러들어와 검은색의 먹물이 되었지만, 좋은 정수기로 먹을 모두 걸러내면 깨끗한 물이 남을 것이다. 바로 그것이 순수 청정한 아말라식이다. 혹은 낙서로 가득한 칠판에 비유해 볼 수도 있다. 무시 이래로 칠판은 온갖 종류의 낙서로 채워져 왔다. 그러나 칠판 자체가 낙서를 가지고 있는 것은 아니다. 누군가 낙서를 모두 지운다면 깨끗한 칠판이 드러날 것이다. 그 깨끗한 칠판이 바로 청정한 마음이다.

이런 비유에서는 청정한 마음이 본질적이고, 먹물이나 낙서는 우연히 들어온 손님과 같은 것들이다. 그러나 이 '청정한 마음'을 본래부터 있었던 별도의 마음으로 볼 것인지, 제8식의 특수한 상태로 볼 것인지에 대해서는 견해가 갈린다. 섭론종(攝論宗)이나 지론종(地論宗)에서는 '때없는

---

8   호법 등. 『성유식론』 현장 한역, 김묘주 번역. pp. 142-143.

의식'의 독립적인 지위를 인정하여 그것을 제9식인 아말라식으로 칭한다. 이에 대해『성유식론』에 기반한 법상종(法相宗)은 아말라식이란 단지 제8식의 청정한 상태로 한정하여 본다. 전자의 관점에서는 '청정한 마음'이 본연의 상태이고 그곳에 오랫동안 염오한 때가 묻어온 것이다. 반면, 후자는 근본적으로 '염오한 마음'의 상태에서 때를 완전히 세탁하여 성취해야 할 특수한 마음의 상태를 의미한다. 이 문제는 여래장(如來藏, tathagātagarbha)에 대한 논의에서 재론하고자 한다.

애초에 '때없는 의식'이라는 개념은 붓다의 경지에 대한 묘사에 한정하여 사용되었을지도 모른다.『성유식론』에서는 범부는 물론 보살도 이 청정한 의식은 증득할 수 없다고 분명히 한다. 그러나 보살이 깨달음을 증득하는 순간, 일체종자와 업의 이숙을 단절하고 오직 '때없는 의식'의 상태에 머물게 된다. 이때 보살은 모든 의식을 변화시켜 완전한 지혜를 획득한다.

이처럼 의식의 작용을 변화하고 소멸시키는 과정에서 증득하는 지혜를 가리켜 전식득지(轉識得智)라고 한다. 전5식이 의지하는 다섯 감각기관은 현재에 '있는 그대로'의 대상을 조건으로 하여 변화된 신체와 국토의 모습을 지각하는 성소작지(成所作智)를 일으킨다. 이것은 성불의 단계에서만 발현하는 인식의 경지이다.

제6의식은 묘관찰지(妙觀察智)로 변화한다. 묘관찰지는 일체 존재의 자상(自相)과 공상(共相)을 조건으로 하여 장애가 없는 지혜이자 아공과 법공을 관찰하는 마음의 상태를 지시한다. 제7의식은 변화하여 평등성지(平等成智)를 드러낸다. 일체의 존재, 자신과 타자가 모두 평등하다고 알고 대자비의 마음이 항상한다. 이때 제7식은 제8식의 청정식만을 조건으로 하여 일어난다.

제8식의 대원경지(大圓鏡智)에서는 일체 존재에 대해 어리석음과 미혹함이 일어나지 않으며, 이숙의 모든 종자와 미세한 번뇌의 종자까지 소멸한다. 일체의 존재를 잊지 않으면서도 분별을 일으키지 않고, 어리석음과 염오를 완전히 벗어난 지혜이다. 순수청정하고 원만한 힘을 가지며, 세계에 대한 완전한 영상을 일으켜 끊어지지 않는다. 그것이 마치 크고 둥근 거울에 비친 온갖 영상과 같다고 하여 대원경지라고 한다.

이러한 변화의 성취는 궁극적으로 붓다의 경지로서, 8식에 염오와 번뇌가 전혀 없는 무루(無漏)의 완전한 깨달음의 상태이다. 보살이 성취하는 열 단계(十地) 가운데 제8지 이상에서는 더 이상 후퇴하는 일이 없어지는 불퇴전(不退轉)을 성취한다. 이 단계에서는 알라야식이라는 명칭을 사용하지 않는다.

알라야식의 존재증명

『유가사지론』에서는 알라야식이 존재해야 하는 여덟 가지 이유를 제시하고 있다.

> 첫째, 알라야식이 없다면 업(業)의 보존이 있을 수 없고, 업에 상응하는 삶도 없을 것이며, 선악의 행위가 만들어내는 업도 성립하지 않게 된다.
> 둘째, 알라야식이 없으면, 최초의 생명체가 생겨날 수 없었을 것이며, 다른 의식의 흐름도 생기하지 못하였을 것이다.
> 셋째, 알라야식이 없다면, 전5식과 함께 활동하는 의식(意識)과 의식의 기억이 명료하게 나타날 수 없을 것이다.

넷째, 알라야식이 없다면, 염오하고 청정한 각종 종자들이 끊어지지 않고 지속하지 못할 것이고, 그렇다면 인과응보의 업력도 성립하지 않게 될 것이다.

다섯째, 알라야식이 없다면, 자아와 인식의 대상과 중생의 현행이 의지할 것과 물리적 형태로 현상하는 기세간(器世間)의 작용이 모두 설명되지 않을 것이다.

여섯째, 알라야식이 없다면, 인간의 사유가 자유롭지 못하고, 선정(禪定)의 유무를 구별하기 힘들었을 것이다.

일곱째, 알라야식이 없다면, 멸진정(滅盡定)과 같은 선정에 들어갈 수 없으며, 만일 멸진정에 든다면 정신과 육체가 분리되어 수명이 끝나게 될 것이다.

여덟째, 알라야식이 없다면, 사람이 죽었을 때 신체의 경직이 점차로 진행하는 일이 불가능하고, 의식을 순차적으로 잃는 대신 일시에 의식의 단절이 발생할 것이다.

요컨대, 생명의 발생과 생명과 의식활동의 지속성, 생명의 소멸과정에서 상속의 연속성을 확보해 주는 것이 알라야식이다. 이 상속(相續, samtati)의 연속성에 대한 해명은 초기불교와 아비다르마철학에서도 중요한 과제의 하나였다. 초기 부파불교에서 대중부의 근본식(根本識: mūlavijñāna)과 상좌부의 유분식(有分識: bhavāṅga)이 개념적 분기를 예고하였다. 그리고 화지부(化地部)에서는 생명이 지속하는 동안 소멸하지 않고 지속하는 궁생사온(窮生死蘊, āsaṃsārikaskandha), 경량부는 미세한 의식(sūkṣmavijñāna)의 흐름, 독자부(犢子部, Vātsīputrīya) 계열의 정량부(正量部, Sāmmitīya)에서는 비즉비리온(非卽非離蘊)인 푸드갈라(pudgala) 개념을 주장하였다. 알라야식은 아비다르마 불교철학의 오랜 탐구과정에서 최종단계에 등장한 명상과 사색의 결과였다.

유식 삼성설(三性說, trisvabhāva)

종자와 현행의 상호의존적 관계는 세계의 실상과 경험적 사실에 대한 하나의 유식학적 해명이다. 유식철학은 자아와 다르마의 무아와 공성의 해석이라는 점에서는 중관철학과 핵심주제를 공유하고 있다. 중관(中觀)사상은 공(空)을 연기적 맥락에서 해석한다. 연기적으로 현상하는 세계는 세속적 존재이며, 그것을 현상시키는 무한한 조건들은 연기(緣起)적 존재이다. 따라서 현상하는 대상은 조건지어지고 만들어진 것이라는 점에서 비실재하고 자성을 결여하며 공(空)한 것이다.

『대지도론』에는 일체 존재에 대한 세 층위의 분류법이 발견된다. 첫째는 서로 짝을 이루어 상반되는 개념적 존재인 상대유(相待有), 둘째는 명칭으로서의 가설적 존재(假名有), 셋째는 다르마의 존재(法有)이다.[9] 상대유는 길고 짧음(長短), 높고 낮음, 동쪽과 서쪽과 같이 서로 상대하여 짝을 이루는 존재이지만, 그것은 이분법적 분별에 의한 관념일 뿐 어떤 실재성도 지니지 못한다. 다르마는 세계를 구성하는 기본요소들로 그 자신의 고유한 속성(自性, svabhāva)을 가지는 것들이다. 가명유(假名有)는 자성을 지닌 다르마와 허구적 개념인 상대유의 사이에 놓인 존재의 층위이다.

가설적 존재라는 것은 요거트와 같은 존재로서 색, 향, 미, 촉을 가진 것

---

9   『大智度論』: T25.147c5-12.

이며, 4가지 감각정보의 원인과 조건이 화합하였기 때문에 가설적으로 이름하여 요거트라고 한다. 비록 존재한다고는 하지만, 원인과 조건이 되는 다르마의 존재와는 같지 않고, 비록 존재하지 않는다고는 하지만, 토끼뿔이나 거북의 털과 같이 비존재인 것은 아니다.[10]

가명유는 불변적 자성을 지닌 다르마가 아니다. 그것은 색, 향, 미, 촉 등의 감각정보들을 원인과 조건으로 화합하여 나타난 현상이다. 비록 일시적으로 우리의 감각에 포착되는 현상이긴 하지만, 감각정보의 다르마에 의존하고 있다는 점에서 토끼뿔과 같이 완전히 허구적인 존재와는 구분된다. 가명유는 존재와 비존재의 사이에 걸쳐 있는 현상세계이다.

마찬가지로 유식철학에서도 연기적 발생에 의한 현상을 중심축으로 그것에 대한 개념적 분별과 근원적 실상이라는 삼원적인 해석체계를 구상하였는데, 그것이 삼성설이다. 유식의 삼성설은 경험되는 세계의 세 가지 성질 혹은 층위를 설명한다.

> 온갖 분별에 의해 다양한 사태가 분별되는 것
> 그것이 변계소집성이며, 실재성이 없는 것이다.
> 의타기는 분별이고, 조건에 의해 생기며,
> 원성실성은 의타기에서 변계소집성을 제거한 것이다.
> 따라서 원성실성은 의타기와 다른 것도 아니고, 다르지 않은 것도 아니다.
> 무상성(無常性)과 같은 것으로, 하나를 보지 못하면 다른 것도 보이지 않는다.
> (게송20-22)

---

10 『大智度論』: T25.147c12-15.

변계소집성(遍計所執性, parikalpita svabhāva)은 범부들이 분별적 사고에 집착하여, 거짓된 생각이나 대상에 대한 그릇된 인식을 일으키는 성질을 뜻한다. 감각지각에 드러난 현상들은 실재성이 없지만, 변계소집성은 일체의 현상들에 집착하여 마치 그것들이 존재하는 것처럼 인식하고 다양한 분별의식을 일으킨다. 변계소집된 세계는 분별의식이 그렇게 구성한 것이고 언어적 관습에 따라 임시로 그렇게 이름붙인 것(假名)에 지나지 않는다.

일체의 개념적 존재들은 모두 분별에 의한 집착이 만들어낸 것들이다. 변계소집의 상태에서 실재라고 파악되는 것은 '명칭대로 대상이 있다는 집착(yathānāmārthābhiniveśa)' 또는 '대상대로 명칭이 있다는 집착(yathārthanāmābhiniveśa)'일 뿐이다. 변계소집된 세계에서는 엄밀한 의미에서 문장의 모든 단어들에 따옴표를 하여야 한다. 우리가 보고 있는 '항아리'

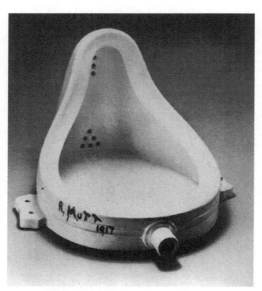

마르셀 뒤샹의 '샘', 1917(Wikimedia Commons)

나 '꽃' 등은 어떤 것도 항아리나 꽃의 실재성에 근거한 것이 아니다.

마르셀 뒤샹(Marcel Duchamp)의 '샘(Fountain)'이라는 작품은 우리가 일상에서 사용하는 '소변기'도 소변기로서 어떤 본질을 가진 것이 아니라는 사실에 대한 예술적 영감을 표현하고 있다. 그것은 전시의 맥락에서 작품이 될 수 있고, 작가의 의도에 따라 '샘'이나 '분수'가 될 수도 있다. '소변기'에서 '샘' 혹은 '분수'는 모두 분별적 사유에 의한 개념적 구성들이다.

변계소집성은 대상의 인식에만 관련된 것이 아니라, 선악(善惡)이나 호오(好惡)의 감성상태에 대해서도 망상의 분별을 일으킨다. 예전에 한국의 시골에 온 한 외국인 봉사자가 있었다고 한다. 그는 한국 도자기의 아름다움에 매료되어, 돌아가는 길에 보름달처럼 둥근 모양의 도자기를 가지고 귀국하였다. 시간이 흘러, 그 시골 출신의 한 사람이 예전의 그 선한 봉사자의 집을 방문하게 되었다. 옛일을 추억하며 이야기를 나누고 차를 마시게 되었을 때, 그의 눈에 그 둥글고 아름다운 도자기가 들어왔다. 봉사자는 그것을 설탕그릇으로 사용하고 있었다. 하지만 그 도자기는 시골 마을에서 사용하던 '요강'이었다. 마시던 차의 단맛이 순간적으로 증발하였다. '요강' 혹은 '설탕그릇'. 그것은 모두 변계소집한 형상들이다.

『섭대승론』「소지상품」에는 변계소집성의 존재를 입증하는 근거를 제시하고 있다.

1) 분별에 의한 망상이 없이 대상에 대한 인식이 정확하다면, 우리에게 인식의 문제가 발생하지 않을 것이며, 세계에 대한 바른 인식과 진리를 찾고자 하는 수행도 불필요하게 될 것이다.

2) 동일한 것에 대해 온갖 다른 인식이 생긴다. 일수사견의 비유에서 살펴본 바와 같이, 인간과 물고기와 아귀와 천상의 존재가 물(H_2O)

을 서로 다르게 보는 이유는 변계소집성 때문이다.

3) 그것은 대상이 존재하지 않는 경우에도 환상이나 꿈과 같은 조작된 의식을 일으킨다.

4) 선정의 능력에 의해 대상에 대한 의지적 조작이 가능하다. 그것에서 불변의 실재성이 없다.

의타기성(依他起性, paratantra svabhāva)은 온갖 현상이 서로 의존하여 성립되었다는 사실을 드러낸다. 세계는 연기적 조건에 따라 생기한 것이다. 물리적 현상이나 심리적 현상을 막론하고 모든 현상세계는 다른 것들과의 관계와 상호작용의 조건에서 생기하는 연기적 존재이다. 의타기한 존재는 그 자체의 자성을 가지지 않는다는 점에서 실재가 아니지만, 현상을 일으키는 토대에 근거하고 있다는 점에서 비실재도 아니다.

'다른 것에 의존하는 존재형태'는 진실과 허구, 존재와 현상이 중첩되어 나타나며, 그것이 바로 삼계(三界)의 존재방식이다. 현상한 대상세계는 단지 식일 뿐이지만, 그것들이 대상으로 현현한다. 마술사가 나뭇조각과 흙 등을 조작하여 코끼리의 형상을 나타내 보인다고 할 때, 나뭇조각 등과 코끼리는 동질적 연속성을 갖지 않는다는 점에서 코끼리의 실재성은 부정된다. 그러나 코끼리가 전혀 아무것도 존재하지 않는 것으로부터 발생한 것이 아니라는 점에서 비존재라고 할 수도 없다.

20세기 초현실주의 화가 르네 마그리트(René Magritte)의 1929년 작 '이것은 파이프가 아니다(This Is Not a Pipe)'는 화폭을 가득 채운 파이프와 그 밑에 적어 넣은 '이것은 파이프가 아니다'는 문장이 하나의 작품을 구성한다. 이 작품 '이미지의 배반(La trahison des images)'은 대상의 재현이라는 전통적인 미술 개념이 사실은 대상에 대한 배반이지 않은가 의문을 제기한다. 여백으로 가득 채워진 그림에 문장이 개입하는 형식은 동양미술에서 매우 흔하게 발견된다. 문장은 여백을 가득 채우는 공간이다. 반면 서양전통에서 말과 그림은 서로 다른 세계와 대응하는 통로들이었다. 말과 그림은 진리를 계시하고 대상을 재현하는 매개로서 인정되었다. 그런데 마그리트는 그림에 삽입한 문장을 통해 그림 이전 혹은 그림 바깥에 있는 대상과의 관계에 질문을 던진다. 그림의 제목 '이미지의 배반'에서 작가는 노골적으로 자신의 메시지를 드러낸다. 그림은 대상 자체일 수 없으며, 단지 대상의 재현일 뿐이다.

그렇다면, 우리가 대상이라고 생각하는 그 인식의 대상 또한 하나의 그림이 아니라고 보장할 수 있는가?

미셸 푸코는 마그리트의 시각적 작품에 대해 『이것은 파이프가 아니다(This is not a pipe)』라는 분석적 비평서를 저술하였다. 우리의 언어 관

미셸 푸코의 저서 『이것은 파이프가 아니다』(University of California Press, 2008)

습에서 그림은 대상을 분명하게 재현하는 것으로 믿어왔다. 또 그림책에서 그림과 문장 사이에는 일종의 대응관계 혹은 종속관계가 인정되었다. 그러나 마그리트의 캘리그램에서 그림과 텍스트가 합쳐지면서, 존재의 재현이라는 병렬적 매개기능은 전복되어 버린다. 그림과 텍스트는 상호 지시하고 침투하면서, 그곳에 대상 파이프가 없다는 사실을 폭로한다.

'이것은 파이프가 아니다'라고 할 때, '이것'은 화폭의 경계에 한정되어 그 안에 놓여 있는 파이프 그림으로 향한다. 그림의 경계에 갇힌 세계에서는 그것을 '파이프'나 '곰방대', '빨뿌리' 혹은 'X'로 부른다 하더라도, '이것'은 대상을 정확히 지시한다. 그러나 지금 이 작품 '이것은 파이프가 아니다'에서는 그림의 세계와 그림 밖에 서 있는 관람자의 세계가 교차하고 있다. 텍스트는 관람자들에게 그림 속의 이미지가 그림 밖의 대상을 재현하고 있지 않다고 말한다.

그렇다면 그림 밖에 서 있는 관람자의 세계에 존재한다고 생각하는 '파이프'는 실제로 그렇게 존재하는가?

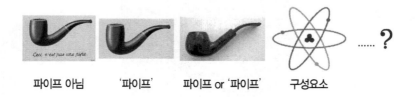

| 파이프 아님 | '파이프' | 파이프 or '파이프' | 구성요소 |

파이프는 다른 것들에 의존하여 드러난 하나의 현상이다. '오직 표상일 뿐'인 이 삼계에 속한 우리의 관점에서, 의타기하여 생기한 '이것'을 파이프로 보아야 할까, 아니면 '이것'을 '파이프'로 불리기 이전의 그것으로 보아야 할까? '다른 것들에 의존하여' 생기하는 순간에 이미 파이프와

같은 어떤 형상을 가진다면, 그것을 '유상유식(有相唯識)'이라고 한다. 이 관점은 호법(Dharmapāla)에서 시작하여, 현장을 거쳐 동아시아 유식으로 발전하였다. 이에 반해, 안혜(安慧, Sthiramati)는 '다른 것들에 의존하여' 일어난 '이것'은 아직 파이프라고 부를 수 있는 형상이 없다. 그것을 '파이프'라고 인식하는 찰나에는 이미 분별이 개입한 것이다. 이것을 무상유식(無相唯識)이라고 한다. 이들에 따르면 파이프는 존재하지 않는다. 지각된 세계에 속하는 모든 것은 이미 분별이 만들어낸 것들이다. 오직 '파이프'만이 있을 뿐이다.

원성실성(圓成實性, pariniṣpanna svabhāva)은 의타기성에서 분별이 사라진 것을 의미한다. 이것은 '있는 그대로'의 존재가 온전히 드러난 상태이다. 어떤 분별이나 작용의 개입이 없는 무위(無爲)이고, 만물의 무상성(無常性, anityatā)이며, 공성(空性)이고 진여(眞如)이다.

불교전통에서 의타기성과 원성실의 관계에 대해 상이한 해석이 전해진다.

하나는 세계를 허구에서 완전으로 향하는 세 단계로 해석하는 방식이다. 세계는 분별에 의한 허구적 세계, 조건에 의해 연기한 가설적 세계, 있는 그대로의 실재성의 세계로 세 층위를 형성하며, 원성실로 향하여 갈수록 완전한 실재성과 진리에 접근하게 된다.

다른 하나는 의타기성을 중심으로 한 해석이다. 의타기한 세계는 헤아릴 수 없는 조건에 의해 현상한 연기적 존재이다. 의타기는 허구와 실재의 이중성 혹은 양자의 중첩성을 지닌다. 세계가 있는 그대로의 모습에 의존하고 있는 한편 그것이 생기하여 온갖 사물과 마음의 작용을 드러낼 때 분별의 작용이 개입한다. 우리는 분별의 형식을 통해서만 세계를 지금 우리가 경험하는 형태로 인식할 수 있다. 이 경우 세계는 변계소집과 원성실성의 이원적 구조이며 현상계는 이 양자가 뒤얽혀 충돌하는 혼돈의 세계로 읽을 수 있다. 또는 중첩현상을 보이는 의타기성을 있는 그대로 하나의 진실로 받아들이는 일원적 세계관도 가능하다.

　텅 비고 연기적인 존재성만이 진실이고 그 외의 모든 것들은 분별이다. 유식적 관점에서 의타기하여 현상이 생기한다고 할 때, 그것이 의존하는 다른 것들도 식(識)이고 현현한 대상도 단지 식(識)일 뿐이다. 중관에서는 다른 것에 의존하여 생기한 것들은 세속적 관점에서 대상세계로 지각되며, 그것을 유식(唯識)이라고 보는 견해도 세속적 관점에서는 수용된다. 그러나 궁극적 차원에서 연기적 존재는 실재성이 없고, 공(空)하며, 언어로 표현될 수 없는 영역에 속한다.

함께 읽어 볼 책

■ 김명우 (2008). 『유식삼십송과 유식불교』. 서울: 예문서원.
■ 한자경 (2000). 『유식무경』. 서울: 예문서원.

인식논리학

- 저 산에 불이 있다

인식논리학
- 저 산에 불이 있다

현장이 인도로 유학을 떠나던 무렵 당나라는 '정관(貞觀)의 치(治)'(627~649
년)라는 황금기를 구가하고 있었으며, 대륙의 서쪽 끝 아라비아 반도에서
는 무하마드(Muhammad)의 계시가 선포되고 있었다. 한편 인도의 문명은
굽타왕조의 절정기를 넘어 수많은 국가들이 난립하는 혼란기로 진입하
고 있었다. 그럼에도 갠지스와 야무나 강역을 지배하였던 바르다나왕조
의 시대에 불교철학은 유식철학과 인식논리학을 중심으로 만개하였다.

두 갈래 길

인도불교의 화려한 불꽃은 바수반두에서 두 갈래로 분기하였다. 하나는
바수반두-스티라마티(Sthiramati, 安慧, ca. 5C)-디그나가(Dignāga, 陳那,

ca. 480~540)−다르마끼르띠(Dharmakīrti, 法稱, ca. 600~660)를 거쳐 티베트불교로 이어지는 불교인식논리학의 전통이다. 다른 하나는 바수반두−다르마팔라(Dharmapāla, 護法, ca. 530~561)−실라바드라(Śīlabhadra, 戒賢, ca. 529~645)−현장(玄奘, 602~664)을 거치며 동아시아의 법상유식, 여래장, 화엄사상으로 스며들었다.[1] 우리는 앞에서 유식사상의 전개 과정에 드러난 두 번째 흐름의 일부를 살펴보았다. 이곳에서는 첫 번째 불교인식논리학 전통의 발전을 조망하고, 다음 장에서 티베트불교로의 이전과 전개과정에 대해 간단히 스케치해보고자 한다.

인식논리학 전통의 개척자 디그나가(Dignāga)는 한역문헌에서는 진나(陳那)로 표기하며, 저술로는 『쁘라마나 삼무짜야(*Pramāṇa-samuccaya*)』,[2] 『관소연연론(觀所緣緣論)』,[3] 『인명정리문론(因明正理門論)』,[4] 바수반두 『구사론』의 요약집(*Abhidharmakośa-marma-pradīpa*) 등이 전하고 있다. 그의 논서와 사상은 불교인식논리학의 철학체계를 집대성한 다르마끼르띠(Dharmakīrti)의 철학에 토대가 되었을 뿐만 아니라 인도철학사에서 논리학 발전에 지속적인 영향을 끼쳤다.

다르마끼르띠는 디그나가의 『집량론(PS: *Pramāṇa-samuccaya*)』에 대한 주석서인 『쁘라마나바르띠까(PV: *Pramāṇavārttika*)』를 저술하여, 불교인식논리학을 완성하였으며, 그 외에 다수의 인식론과 논리학 관련 논서를 저술하였다. 장기간 인도에 유학하면서 다양한 학문을 섭렵하였던 현장

---

1   인도사의 인물들에게 일반적인 현상이기 하지만, 특히 다르마팔라와 실라바드라의 생존연대는 미심쩍은 부분이 있다. 그러나 여기서는 사상사적 상호교류나 선후의 연관관계에만 주목하고, 구체적인 연대문제를 논외로 하기로 한다.

2   『집량론(集量論, Compendium of Valid Cognition)』. 범어, 티베트역 전함.

3   *Ālambana-parīkṣā* (The Treatise on the Objects of Cognition). 한역, 티베트역.

4   *Nyāya-mukha* (Introduction to Logic)에 대한 의정(義淨)의 한역.

이 세기를 대표할 만한 이 위대한 학승에 대해 전혀 언급하지 않는 것으로 보아, 다르마끼르티는 현장이 귀국한 643년 이후에 활동한 것으로 추정된다.

『쁘라마나바르띠까』(『양평석(量評釋)』으로 한역) 이후, 인도는 물론 티베트에서 불교교학, 특히 인식논리학의 전개는 다르마끼르티에 대한 언급이 없이는 불가능한 것이 되었다. 현대학자들은 종종 다르마끼르티를 독일 철학자 임마누엘 칸트와 비교하여 '불교의 칸트'라고 부르기도 한다. 실제로 사유의 내용적 측면에서뿐만 아니라 철학사적 위상에서도 양자는 상당한 평행을 보여준다. 그렇다면 약 1,200년 후에야 독일에서 등장한 칸트를 '독일의 다르마끼르티'로 칭하는 것도 얼마든지 가능한 일이라 하겠다.

인도에서는 전통적으로 학문을 다섯 분야로 분류하였으며, 불교에서도 다섯 분과체계를 수용하였다.『유가사지론』에는 오명학(五明學, Pañca-vidyā)을 보살이 배워야 할 다섯 가지 학문으로 설명하고 있다. 여기서 다섯 학문이란 1) 언어와 문학의 영역에 해당하는 성명학(聲明學, śabda-vidyā), 2) 논리학이나 변증술에 상당하는 인명학(因明學, hetu-vidyā), 3) 경전에 대한 연구를 의미하는 내명학(內明學, adhyātma-vidyā), 4) 의학과 주술에 관련된 의방명(醫方明, cikitsā-vidyā), 5) 기술과 예능에 관련된 공교명(工巧明, śilpa-karma-sthāna vidyā)을 의미한다.

바른 인식을 위하여

논리학은 불교만의 고유한 학문 분야가 아니라 인도 오명학에 포함된 인명학(因明學)에 뿌리를 두고 발전한 것이다. 불교에서 처음으로 논리학을 다른 저술은 나가르주나의 『방편심론(方便心論)』이다. 이곳에서 나가르주나가 논리와 논증에 주목하는 이유는 중생에게 이익을 가져다 주기 위한 방편으로서의 유용성 때문이다.

> 논증에 통달하면, 스스로 선(善), 악(惡), 공(空)을 분별할 수 있을 것이며, 온갖 마구니와 외도와 거짓된 견해를 가진 사람들이 어지럽히거나 부수지 못하고, 장애를 일으키지 못할 것이다.　　　　　　　（『방편심론』）

초기에 논증은 선악을 분별할 수 있는 윤리적 목적과 거짓 견해를 논파할 수 있는 실용적인 측면에서 연구되었다. 그 같은 목적을 실현하기 위해서는 대상을 바르게 인식하여야 하고, '바른 인식'은 올바른 '인식수단'을 통해서만 획득할 수 있다. 여기서 '인식수단'과 그로부터 획득되는 '바른 인식'이 쁘라마나(pramāṇa)이며, 한역으로는 량(量)으로 번역한다.

먼저 대상에 대한 인식은 두 가지 조건이 충족되어야 이루어진다. 인식의 대상은 인식을 일으킬 수 있는 작용력을 가져야 하며, 대상으로 인식될 수 있는 형상을 가지고 있어야 한다. 두 가지 중 하나만 결여하여도 대상에 대한 인식은 일어나지 않는다. 디그나가는 『관소연연론』에서 원자의 결합에 근거해서는 사물이 대상으로 인식되는 것을 설명할 수 없다고 비판한다.

> 극미의 화합은 인식에 형상을 주지만, 지각을 일으키는 힘이 없으며
> 극미의 화집은 지각을 일으키는 힘은 있지만, 인식에 형상을 주지 못한다.

물리적 원자는 지각(知覺)[5]을 일으킬 수 있는 원인으로서의 힘은 가지

지만, 너무 미세하여서 지각의 영역을 벗어나 있다. 때문에 그것은 인식될 수 있는 형상을 주지 못한다. 원자들이 조대한 사물을 구성하는 결합 방식은 화합(和合)과 화집(和集)의 두 가지로 설명된다. 화집(samudita)은 개별 원자들이 다수가 모여 있는 것이기 때문에, 개별적인 원자와 마찬가지로, 지각을 일으킬 수 있는 힘의 조건은 갖추었지만, 인식되는 형상이 존재하지 않는다. 화합(sañcita)은 다수의 원자들의 모여서 지각의 대상이 되는 하나의 형상을 만든다. 디그나가는 말한다. 그 '하나의 형상'은 인식의 영역에 속하지만, 지각을 촉발하는 힘을 가진 개별원자들에게는 그 형상이 없다. 따라서 형상의 인식은 상응하는 토대를 갖고 있지 않다.

그렇다면 우리가 지각하고 있는 것은 무엇이고, 바른 인식이란 어떻게 가능한가?

바른 인식의 도구들: 직접지각과 추론

'있는 그대로'의 세계를 바르게 인식하기 위해서는 바른 인식을 가능하게 하는 '인식수단(pramāṇa)'에 근거해야 한다. 육파철학에 속하는 니야야학파(Naiyāyikā)는 직접지각(pratyakṣa), 추론(anumāna), 비유(upamāna), 증언(śabda)의 네 가지 인식수단과 5단계의 추론식인 오지작법(五支作法)을 중심으로 인식론의 체계를 구축하였다. 이에 대해 디그나가는 오직 2

---

5   불교의 인식논리학에서 지각(知覺)과 인식은 간혹 무차별적으로 혼용되곤 한다. 유학(儒學)에서도 지각은, '지각있는 사람'이라는 말이 함축하는 바와 같이, 인식차원을 넘어 사리분별을 포함하는 심적 작용까지 확장된다. 이곳에서는 잠정적으로 눈에 대상이 비치는 것을 감각(vedanā), 안식이 눈의 대상을 인식하는 것을 지각(pratyakṣa, upalambha), 그리고 의식이 지각을 판단하고 확정하는 것을 인식(buddhi)이라고 정의하고자 한다. 그리고 이 모두는 의식작용에 포함된다.

종의 인식수단과 3단계의 논증식으로 그의 인식논리학을 재구성하였다.

바른 인식수단은 직접지각과 추론 두 가지뿐이다.
인식대상이 자상(自相)과 공상(共相) 두 가지뿐이기 때문이다.　　　(PS 2)

디그나가의 관점에서 비유(upamāna)와 성언량(聖言量, śabda)은 궁극적으로 추론(比量)에 포함된다. 직접지각과 추론은 각기 상응하는 인식대상을 가진다. 직접지각은 오직 개별자의 형상(自相, svalakṣana)을 지각하며, 추론은 보편상(共相, sāmānyalakṣana)을 인식한다.

자상은 하나의 개별자가 가지고 있는 형상(ākāra)이며, 그것을 지각하는 것이 직접지각이다. 직접지각(pratyakṣa)이란 분별이 없는 지각, 언어적 사유와 결합하지 않은 지각, 감각기관의 착오나 혼란이 없는 지각, 인식이 발생하기 이전 단계의 지각을 의미한다. 직접지각은 건강한 눈으로 어둠과 같은 장애가 없는 상태에서 대상을 있는 그대로 지각하는 경우에, 파랑 등의 개별적인 색깔이나, 나무, 군대의 행렬 등의 형상을 지각한다. 색깔이나 나무가 눈에 비추기는 하였지만, 아직 '파랑'이나 '나무', '군대' 혹은 '좋다', '나쁘다' 등의 분별이나 의식이 떠오르기 전의 지각이다.

반면, 추론이 대상으로 가지는 공상은 개별자들을 관통하는 공통의 개념, 즉 옷감이나 하늘과 바다에 공통으로 있는 '파랑', 자귀나무와 모과나무와 자작나무에 공통하는 '나무', 1군과 2군과 3군 등의 '군대의 행렬'을 지시한다. 요컨대 인식대상은 개별상과 보편상 두 가지로 압축할 수 있으며, 개별상을 지각하는 것은 직접지각이고 보편적 개념을 인식하는 것은 추론이다.

이 두 가지만이 바른 인식을 획득할 수 있는 기본적이고 신뢰할 만한 인식수단이다. 그리고 둘 사이에서도 추론보다는 직접지각이 근본적이고 인식수단으로서 우월적인 지위를 갖는다.

그렇다면 직접지각 하나로 충분한 것은 아닌가?

비실재하는 것은 인식의 대상이 될 수 없기 때문에,
직접지각에 의해 얻는 자상(自相) 하나만을 인식대상이라 해도 좋지 않은가? (PV3.64)

그렇지 않다. 우리가 바른 인식을 획득하기 위해서는 '보편개념(共相)'에 대한 인식이 요구된다. 그런데 추론의 대상인 공상(共相)은 실재하는 것이 아니다. 그것은 무(無, asat)이다. 그렇다면 어떻게 비존재를 인식의 대상이라고 할 수 있겠는가? 이에 대해, 다르마끼르티는 비존재는 직접지각의 대상이 될 수 없으며, 따라서 비존재를 확증하는 제2의 인식수단이 필요하다고 주장한다.

만일 '어떤 것에 대해 직접지각이 발생하지 않았다면,
그것은 비존재라고 확정된다.
따라서 직접지각이 비존재를 결정한다'고 말한다면,
그것은 모순이다. (PV3.67)

직접지각이 발생하지 않은 것을 근거로 비존재가 결정되었는데, 이제 그 직접지각이 비존재를 확정한다는 주장은 논리적 오류에 떨어진다. 다음으로,

공상(共相)에 대한 추론지가 인식능력을 가지지 못한다면,
직접지각에 지각되지 않는 것은 모두 비존재하는 것이 될 것이다.

(PV3.73)

만약 자상을 가진 개별자에 대한 직접지각만이 생기고, 공상에 대한 추론지가 성립하지 않는다면, 직접지각에 지각되지 않는 수많은 대상들은 비존재라고 해야 할 것이다. 이를테면 색깔의 무상성, 과거의 기억이나 미래의 열반, 목이 길고 사슴처럼 생긴 동물, 남극 탐사대가 전해 준 펭귄에 대해서 우리는 어떤 인식도 일으킬 수 없게 될 것이다. 따라서 직접지각만으로는 세계를 있는 그대로 남김 없이 인식할 수 없다. 직접지각과 추론 두 가지를 통해서 '있는 그대로'의 세계가 '남김 없이' 인식될 수 있다.

우리가 추구하는 것은 대상에 대한 바른 인식이며, 그것은 분별이 개입하지 않은 지각, 즉 대상 자체에 대한 직접지각이며 자상(svalakṣana)의 지각이다. 디그나가는 그것을 파악하는 자(능취)와 파악되는 것(소취)이 분열하기 이전의 그 자체에 대한 인식으로 정의한다. 감각기관에 던져진 형상(ākāra)은 감관지의 대상이다. 경량부는 그것의 근거를 외계에 상정할 수밖에 없다고 하지만, 감관지의 원인으로서 형상 자체는 외계의 대상이 아니다.

여기서 바른 인식은 외계의 대상에 대한 인식이 아니다. 유식이나 중관의 관점에서 외계의 대상은 실재하지 않는다. 따라서 바른 인식이란 의식의 영역 안에서 발생하는 자상의 직접지각을 의미하게 된다. 의식에 형상이 떠오르고, 아직 분별이 개입하지 않은 무분별의 인식 그것이 바른 인식이다. 우리의 눈이 의식에 떠오른 형상, 즉 파란공의 파랑과 동그라미를 지각하였지만 아직 '파란공'으로 인식하지 않은 그 단계의 인식이

직접지각에 해당한다.

공상(sāmānyalakṣaṇa)은 자상에 의존하고 있으며, 자상이 진실인 한에서 공상도 진실하다. 따라서 궁극적 의미에서 바른 인식대상이란 자상에 한정된다. 직접지각만이 궁극적이지만 추론도 바른 인식수단으로 인정될 수 있는 이유는 자상의 진실성에 근거하여 공상의 인식이 추론되기 때문이다. 아비다르마철학에서 궁극적인 목표는 무상(無常), 고(苦), 무아(無我)의 공상(共相)을 보는 것이었다. 그러나 인식논리학에서 궁극적인 목표는 자상을 보는 것이다. 보편적 개념들은 자상에 의존하고 있으며, 자상에 대한 직접지각을 통해 건전하고 타당하게 추론될 수 있기 때문이다.

참된 인식수단은 새로운 정보를 알려주지만, 그 외의 것들은 새로운 지식을 주는 것이 아니라 이미 알려진 것들을 재확인하는 기능을 한다. 이제 직접지각의 네 가지 종류와 추론의 논증방식에 대해 살펴보기로 하자.

직접지각의 조건

다르마끼르티는 디그나가를 계승하여 바른 인식의 수단을 직접지각과 추론 두 가지로 정의한 후, 바른 인식수단의 대상이 되는 몇 가지 조건을 명시한다.

> 바른 인식수단이 두 가지인 이유는 인식의 대상이 두 가지뿐이기 때문이다.
> 바른 인식의 대상은 유효한 작용능력(arthakriyā)이 있는가에 따라 결정된다.
> 때문에 눈병 걸린 사람의 눈에 떠다니는 머리카락 등은 대상이 아니다.
>
> (PV3.1)

궁극적인 차원에서 바른 인식의 대상은 인식 작용을 일으키는 능력을 가지고 있다. 다시 말해, 인식에 대응하여 그것을 일으키는 힘을 가지고 있는 어떤 것을 승의(勝義)의 차원에서 대상이라고 한다. 하지만 그런 작용을 일으키는 원인이 없이, 단지 감각기관인 눈의 비문증(飛蚊症)과 같은 장애에 의해 나타나는 머리카락이나 벌레 등의 시각작용은 바른 인식이 아니다.

이처럼 원인의 인과효력(arthakriyā)에 의해 드러나는 인식은 세 가지 방식으로 분류해 고찰해 볼 수 있다.

> 유사한가 유사하지 않은가, 언어의 대상이 되는가 아닌가,
> 또 다른 원인이 있을 때, 그것이 없이도 인식이 발생하는가, 아닌가?
>
> (PV3.2 요약)

다르마끼르티는 이 게송에서 인식대상의 유사성(dṛśatva), 인식대상의 언어지시성, 다른 원인의 존재 가능성의 문제를 제기한다. 경량부적 관점에서 무분별의 직접지각이 대상으로 하는 형상(形相, ākāra)은 지각 너머의 대상과 유사함(dṛśatva)을 특징으로 하며, 언어의 대상이 되고, 그것이 없이는 지각이 발생하지 않는다. 하지만 유식적 관념에 기반하고 공성이 강조되는 인식논리학의 주석가들은 개별지와 보편적 개념 사이의 관계에서 게송을 해석한다.

인식논리학에서는 인식대상이 다른 인식대상들과 유사성을 지니는가, 즉 보편적 개념으로 집합될 수 있는 범주에 속하는가의 관점에서 고찰한다. 유사성을 가진 것은 추론의 대상인 '보편적 개념'이고, 유사성을 갖지 않은 것이 직접지각의 대상인 자상(自相)으로 여겨진다. 또한 '언어

의 대상(śabdasya nimitta)'에 대해서는 언어표현이 지금 인식의 대상에 대해 적용되고 있는가의 관점에서, 감각지각은 아직 언어적으로 표현되기 이전이기 때문에 언어표현이 없는 것(anirdeśya)이고, 추론의 대상인 공상(共相)은 언어표현을 가지는 대상으로 해석된다. 마지막으로 다른 원인들이 있을 때, 그 자체의 원인이 없이도 인식이 발생하는 것은 추론지이다. 직접지각은 오직 그 대상을 조건으로 해서만 발생하며, 그 대상이 없이는 발생하지 않는다.

직접지각에 의한 바른 인식에서 인식대상과 인식은 동시적이며, 다른 조건들에 대해 배타적이다. 그것은 일대일 대응성을 가지는 정합성이 있는 지각이며, 대상을 선명하게 드러내어 그것에 대한 정보를 제공하는 지각이다. 무엇보다 직접지각을 바른 인식수단이면서 가장 신뢰할 만한 기본적인 인식수단으로 인정하는 기준은, 그것이 인식대상의 직접적인 인과작용(arthakriyā)에 의해 발생하는 지각이라는 사실이다.

결론적으로 다르마끼르티는 인과적 힘에 의해 직접지각과 추론의 근거가 되는 대상을 궁극적인 차원에서 자상, 세속적 차원에서 지각과 추론의 대상을 공상으로 요약한다.

> 인과효력(arthakriyā)을 갖는 것은 승의유이고, 다른 것은 세속유이다. 이 둘은 자상(自相) 과 공상(共相)이라고 한다.　　　　　　　　　　　(PV3.3)

직접지각의 종류

'있는 그대로'의 대상에 대한 바른 인식은 직접지각에 의지하며, 직접지각에는 네 가지 종류가 있다. 『니야야빈두(Nyāyabindu, 正理一滴)』에는 그것을 다음과 같이 정의한다.

> 하나는 감관지이다. 둘은 의지각이다. 의지각은 자기 대상과 직후의 대
> 상을 공통의 원인으로 가지며, 등무간연인 감관지에 의해 일어나는 의
> 식이다. 셋은 일체의 마음 및 마음작용에 대한 자기인식이다. 넷은 진실
> 의 대상을 명상하는 최상의 경지에서 일어나는 요가행자의 인식이다.
>
> (NB1,8–11)

감관지(indriyajñāna)는 다섯 종의 감각기관에 의해 일어나는 전5식의
감관지를 의미한다. 디그나가는 직접지각을 이 감관지에 국한한다. 그러
나 전통에서는 승의의 진리인 직접지각의 영역을 확장하여, 의지각(意知
覺, manaspratyakṣa), 자기인식(svasaṃvedanā), 요가행자의 증지(證智, yogipra-
tyakṣa)를 포함시킨다.

의지각은 '의근의 지각(manaspratyakṣa)' 혹은 '의근지(意根智, mano-
vijñāna)'를 혼용해서 사용하며, 여섯 번째 감각기관인 의근(意根)에 의한
제6식에서 발생하는 직접지각의 영역을 지시한다. 그것은 언어로 표현
될 수 없으며, 외부의 대상에 의존하지 않고, 마음에서 발생하는 감정 등
의 대상에 대한 지각을 의미한다. 언어적 개념에 따른 개념지는 의지각을
조건으로 하여 발생하며, 의지각은 감관지가 작용을 정지한 후에 발생한
다. 다시 말해, 대상에 대한 감관지가 생기고, 그것이 정지한 직후 찰나
에 의지각이 일어나며, 그것에 의존해서 개념지가 발생한다.

전통적으로 요가행자의 증지는 의지각의 일부였던 것으로 생각된다.
의지각 중의 특수한 인식이 요가행자의 증지이다. 이 차원에서의 지각에
는 한계가 없고, 일체지의 성취가 가능해진다. 요가행자의 지각은 의근과

제6의식에서 발생하는 인식으로, 의식의 한 종류이다. 수행자는 4성제와 16행상이 진리라는 사실에 대한 선명한 의식을 통해 요가수행자의 증지로 도약한다. 까말라실라(Kamalaśila)에 따르면, 그것은 자상이라고 할 수 있고, 보편상이라고 해도 틀린 것은 아니다.

자기인식(svasaṃvitti, ātmasaṃvedana)은 디그나가의 개념에서 발전한 것으로, 다르마끼르티가 직접지각의 4종류 중 하나로 포함하였다. 자기인식은 대상인식 이외에 오직 마음과 관련된 인식을 의미한다. 인식은 모두 마음 안에서 일어나는 일이므로 모두 자기인식에 해당한다. 나아가 개념지도 자기인식에 포함된다. 자기인식은 스스로를 밝히는 촛불과 같은 인식으로, 보는 자와 보이는 자가 분열되기 이전의 의식을 말한다. 유식적 관점에서 분별의식에 의해 주객이 구분되기 이전의 마음 자리에서 자기 스스로가 환하게 빛나는 마음의 상태를 자기인식이라고 할 수 있다. 그것은 또한 현상이 발생하는 첫 찰나에 의식의 상태이기도 하다.

아포하(apoha)

추론이 대상으로 하는 공상(共相)은 언어적 보편 개념 혹은 개념지이다. 그것은 1회적이고 특수한 불을 지각하는 것도 아니고, '불'이라는 보편적 실재를 지각하는 것도 아니다. 언어적 개념으로서 '불'은 니야야학파와 같은 보편적 실재성을 의미하는 것이 아닌 방식으로 해석되어야 한다.

그러나 어떤 보편적인 개념의 존재를 적극적으로 표현하면서 그것의 실재성을 부정하는 것은 모순적으로 보인다. 이 지점에서 디그나가는 언어의 지시기능을 수반과 배제라는 두 측면으로 분석한다. 언어의 수반은 '이것은 X이다'라는 직접적이고 긍정적인 표현으로 X를 지시하는 기능을 의미한다. 하지만 디그나가는 '이것은 Y가 아니다'라는 방식의 간접적이고, 부정적인 형식의 표현으로 실재론을 비껴간다.

이것을 '타자의 배제(anyāpoha)'라고 한다. 추론의 대상이며, 언어적 표현인 개념적 존재들은 그 자체의 본성에 의해서가 아니라 타자들의 배제를 통해 지시할 수 있다. 불의 인식은 '이것은 불이다'라는 방식이 아니라, '이것은 불이 아닌 것이 아니다' 혹은 '이것은 불이 아닌 것들에 속하지 않는다'는 방식을 함축한다. 여기에서 '이것은 불이다'라는 인식은 '이것은 물이 아니다'나 '이것은 흙이 아니다' 등을 포함하는 '−X'들의 가능성을 부정하는 의미에서 불이다.

인식논리학 논서에서는 부분부정(paryudāsa)과 전체부정(prasajyapratiṣedha)이라는 두 종류의 부정(negation) 개념을 구분한다. '이것은 불이다'를 부분부정하는 경우에, '이것은 불이 아니다'라는 명제는 그것이 불이 아닌 상대개념의 물, 흙, 공기 등의 어느 것과 상관관계에 있음을 의미한다. 따라서 '이것은 불이 아닌 것이 아니다'라는 명제는 '이것이 물, 흙, 공기 등이 아닌 것으로서 불이다'라는 의미로 귀결한다. 그러나 전체부정은 '이것은 불이다'라는 명제 자체를 부정한다. '이것은 불이다'라는 명제는 사실이 아니다. 이것에는 물, 흙, 공기의 관련된 상대적인 존재함축이 전혀 개입하지 않는다. 디그나가와 다르마끼르티의 추론에서 아포하는 부분부정을 통한 '타자의 배제' 개념을 전제로 한다.

인도식 삼단논법

인도의 논증식은 다섯 단계의 논증을 의미하는 오지작법과 그것을 단순화한 삼지작법(三支作法)이 있다. 디그나가에 의해 정식화된 삼지작법은 아리스토텔레스 논리학의 연역적 삼단논법과는 논증의 방향을 달리한다. 인도논리학에서는 어떤 속성을 가지고 있는 존재(有法, dharmin)와 그것에 속하는 속성(法, dharma)의 관계에 기반하여 논리체계를 구성한다. 이는 명사의 논리적 관계의 규명에 초점을 두는 아리스토텔레스 형식논리학과 다른 점이다. 몇 가지 사례를 들어, 오지작법과 삼지작법의 논증 방식을 살펴보기로 한다.

오지작법은 주장명제, 원인(근거), 사례(비유), 적용, 결론의 다섯 단계로 구성되어 있다.

종(宗, pratijñā): 저 산에 불이 있다.

인(因, hetu): [저 산에] 연기가 있기 때문에

유(喩, udāharaṇa): 연기가 있는 곳에는 불이 있다, 아궁이처럼.

합(合, upanaya): [저 산에] 연기가 있다.

결(結, nigamana): 그러므로 이 산에 불이 있다.

논자의 주장명제는 '저 산에 불이 있다'는 것이다. 이 명제는 논자의 직관에 떠오른 사실이며, 논증의 결론에 해당한다. 논자가 저 산을 보고 있는 도중 갑자기 '불'의 의식이 떠올랐다. 그는 그곳에서 불을 보지 못했다. 그는 단지 산등성이로 올라오는 연기를 보았을 뿐이다. 논자는 자신의 의식에 떠오른 불이 연기를 원인으로 하였다는 것을 깨닫는다. 그것은 평소에 보아왔던 아궁이의 경험, 즉 연기가 있는 곳에는 불이 있다는 경험적 사실과 부합한다. 이로써 자신의 직관에 대한 타당성이 입증된다.

아리스토텔레스의 삼단논법에 대응하는 부분은 사례(비유), 적용, 결론에 해당한다. 형식논리의 삼단논법은 기본적으로 두 개의 명제를 전제로 하여 하나의 결론에 도달하는 세 단계의 형식으로 구성된다.

> 대전제: 모든 사람은 죽는다.
> 소전제: 이하운은 사람이다.
> 결론: 그러므로 이하운은 죽는다.

우리는 두 가지 알고 있는 전제로부터 그것이 함축하는 새로운 사실을 연역한다. 두 전제가 참이라면, 결론도 반드시 참이게 된다. 이제 우리는 어떤 사람 이하운의 운명에 대해 알고자 한다. 그는 사람이다. 그리고 '모든 사람은 죽는다'는 명제가 참이라는 경험적 사실을 알고 있다. 그렇다면 소크라테스에서 확인된 것처럼, 이하운도, 불특정의 홍길동도 그가 사람인 한에는 죽을 운명이다. 이제 나는 연역적 추론을 통해 분명한 사실을 확인한다. 나는 아직 살아 있지만, 다른 모든 사람들처럼 반드시 죽을 것이다.

오지작법의 하단부 세 단계는 정확히 아리스토텔레스 삼단논법의 구조와 동일하다. 아궁이의 경험적 사실을 통해 우리는 '연기가 있으면 불이 있다'는 명제가 참임을 안다. 아궁이에 불을 때 본 경험이 없는 젊은 세대들은 이해하지 못하겠지만, 아궁이에 불을 지필 때는 연기가 많이 나고, 연기가 나면 거기에 불이 있다. 하지만 아궁이에 불을 때며 눈물을 흘려 본 고색창연한 세대의 독자라면, 눈물이 나도록 매운 연기가 가득 차도 아직 불이 피지 않은 경우도 있다고 강변할지 모르겠다. 사실이 그렇다. 그러나 우리가 지금 논의하는 인도의 아궁이는 연기가 나면 반드시 불이 있다. 그것은 모든 인도 사람들이 그렇게 알고 믿고 논의를 전개하는 전제이다.

자 이제 우리는 안다. 아궁이에서와 같이,

> 사례/비유: 연기가 있는 곳에는 불이 있다.
> 적용: 저 산에 연기가 있다.
> 결론: 그러므로 저 산에 불이 있다.

오지작법의 하반부는 타인을 설득하기 위한 형식논리의 삼단논법을 정확하게 보여준다. 인도 논리학에서는 논증을 위타비량(爲他比量, parārtha-anumāna), 즉 타자를 설득하기 위한 추론과 위자비량(爲自比量), 자신의 인식을 위한 추론으로 구분한다. 오지작법을 구분해 보자면, 전반부 세 단계는 위자비량에 상당하고, 후반부 세 단계는 위타비량이라고 해도 무방할 것이다.

디그나가의 삼지작법

그런데 디그나가와 이후의 인도논리학에서는 독창적이면서도 혼란스럽고, 동시에 다소 아쉬운 방향으로 논리학의 전개가 이루어진다. 디그나가는 오지작법을 단순화하면서, 전반부의 세 단계만으로 추론이 충분하다고 결론짓는다. 위자비량적인 성격이 강한 전반부의 추론을 통해 자신을 위한 바른 인식을 추구한다는 점에서 논증식은 완결적이라고 할 수도 있을 것이다. 그러나 그것은 동시에 인도논리학이 타자를 위한 논증과 경험적 사실을 통한 객관적 사실의 연역이라는 측면으로의 발전을 포기하는 결과를 낳았다. 이것은 어쩌면 지중해 문명권과 인도 아대륙 문명권의 근본적인 차이를 반영하는 하나의 중요한 지표가 될지도 모른다.

디그나가의 삼지작법은 전통적인 오지작법에서 전반부의 세 단계만을 취한다.

> 주장명제(宗, pratijñā): 저 산에 불이 있다.
> 근거(因, hetu): (저 산에) 연기가 있기 때문에.
> 비유(喩, udāharana): 아궁이처럼.
> *동유(同喩): 연기가 있는 곳에는 불이 있다. 아궁이처럼.
> *이유(異喩): (불이 없는 곳에는) 연기가 없다. 호수처럼.

앞서 인도인들의 세계관에서 '연기가 있는 곳에는 반드시 불이 있다'고 하였다. 그처럼 '연기와 불' 사이에 성립하는 필연적 인과관계를 변충(vyāpti)관계가 성립한다고 한다. 디그나가는 삼지작법을 구성하면서, 비유의 필연적 인과관계의 분석에 천착하였다. 비유에 해당하는 경험적 사실에 대한 관찰의 결과, 확증가능한 사례로부터 그와 동일한 존재형식을 가지고 있는 존재 혹은 세계에 속하는 사실을 논리적으로 추론하고자 한다.

아궁이에서 '연기와 불'의 필연적 인과관계는 저 산에서 '연기와 불'의 필연적 인과관계를 추론할 수 있는 근거가 된다. 저 산에서 연기가 보이기만 하면, 저 산에 불이 있다는 사실을 추론할 수 있다(A). 디그나가는 여기에서 만족하지 않고, 반증사례를 추가하여 조건을 강화한다(B).

> A: 연기가 있으면 불이 있다. (S → F)
> B: 불이 없으면 연기가 없다. (~F → ~S)

두 명제는 대우명제로 하나가 참이면, 다른 하나도 참이다. 그러나 명제 A와 B가 참이라는 사실이 내가 연기를 보고 있지 않을 때, 그곳에 불이 없다는 사실도 입증하지는 않는다. '연기와 불'의 조건적 인과관계만으로는 불충분하다. '연기와 불'의 필연적 인과관계가 참이기 위해서는 지금 내가 연기를 볼 때, 그리고 오직 그때에만, 그곳에 불이 있다는 사실이 참이어야 한다.

C: 연기가 없으면, 불이 없다. (~S → ~F)

내가 저 산에서 연기를 보고 있지 않을 때에도 저 산에 불이 있을 수 있다. 다시 말해, 아궁이에 연기가 있으면 불이 있다는 사정이 '연기가 없으면 불이 없다'는 명제C를 참으로 보장하지는 못한다. 간단한 예를 들어보겠다.

A': 서울 시민이면, 한국 국민이다.
C': 서울 시민이 아니면, 한국 국민이 아니다.

한눈에 두 명제가 동일하지 않음을 확인할 수 있다. 이것을 전건 부정의 오류라고 한다. 디그나가는 이 문제를 해결하기 위해, 유비가 동일하지 않은 사례를 추가한다. '저 산'과 '아궁이'는 동일한 유비적 관계가 성립하는 동유(同喩)이며, 이제 서로 상이한 유비관계인 이유(異喩)를 통해 '연기와 불'의 필연적 인과관계를 재확립하고자 한다.

여기에서 '상이한 비유(異喩)'와 관련해서 미묘한 해석의 문제가 발생한다.

종(宗, pakṣa): 소리는 무상하다.

인(因, liṅga): 만들어진 것이기 때문에.

유(喩): 동유(同喩, sapakṣa)—만들어진 것은 무상하다, 항아리처럼.

　　　이유(異喩, vipakṣa)—영원한 것은 만들어진 것이 아니다. 허공처럼.

'소리는 무상하다'는 주장명제는 '만들어진 것은 무상하다'는 입증된 진리에 의존한다. 만들어진 것들은 어떤 것도 영원하지 않고 무상(無常)하다. 그것은 항아리와 같은 동일한 유비적 존재를 통해 확인된다.

문제는 디그나가가 추가한 상이한 유비관계(異喩)의 명제 설정에서 발생한다. 논서들에서 상이한 유비관계의 명제는 '항상하는 것은 만들어진 것이 아니다'로 제시된다. 허공은 무위에 속하고, 만들어진 것이 아니며, 항상하다고 정의된다. 그런데 이 명제는 동유와 동치인 명제이다.

A: 만들어진 것은 무상하다. (M→I)

B: 무상하지 않은 것은 만들어진 것이 아니다. (~I→~M)

두 번째 명제 '무상하지 않은 것은 만들어진 것이 아니다'(~I → ~M) = (M→I), '만들어진 것은 무상하다'이다. 두 명제는 동치이며, 동어반복이다. 그렇다면 따로 상이한 유비관계로 설정할 필요성이 없어진다. 때문에 인식논리학 전통에서 이유를 불필요한 반복으로 간주하고 삭제해야 한다는 주장이 제기되었다.

반면, 상이한 유비관계를 '만들어진 것이 아닌 것은 무상하지 않다'(~M → ~I)로 명제를 세우면, 그것과 동치인 대우명제는 '무상한 것은 만들어진 것이다'(I → M)가 된다. 이 경우에 동유와 이유는 필요충분조

건을 만족하게 된다. 예를 들어,

> A: 서울 시민이면, 한국 국민이다. (S→K)
> B: 한국 국민이면, 서울 시민이다. (K→S)

일반적으로 두 명제는 일치하지 않으며, 명제B는 사실에 부합하지 않는다. 그렇지만, 만에 하나 아주 희박한 경우이지만, 어떤 정신 나간 통치자가 한국을 전부 서울처럼 만들기 위해 전국을 서울에 편입시킨다면, 명제B는 참이 될 수 있다. 그리고 이 경우에 서울 시민과 한국 국민은 서로 필요충분조건을 만족하는 동치가 된다.

'연기와 불'이 언제나 함께 존재하며, 그 외의 관계는 전혀 성립하지 않는다. 이 경우에 '연기가 있는 곳에는 언제나 불이 있고, 연기가 없는 곳에는 불이 존재하지 않는다.' 또한 '불이 있는 곳에는 언제나 연기가 있고, 불이 없는 곳에는 연기가 존재하지 않는다.' '불과 연기'는 동일한 사태의 두 가지 양태로 이해될 수 있다.

인(因)의 삼상(三相, trairūpya)

디그나가는 동일한 유비관계와 상이한 유비관계의 모든 가능한 조합을 나열하여 검토하고 그 가운데 바른 근거의 조합을 제시하였다. 그는 이를 위하여 동유와 이유의 가능한 모든 경우를 총 아홉 가지 조합으로 분석한다.

동일한 유비관계와 상이한 유비관계에서 제시되는 사례는 각각 1) 전부에 수반되거나, 2) 일부에 수반되거나, 3) 전혀 수반되지 않는다. 동유와 이유에 각각 세 개씩의 가능성이 있기 때문에 전체의 조합은 3×3=9로 아홉 가지가 된다. 다음 도표는 구구인(九句因)의 가능한 조합이다.

	유(동품)	무(동품)	구(동품)
(이품)유	제1인	4	7
(이품)무	제2인	5	8
(이품)구	제3인	6	9

제1인: 인(因, liṅga)가 동품에서 유(有), 이품에서 유(有).
제2인: 인(因, liṅga)가 동품에서 유(有), 이품에서 무(無)
제3인: 인(因, liṅga)가 동품에서 유(有), 이품에서 구(俱)

제4인: 인(因, liṅga)가 동품에서 무(無), 이품에서 유(有).
제5인: 인(因, liṅga)가 동품에서 무(無), 이품에서 무(無).
제6인: 인(因, liṅga)가 동품에서 무(無), 이품에서 구(俱).

제7인: 인(因, liṅga)가 동품에서 구(俱), 이품에서 유(有).
제8인: 인(因, liṅga)가 동품에서 구(俱), 이품에서 무(無).
제9인: 인(因, liṅga)가 동품에서 구(俱), 이품에서 구(俱).

유(有): 그 품 전부에 있는 경우
무(無): 그 품 전부에 해당하는 경우가 없음
구(俱): 그 품에 있기도 하고 없기도 할 때

가능한 아홉 가지 경우에서 제2인과 제8인만이 타당한 사례로서 인정된다.

제2인: 연기가 아궁이에 있고, 호수에는 없는 경우
제8인: 연기가 아궁이에 있기도, 없기도 하고, 호수에는 없는 경우

여기서 '연기가 동품(아궁이)에 있기도, 없기도 하다'란 무슨 의미인가? 각각의 경우를 분석해 보면, 제7인은 제1인과 제4인의 중첩, 제8인은 제2인과 제5인의 결합, 제9인은 제3인과 제6인으로 분석해 볼 수 있다. 이

경우, 제8인은 제2인에 해당하는 부분만이 인정되고, 제5인에 해당하는 부분은 어떤 증명도 불가능한 영역이 된다. 그리고 제8인의 동시(俱)는 유(有)와 무(無) 어느 것이 존재해도 참(P v Q)이기 때문에, 제2인과 제5인 중 하나만 참이면 제8인도 참이게 된다. 그런데 제2인은 이미 참이 확정되어 있다. 같은 논리로 제5인이 참이더라도 제8인이 참일 수 있겠으나, 제5인은 성립하지 않는다.

제8인: 아궁이에 연기가 있기도 하고 없기도 한 경우

아궁이에 연기가 있는 경우, = 제2인
아궁이에 연기가 없는 경우, = 제5인

여기서 제5인, 즉 "불이 있지만, 연기가 없다"는 성립하지 않는다. 따라서 제8인은 제2인과 동일한 진리값을 갖는다.

이처럼 바른 원인/근거를 세우기 위한 세 가지 조건을 '인의 삼상'이라고 한다. 인의 삼상의 기원에 대해서는 불확실한 점이 있지만, 그것이 디그나가 이후의 불교논리학에서 적극적으로 수용된 것은 분명하다. 논증의 원인으로 정립하기 위해서는 변시종법성(遍是宗法性, pakṣadharmatva), 동품정유성(同品定有性, sapakṣe sattva), 이품변무성(異品遍無性, vipakṣe asattva)을 만족해야 한다.

변시종법성은 논증의 근거(因, liṅga)가 논증 주제의 속성에 포함되어야 한다는 주제소속성을 의미한다. '저 산에 불이 있다'는 근거로 '연기가 있기 때문에'라는 근거를 제시할 경우, 그 '연기'가 있는 곳은 '저 산'이어야 한다. 그리고 저 산은 언제나 '연기'를 가질 수 있는 그런 성질을 가지고 있어야 한다. 당연한 이야기지만, '연기'가 '저 산'이 아니라 그 옆의 산에서 관찰되었다면, 그것은 '저 산에 불이 있다'는 논증에 전혀 도움이 되지 않을 것이다.

동품정유성은 논증의 근거가 동일한 유비관계의 사례에 존재해야 하는 수반관계를 의미한다. '저 산에 불이 있다'는 주장명제를 논증하기 위해, 동일한 유비관계에 있는 '아궁이'의 사례를 제시한다. 논증이 성립하기 위해서는 불이 있는 '아궁이'에서 논증의 근거인 '연기'가 발견되어야 한다. '아궁이'에서 연기를 발견할 수 없다면, 논증을 위한 사례가 될 수 없을 것이다. 이렇게 '연기'가 발견되는 아궁이에서 '연기가 있는 곳에는 언제나 불이 있다'는 인과의 필연성이 존재한다면, 우리는 '저 산'에서 발견된 '연기'를 통해서 '불'을 추론할 수 있게 될 것이다. 요컨대,

동품정유성: {연기가 있는 아궁이류 집합} → {불이 있는 곳의 집합}

이품변무성은 앞서 언급한 '연기의 관찰에서 불의 추론' 사이의 인과적 필연성을 '연기와 불'의 필연성으로 한정하는 장치이다. 엄밀한 의미에서 논증의 근거로 작동하기 위해서는, 불이 있는 '아궁이'와 같은 동일한 유비관계가 아닌 곳에서는 '연기'가 발견되지 않아야 한다. 다시 말해, '아궁이'는 동일한 유비관계의 모든 사례를 하나도 남김 없이 포함해야 한다. 이 '아궁이류의 집합'에 포함되지 않은 것에는 어떤 것도 '연기'가 발견되지 않는다. '불이 있는 모든 곳'의 집합인 아궁이에 속하지 않은 곳, 이를테면 호수에서는 '연기'를 볼 수 없다.

이품변무성: {연기가 없는 호수류의 집합} → {불이 없는 곳의 집합}
= {불이 있는 곳의 집합} → {연기가 있는 곳의 집합}

불이 없는 곳에 가면 절대 연기를 볼 수 없다. 간혹 연기와 비슷한 안개를 보는 때가 있지만, 그것은 연기가 아니다. 동품(同品)과 이품(異品)의 상호한정으로 인해 논증의 근거를 확정하는 단계에서 '논증되어야 할 것 (불)'과 '논증의 근거(연기)'는 필요충분조건의 동치가 성립하게 된다. '연기'이건 '불'이건 하나만 관찰되면, 반드시 나머지 하나가 수반한다.

오류론

고전논리학에서는 명제의 정립과 그것에 대한 언어적 기술에서 특히 문제를 야기할 위험을 내포하고 있었다. 앞서 살펴보았듯이, 어떤 사물이나 사태들의 논리적 연관관계의 언어적 서술에는 언제나 불명료하고 불분명한 개념적 혼란이 끼어들었다. 이 같은 오류에 대한 고찰은 논쟁의 과정에서 상대의 논증을 논파하고 승리로 이끄는 결정적인 힘이다.

근대 서구의 형식논리학이나 분석철학에서는 언어적 기술의 불확실성을 제거하기 위하여 서술적 언어를 수학적 기호로 번역하여 엄밀한 형식논리적 분석을 시도하였다. 하지만 1,500년 전 인도의 논리학자들은 대신 논리적 사유의 경로와 결과를 도식화하고 유형화하여 바른 논증과 오류를 분류하는 방식을 취하였다.

불교논리학의 개론서인 샹카라스바민(Śaṅkarasvāmin)의 『인명입정리론(人明入正理論)』[6]에는 '인의 삼상'의 관점에서 발생할 수 있는 33종의 오

---

6 산스크리트어 제목은 Nyāyapraveśaka이며, 현장(玄奘)이 『인명입정리론』(647년)으로 번역하였다. 주석서로 원효(元曉)의 『판비량론(判比量論)』, 규기(窺基)의 『인명입정리론소(因明入正理論疏)』, 혜소(慧沼)의 『인명입정리론의단(因明入正理論義斷)』 등이 있다. 이하 오류론의 논의는 T32, 11,b24-12,b4.

류를 분석하고 있다. 논증에서 결락이나 잘못된 적용으로 인해 발생하는 논리적 오류는 주장명제에서 9종, 이유/근거에서 14종, 비유/사례에서 10종 등으로 파악된다. 여기서는 몇 가지 사례를 들어 인명론에서 말하는 오류의 맛을 음미해 보기로 한다.

『인명입정리론』 몇 가지 개념어

극성(極成, prasiddha): 일반이나 논쟁 양측에 알려진 사실
상위(相違, viruddha): 관찰, 추론, 상식, 자기주장에 어긋남
불성(不成, asiddha): 성립하지 않는 주장
부정(不定, anaikāntīkā): 애매모호하여 불확정적인 경우
수일(隨一, anyatara): 논쟁 어느 일방의 주장, 원인, 사례
불견(不遣, avyāvṛtta): 논리적 불인정, 모순, 인정하지 못함

먼저, 주장명제의 제시에서 발생하는 아홉 가지 오류 가운데 하나인 비량상위(比量相違)를 보기로 하자. 비량상위는 '추론에 어긋나는 주장'을 의미한다. 물병은 만들어진 것이고, 깨진다는 경험적 관찰로부터 그것이 '영원하지 않다'는 추론적 결과를 도출할 수 있다. 그럼에도 불구하고 누군가 '물병은 영원하다'고 주장한다면, 그는 추론에 어긋나는 주장을 하는 셈이다.

이유/근거의 제시에서 발생하는 오류로는 수일불성(隨一不成)이 가장 흔히 거론된다. 수일불성이란 논쟁의 당사자들 가운데 어느 한쪽이 인정하지 않는 근거를 들어서 논증하고자 하는 경우에 해당한다.

예를 들어, 불교 논사들이 다음과 같은 논증식을 세웠다고 하면,

종: 소리는 무상하다

인: 만들어진 것이기 때문에

유: 항아리와 같이

　　미망사와 같은 인도의 정통파에서는 불교의 이유/근거를 받아들일 수 없다. 왜냐하면, 미망사에서는 소리가 만들어졌다는 소작성(所作性)을 인정하지 않기 때문이다. 논적을 논파하고 설득시키기 위해서는 그도 받아들일 수 있는 이유/근거를 들어서 논증을 전개해야 한다.

　　사례의 제시와 관련된 오류 가운데 '능립법불성(能立法不成)'은 논증에서 제시하는 근거(因)가 동일한 유비관계의 사례에서 성립하지 않는 것을 말한다.

종: 소리는 영원하다

인: 형체가 없기 때문에(형체가 없는 것은 영원하다)

유: 극미(원자)처럼

　　이 논증식에서 주장명제 '소리는 영원하다'를 논증하기 위한 근거로 '형체가 없기 때문에'를 제시하였다. 그것을 입증하기 위해서는 '형체가 없는 것은 영원하다'는 것을 보여주는 사례를 제시해야 할 것이다. 즉 무형체성과 영원성 사이의 필요충분한 인과관계가 성립하여야 한다. 그러나 극미는 입증하고자 하는 '영원성'에서는 소리와 동일하지만, 형체를 가진다는 점에서 이유/근거와 충돌한다. 따라서 '극미처럼'은 바른 사례가 아니다.

자립논증파와 귀류논증파

바수반두 이후 디그나가-다르마끼르티로 이어지는 불교의 철학적 논의는 인식론과 논리학을 중심으로 발전하였으며, 호법-현장으로 이어지는 전통에서는 유식사상에 더욱 주목하였다. 그런데 이들 두 흐름은 모두 중관의 충격에 대한 대응의 성격을 내포하고 있다.

중관철학은 직접지각과 보편개념의 문제에서 개념이란 단지 집착에 의해 가설된 것이므로 그 실체가 없는 것임을 강조한다. 모든 언설된 개념은 공(空)한 것이다. 모든 지각과 개념은 대상을 정확히 반영하는 것이 아니다. 세계는 만물이 서로를 조건으로 하여 연기적으로 드러난 형상이며, 그런 점에서 만물은 공하다. 그렇다면 공한 만물에 대한 경험을 토대로 궁극적인 공성을 입증하는 논증이 어떻게 가능할까?

티베트의 전승에 따르면, 이 문제에 대해 중관계통의 불교논리학에는 두 가지 해석전통이 있었다고 한다. 귀류논증파(歸謬論證派, prāsaṅgika)와 자립논증파(自立論證派, svātantra)가 그것이다. 6세기경 나가르주나의 『중론』에 대한 해석과 논증방식을 두고 붓다빨리타(Buddhapālita, 佛護, ca. 470~550)와 바비베카(Bhāviveka, 淸辨, ca. 500~570) 사이에 이견이 드러났다.

붓다빨리타의 해석을 따른 귀류논증의 방식은 찬드라끼르티(Chandrakīrti, 月稱, ca. 600~650)에서 샨티데바(Śāntideva, 寂天, ca. 650~760), 쁘라즈냐 까라마티(Prajñākaramati) 등으로 이어졌으며, 먼 훗날 겔룩파를 중심으로 한 티베트불교 중관해석에 기준이 되었다. 바비베카의 자립논증파는 『땃뜨바 상그라하(Tattvasaṃgraha, 『진실강요』)』의 저자 샨타락시타(Śāntarakṣita, 寂護, ca. 725~788)와 그의 제자 까말라실라(Kamalaśīla, 연화계(蓮華戒), ca. 740~795)에서 정점에 이른다. 샨타락시타와 까말라실라는 최고조에 도달한 인도불교사상을 티베트에 전하고 티베트 불교철학의 초석을 놓은 대석학들이다.

귀류논증파는 자신의 논증식을 적극적으로 구성하는 방식이 아니라 논적의 논증을 논파하는 방식으로 중관의 명제들을 논증해야 한다고 주장한다. 귀류논증파는 이처럼 반명제를 부정함으로써 명제의 타당성을 입증하는 귀류법(prasanga)을 논증방식으로 채택하기 때문에 쁘라상기까(Prāsaṅgika)라고 불린다. 우리는 이미 중관학파에 대한 고찰에서 귀류논증의 방식에 대해 살펴보았다. 귀류논증파의 입장에서, 직접적인 논증의 방식으로는 승의의 진리를 입증할 수 없다.

『중론』 1.1의 '발생에 관한 4구 부정'에 대한 해석에서, 나가르주나는 사물의 발생에 관한 네 가지 가능성, 즉 1) 자기 자신으로부터, 2) 남으로부터, 3) 둘 모두로부터, 4) 원인이 없이, 각각이 성립하지 않는다고 부정한다. 다시 말해, 사물이 발생한다면, 네 가지 경우 중의 하나로 발생할 것이다. 그러나 그 각각은 성립하지 않는다. 따라서 사물은 발생하지 않는다. 이것이 귀류논증이다.

여기서 첫 번째 가능성의 부정에서 사물이 발생한다면, '사물은 자신으로부터 생한다'의 부정은 정확히 무엇을 의미일까? 바비베카는 '사물은 자신으로부터 생한다'는 명제에 대한 부정은 '사물은 다른 것으로부터 생한다'는 명제로 귀결하며, 그것은 불합리하다고 비판한다. 따라서 귀류논증방식은 문제가 있다.

이에 대해 귀류논증파의 찬드라끼르티는 반론한다. '자신으로부터 생한 것이 아니다'라고 부정할 때, 우리는 명사의 부정이 아니라 명제의 전체부정(prasajya pratiṣedha)을 의미한다. 귀류논증에서 부정은 '자신'이나 '남'과 같은 부분적인 명사만을 부정하는 것이 아니라 '사물은 X로부터 생한다'고 하는 문장 전체, 명제 그 자체를 부정한다.

이제 다시 귀류논증파가 자립논증파의 논증식이 불합리하다고 반격한다. 발생에 관한 바비베카의 논증식은 다음과 같다.

> 종: '승의에 있어서' 모든 감각기관은 자신으로부터 발생하지 않는다.
> 인: 이미 존재하고 있기 때문에
> 유: (영원히 존재하는) 영혼과 같이

바비베카는 '승의에 있어서'라는 한정사를 통해, 반론자나 세속적 입장에서 제기되는 비판을 피하고 주장명제를 세울 수 있다고 주장한다. 그러나 찬드라끼르티는 오히려 '승의에 있어서'라는 한정사로 인해, 논증하는 명제가 세속에서와 진실에서 다르다는 함축을 가지게 된다고 비판한다. '승의에 있어서 감각기관이 자신으로부터 발생하지 않는다'는 주장은 '세속에서 감각기관은 자신으로부터 발생한다'는 의미를 가질 수 있다. 그러나 논증의 주장은 승의에서뿐만 아니라 세속에서도 인정되어야 한다.

같은 맥락에서, 논증 주제에 대해서 논주와 논적이 모두 인정할 수 있어야 한다. 여섯 감각기관의 발생에 대해 논하기 위해서는 동일한 6내처(감각기관)에 관해서 논증이 이루어져야 한다. 그러나 반론자들은 여섯 감각기관을 '실재하는 존재(vastu sat)'로 보는 반면, 중관의 논사들은 '가설적 존재(prajñapti sat)'로 간주한다.

두 학파의 관점은 이후 티베트불교의 전개에서 상이한 두 전통의 흐름과 관련이 있다는 점에서 의미를 지닌다. 먼저 티베트에 불교사상을 전파하고, 인도불교철학으로 토대를 놓은 샨타락시타는 자립논증의 관점에 서 있으며, 수 세기 후 티베트에서 발전한 인식논리학은 귀류논증파를 계승하고 있다는 사실을 기억해 둘 필요가 있다. 여기서는 극미에 대한 인식의 문제를 다룬 샨타락시타의 게송에 대한 까말라실라의 논증식을 보여주는 것으로 마무리하고자 한다.

종: [하나 혹은 다수의 극미들은] 직접지각에 의해 지각되지 않는다.
인: 확실한 지각에 의해 자신의 형상이 현현하지 않기 때문에
유: 공화(空華)와 같이[7]

불교논리학: 오류의 종류

삼지작법	총 33종	
종(宗)의 오류(過) pratijñābhāsa	현량상위(現量相違) 비량상위(比量相違) 자교상위(自敎相違) 세간상위(世間相違) 자어상위(自語相違) 능별불극성(能別不極成) 소별불극성(所別不極成) 구불극성(俱不極成) 상부극성(相符極成)	
인(因)의 오류(似因) liṅgābhāsa, hetvābhāsa	불성인(不成因)	양구불성(兩俱不成) 수일불성(隨一不成) 유예불성(猶豫不成) 소의불성(所依不成)
	부정인(不定因)	공부정(共不定) 불공부정(不共不定) 동분이전부정(同分異全不定) 이분동전부정(異分同全不定) 구분부정(俱分不定) 상위결정부정(相違決定不定)

---

7 *Tattvasangraha* 1964-1970, 요약 재구성.

삼지작법	총 33종	
인(因)의 오류(似因) liṅgābhāsa, hetvābhāsa	상위인(相違因)	법자상상위인(法自相相違因) 법차별상위인(法差別相違因) 유법자상상위인(有法自相相違因)
유(喩)의 오류 (似喩十過) dṛṣṭāntābhāsa	사동유(似同喩)	능립법불성(能立法不成) 소립법불성(所立(法)不成) 구불성(俱不成) 무합(無合) 도합(倒合)
	사이유(似異喩)	소립불견(所立不遣) 능립불견(能立不遣) 구불견(俱不遣) 불리(不離) 도이(倒離)

함께 읽어 볼 책

- 카츠라 쇼류 (2009). 『인도인의 논리학』. 권서용 등 역. 부산: 산지니.
- 김성철 (2004). 『중론, 논리로부터의 해탈, 논리에 의한 해탈』. 서울: 불교시대사.

13

설산(雪山)을 넘어 북으로
- 인도에서 티베트로, 티베트에서 인도로

설산(雪山)을 넘어 북으로
- 인도에서 티베트로, 티베트에서 인도로

1959년 3월 31일, 23세의 달라이 라마(Dalai Lama, the 14th)와 티베트인들은 혹한의 히말라야를 뚫고 인도 땅으로 망명하였다. 1950년 중국의 침공이후, 티베트는 종교적 독립성과 정치적 자치권을 놓고 중국 정부와 갈등하고 있었다. 1959년 3월 10일 중국군은 티베트 수도 라싸(Lhasa)를 포위하고, 달라이 라마에게 의심스러운 공연의 초대장을 보내왔다. 그러자 포탈라궁 주위에 대규모의 군중이 운집하여, 달라이 라마의 안전을 위해 초대에 응하지 말 것을 요구하였다. 3월 17일, 위장복을 입은 달라이 라마는 포탈라궁을 몰래 빠져나온다. 히말라야 고지대의 혹한과 험로를 헤쳐가며 중국의 감시를 피해야 하는 2주간의 이동은 주로 야간에 이루어졌다. 31일, 마침내 달라이 라마는 인도의 국경을 넘었다. 그리고 그 순간 티베트 불교의 새로운 여정이 시작되었다.

달라이 라마의 탈출 경로: 라싸에서 다람살라까지
(Map By: Eric Olason, www.ericolason.com)

티베트불교의 태동

1200년 전, 샨타락시타(Śāntarakṣita, ca. 725~788)는 히말라야의 험로를 인도쪽에서 반대 방향으로 넘어 티베트에 불교를 전하였다. 강력한 왕국을 형성한 티베트의 티데축첸(704~754)은 국가의 면모에 어울리는 통치이념과 종교사상의 확립을 추구하였다. 그는 당(唐)나라의 금성공주와 혼인하여 토번-당 결혼동맹을 체결하고, 당과의 문화적 교류를 활성화하였다. 당시 절정을 구가하던 당나라의 불교문화가 자연스럽게 티베트에 전해졌으며, 왕실 외척의 지원을 받아 사원이 건립되기도 하였다.

티데축첸의 아들 티송데첸(재위 754~797)의 티베트는 763년 당의 수도 장안을 일시적으로 점령하는 등 국력이 크게 팽창하였다. 티송데첸은 한편으로 당에 사절단을 파견하는 등 교류를 지속하면서, 다른 한편으로 인도 나란다 대학의 석학 샨타락시타를 초청하여 티베트불교의 기반을 다지도록 하였다. 샨타락시타는 아마도 '토끼 해'(763년)에 티베트에 도착하여 사원건축과 불교교화를 시도하였지만, 토착 뵌(Bon)교의 저항에 직면하여 물러나야 했던 것으로 보인다.

잠시 네팔지역으로 물러나 있던 샨타락시타는 771년경 빠드마삼바바(Padmasambhāva)를 대동하고 재입국하였다. 빠드마삼바바는 주술적 능력으로 뵌 교도들의 저항을 무력화하고, 삼예(bsam yas)사(寺) 건축과 제자 양성을 위한 대중의 지지를 이끌어낸 것으로 전해진다. 그의 능력은 티베트인들에게 깊은 인상을 남겼으며, 지금까지도 티베트 대중에게 그는 신비적인 능력을 갖춘 붓다와 같은 존재이자, 금강승(金剛乘, vajrayāna)의 창시자로 크게 존숭받고 있다.

삼예(bsam yas)논쟁

779년 마침내 삼예사가 완성되고, 그곳에서 티베트 최초의 출가자들에 대한 수계의식이 이루어졌다. 정식으로 티베트불교의 승단이 세워진 것이다. 사원의 대본당인 1층은 티베트식, 2층은 중국식, 3층은 인도식으로 지어져, 인도와 중국 사이에서 균형을 취하려는 티베트의 입장이 반영되어 있다. 두 세력 사이에 힘의 균형점을 찾으려는 노력은 티베트의 정치외교적 안정뿐만 아니라 국가적 통합성의 측면에서도 중요하게 고려되어야 했다.

길게 국경을 접하고 있는 중국으로부터 먼저 전해진 선불교와 인도에서 샨타락시타가 가지고 온 불교철학은 상당히 이질적인 모습이었다. 두 불교사상의 차이와 대립은 장차 국민 정서의 통합을 깨뜨릴 위험을 내포하고 있었다. 또한 왕실의 외척들을 중심으로 확산된 중국 선불교와 그 수행방식은 왕권을 강화하고 정치외교적 독립성을 추구하였던 티송데첸에게 민감한 정치적 현안이 되었다. 샨타락시타의 입적(788년) 이후, 불교사상에 대한 입장 차이는 종교적인 논쟁의 수준을 넘어 정치적이고 외교적인 문제로 비화(飛火)할 조짐을 보이고 있었다.

삼예사(bsam yas, 1936)

마침내 792년 티송데첸은 양 진영의 갈등을 공식화하고, 인도불교와 중국의 선불교를 대표하는 논사들 사이의 대론을 통해 우열을 가리기로 결정하였다. 인도불교 측은 샨타락시타의 제자 까말라실라(Kamalaśīla, ca. 740~795)를 초청하고, 중국의 선불교는 돈황(燉煌)에 거주하고 있던 마하연(摩訶衍) 선사를 대표논객으로 내세웠다. 이 논쟁의 경과와 내용에 대한 일차 보고서는 마하연선사의 『대승돈오정리결(頓悟大乘正理決)』과 까말라실라의 『브하바나끄라마(Bhāvanākrama)』[1]에 전한다. 두 논서는 모두 자신들의 승리를 전제로 기술되어 있으므로 역사적 신빙성에는 의문이 있지만, 두 진영 사이에 쟁점과 차이, 오해에 대해서는 많은 정보를 제공한다.

『수습차제(修習次第)』에서 까말라실라는 적대자의 사상을 다음과 같이 비판한다.

> 어떤 자는 말하길, "마음의 분별로 생한 선악의 업력에 의하여 모든 중생은 천국 등의 업과를 경험하면서 윤회한다. 한편, 아무것도 생각하지 않고 어떤 행위도 하지 않는 사람들은 윤회에서 해탈한다. 그러므로 아무것도 생각해서는 안 된다. 보시 등의 선행도 행해서는 안 된다. 보시 등의 선행은 어리석은 자를 위하여 설해지고 있는 것이다."[2]

여기서 적대자는 '아무것도 생각하지 마라'는 무념(無念)과 '아무것도 행하지 마라'는 무작(無作)을 극단으로 몰아가는 돈오(頓悟)사상의 일파(一派)로 보인다. 까말라실라는 이들의 주장대로라면 불교 수행자들은 대

---

1 『수습차제(修習次第)』로 번역한다. 이하 제명을 『수습차제』로 대신한다.
2 중암 (2006). 『까말라실라의 수습차제 연구』. 서울: 불교시대사, p. 391.

승사상을 포기해야 할 것이라고 비판한다. 아무것도 생각하지 않는다면, 대상에 대한 바른 인식에 근거한 지혜도 버리게 될 것이고, 세속의 차원을 초월한 궁극적 지혜에 도달할 수도 없게 될 것이다. 또한 아무것도 행하지 않아야 한다면, 사유의 능력이 미치지 못하는 범부들이 자신의 실천에 의지해서 바라밀행을 수행하는 것도 소용없는 일이 되고 말 것이다.

대론자 마하연에게 이러한 비판은 다소 정당하지 못한 측면이 있다. 마하연은 일관되게 방편으로서 사유와 행위의 필요성을 인정하고 있기 때문이다.

> 세속적 진리의 차원에서 6바라밀 등의 방편은 궁극적 진리를 드러내기 위해 필요성이 있다. 하지만 궁극적 차원의 언어적 개념을 벗어난 것으로서 6바라밀과 모든 법문은 필요 불필요를 논하는 것조차 불가능하다.
>
> (『돈오대승정리결』. f136b)

중국 선불교의 선사(禪師)로서 마하연의 주장에 다소 모호하거나 인도불교에서 이탈한 부분들이 있다는 사실은 인정된다. 그러나 『수습차제』에서 강조하는 '보살의 길로서 지혜와 방편'의 중요성에 대해서는 마하연과 까말라실라의 입장에 큰 차이가 없었다. 그렇다면 까말라실라는 무엇 때문에 '잘못된 견해의 논파'에서 이 문제를 집중적으로 거론하고 있는 것일까?

마하연의 반론을 고려하면, 까말라실라가 비판하고 있는 티베트에 전해진 선불교의 모습은 마하연의 가르침과는 다른 어떤 것이다. 여기서 우리는 당시 당나라의 쓰촨성(四川省) 지역을 풍미하였던 무주(無住)의 보당종(保唐宗)을 주목해 볼 필요가 있다. 그는 청두(成都)를 중심으로 쓰촨

지역에서 활동하며 선불교의 제7조로도 추앙되었던 신라 출신 무상(無相)선사의 법맥을 이었다고 자처하였다. 하지만 무상과 무주의 연관관계는 의심스러우며, 이미 당시부터 무주의 사상은 무상의 가르침에서 벗어난 것으로 비판받았다.[3] 무주는 일체의 생각과 행위를 부정하는 일향무념(一向無念)과 무행(無行)을 주장의 핵심으로 삼고 있었다. 그에 대한 비판이 『역대법보기(曆代法寶記)』에 전하고 있다.

> 산중의 무주선사는 예배, 참회, 염불, 독경은 닦지도 않고, 그저 멍하게 앉아 있기만 한다.　　　　　　　　　　　　　　　(T51.187a.10-11)

하지만 무상의 가르침은 이것과 상당한 차이를 보여준다.

> 중생이 상념을 일으키기 때문에 가설적으로 무념을 설하는 것이다. 상념을 일으키지 않는다면, 무념도 있을 리 없다.
> 삼계의 마음을 소멸하는 것은, 적정한 곳에 머무는 것도 아니고, 진실과 현상을 문제 삼지 않으며, 수행을 부정하지도 않는다. 단지 허망을 떠날 따름이다. 그것이 해탈이다.　　　　　　　　　(T51.186a.8-11)

요컨대, 당시 티베트에는 중국 선불교 가운데 보당종의 극단적인 무념(無念), 무행(無行)의 풍조가 지배하고 있었으며, 이는 강력한 왕국을 지향하는 통치자의 입장에서도, 사회의 통합성과 건강성의 측면에서도 바람직하지 못한 흐름으로 보였을 것이다.

3　이규완 (2011). 「정중 무상의 선사상 연구」. 동국대학교 석사논문.

티베트 역사서들은 792년에서 794년까지 간헐적으로 이어진 논쟁이 까말라실라의 승리로 끝났다고 전한다. 논쟁에 패배한 마하연은 돈황지역으로 물러났으며, 절치부심하여 『돈오대승정리결(頓悟大乘正理決)』을 후세에 남겨 자신을 변명하였다. 한편 티베트에서는 샨타락시타-까말라실라의 사상에 기초한 티베트불교의 토대가 다져지고, 이후 티베트불교의 성격이 결정되었다. 역사기록에 따르면, 이 논쟁은 결과에 분노한 극렬 추종자들이 까말라실라를 살해하는 것으로 마무리되었다.

삼예논쟁은 무엇보다 티베트불교의 초석을 놓았으며, 이후 철학적 발전의 방향성을 정립한 계기가 된 사건이었다. 인도와 중국의 불교가 직접 대론하였으며, 깨달음의 순간성(頓悟頓修)과 점차성(頓悟漸修)의 수행론적 주제에 중심한 대표적인 논쟁으로 역사적 의미를 지닌다. 또한 이 논쟁은 강력한 국가체계를 확립하는 과정에서 왕과 외척 세력 간의 이해관계의 충돌, 사회의 통합성과 역동성을 위한 이념적 체계의 문제 등과도 관련되어 있으므로 다양한 관점에서의 탐구와 해석이 요구된다. 한국의 불교학계에서 삼예논쟁은, 티베트불교의 태동에 영향을 준 '김화상'이 청두 지방에서 활동하였던 신라 출신 무상선사라는 사실로 인해 한층 더 주목을 받았다.

옴 마니 빠드메 훔

1차 불교부흥기

티송데첸의 사망 이후 약간의 정치적 혼란기를 거쳐 9세기 티베트는 불교 경전의 역경과 사원 건축에 국력을 집중하였다. 티베트가 인도계통의 표기체계를 도입한 시기는 티베트 제국의 창건자 송첸감포(ca. 618~650) 시기까지 소급되지만, 이 문자는 9세기 티베트 구어체에 기반한 불경번역의 국책사업 과정에서 풍부하고 완성된 문자체계로 자리 잡았다.

불교 경전의 번역을 위해서 814년 산스크리트어에 티베트어를 붙인 기본사전 『번역명의대집(飜譯名義大集)』[4]과 주석서가 발간되었으며, 824년에는 번역사업에 포함할 경전의 제목을 나열한 덴까르마(lden dkar ma) 목록이 완성되었다. 그 외에도 2본의 목록과 역경사업, 사원의 건축이 활발하였으며, 출가승려에게는 1인당 7호(戶)의 후원가구가 할당되었다.

이 같은 국가적 지원에 힘입어 불교는 외형에서뿐만 아니라 내용적으로도 급속한 성숙을 이루었다. 문헌의 번역을 통해 새로운 정보가 쏟아지자, 학술적 개론서인 『둡타(grub mtha')』의 저술이 수반되었다. 이 시기 『번역명의대집』의 편찬에 참여한 예쉐데(Ye shes sde)의 저술 『견해(見解)의 구별(區別)(lta ba'i khyad par)』은 티베트인이 저술한 최초의 학술강요서에 속한다. 여기에서 예쉐데는 이미 외경실재론, 유식, 중관의 순서로 불교사상의 발전을 논하고, 샨타락시타의 중관사상을 최상의 진리로 설하고 있다. 이것은 지금까지도 티베트 불교에서 일관된 하나의 기준이 되고 있다.

다른 한편 인도불교 사상의 홍수와 함께 탄트라(tantra) 불교문헌들도

---

4 『飜譯名義大集』(한역), Mahāvyutpatti (범어), 제닥뚜똑빠르제빠첸뽀 Bye brag tu rtogs par byed pa chen po (티베트어 제명).

다수 번역 유포되었다. 당시 수입된 금강승(金剛乘)의 탄트라불교는 좌도밀교(左道密敎)라고 칭해지는 흐름에 속하였다. 그들은 인도 힌두교의 샥티(śakti, 여성의 힘)를 숭배하고, 성적 체험을 수행적 차원으로 수용하는 등 주술적이고 혼합적인 성격을 띠었다.

> 기량이 부족한 자들에게 설하여 보여줄 수 없었기 때문에, 한때 번역하여 실천이 허락되었지만, 부처의 참뜻에 대한 설명이 지극하지 못하였던 점 때문에, 언어 자체로서 그릇되게 실천하는 자가 나타났다.
>
> 『이권본역어석』 서문, 814년)

이런 경향의 위험성을 감지한 티베트불교는 앞서 큰 영향을 끼친 빠드마삼바바를 외지로 유폐하고, 탄트라불전의 번역과 실천을 금지하였다. 하지만 터진 봇물을 완전히 틀어막을 수는 없었다. 또한 과도한 불교진흥 사업은 국력을 소진시키고 왕조의 붕괴를 초래하였다. 정치적 혼란기에 접어들면서, 뵌교와 중국의 선불교가 다시 세력을 확대하였으며, 왕실의 지원을 잃은 불교는 대중 속으로 스며들었다.

2차 부흥과 종파들

9세기 불교의 홍수가 몰아친 이후 티베트의 종교계는 샨타락시타를 계승한 불교와 탄트라불교, 뵌교, 중국의 선불교 등이 뒤얽힌 혼돈의 도가니였다. 야마구치 즈이호(山口瑞鳳)는 그것을 다음과 같이 요약하였다.

> 11세기 전반 무렵까지는 황량한 들판에 만연한 덩굴풀처럼 탄트라불교

와 뵌교가 서로 뒤엉켜 토번시대 정통불교의 자취를 그 그늘에 뿌리내리고 있었다.[5]

약 백 년의 혼란기가 지나고 티베트에는 계율 부흥운동이 일어났다. 계율에 기반한 정화가 일단락되자 서부지역의 통치자 쟝춥외(byang chub 'od)는 인도 비크라마실라(vikramaśīla) 사원의 학승 아티샤(Atīśa, ca. 982~1054)를 초청하여 불교의 중흥을 꾀하였다. 1042년 티베트에 들어온 아티샤는 12년간 티베트에 머물면서 경전번역과 제자양성 등 불교중흥을 위한 토대를 다지고 1054년 네탕사원에서 입적하였다.

그는 쟝춥외왕을 위하여 『보리도등론(菩提道燈論)』[6]을 저작하였는데, 여기에서 아티샤의 불교사상은 "소승의 계율을 지키면서 대승공관의 이치를 배우고, 탄트라불교의 수행법에 따라 깊이 있게 증득하였다"고 소개되어 있다. 이 논서에서 아티샤는 불교의 수행도를 3승(乘), 즉 소승(Hīnayāna), 대승(Mahāyāna), 금강승(Vajrayāna)으로 설정하고 있다. 이 같은 단계의 설정은 이후 티베트 불교에서 수행의 단계(the Stages of the Path)에 관한 주제를 논하는 『람림(lam rim)』의 기본틀을 제공하여, 총카파(Tsong kha pa)의 『깨달음에 이르는 길(Lam Rim Chen Mo)』로 이어진다.

아티샤는 이 기간에 다수의 티베트인 제자들을 양성하였는데, 그 가운데 돔톤('brom ston)이 스승의 가르침을 받들어 밀교도량을 세우면서 **카담파(bka' gdams)**가 시작되었다. 아티샤는 성적인 수행법이 문제가 되는 무상유가탄트라의 경향을 보이고 있지만, 2세기 전 불교의 타락을 경

---

5   야마구치 즈이호 (1990). 『티베트 불교사』. 이호근 등 역. 서울: 민족사, p. 43.

6   *Bodhipathapradīpa* (Lamp for the Path to Enlightenment). 한글역으로는 중암 선혜 역 (2022). 『보리도등론 역해: 티베트어 원전 완역』. 서울: 불광출판사.

험한 티베트인 제자들 사이에는 일정한 경계심이 남아있었다. 결과적으로 그들은 탄트라불교의 실천을 중시하는 '교계파(教誡派)'와 『보리도등론』 등 논서들을 중시하여 현교(顯敎)의 수행을 강조하는 '교설파(教說派)'로 분기하였다. 또 렉페쉐랍(legs pa'i śes rab)은 1073년 상푸사를 건립하였는데, 이곳에서 그의 사위 로덴쉐랍(blo ldan śes rab, 1059~1109)이 학문적 명성을 떨치면서 '비결파(祕訣派)'가 형성되었다. 로덴쉐랍은 17년간 카시미르에 유학하여 번역에 능통하였으며, 논리학, 중관학, 여래장사상의 발전에 큰 기여를 하였다.

마르파(mar pa, 1012~1097)는 인도를 여러 차례 방문하며 무상유가탄트라와 모(母)탄트라 계통의 불교를 전수하였다. 그는 42세에 귀국하여, 아내를 두고 여성을 상대로 한 탄트라의 성취를 수행하였다. 마르파의 제자 가운데 시인으로 유명한 밀라레빠(mi la ras pa, 1040~1123)가 있다. 그는 38세에 마르파의 제자가 되어 44세까지 6년간 그의 가르침을 전수한 후, 고향 근처의 산으로 들어가 9년간 선정수행에 정진하였으며, 이후 감뽀파(sgam po pa, 1079~1153)라는 제자를 두었다.

까규파(bka' brgyud)의 시조라고 할 수 있는 감뽀파는 젊어서 의술을 배웠으나 26세에 부인을 잃은 후 카담파에 출가한 승려였다. 그는 1110년 밀라레빠를 만나 13개월간 머물면서 비밀스러운 가르침을 전수하였다. 감뽀파는 저서 『도차제해탈장엄』[7]에서 아티샤의 『보리도등론』을 빈번히 인용하고, 샨티데바-다르마끼르티-아티샤로 이어지는 전통을 강조하였다. 그는 특히 6바라밀을 통한 '무주처열반(無住處涅槃)', 즉 번뇌와 미혹이 없는 세계에 도달했음에도 이에 안주하지 않고 중생의 구제를 위

---

7   『道次第解脫莊嚴』. Lam rim thar rgyan.

하여 미혹된 세계에 오래 머무르는 것을 칭송하였다.

그의 제자들 가운데 두숨켄파(1110~1193)의 문하에서 **까르마파(karma pa)**가 형성되었으며, 팍모두파(Phagmo Drupa, 1110~1170)와 그의 제자에서 까규파가 확립되었다. 이들은 티베트 사회에서 강력한 정치력을 행사하였으며, 14세기에는 중앙 티베트를 지배한 왕조를 배출하기도 하였다. 까르마파는 교단의 범위를 씨족에 한정하지 않고 확장하여 활불상속제(活佛相續制)를 도입하였다. 그 결과 교단의 종파의식이 강화하고 교단의 세력이 확대되었을뿐만 아니라 정치적으로도 강력한 힘을 발휘하게 되었다.

티베트불교의 교단은 기본적으로 특정 지역과 가문이 결합한 형태로 발전하였다. 티베트는 한반도 전체 면적의 10배가 넘는 지역에 현재 기준 약 650만 명의 인구가 거주하고 있다. 천 년도 더 이전의 상황을 고려하면, 티베트에서 도시와 사원과 부족 구성원의 중첩은 자연스러운 현상이었다고 하겠다. **사캬파(sa skya)**는 콘씨 집안의 콘촉걀포(dkon mchog rgyal po, 1034~1102)가 사캬 지방에 밀교사원을 세우면서 성립되었다. 사캬파는 인도불교 최후의 대학자 샤카슈리바드라(Śākyaśrībhadra, 1127~1225)의 교학을 전수하여 교학적 틀을 갖추었다. 이슬람의 침략을 피해 1204년 티베트로 피신한 샤카슈리바드라는 샤캬 판디타(Sa skya paṇḍita, 1182~1261)에게 구족계를 주고 교학을 전수하였다. 샤캬 판디타는 다르마끼르티의『양평석』을 티베트에 소개하였으며,『정리보장(正理寶藏, rigs gter)』을 저술하여 샤캬파의 논리학설을 정립하였다. 그는 몽골군이 티베트로 침입하였을 때, 협상을 주도하여 몽골에 티베트불교가 전파되는 물꼬를 텄다. 이를 계기로 티베트 불교는 원나라 시대에 쿠빌라이 칸의 보호를 받으며 대륙전역을 포함하여 한국, 일본까지도 뻗어 나가게 되었다.

닝마파(rnying ma)는 '고파(古派)', 즉 1차 불교부흥기까지 소급되는 전통을 가지고 있는 종파이다. 삼예논쟁의 결과 티베트불교에서 제외된 인도밀교와 중국선종, 그리고 뵌교의 혼합적 성격을 띤 불교전통이 대중 속으로 파고들었다. 그들은 고대에 빠드마삼바바가 비밀스럽게 전해주었고 시간 속에 묻혀진 문서들을 발굴하여 새롭게 전파한다고 주장하였다. 고대에서 전해진 심오한 진리는 족첸(dzog chen)이라 불리는 대구경(大究竟)의 가르침이다. 족첸은 여래장(如來藏, tathāgatagarbha)의 청정성에 근거한 최상의 요가(atiyoga)수행을 추구한다.

'족첸'은 심부(心部), 계부(界部), 비결부(祕訣部)로 구분한다. 심부에서는 현상세계는 마음의 현현이며, 마음의 본성이 스스로 일어나 나타난 것이라고 한다. 계부에서는 스스로 일어나는 근본지(自生本智)가 현상세계를 거짓되게 드러내고 있지만 본래 해탈하여 있기 때문에 수행의 노력이 없는 사람도 그대로 해탈할 수 있다. 비결부는 닝마파의 수행무용론에 대한 타학파의 비난을 반박하는 내용이다. 닝마파는 대중의 생활 속 종교로서 힘과 영향력을 발휘해 왔지만, 한편으로 수행을 부정하고, 중국선의 영향을 받았으며, 고대 문헌이라는 위서(僞書)의 유통 등으로 타종파로부터 불신과 비난을 받았다.

티베트불교에서는 언설로 드러나 있는 진리를 다루는 현교(顯教)로 외계실재론을 주장하는 소승, 유식과 중관의 대승, 그리고 비밀스러운 진리인 밀교(密教)를 전수하는 금강승으로 성취의 수준을 구분한다. 이에 따라 소승의 대표적인 논서 『구사론』, 중관의 『반야경』이나 나가르주나의 『중론』을 비롯한 논서들이 강원교육에서 다루어진다. 특히 종파의 분립과 체계가 어느 정도 완결되면서 겔룩파와 샤카파는 강원의 교육을 중시하여 교학의 연구와 전승에 기여하였다. 반면 까규파와 닝마파는 마하무드라(mahāmudra)와 족첸의 밀교수행을 강조하여 교학적인 측면에서는 상대적으로 소홀하였다고 볼 수 있다.

겔룩파의 창시자 총카파(Tsong kha pa)

총카파(1357~1419)는 지금의 청해성 시닝(西寧) 근처의 총카강 지역에서 태어났다. 그는 일곱 살에 출가하였으며, 16세에 중앙티베트 지역에서 학문을 연마하였다. 19세 무렵에는『반야경』,『구사론』, 중관, 인명학 등을 익혀 대적할 상대가 없게 되었다. 31세에는『현관장엄론』의 주석서인『금만소(金鬘疏, The Golden Rosary Explanation)』를 저술하였으며, 46세에 그의 독창적인 사상을 보여주는『보리도차제대론(lam rim chen mo)』을 완성하였다. 그는 간덴(dgan ldan) 대사원의 건축을 추진하여 54세 때 간덴 사원에 들어가 입적할 때까지 그곳에 머물렀다.

티베트 불교의 주춧돌을 놓은 샨타락시타는 중관자립논증파의 교설에 입각해 있었다. 총카파는 세속제로서 인과관계를 성립시키는 자립논증의 방식을 비판하고, 챤드라키르티에서 이어지는 귀류논증 방식을 채택하였다. 총카파는 자립논증과 귀류논증의 차이가 단지 공성에 대한 논증방식의 차원이 아니라 존재의 파악에 대한 근본적 차이를 드러내고 있음을 지적하였다. 자립논증파가 세속적이고 언어적 차원에서 자성을 가정하는 반면에 귀류논증은 어떤 자성의 존재도 허용하지 않는 궁극적인 논증방식이라고 보았다.

총카파는 '유(有)도 아니고 무(無)도 아니다'라는 방식의 이변중관설(離邊中觀說)을 '일체의 분별을 여의면 성불한다'고 한 마하연의 주장과 차이가 없다고 비판하였다. 그는 '승의에 있어서 공성(空性)'은 절대 부정할 수 없으며, 만일 공성이나 무아(無我), 연기(緣起) 등에 대해서도 그것들이 가설적이고 언어적 분별이며 집착된 개념에 지나지 않는다고 한다면, 어떤 주장도 할 수 없게 될 것이며, 불교 자체를 부정하는 결과에 떨어질 것이라고 경고하였다.

총카파는 탄트라불교를 다룬 『비밀도차제론(sngags rim)』의 저술에서, 밀교에 대한 윤리적 해석을 중시하였다. 그는 계율의 준수를 강조하고, 중관귀류논증파의 교의에 따라 현교(顯敎)의 학습을 완성한 후에만 밀교의 수행을 허용하였다. 이것은 일반적으로 현교에 근거하여 성적인 수행법을 인정하였던 탄트라불교 전통을 부정하는 것이었다. 총카파의 겔룩파에서 밀교와 계율은 공존하였으며, 독신주의로 대중의 지지와 신뢰를 회복하였다. 현대 티베트불교의 모든 종파는 현교를 중심으로 한 10년간의 강원교육을 마친 후에야 밀교수행을 시작하도록 규정하고 있다.

총카파는 티베트인들에 의해 발전된 학문적 전통의 정점에 선 대석학인 동시에 당대의 티베트불교에 대한 강력한 종교개혁자였다. 그는 현교의 측면에서 귀류논증의 전통을 새롭게 정립하였으며, 밀교에 있어서는 윤리적 안배에 충실하였다. 또한 그는 수도 라싸에서 정월에 거행한 '대기원제'를 창시하였으며, 간덴사원의 주지를 학문의 최고권위자가 계승하고 종단의 지도자를 겸하도록 하여 임기를 7년마다 교체하도록 하였다. 총카파의 이러한 노력과 영향력하에 학파로서 겔룩파의 면모가 갖추어지고 세력이 확장되어 갔다.

이에 대한 반작용으로 겔룩파는 까규파 등의 견제와 공격의 대상이 되었다. 신생종단으로 아직 결속력이 약하였던 겔룩파는 구심력 역할을 하던 겐둔갸초가 죽자, 까르마파의 활불(活佛)제도를 도입하여 종단의 결속을 도모하였다. 여기서 겔룩파의 활불로 선정된 인물은 까규파에 속한 지역인 투룬에서 태어난 소남갸초(bsod nams rgya mtsho, 1543~1588)였다.

그는 1578년 몽고의 칸으로부터 '달라이 라마(da lai bla ma)'라는 칭호를 받고, 자신을 달라이 라마 3세로 산정하였다. '달라이'는 그의 이름 '갸초'의 몽고식 표현으로 '넓은 바다'를 의미한다. 소남갸초는 이후로도 몽고 지역과의 긴밀한 관계를 유지하였다.

겔룩파와 까규파의 갈등은 정치군사적인 방식으로 마무리되었다. 겔룩파의 실력자 소남랍텐이 주도하여 티베트의 주요 도시를 장악하고, 달라이 라마 5세 롭상갸초(1617~1682)를 통일 티베트의 국가원수로 추대하였다(1642년). 이로써 티베트왕조 붕괴 이후 800년 만에 달라이 라마를 중심으로 한 정교일치의 통일국가를 수립하였다.

티베트는 통일 직후 라싸의 상징이 된 포탈라궁의 건축을 시작하여 통일국가의 위용을 과시하였다. 또한 새롭게 등장하는 청(淸)나라와 대등하고 상호호혜적인 관계를 유지하고자 하였다. 티베트 불교학자들은 불경의 거란어 번역에 참여하고, 몽고와 거란에서 불교를 지속적으로 전파해 나갔다. 하지만 시간이 지나면서 티베트는 청나라와 황실을 강력한 후원자인 대시주(大施主)로 간주하려 한 반면, 청(淸)은 티베트를 제국의 영향하에 복속하려고 하여 갈등의 불씨를 안고 있었다.

이변중관설

예쉐데의 『견해의 구별』이래로 티베트불교에서 중관은 최상의 진리로 간주되어 왔다. 다시 말해 현교의 측면에서 티베트불교는 기본적으로 모두 중관학파에 속한다. 그럼에도 학파들 사이에는 중관의 공성(空性)해석에 있어 의견의 불일치가 존재하였다. 하나는 원성실성인 승의의 진리는 자공(自空, rang stong), 즉 자기의 자성에 있어서 공성인 것은 아니고, 타공(他空, gzhan stong), 즉 의타기와 변계소집과 같은 세속의 다른 성질에 있어서 공성이라는 주장이다. 세속의 진리는 자공이지만, 궁극적 진리는 타공으로서의 공성이다. 결과적으로 원성실의 진실은 불변적이고 실재한다.

다음은 고람파가 주장한 이변중관설(離邊中觀說)로, 중관은 유무와 긍정부정 등 일체의 분별을 모두 떠나 있기 때문에, 비유비무(非有非無)를 궁극적 진실로 간주하였다. 이 관점에 따르면, 공성에 대한 주장도 존재에 대한 주장과 마찬가지로 부정되어야 한다. 사실 이런 중관해석은 찬드라끼르티 이래로 중관학파의 일반적인 견해였다.

중관파가 스스로 자립적으로 추론을 행하는 것은 불합리하다. 그것은 다른 주장이 존재할 수 있다고 승인하는 것이기 때문이다. (『명구론』 42)

만약 나에게 어떤 주장이 있다면, 나에게 오류가 있는 것이다. 그러나 나에게는 어떤 주장도 없다. 따라서 나에게는 오류가 없다. (『회쟁론』 29)

승의의 차원에서 어떤 진리주장도 부정하는 이변중관적 관점은 나가르주나 자신에서 기원하며, 바비베카와 찬드라끼르티의 논쟁에서도 기본적인 전제였다. 논쟁은 유(有)라고도 할 수 없고, 무(無)라고도 할 수 없는 불가설의 궁극적 진리를 어떻게 논증할 것인가의 문제였다.

그런데 총카파는 나가르주나로부터 면면히 이어져 온 이 '불가언설의 진리' 주장을 전면적으로 부정한다. 그는 찬드라끼르티의 귀류논증법을 계승한다고 하면서도 그에 반하는 견해를 역설한다. 찬드라끼르티는 중관파에서는 '세속적 진리의 주장'도 '궁극적 진리의 주장'도 모두 인정되지 않는다고 보았다. 그러나 총카파는 『람림』에서 다음과 같이 말한다.

> 중관파에 주장이 있는가 없는가를 고찰하기 위해서는 '중관파'라고 하
> 는 그것을 주장하지 않을 수 없다. 중관파에서는 '승의에서는 티끌도 성
> 립하지 않지만, 언설에 있어 일체는 환상과 같은 연기적 존재이다'라고
> 주장해야 한다. 따라서 중관파에게는 주장해야 할 것이 있는 것이다.
>
> (『람림』. pa.410a.5-6)[8]

요컨대, 중관파에서 보는 궁극적 진리는 '승의에서는 공성, 세속에서
는 연기'로 표현되고 주장되어야 한다. 이런 총카파의 관점은 천년의 전
통을 거부하고 맞서는 것이었다. 총카파는 무엇 때문에 이처럼 '주장이
있음'을 강조하였던 것일까?

> '중관파에게는 승의에서나 언설에 있어서도 주장이 없다'고 고집하는
> 자들은, 논적이 주장하는 자성을 부정할 때, 자성을 부정하는 자신의 주
> 장도 부정하는 모순에 빠지게 된다. 때문에 주장을 세울 수 없게 된다면,
> 윤회와 열반과 연기(緣起)도 모두 중관에서 부정하는 실재론자들의 유
> 무(有無)나 **자재신(自在神, Īśvara)**과 같이 될 것이다.
>
> (『람림』, pa.410a.2-4)

중관파도 공성의 진리를 주장할 수 있어야만, 그에 근거하여 유무나
자재천(自在天) 등의 실재성을 부정할 수 있게 된다. 앞에서 유무나 생멸

---

8   마츠모토 시로 (2008). 『티베트 불교철학』. 이태승 등 역. 서울: 불교시대사, p. 522.

이 성립하지 않는다는 논증의 사례를 살펴보았으므로, 이곳에서는 자재천의 존재에 대한 부정의 논증을 검토해 본다.

신존재 비판

자재천이란 최고의 주재자(主宰者)인 이슈바라(Īśvara)이며, 탁월한 속성을 갖는 특수한 아트만(ātmāntaram)이다. 그는 전능한 창조자이고 지배자인 유일한 절대자라는 의미에서 대자재천(Maheśvara)이라고도 불린다. 6세기경 니야야학파의 논사 웃도따까라(Udyotakara)는 이슈바라의 존재 필연성을 다음과 같이 논증한다.[9]

> 종: 제1원인, 극미, 업이 작용할 때, 그것은 지적인 원인의 지배를 받는다.
> 인: 그러나 그것들 자신은 지적인 존재가 아니다.
> 유: 예를 들어, 도끼와 같이.

물리적 존재나 업과 같은 힘은 최초의 원인에 의존하여 발생하고 상속한다. 그런데 이들 존재는 그 스스로는 활동력을 갖고 있지 않다. 왜냐하면, 물리적 존재나 업 등은 그 자체로는 지적인 존재가 아니기 때문이다. 도끼가 나무를 자르는 작용을 하는 것은 지성을 가진 사람이 나무를 자르겠다는 의도를 가지고 도끼를 휘두르기 때문이다. 도끼는 스스로 허공을 가르고 날아가 나무를 자르지 못한다. 그와 마찬가지로 제1원인이나 극

---

9   미야사카 유쇼(宮坂宥勝), "有神論 비판." in 『인도불교의 인식과 논리』, 카지야마 유이치 저. 전치수 역. 서울: 민족사, 1989.

미, 업도 스스로는 아무 작용을 일으키지 못한다. 그러므로 도끼에 대해 사람과 같이, 그들에게 작용의 힘을 부여하는 지적 존재가 요구된다. 그가 바로 주재자인 이슈바라이다.

니야야학파는 자재천 존재에 대한 변증에서 세계에는 어떤 지적존재의 의지와 설계가 필요하다고 주장한다. 일체의 피조물들은 지성을 결여한 존재들이고, 따라서 그것들은 그 자체로서 어떤 결과도 만들어 낼 수 없다. 극미와 같은 무지성적인 존재들이 결합하여 우주를 발생시키기 위해서는 지성적 주재자의 개입이 요구된다. 조대한 사물로 이루어진 세계를 구성하기 위해서는 원자의 결합과 분리작용이 있어야 하며, 그 근저에는 주재자의 의지가 작용하고 있다.

주재신 변증에 대한 불교의 반론은 나가르주나가 자성을 가진 어떤 존재의 가능성도 부정한 『중론』에 뿌리를 두고 있다. 자성을 가진 어떠한 존재도 성립하지 않는다. 자성을 가진 존재라면 생하고 멸함, 오고감, 영원과 단절, 동일과 차이 등이 모두 성립하지 않는다. 따라서 항구불변하는 자성을 가진 존재로서 자재천도 성립하지 않으며, 자재천에 의한 세계의 창조도 자기모순적이다.

삼예논쟁의 주인공 까말라실라는 『수습차제』에서 먼저 세계는 원인이 없이 생겨날 수 없다는 사실을 논증한 후, 이어서 자재천과 같은 원인으로부터도 생겨날 수 없다고 논증한다.

사물은 원인의 존재로부터 생겨나는 것이 아니다.
외도들은 영구불변하는 원인으로 자재천(Iśvara)을 주장하지만, 세계는 그것으로부터 생기는 것이 아니다.
왜냐하면, 세계의 사물들은 점차적으로 생기는 것으로 인식된다. 그런데 자재천과 같이 완전성을 지닌 존재로부터 생겨난다면, 점차적으로 생하는 것은 이치에 맞지 않다.

또한 자재천은 자기 완전성을 갖춘 존재이기 때문에 다른 것의 도움을 받거나 다른 것에 영향을 주지도 않는다. (『수습차제』 초편)[10]

만약 이슈바라가 자기완전성을 지니고, 자기만을 원인으로 해서 활동한다면, 그것으로부터 우리가 경험하는 세계의 창조는 불가능하다. 왜냐하면, 창조는 이슈바라의 온전함에 상응하여 한번에 완결되어야 할 것이다. 그러나 세계는 점차적으로 생하고 변화한다. 또는 이슈바라가 창조성을 자성으로 가질 때, 동일한 원인의 이슈바라로부터 동일한 창조가 무한히 반복되어야 할 것이다. 『입보리행론(Bodhicaryāvatāra)』의 저자 산티데바(Śāntideva, 寂天, 650~700)도 9장 「완전한 지혜(Prajñāparamita)」편에서 자재천의 존재가 성립할 수 없음을 논증한다.

불교에서 자재천 비존재 논증은 '유일신(唯一神)' 개념에 대한 종교철학적 논증과 매우 큰 유사성을 보인다. 쁘라즈냐까라마띠(Prajñākaramati)는 자재천에 대한 불교측의 다양한 비판을 일목요연하게 정리하였다. 만일 자재천이 존재한다면, 다음과 같은 질문에 대답할 수 있어야 할 것이다.

(1) 주재신이 자비를 지닌다면,
    왜 지옥에서 고생하는 유정의 삶을 용인하는가?
(2) 주재신은 탐욕을 떠난 존재인가?
    탐욕이 없다면, 그런데 왜 인간 등 유정을 괴롭히는가?

---

10 까말라실라 (2018). 『까말라실라의 수행의 단계』 (오기열 역), pp. 57-59 참조.

탐욕이 있다면, 인간과 하등 차이가 없는 존재일 뿐이다.

(3) 주재신은 자립성(svasthānāman)을 가지는가?

그는 일체의 유정에게 고통을 감수하게 하는 점에서 독립적 판단의 힘을 가지는가?

주재신에 자립성이 있다면 왜 인간을 괴롭히는가?

주재신에 자립성이 없다면, 그는 미친 존재이다.

(4) 주재신은 지수화풍의 원질이라면, 그것들은 주재신이 아니다.

(5) 주재신은 사고를 초월한 것이다. 그렇다면 창조성도 사고를 초월해야 한다.

(6) 주재신은 영원하며, 따라서 원인은 시작이 없다.

그렇다면, 원인에 의해 발생하는 결과도 영원해야 한다.

(7) 주재신은 욕망/의지를 가지는가?

욕망을 갖지 않는다면, 여러 조건에 의해 생기하는 의타기와 다름이 없다.

욕망을 갖는다면, 욕망에 의해 작용을 일으키는 신은 불완전하다.

따라서 어떤 주재신의 존재도 인정되지 않는다.

모든 논쟁은 일체 존재에 대한 자성(svabhāva)의 부정과 일체 현상에 대한 연기성의 주장으로 귀결한다. 궁극적 차원에서는 공성(空性), 세속적 차원에서는 연기(緣起)가 진리이다. 총카파의 이변중관론 비판은 이 공성-연기의 진리는 주장할 수 있다는 것으로 압축된다.

칸규르와 텐규르

티베트불교가 인도의 다람살라로 이전하여 서구사회와 접촉한 사건은 현대불교의 발전과 관련하여 특히 두 가지 점에서 중요한 의미를 지닌다. 하나는 인도에서 사라진 다양한 학파와 수행전통의 살아 있는 형태를 보여주었다는 사실이고, 다른 하나는 소실된 산스크리트 문헌과 다양한 티베트어 번역 및 저술을 보존해 왔다는 점이다.

티베트불교는 초기부터 경전과 논서 등 산스크리트어 문헌의 번역에 깊은 관심과 노력을 기울였다. 번역 혹은 저술된 경론들을 하나의 대장경(大藏經)으로 편찬하는 작업은 국가적 차원에서 경제적, 학술적 역량의 결집체였다. 최초의 장경은 아마도 나르탕사(寺)에서 이루어진 것으로 보이지만 현재는 전하지 않는다. 마침내 뛰어난 논사이자 역사가였던 뷔뙨(Bu-ston, 1290~1364)의 때에 나르탕사의 장경을 저본으로 하여 새로운 경전이나 논서들을 보충, 증보, 개정한 확장판이 완성되었다. 티베트 대장경에서 붓다의 말씀을 전하는 경전은 칸규르(kangyur), 경전의 주석서나 논서들은 텐규르(tengyur)라고 한다.

이렇게 하나의 판본이 이루어지자 다양한 형태의 증보판이나 교감본의 출간이 가능하게 되었다. 각각의 판본들은 대개 발간된 지역명을 따라 이름을 붙여 데르게(Derge), 라싸(Lhasa), 나르탕(Narthang), 북경(Peking) 등 12종의 판본이 존재한다. 학계에서는 이들 중 데르게본을 가장 중시하고, 더하여 북경본 등 다른 판본을 참조한다. 칸규르는 보통 108권 전후에 약 1,100여 종의 경전을 수록하고 있으며, 텐규르는 220~250권에 4천 종에 달하는 논서들을 포함한다. 텐규르는 주로 아비다르마, 반야계통, 중관, 인식론, 계율 등 다섯 분야의 주석서와 논서들을 포함한다.

결집된 대장경을 보급하기 위한 목판본의 출간도 지속적으로 이루어졌다. 최초의 목판본은 명(明)나라 영락제(永樂帝) 연간인 1410년 북경에서 발간되었으며, 만력제(萬曆帝) 때는 의궤 등이 증보된 판본을 제작하였다. 이후 청나라의 북경에서는 여러 차례에 걸쳐 수정판들이 출간되었다. 일반적으로 영락판과 북경판, 나르탕판은 같은 계열에 속하고, 데르게판은 다른 계열의 전승을 반영하는 것으로 본다.

명 황실이 티베트인의 마음을 얻고자 영락판을 간행한 것과 마찬가지로, 청(淸)의 강희제도 1684년 106질로 구성된 강희판을 제작하여 티베트인의 환심을 얻고자 하였다. 1720년에는 108질로 이루어진 몽고판 칸규르가 간행되었고, 1773년 건륭제의 명으로 시작된 만주어 대장경은 1790년에 완성되었다.

히피루트(Hippie Trail)와 현대불교

1973년 봄, 스코틀랜드 출신의 한 청년이 다람살라에 도착하였다. 그는 부서진 가정의 상처를 안고 질풍노도의 바람에 몸을 실어 목적지가 없는 여행을 하고 있는 중이었다. 1960년대부터 세계를 휩쓴 히피(hippie) 열풍은 방황하는 젊은이들이 마약과 섹스, 종교적 영성이라는 기묘한 조합을 찾아 모험을 떠나도록 자극하였다. 런던, 파리, 베를린 등지에서 출발한 방랑자들은 튀르키예의 이스탄불을 거쳐, 서아시아와 중부 내륙아시아를 지나 인도와 남아시아로 흘러들었다.

스티븐 배첼러(Steven Batchelor)도 그들의 행렬 가운데 한 명이었다. 그러나 그의 방랑은 다람살라에서 달라이 라마를 만나면서 일시 중단되었다. 그는 티베트불교에 귀의하여, 1974년 티베트불교의 사미승으로 출가하고, 티베트불교 연구에 집중하였다. 1981년 배첼러는 선불교를 배우기

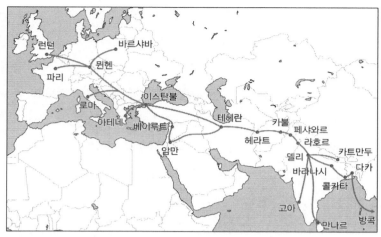

히피루트(1967~1978)

위해 한국 송광사의 구산 스님을 찾아갔다. 그리고 그곳에서 1975년 출가
한 프랑스 출신 비구니 마틴 파즈(Martine Fages)를 만난다. 둘은 스승 구
산 스님이 입적한 후, 1985년 환속하여 결혼하였다. 이후에도 그들은 여
전히 불교수행을 지속하며 저술과 번역에 종사하고 있다.

　히피세대들은 이후 다양한 종교와 문화의 영역에 깊은 인상을 남기며
성숙하여 갔다. 이제 그들에게 마리화나는 아련한 젊은 날의 치기가 되었
지만, 성(sexuality)과 영성(spirituality)은 여전히 현재의 삶 속에 깊이 침윤
하여 남아있다. 티베트불교는 이 지점에서 히피문화와 강력하게 조우하
였다. 일부는 티베트불교의 신비에 매료되어 티베트의 각종 밀교수행을
온몸으로 받아들였으며, 다른 이들은 티베트불교가 전승한 현교(顯敎)의
교학에 깊이 빠져들었다. 이렇게 하여 달라이 라마의 탈출루트와 히피루
트가 만난 1970년대에 티베트불교는 현대불교를 향한 새로운 불꽃을 피
우게 되었다.

이들은 불교를 자신의 신앙으로 받아들이면서 학문적인 연구를 병행한 서구인들의 첫 세대가 되었다. 티베트불교를 비롯하여 남아시아의 상좌부 불교, 일본불교, 한국의 선불교에 이르기까지 거의 전 분야에서 그들은 초심자의 열정으로 몰입하였다. 지난 50여 년간 서구 불교학계가 이룬 놀라운 성과는 이들의 헌신과 노력의 결과물이다. 처음 한 세대는 아시아에서 발견된 놀랍고 신비한 사상과 전통을 전적으로 수용하고자 하는 시기였다.

그리고 첫 세대의 스승으로부터 성장한 다음 세대의 스승들이 등장하였다. 이제 서구의 불교는 자신들의 불교를 만들어내고자 한다. 윤회나 환생과 같은 낡고 비과학적인 사고의 유산은 새롭게 해석되거나 부정된다. 서구불교는 모든 종교와 사상을 포용하는 다양성, 모든 종파가 함께하는 다원적 포용성, 출가와 재가의 평등성, 수행과 참여에서 개방성, 심층에서 공감하는 영성, 인간 상호 간의 존중, 사회정의에서 진보성, 전 지구적 차원의 생태주의 등으로 외연을 드러내고 있다.

아마도 지금 우리는 21세기형 새로운 종교의 탄생을 목격하고 있는지도 모른다. 그러나 오랜 스승들의 가르침을 진심으로 바라본다면, 그것이 완전히 낯선 것은 아닐 수도 있다.

수행자들은
초급의 단계에서 '다음 생에 신이나 인간으로 태어나기 바라는 마음으로 수행'하고,
중급의 단계에서는 '윤회에서 해방되고자 하는 마음으로 수행'한다.
그러나 상급의 단계에서는 '모든 중생의 해탈을 위해 수행한다.'[11]

11　라마 쇠바 린포체 (2003). pp. 36-37.

함께 읽어 볼 책

- 라마 예시 (2009). 『딴뜨라 입문』. 주민황 역. 서울: 무수.
- 야마구치 즈이호 (1990). 『티베트 불교사』. 이호근 등 역. 서울: 민족사.
- 라마 쇼바 린포체 (2003). 『티베트 라마가 전하는 행복에 이르는 길』. 주민황 역. 서울: 무우수.

한자불교의 태동

- 영혼은 존재하는가?

14

한자불교의 태동
- 영혼은 존재하는가?

비단길(Silk road)에는 비단이 없다. 비단길은 낙타와 노새의 등에 비단을 실은 대상(隊商)들이 서에서 동으로, 동에서 서로 이동하였던 길이다. 비단이 비단길에서 멈추었다면, 비단길도 존재하지 않았을 것이며, 길에서 만나는 사람들과 도시들의 이야기도 만들어지지 않았을 것이다. 비단과 함께 오가던 사람도 낙타도 모두 사라졌지만, 동과 서를 가로지르는 비단길에는 오늘도 '비단'의 흐름이 계속되고 있다.

후한(後漢, 25~220)의 명제(明帝) 10년, 서기 67년 어느날 비단길을 거쳐 동쪽의 낙양으로 향하는 대상의 무리 가운데 가섭마등(迦葉摩騰, Kāśyapa Mātanga)과 축법란(竺法蘭, Dharmaratna)이 끼어 있었다. 그들의 행장(行裝)에는 불상과 『사십이장경(四十二章經)』을 포함한 몇 권의 불경이 들어 있었다. 이들은 불상과 불경을 명제에게 진상하였고, 명제는 그들을 위해 낙양문 밖에 백마사(白馬寺)를 지어주었다. 서역의 불교는 이렇게 낙양에

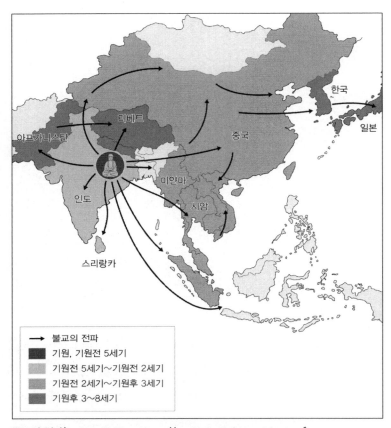

아프가니스탄

티베트

중국

한국

일본

인도

미얀마

시암

스리랑카

→ 불교의 전파

■ 기원, 기원전 5세기

기원전 5세기~기원전 2세기

기원전 2세기~기원후 3세기

■ 기원후 3~8세기

불교의 전파(by Natalie Yun, https://ancientindia21.weebly.com/)

터전을 잡게 되었다고 한다.

경전번역

불교가 보다 분명하게 중국에 뿌리를 내리기 시작한 것은 148년경 안식
국(安息國, Parthia)에서 온 안세고(安世高)와 168년경 월지국(月支國)에서
온 것으로 전하는 간다라 승려 지루가참(支婁迦讖, Lokakṣema)의 불경번

역이 이루어지면서부터이다. 한역불전에서는 안세고가 총 200권의 불전을 번역한 것으로 전하지만, 학자들은 대체로 약 16종의 번역을 안세고의 것으로 보고 있다. 그의 번역서는 명상과 수행, 초기불전과 교설, 아비다르마에 국한되어 있어 상좌부 계통의 승려였던 것으로 추정된다. 반면 지루가참의 번역으로는 약 12종이 전하는데, 그중『도행반야경(道行般若經)』[1]과『반주삼매경(般舟三昧經)』[2]이 대표적 번역으로 간주된다. 또한 동아시아불교의 맥락에서는『화엄경(華嚴經)』의 초기형태를 보여주는『불설도사경(佛說兜沙經)』[3]도 중요한 의미를 지닌다.

뒤이어 266년 월지국 출신의 축법호(竺法護, Dharmarakṣa)가 장안에 들어와 불교경전(佛典)의 번역과 교화활동을 펼쳤다. 그는『정법화경(正法華經)』,『미륵하생경(彌勒下生經)』 등 150여 경전을 번역하였다고 하며, 불경의 가르침을 중국 전역에 전파하는 데 지대한 공헌을 한 것으로 알려져 있다. 그는 교화에도 힘을 써 많은 제자를 두었으며, 번역사업을 수행한 역경장에는 재가자 번역가들도 포함되어 있었다.

불교경전의 한역작업은 오히려 창작을 능가하는 근본적인 어려움을 내포하고 있었다. 첫째, 인도불교는 중국에서 전혀 상이한 기후와 지리적 조건을 마주해야 했다. 우기와 건기를 주기로 순환하는 비교적 온화한 기후조건과 혹한의 겨울을 포함한 4계절을 순환하는 자연과 그 안에 거주하는 인간의 생활방식은 근본적인 차이를 만들어내었다. 경전의 번역은 처음부터 번역 대상어인 한문에서 인도의 자연과 인간의 삶에 대응하는

---

1 『팔천송반야경』 Aṣṭasāhasrikā Prajñāpāramitā Sūtra의 번역.

2 Pratyutpanna Samādhi Sūtra

3 도솔천에 관해 설하는 경전(The Scripture on the Tusita Heaven).

개념을 찾기 어려운 한계를 가지고 있었다. 예를 들어, 지역적 차이에 따라 인도의 식물에 정확히 일치하는 한자권의 이름을 찾을 수 없다. 인도 승단의 공동생활 규율로서 제외된 오신채(五辛菜)는 파, 마늘, 달래, 부추, 홍거의 다섯 가지 채소를 포함한다. 여기서 홍거(興蕖)는 이란이 원산지인 향신료 '힝구(hiṅgu)'로 중국에서는 본 적이 없는 식물이며, 단순히 음차(音借)하여 '홍거'로 번역한 것이다.

이 같은 난점은 언어적 차이와 추상적 개념의 번역에서 더욱 두드러졌다. 매우 다양한 종교사상이 혼합하여 고도로 추상적인 개념을 발전시킨 산스크리트어의 종교, 철학적인 어휘들에 대응하는 한자어 개념을 찾을 수 없는 경우가 빈번하였다. 다르마(dharma, 달마), 파라미타(prāmitā, 바라밀), 마나스(manas, 말나), 알라야(ālaya, 아뢰야)식, 슈냐(śūnya, 공(空)), 샤리라(śarīra, 사리), 보디사트바(boddhisattva, 보리살타) 등 헤아릴 수 없이 많은 개념어들은 산스크리트어의 발음에 따라 음차하여 번역을 대신하고 추가적으로 개념을 설명하는 수밖에 도리가 없었다.

그러나 뜻글자인 한문으로 산스크리트어의 발음을 정확하고 일관되게 음차한다는 것은 애초에 불가능에 가까운 난제였으며, 번역상의 혼란은 개념에 대한 이해의 차이나 오해로 발전하기도 하였다. '알라야'의 번역은 아뢰야(阿賴耶), 아라야(阿羅耶), 아리야(阿梨耶), 아려야(阿黎耶), 려야(賴耶) 등의 음차와 제8식, 장식(藏識) 등으로 번역이 시도되었다. 가장 대표적이면서도 일반적으로 사용되는 용어상의 혼란은 바로 '무아(無我)'에서 찾아볼 수 있다. 무아는 'anātman' 혹은 'nairātmya'의 번역으로, 문자적으로 보면 '아트만이 없음'에 해당한다. 그러나 이것이 '무아'로 번역되는 순간, 무아 개념은 '나'가 없음이나 '자아(自我)'가 없음으로 해석되고, 이것은 다시 '자아'의 의미에 대한 논의로 확장되었다.

격의불교(格義佛敎)

동아시아불교는 기본적으로 불교경전과 논서들의 한문 번역에 기반하여 성립하였으며, 그에 따른 몇 가지 두드러진 특성을 지니게 되었다. 인도불교의 추상적 개념을 번역하는 과정에서 동아시아 전통의 유사한 개념과 대비하는 격의불교가 등장하고, 특정한 경전과 논서의 번역의 결과 그 경론의 사상을 추종하고 연구하는 학파가 형성되었다. 또한 수 세기에 걸쳐 형성 발전한 인도불교가 시차없이 들어와 무작위로 한역되어 발생한 사상적 혼란을 정리하는 과정에서 학파적 분류체계인 교판(敎判)이 발전하였다.

먼저 격의불교는 인도불교에서 추상적 개념을 원뜻에 상응하는 동아시아의 사상과 연관지어 이해하려는 방식의 불교해석을 말한다. 초기에 전해진 인도의 불교는 장안의 지식인들에게 낯설고 이질적이며 다소 유치한 사상이었다. 중국의 식자층들을 특히 당혹스럽게 한 불교의 대표적인 개념은 공성(空性)과 윤회(輪廻)였다. 일차적으로 격의(格義)는 공(空) 사상의 이해와 관련되어 있으며, 윤회문제는 신멸불멸론쟁(神滅不滅論爭)으로 전개되었다.

격의의 방식에 따라, 축법호 등에 의해 번역된 반야경 계통의 경전에 등장하는 '슈냐(śūnya, 空)'가 노장사상의 무(無)와 상통하는 개념으로 알려지자 반야공(般若空) 사상에 대한 이해의 폭이 넓어지고 자유로운 지식인 사이에 유행하게 되었다. 이 같은 격의불교는 이질적인 종교사상이 새로운 토양에 착근하는 과정에서 내재적이고 주체적인 수용방식의 하나로 평가할 만하다. 그러나 격의불교의 사상적 의미는 오히려 '격의'에 대한 비판의 과정에서 개념의 정교화와 불교 이해의 심화가 이루어졌다는 점에서 찾을 수 있다.

도안(道安, 312~385)은 중국불교 승단의 계율과 제도정비에 지대한 공헌을 하였으며, 반야공 사상의 발전에도 기여하였다. 그는 『본무설(本無說)』이라는 저술에서 '본무(本無)'를 설하는 이유를 "여래가 세상에 출현하여 본무를 설하여 가르침을 널리 알렸기 때문이다. 대승의 우수한 경전들은 모두 오온(五蘊)의 본무를 설하고 있다."고 밝혔다.[4] 길장(吉藏)은 도안의 본무개념을 요약하여, "무(無)는 만물의 생성 앞에 있으며, 공(空)은 만물의 시초가 된다"고 하였다.[5] 이는 『도덕경』1장에서 "무는 천지(天地)의 시작이다(無名天地之始)"라고 한 부분을 '무와 공'으로 분할하여, 공을 변화 이전의 무와 형상들의 유(有) 사이에 존재하는 양태로 보았다는 의미가 된다.

구마라집의 직제자이자 중국인 최초의 독창적인 불교사상가라고 할 수 있는 승조(僧肇, 384~414)는 격의적 '본무' 개념을 다음과 같이 서술한다.

'본무(本無)'의 이론은 마음이 무(無)를 숭상하여 말하는 것마다 무(無)에 귀속된다. 그러므로 (경에서) 말하는 '비유(非有)'를 해석하여 '유(有)는 곧 무(無)이다'라고 하며, '비무(非無)'를 해석하여 '무(無)도 또한 무(無)이다'라고 한다. 그러나 이러한 말들의 본래 의미를 살펴보면 '비유(非有)'란 '참된 유(有)가 아니다'라는 뜻이며, '비무(非無)'란 '참된 무(無)가 아니다'라는 뜻일 따름이다. 그러니 어찌 꼭 '비유(非有)'가 '이 유(有)가 없다'는 뜻이며, '비무(非無)'가 '저 무(無)조차 없다'는 뜻이겠는가?[6]

---

4   키무라 키요타카 (1989). 『중국불교 사상사』. 장휘옥 역. 서울: 민족사, p. 31.
5   심재룡 (2004). 『중국불교 철학사』. 서울: 한국학술정보(주), p. 36.
6   심재룡 (2004). pp. 44-45.

승조가 보기에 본무(本無)를 주장하는 이들은 비유와 비무를 동시에 무(無)로 해석하는 오류를 범하고 있다. 승조는 『부진공론』에서 반야공관을 심무(心無), 즉색(卽色), 본무의 세 가지 유형으로 분류하여 고찰하였다. 심무는 마음에 외계대상에 대한 집착이 없는 것이며, 외계대상이 존재하지 않는다는 의미는 아니다. 즉색이란 물질은 '그 자체로 물질(卽色)'이지 않으며, 다른 원인에 의존하기 때문에 궁극적 실재가 아니라는 의미이다.

승조는 노장사상과 나가르주나의 중관사상을 연결하는 방식으로 주체적인 사유를 추구한다. 반야공(般若空)이란 유무(有無)의 극단에 치우치지 않고, 제법은 실재성이 없으며 오직 자성을 갖지 않는 가설적인 존재임을 뜻한다. 그는 또한 『물불천론(物不遷論)』에서 『중관』의 '8불(不)'에 따라 4구부정의 논법으로 "사물은 움직이지 않는다"고 논증한다. 운동이나 변화는 어떤 실재성을 지니지 않는다. 단명하였던 천재 승조의 논문집 『조론(肇論)』은 동아시아전통의 맥락에서 인도불교를 수용한 격의불교의 완성이라고 할 수 있다. 그 서문 「종본의(宗本義)」에서 승조는 진실한 도(道)인 불도를 다음과 같이 한 마디로 압축한다.

천지와 나는 한 뿌리이고, 만물과 나는 한 몸이다.
天地與我同根, 萬物與我一體

죽은 후 영혼은 소멸하는가?

중국불교의 초기를 증언하는 자료는 대부분 승우(僧祐, 445~518)의 『홍명집(弘明集)』에 실린 자료에 의존한다. 그 가운데 중국인 최초의 불교논서라 할 수 있는 모자(牟子)의 『이혹론(理惑論)』은 당시 의심스러운 눈초리로 불교를 바라 본 중국인들의 시각이 잘 전해지고 있다. 37개 주제에 달하는 논의의 요지는 1) 왜 공자의 가르침에는 불도에 대한 언급이 없는가? 2) 승려는 왜 신체적 고행을 하고, 결혼을 하지 않는가? 3) 사람은 죽은 후에 다시 태어나는가?에 대한 논변이다. 요컨대, 동아시아의 가르침인 유교(儒教)와 양립가능성, 불교의 신체와 자연관, 윤회의 문제에 대해 중국인들이 의문을 가졌다는 증거이다.

간단히 몇 가지 질문과 답변을 재구성해 보도록 한다.[7]

[질문] 『효경』에 "신체발부는 부모에게서 받은 것이니 감히 훼손치 말라"하였다. 그런데 사문들은 어찌 머리를 깎는가?

[대답] 태백(泰伯)은 머리를 자르고 문신을 하며 스스로 오월(吳越)의 풍속을 따랐으나, 공자는 그를 찬양하여 "지극한 덕이라고 할 만하다"고 하였다. 진실로 커다란 덕을 가지고 있으면 작은 것에 구애받지 않는다.

[질문] 무릇 후손이 있는 것보다 더 큰 복이 없다. 사문들은 처자를 버리고 출가하였으니, 복과 효에 어긋나는 행위가 아닌가?

[대답] 노자가 말하기를 "명예와 몸 가운데 어느 것이 더 친하며, 몸과 재

---

7   심재룡 (2004). pp. 13-34 요약.

화 가운데 어느 것이 더 귀중한가"라고 하였다. 처자식과 재물은 세속의 부차적인 것이지만, 맑은 몸과 무위는 도의 오묘함이다.

[질문] 불교는 사람이 죽으면 다시 태어난다고 하는데, 믿을 수 없다.
[대답] 비유하자면, 몸은 오곡의 뿌리나 잎과 같고, 혼신은 오곡의 씨앗과 같다. 뿌리나 잎은 생겨나면 반드시 죽는다. 그러나 씨앗이 어찌 끝이 있겠는가? 도를 얻으면 몸은 없어진다.

오늘날의 상식과는 달리, 윤회는 동아시아인들에게 낯선 개념이었다. 아이러니하게도 유학자는 신체와 독립적으로 존재하는 정신(神)의 존재를 부정한 반면, 윤회와 윤회의 주체인 정신(神)의 존재를 동아시아인들의 정신세계에 끌어들인 것은 불교였다. 동아시아에서 불교는 처음부터 무아(無我)보다는 윤회하는 정신(神)의 옹호자가 되었다. 당시 유학자들과 이들 정신의 옹호자들 사이의 논쟁을 '정신의 소멸에 관한 논쟁', 즉 '신멸불멸론쟁(神滅不滅論爭)'이라고 한다.

당시 대표적인 유학자 하승천(何承天, 370~447)은 정신(神)에 대하여 다음과 같이 말하였다.[8]

신체와 정신은 서로 돕고 사는 것이다. 불과 섶으로 비유하자면, 섶이 쓰러지면 불이 약해지고, 섶이 다하면 불도 꺼진다……
태어난 자는 반드시 죽는다. 신체가 죽으며 정신은 구름처럼 흩어진다. 그것은 마치 사계절이 교대하는 이치와 같다. 어떻게 정신만이 남아서

---

8 키무라 키요타카 (1989). p. 40.

14 한자불교의 태동 – 영혼은 존재하는가?   477

다른 신체를 받는다고 하겠는가?

유학의 전통에서 신체와 정신은 분리할 수 없는 한 몸, 하나이다. 따라서 신체와 정신은 수명의 연장이 동일하다. 정신이 없이 신체가 살아있을 수 없고, 신체가 죽으면 정신도 소멸한다. 『홍명집』의 내용을 좀 더 살펴보기로 하자.

> [질문] 기(氣)를 받는 것은 일생에서 끝난다. 생이 다하면 기는 흩어져 무와 같이 된다. 정신(神)이 비록 미묘한 것이라 하여도 그것은 음양이 변화하여 생겨난 것이다. 이미 변화하여 생겨났으니 다시 변화하면 죽는다.
>
> [대답] 정신이란 지극히 정밀하여 영명(靈明)한 것이다. 정신은 두루 응하면서 생겨남이 없는 것이요, 미묘를 다하면서 이름이 없는 것이다....... 불이 장작에 옮겨지는 것은 정신이 몸에 옮겨지는 것과 같다. 불이 다른 장작에 옮겨지는 것은 정신이 다른 몸에 옮겨지는 것과 같다....... 어리석은 사람은 몸이 일생에서 다하는 것을 보고 정신(神)과 감정(情)도 더불어 없어진다고 생각한다. 이것은 불이 한 나무에서 다하는 것을 보고 모든 불이 영원히 꺼졌다고 생각하는 것과 같다.[9]

이곳에서 정신(神)의 옹호자가 사용하는 '불과 장작'의 비유 해석은 『구사론』 9장에서 바수반두의 '불과 땔감'의 비유와 흥미로운 대조를 이룬다. 이곳에서 바수반두는 독자부의 '오온과 같지도 다르지도 않은(非卽

---

9   심재룡 (2004). pp. 37-39.

非離蘊)' 어떤 인격성으로서 뿌드갈라(pudgala) 개념을 비판한다. 만약 뿌드갈라가 불에 비유된다면, 불이 땔감에 의존하듯이 뿌드갈라도 오온(蘊)을 근거로 하여 생겨난 것이다. 하나의 독립적인 인격성이라는 점에서 오온과는 다르다 하더라도 그것은 오온에 의지하여 끊임없이 변화하는 무상(無常)한 것에 지나지 않다.

하지만 『홍명집』에서 정신(神)의 옹호자는 '불의 연속성'과 영원불변의 실재성에 주목한다. 정신(神)은 이름을 부여할 수 없으며, 세계의 존재와 변화에 상응하여 드러나는 신묘한 존재이다. 이 정신(神)은 바수바두가 비판한 뿌드갈라보다도 더 영혼(靈魂) 혹은 아트만(ātman)을 연상시킨다. 이러한 초기 중국불교의 경향은 무아(無我)를 약화시키고 진아(眞我)를 강조하는 동아시아불교의 특징으로 자리 잡았다.

번역가들

여러 가지 문제에도 불구하고, 한역(漢譯) 불교경전은 불교사상의 연구에서 대단히 중요한 문헌적 가치를 지닌다. 산스크리트 문헌의 고대사본이 거의 존재하지 않는 현실에서 한문 번역본들은 가장 고층의 문헌적 형태와 연대 추정을 위한 기본자료를 제공한다. 불경의 한역이 시작된 서기 200년경부터 티베트어 경전번역이 이루어진 약 800년까지 불교경전의 변천과정에 관한 연구는 한역에 절대적으로 의존할 수밖에 없다. 현존하는 산스크리트어 사본들은 대부분 후기형태를 따르고 있으므로, 한역본들이 후대의 범어사본들과 보이는 차이를 통해, 전승의 발전과정을 검토하고 사상적 변화발전을 추적해 볼 수 있는 것이다.

"한역으로 보존되어 있는 초기 전승들은, 반야계 경전들이 확대, 축소, 재구성되고, 교리뿐만 아니라 언어학적인 변화를 포함하는 주요한 변화를 겪어 온 과정에 대해 우리들이 세밀하게 연구할 수 있는 기회를 제공한다."[10]

초기 불교문헌학자들이 암묵적으로 가정하였던 것처럼, 산스크리트 문헌만이 불교경전의 '원래의' 형태를 보존하고 있을 것이라는 생각은 더 이상 지지될 수 없다. 초기 한역 경전들 중에는 산스크리트 원문에 축자적으로 충실하고자 한문의 구문과 의미를 바꾸어 가면서까지 노력한 번역본들도 존재한다. 시기를 달리하는 한역 경전의 층을 통해, 각종 불교사상이 어떤 완결된 형태로 갑자기 출현한 것이 아니라 긴 성장의 과정을 거쳐 변화, 발전되면서 확립된 전통이라는 것을 알 수 있다.

1세대 번역가들은 불교사상의 대강을 한자문화권에 소개하는 역할을 담당하였지만, 동시에 동아시아불교에 많은 혼란과 오해를 야기하였다. 이러한 혼란을 해소하기 위하여 한 단계 높은 차원에서 경전과 논서를 이해해야 할 시대적 요구가 대두되었다. 구마라집(鳩摩羅什, Kumārajīva, 344~413)은 이 시대적 과제를 수행하기에 가장 적합한 인물이었다.

구마라집은 쿠차(Kucha)국에서 태어나 일찍 출가한 후 카슈미르(Kashmir) 지역으로 유학하여 대소승의 교학에 능통하였다. 그의 명성은 돈황(燉煌)에서 장안(長安)에 이르는 하서주랑(河西走廊)을 거쳐 중원으로 전해졌다. 마침 5호 16국의 혼란기를 거치고 있던 중원의 세력들은 불교

---

10 Lewis R. Lancaster, "The Oldest Mahāyāna Sūtra: Its significance for the study of Buddhist development." *The Eastern Buddhist* 8, 1(1975), p. 40.

의 힘을 빌려 민심을 수습하고 권력을 강화하고자 하였다. 언어와 철학적 사유에서 구마라집의 천재성은 난세에 그 자신과 국가에 재앙이 되고 말았다.

384년 전진(前秦, 351~394)의 군대가 구마라집을 '모셔오기' 위해 쿠차국으로 급파되었다. 장군 여광은 구마라집을 내어주지 않는 쿠차국 왕을 살해하고, 구마라집과 함께 장안으로 향하던 중 전진의 왕 부견(苻堅)이 전사하였다는 소식을 듣는다. 이후 구마라집은 두 망국(亡國) 사이에서 온갖 곤욕을 감내하며 오도가도 못하는 신세로 17년을 보내다가, 401년 전진을 계승한 후진(後秦, 384~417)의 요흥(姚興)에 의해 장안으로 초대되었다.

다음해부터 구마라집은 산스크리트어 불전(佛典)의 한역에 매진하였다. 시대적 불운은 그의 언어적 천재성에 더욱 풍부한 기회와 능력을 제공하였다. 포로생활을 하는 동안 익힌 한문을 사용하여, 구마라집은 산스크리트어 원뜻에 충실하면서도 한자문화권의 독자에게 의미를 정확히 전달할 수 있는 유려한 번역의 틀을 완성하였다. 무려 1600년 전의 번역임에도 '색즉시공 공즉시색(色卽是空 空卽是色)'의 『반야경』이나, 극락(極樂)이나 지옥(地獄)과 같은 개념어들은 동아시아불교에 깊이 뿌리를 내려 오늘날까지 널리 유통되고 있다.

그는 총 35부 348권에 달하는 번역을 한 것으로 알려지는데, 그 가운데 현대까지도 최상의 번역으로 존중받아 사용되고 있는 경론들만도 『반야심경』, 『법화경』, 『아미타경』, 『유마경』, 『중론』, 『대지도론』 등 헤아릴 수 없이 많다. 요흥은 그의 천재성이 대가 끊어지는 것을 안타까워하여 여성과 혼인하여 후세를 도모하고자 하였다고 한다. 하지만 구마라집은 자신의 한문번역이 원문의 뜻은 얻었다고 할 수 있겠지만, 산스크리트어의 문체와 아름다움까지는 옮길 수는 없었다고 토로하였다.

그가 번역한『중론』,『백론』,『십이문론』은 동아시아 중관학파인 삼론학파(三論學派)의 성립을 촉발하였다. 삼론종(三論宗)은 고구려 출신 중관학자 승랑(僧朗)을 계승하여 안식국의 이민이었던 길장(吉藏, 549~623)에서 완성되었다. 길장은 동아시아 전통사상인 노자, 장자, 주역에 관한 연구인 삼현(三玄)과 비교하여 불교사상의 우월성을 주장하였다.

삼현은

1) 단지 현세의 삶만을 변론하지만, 불교는 삼세(三世)를 밝게 비추어 본다.
2) 아직 다섯 감각(五情)에도 통달하지 못하지만, 불교는 여섯 신통(六通)의 미묘함을 밝힌다.
3) 만유(萬有)와 태허(太虛)의 상즉(相卽)을 논하지 않지만, 불교는 가명(假名)을 부정하지 않으면서도 실상(實相)을 설한다.
4) 무위(無爲) 그대로 만유에 노니는 것이 불가능하지만, 불교에서는 궁극적 진리를 움직이지 않고도 현상을 성립시킨다.
5) 여전히 득실(得失)의 이원성에 머물러 있지만, 불교에서는 이원적 차별을 사구부정으로 하나로 합치시킨다.
6) 아직 대상과 지혜의 주객분별을 소멸하지 못하지만, 불교에서는 주객을 초월한 진리와 하나가 된다.[11]

이처럼 구마라집의 번역작업은 동아시아에 중관철학이 뿌리를 내리고, 삼론학파의 성립과 길장이라는 걸출한 중관학자의 배출로 이어졌다.

---

11 길장 (2009).『삼론현의(三論玄義)』. 박상수 역. 서울: 소명출판, pp. 83-85.

길장에게『중론』이 전하는 진리는 언어적 사유가 끊어진 절대적 하나이며, 그것은 공(空)과 유(有), 진실의 세계와 현실의 세계가 상응하는 '불이(不二)의 정관(正觀)'이고 중(中)이다.

한편, 불운한 역경사 진제(眞諦)의 번역사업은 동아시아의 토양에 유식사상과 여래장사상의 씨앗을 심어놓았다. 진제는 546년 47세의 늦은 나이에 해로를 통해 중국에 도착하였다. 그러나 남조(南朝)시대의 혼란스러운 상황에서 역경사업은 중단되고 귀국시도도 실패하는 등 고초를 겪다가 569년 광주에서 생을 마감하였다.

이처럼 불안정한 유랑생활 중에도 진제는 총 49부 142권에 달하는 경론을 번역해 내는 초인적인 의지를 보여주었다. 특히『섭대승론』,『섭대승론석』,『유식론』,『삼무성론』과 같은 유식철학의 핵심논서들,『아비달마구사석론』, 여래장계 논서인『불성론』,『대승기신론』 등은 모두 동아시아 불교철학에 깊은 영향을 남겼다. 유식문헌인『섭대승론』의 번역은 섭론종(攝論宗),『아비달마구사석론』은 비담종(毘曇宗), 저술 문제가 논란이 되고 있는『기신론』은 여래장사상에 기반한 동아시아불교의 핵심논서로 자리 잡았다.

섭론종은 무착(無着, Asanga)의 저술『섭대승론』과 바수반두의 주석『섭대승론석』에 근거하여, 알라야식을 염오한 식과 청정한 식으로 구분하고, 청정식을 제9식인 무구식(無垢識), 즉 아말라식(amalavijñāna)으로 상정하였다. 진제의 아말라식 개념은 소위 법성종(法性宗)의 핵심개념으로, 중국불교에서 불성(佛性)사상 혹은 여래장(如來藏, tathagatagarbha)에 중심을 둔 유식사상의 전개에 이론적 근거가 되었다.

반면 바수반두의『십지경론』도 비슷한 시기에 보리유지(菩提流支, Bodhiruci)와 늑나마제(勒那摩提, Ratnamati)가 각기 번역하였는데, 보리유지의 해석을 따르는 북도파와 늑나마제의 해석에 근거한 남도파로 분열하였다. 지론종 남도파는 제8아뢰야식을 항상 존재하며 청정무구한 진식(眞識)이자 불성(佛性)이라고 보아 섭론종과 대립하였다. 지론종 북도파가 유사한 견해를 가졌던 섭론종에 먼저 흡수되고, 지론종 남도파와 섭론종은 이후 등장하는 법상종(法相宗)으로 합류하였다. 최근 학계에서는 지론종과 섭론종을 둘러싼 6세기 유식사상의 전개에 대해 뜨거운 논의가 전개되고 있다.

불교경전의 한역 4세대를 대표하는 현장(玄奘)에 이르면, 중국인들이 주도적으로 경전의 번역과 사상의 수용을 이끌어가는 특징을 보여준다. 현장은 13세 무렵 출가하여 경론을 공부하던 중 629년 인도로 떠나 16년간 나란다대학 등에서 유학하였다. 645년 귀국한 현장은 664년 입적할 때까지 수많은 경전과 논서들을 번역하였다. 번역장은 매우 체계적으로 운영되었으며, 번역작업의 세부적인 원칙에 충실하여 고도로 전문적인 번역을 산출하였다.

역장에는 번역 책임자인 역주(譯主), 증의(證義), 증문(證文), 서자(書字) 범학승(梵學僧), 필수(筆受), 철문(綴文), 참역(叁譯), 간정(刊定), 윤문관(潤文官) 등으로 역할을 배분하여 마치 컨베이어벨트 작업처럼 번역이 이루어졌다.[12]

당시의 전문적인 번역작업을 그려보면 다음과 같다.

역주가 가운데 앉아서 산스크리트어 원문을 읽는다.

증의는 역주와 함께 범어 문장을 토의한다.

---

12 후나야마 도루 (2018). 『번역으로서의 동아시아—한자 문화권에서의 '불교'의 탄생』. 이향철 역. 서울: 푸른역사, pp. 94-95.

증문은 역주가 범어를 읽는 소리를 듣고 잘못이 없는지 점검한다.

서자 범학승(梵學僧)은 범어 문장을 소리나는 대로 한문으로 옮겨 적는 다. (예: hṛdaya를 紇哩那野로)

필수는 범어를 한문으로 바꾼다. (예: 紇哩那野hṛdaya를 心으로)

철문은 문자의 순서를 바꾸어 문장을 구성하고 의미가 통하도록 한다.

참역은 범어와 한자의 문자를 비교 검토하여 오류를 바로잡는다.

간정은 문장의 중복 등을 삭제하고 의미를 명확히 한다.

윤문관은 맞은편에 앉아서 번역을 다듬고 윤색한다.

이처럼 체계적이고 조직적인 번역작업은 오직 개인의 언어적 천재성에 의존하였던 구마라집의 번역과는 전혀 다른 양상으로 이루어졌다. 현장의 번역은 부파의 아비달마 논서들에서 유식관계 경전과 논서들, 반야경계 경전과 대승논서들, 다라니경전 등 방대한 문헌군을 포함하고 있으며, 각각의 번역이 이루어진 장소와 시간이 정확하게 밝혀져 있다.[13] 현장은 애초에 유식사상에 대한 의문을 해소하고자 유학을 결심한 것으로 알려져 있는데, 번역에서도 유식문헌의 역출에 심혈을 기울였다. 그 결과 6세기 혼란스러웠던 유식학계의 갈등을 평정하고 법상종이라는 이름 아래 통합하였다.

---

13 현장의 번역 상황 연표는 모로 시게키 (2018). 『오온과 유식』. 허암 역. 서울: 민족사, pp. 25-27을 참조하기 바란다.

불교와 국가

불교사상의 대강이 밝혀지고 대중의 종교적 신앙이 확산되자, 불교와 국가권력은 서로 무시할 수 없는 견제와 협력의 관계에 접어든다. 대륙의 중원과 남부지방의 한족문화권, 북방의 호족들과 이민족들 문화권에서는 불교에 대한 상이한 접근태도를 드러내었다.

북방의 왕국들은 주체적인 전통사상을 가지고 있지 않았기 때문에 불교는 통치이념과 사상적 공백을 채워주는 대안적 종교사상으로 환영받았다. 불교는 국가 이데올로기나 대중결속을 위한 강력한 종교적 기제로 정치적 가치를 지녔다. 때문에 북방에서 불교는 정치권력과 강하게 밀착하였으며, 대중은 열정적인 신도가 되었다. 불교는 정치권력의 전폭적인 지원에 의존하여 크게 융성하였지만, 때로 양자의 밀착이 어긋날 때는 참혹한 박해를 동반하기도 하였다. 종종 정치적 왕을 종교적 차원의 '전륜성왕'과 동일시하고자 하는 욕구가 분출하였다. 이런 조건에서 불교는 대체로 국가권력과 유착하거나 그게 아니면 종속적인 변수로 취급되었다.

반면 한족문화권에서는 동아시아의 전통사상과 문화에 대한 자부심을 바탕으로 외래사상인 불교를 멸시하거나 현학적인 관심에서 접근하였다. 이러한 문화적 토양에 자리 잡은 불교사상은 전통의 유교사상에 대응하여 세계보편정신을 추구하는 경향을 드러내었다. 불교의 진리가 지역적·문화적 제약에 한정된 전통사상이나 정치권력에 의해 속박될 수는 없었다.

동진(東晉)의 여산(廬山)에서 활동하였던 혜원(慧遠)의 저술『사문불경왕자론(沙門不敬王者論)』에서 '사문은 왕을 예경하지 않는다'는 주장은 이런 맥락에서 불거진 문제였다. 동진의 왕실은 사문의 예경을 강제하여 왕실의 권위를 높이고자 하였으나, 불교계 신료들이 반대의견을 피력함으로써 분란이 일어났다. 이때 안휘성의 실력자 환현(桓玄)이 혜원에게 편지를 보내 승단과 왕권의 관계를 질문하였다. 혜원은 '사문은 출세간에 살기 때문에, 세간법에 따라 왕에게 예경하지 않는다'는 답신을 보낸다.

그러나 혜원의 주장은 세력들이 각축하는 남북조 시대까지만 유효하였다. 중원을 통일한 수(隋), 당(唐)제국이 등장하면서, 불교는 강력한 황제의 권력에 편승하거나 수세적인 위치에 놓이게 되었으며, 시간이 지남에 따라 국가권력에 완전히 종속되고 말았다.

승단이 국가와 거리를 두고 독립적인 지위를 유지하려는 시도는 언제나 양자 사이에 긴장을 수반하였다. 수당제국이 등장하는 시기에 종말론적 위기의식을 가지고 대중교화에 온몸을 던진 승려가 있었다. 그가 바로 말법(末法)시대에 대중을 구제할 수 있는 가르침으로 삼계교(三階敎)를 가르친 신행(信行, 540~594)이다. 신행은 평생 동안 걸식하고 고행을 자처하여 두타행(頭陀行)을 행하였으며, 장안의 거리를 오가는 사람들에게 "당신은 미래에 부처가 될 것이다"라며 절하여 섬겼다고 한다.

신행의 근본적인 문제의식은 자신의 시대가 말법시대라는 인식에서 출발한다. 삼계(三階)란 불교를 시대, 장소, 사람에 대해 각기 삼단계로 구분하는 것을 의미한다. 시대의 삼계는 붓다 이후 정법(正法), 상법(像法), 말법(末法)이며, 지금은 말법의 시대이다. 장소의 삼계는 이상적인 땅 정토(淨土) 1단계에 현실적인 세계의 2단계를 포함한다. 사람의 삼계는 각각 정법, 상법, 말법시대에 속한 사람들이다. 말법시대에 속한 사람들은 악을 좋아하고, 악한 생각을 하며, 악한 행위를 서슴지 않는 무리들이다.

말법시대의 악한 중생을 구제하는 방법으로 제시된 것이 보법종(普法宗)이다. 보법(普法)이란 무지몽매하고 전혀 불교를 알지 못하는 이들을 위한 가르침이다. 그것은 진리를 차별하거나 붓다를 가리지 않는 보불보

법(普佛普法)이며, 두루 통하는 진리이고 두루 통하는 정의이다. 말법시대
의 중생들을 위해서는 특정한 사람들에 한정되는 종교나 진리에서 벗어
나 모두에게 두루 통하는 붓다와 진리를 찾고 전해야 한다.

삼계교의 핵심교리인 보불보법(普佛普法)은 보경(普敬)과 인악(忍惡),
공관(空觀)에 토대를 둔 보행(普行)사상이다. 보경은 누구도 부처가 아닌
자가 없기 때문에 모든 중생들은 서로를 존경해야 한다는 가르침이다. 인
악(忍惡)은 고통을 견디고 악을 제거하여 좋은 씨를 심기 위해서는 자신
의 잘못을 인정하고 반성할 것을 요구한다. 신행은 승려로서 구족계를 반
납하고 승려 수련생에 해당하는 사미승(沙彌僧)에 머물면서 민중의 고통
과 삶에 함께하였다. 그는 대중의 생산활동에 동참하고 발생하는 이익을
그들에게 돌려주었으며, 신도들의 시주를 기금으로 무진장원(無盡藏院)
을 설립하여 빈민구제 사업을 전개하였다.

신행의 신념(信)과 행동(行)은 권력자들에게 불온한 것으로 비쳐졌다.
수나라에서 당나라의 중반에 이르기까지 삼계교는 정치권력의 견제와
부패한 종교의 탄압으로 고사(枯死)해 갔다. 삼계교의 가르침은 점차 이
단시되었고 당(唐) 현종(玄宗)대에 강제로 해산되면서 역사의 무대에서
사라졌다. 그러나 천오백 년 전에 사라진 삼계교의 기본사상과 실천은 21
세기 현대종교가 지향해야 할 길에 한 가닥 등불을 밝히고 있다.

교판(敎判)

불교의 학파철학들은 수 세기의 전통이 누적된 시간적 입체성을 지닌 역
사적 산물이다. 인도불교가 동아시아에 전해질 무렵에는 다양한 부파불
교의 아비다르마철학이 만개하였으며, 중관과 유식으로 대표되는 대승

사상이 확산되고 있었다. 또한 각종 경전과 각양의 학파철학들은 여전히 새로운 변화와 형성의 과정에 있었다. 하지만 중국에 전해진 불교사상은 그것의 역사성과 사상적 계보에 대한 인식을 결여한 채 무작위적으로 유포되었다. 혼란과 갈등은 불가피한 것이 되었다.

교상판석(教相判釋) 혹은 교판은 '불설의 특징을 판별하고 해석한다'는 뜻으로, 엉킨 실타래처럼 종잡을 수 없는 경전의 사상들에 일관성을 부여하고자 하였던 체계화 작업을 지칭한다. 교판은 전해진 경전들이 붓다 자신에 의해 설해진 것이라는 믿음을 전제로 한다. 그렇다면 전혀 이질적이고 때론 상호모순되는 가르침이 설해진 이유는 무엇인가? 그리고 최종적이고 가장 수승한 붓다의 가르침은 무엇인가?

각종 교판의 설립자는 자신의 학파적 관점을 지지하는 경전을 최초 혹은 최후의 수승한 가르침으로 설정하고, 붓다의 일생을 시기별로 나누어 상이한 설법을 배치하는 방식으로 이 문제에 응답하고자 하였다. 관점에 따라 헤아릴 수 없이 다양한 조합이 가능할 것이고, 이제는 교판 자체가 또 다른 갈등의 요소가 될 수 있었다. 수(隋) 제국의 시대에는 이미 20여 종의 서로 다른 교판이 제시되었다.

그럼에도 교판은 불교를 전체적으로 조망하는 체계를 확립하여 대중에게 붓다의 가르침을 일관성 있게 이해하는 동시에 다양한 경전들의 상호관련성에 주목하도록 유도하였다. 학파적인 관점에서는 교판을 통해 철학적 정체성을 대외적으로 선명하게 선포하는 효과를 띠었다. 또한 가르침의 층위를 설정하는 과정에서 최상위에 위치한 자기학파 철학의 핵심을 명료화하여 학문적 발전을 견인하는 기능을 하기도 하였다.

교판은 한역불교의 성립과정에서 등장한 동아시아불교의 독특한 역사적 산물이다. 때문에 동아시아의 불교사상이나 학파의 특징을 이해하기 위해서는 그들의 교판을 분석하는 것이 일차적 지름길이다. 축도생(쓰道生, ?~434)의 4법륜(法輪)과 혜관(慧觀, 5C 전반)의 오시(五時)에 따른 교판은 최초기 교판의 형태와 특징을 보여준다.

축도생의 4법륜교판
선정법륜(善淨法輪): 재가자를 위한 선하고 청정한 행위의 법륜
방편법륜(方便法輪): 성문(聲聞), 연각(緣覺), 보살(菩薩)을 위한 방편설
진실법륜(眞實法輪): 『법화경(法華經)』의 귀일(歸一)
무여법륜(無餘法輪): 『대반니원경(大般泥洹經)』의 무여열반

혜관(慧觀)의 오시교판
제1시: 사제전법륜(四諦轉法輪)
제2시: 『대품반야경(大品般若經)』
제3시: 『유마경(維摩經)』과 『범천사익경(梵天思益經)』
제4시: 『법화경(法華經)』
제5시: 『대반열반경』

축도생과 혜관의 교판은 완숙한 인도불교 교학의 세례를 받은 역경사와 이식된 불교를 수용하는 중국인 승려 사이의 차이를 여실히 드러내 보여준다. 축도생은 수행의 단계에 따라 가장 초보적인 재가자나 일반인들이 선(善)을 행하고 청정한 마음을 가지는 것에서 출발하여, 『아함경』에 기초한 가르침을 청문하였던 성문승(聲聞僧)에서 보살에게 이르기까지의 중간 단계를 설정한다. 그리고 법화경에서 3승(乘)의 진리가 모두 하나로 돌아가는(歸一) 단계의 가르침으로 인도한다. 마지막의 궁극적 단계는 이승의 삶을 마치고 아무 흔적도 남기지 않은(無餘) 붓다의 열반을 지

시한다.

반면, 혜관의 수용방식에는 분명한 차이가 발견된다. 길장은 『삼론현의(三論玄義)』에서 혜관의 교판에 대해 설명하였다. 요약하면,[14]

> 혜관이 『열반경』 서문을 저술하면서 불교를 둘로 구분하였다. 하나는 『화엄경』 부류의 돈교(頓敎)이고, 다른 하나는 붓다가 녹야원에서 처음 설한 후 입멸할 때까지의 단계적 가르침을 포함하는 점교(漸敎)이다. 이 점교는 구체적으로 열거하여 오시(五時)로 나누었다.
> 제1시는 삼승별교(三乘別敎)로서, 성문에게는 사성제, 벽지불에게는 12연기, 대승에게는 6바라밀을 설하였다.
> 제2시는 삼승통교(三乘通敎)로, 세 종류를 통틀어 『반야경』을 설하였다.
> 제3시는 보살을 찬양하고 성문을 억제하는 억양교(抑揚敎)로, 『유마경』과 『사익경』을 설하였다.
> 제4시는 삼승을 통합하여 일승(一乘)으로 귀결하는 동귀교(同歸敎)로서 『법화경』을 설하였다.
> 제5시는 『열반경』에 해당하며, 상주교(常住敎)라고 한다.

별교의 오시교판에서 성문, 연각, 보살승의 차별과 통합이라는 관점으로 단계를 배치한다. 성문승과 보살승의 역사적 단계가 차별적으로 구분되는 것이 아니라, 이미 현존하는 성문, 연각, 보살승의 관계라는 차원에서 교판이 이루어진다. 이는 삼승(三乘)의 불교사상이 동시에 동아시아에 전해진 저간의 사정을 반영한다고 하겠다. 삼승은 개별적으로 설해졌으

---

14 길장 (2009). pp. 147-149.

나, 궁극적으로 무차별이라는 점에서 동등하고, 『법화경』의 불설에 통합되어 있다는 점에서 하나이다. 혜관의 돈점(頓漸) 교판과 삼승(三乘)－일승(一乘)의 기본구도는 동아시아불교의 전통 속에서 오랫동안 살아남았다.

여래장사상과 동아시아불교

동아시아불교의 두드러진 특징 중에 하나는 여래장(如來藏, tathāgatagarbha) 사상이 지배적인 불교전통의 형성에 있다. 여래장이란 문자적으로 여래(如來, tathāgata)의 태아(胎芽, garbha), 곧 '중생은 여래의 태아이다'라는 의미를 가진다. 『여래장경(如來藏經)』에 따르면,

> 일체 중생에게는 여래장이 있으며, 중생이 아무리 윤회를 되풀이하고 번뇌에 오염되더라도 여래장은 오염되지 않고 소실되지는 않는다.

여래장 개념은 즉각적으로 '윤회하는 정신적 주체' 혹은 '아트만(我)'의 개념을 연상시키며, 구원과 영생을 향한 대중의 종교적 요구에 부합하는 것으로 보인다. 이는 불교의 무아(無我) 사상에 정면으로 역행하여 힌두교적인 불교로 변질할 위험성을 예기하는 것이다. 앞서 살펴보았듯이, 동아시아불교는 초기부터 '정신적 주체(神)'의 불멸성과 윤회개념에 기반하여 문화적 뿌리를 내렸었다.

여래장은 무엇보다 기약없이 긴 수행의 과정과 깨달음을 향한 까마득한 미로를 일거에 제거하고 성불(成佛)의 임박한 순간을 직면하게 한다. 동시에 이러한 구제론적 희망은 대중에게 윤리적 의지와 동기를 제공한다. 여래장 개념은 종교로서의 불교가 대중과 호흡할 수 있는 유용하고

강력한 무기인 셈이다. 다분히 현실적이고 있음(有)에 경도된 동아시아의 문화적 토양에서 여래장사상은 적극적인 환영을 받았다.

여래장사상(tathāgatagarbhavāda)은 인도불교에서는 독자적인 학파의 지위를 획득하지 못하였으며, 유가행파에 속한 하나의 학설로 간주되었다. 『능가경(楞伽經)』에서는 여래장설을 힌두교의 '아트만설(ātamavāda)'과 비교하여 차이점을 강조하고 있어, 일찍부터 힌두교의 아트만 개념과 혼동이 발생하였음을 반증한다. 또한 『보성론(寶性論)』에서는 유식학의 용어를 사용하여 여래장설의 내용을 설명하고 있다. 하지만 인도의 유식 논서에서 여래장설은 전통의 일부로 존중되기는 하지만 비중있는 위상을 갖지는 못하였다.

인도에서 형성된 여래장계 경전들이 동아시아에 들어와 번역 유통되면서 여래장사상은 뜨거운 관심과 논의의 대상이 되었다. 대표적인 경전으로는 여래삼부경으로 칭해지는 『여래장경』, 『부증불감경(不增不減經)』, 『열반경』이 있으며, 『승만경(勝鬘經)』, 『능가경』 등도 중요한 경전으로 인정된다. 또한 여래장사상을 전개하는 논서로는 『구경일승보성론(究竟一乘寶性論)』, 『대승장엄경론(大乘莊嚴經論)』, 『불성론(佛性論)』, 『대승기신론(大乘起信論)』 등이 중요하다.

여래장개념의 뿌리는 수행의 목표로 설정된 '깨끗한 마음(淸淨心)'의 존재에서 기원한다. 부파불교 시대부터 이미 염오한 것들은 청정해질 수 없으며, 청정한 것은 염오해질 이유가 없다는 논의가 발견된다. 대중부(大衆部)와 분별론자(分別論者)들도 이미 염오해질 수 없는 자성청정심(自性淸淨心)을 인정하였던 것으로 알려진다. 초기의 자성청정심은 허공에 비유되기도 하였던 것처럼 공성(空性)으로 이해되었다. 여래장은 우연한 염오성(客塵)에 대해 공(空)하다는 점에서 자성청정심으로 간주되었다.

'타자(염오)의 부재'라는 방식으로 설명되던 '청정심'은 점차 독자적인 정체성을 지닌 개념으로 변모하여 갔다. 진제(眞諦)가 자신의 유식설에서 염오한 알라야식(ālayavijñāna)에 대비하여 제9무구식(無垢識, amalavijñāna)을 상정한 것은 알라야식에서 여래장설로 이행하는 한 경로를 보여준다. 그는 바수반두의 『섭대승론석』을 번역하면서, 알라야식을 번뇌에 물든 마음으로 보고, 이와 별도로 번뇌에 물들지 않는 청정한 마음 혹은 진여심(眞如心)을 독립적인 제9의 무구식으로 제시하였다.

유식설에서는 알라야식을 이숙식(異熟識)이라고 하는데, 이것은 업(業)의 과보로서의 식이기 때문이다. 유식설에 있어서 알라야식은 '망식(妄識)'이며, 윤회의 주체이다. 이에 비해 여래장의 입장에 설 경우에, 알라야식은 진여(眞如)와 무명(無明)이 결합한 것으로서 진망화합식(眞忘和合識)이 된다. 일반적으로 진망화합식으로서의 알라야식을 진제의 역어로 '아리야식(아려야식)'이라고 하고, 망식의 알라야식은 '아뢰야식(현장의 번역어)'이라고 부르는 경우가 많다. 알라야식의 번역상의 차이가 번역자의 해석의 차이를 반영하는 개념어로 고정된 흥미로운 사례이다.

『능가경』에서는 여래장설이 세 단계로 언급되어 있다. 하나는 유식삼성설의 관점에서 원성실성을 여래장심(tathāgatagarbha-hṛdaya)이라 칭하고, 다음으로 여래장과 아트만의 차이점에 대해 논하며, 마지막으로 「찰나품」에서 여래장과 알라야식을 동일시한다. 여래장에 분별 망상의 때가 있을 때 그것을 알라야식이라고 한다. 그것은 바다의 파도처럼 끊임없이 일어나지만 궁극적으로는 자성이 청정하다.

여래장, 즉 '여래의 태아' 개념은 이미 하나의 메타포이다. 중생은 이미 여래의 종성(種性, gotra)을 가진 자이며, 여래의 집안에 여래를 계승할 성품을 가지고 태어났다. 그러나 여래의 태아인 중생은 여전히 아이가 자라듯이 성장해야 한다. 그가 성장해야 한다는 사실이 그가 가진 '여래의 종성'을 부정하는 것은 아니다. 온갖 탐진치로 물든 중생들도 모두 여래장을 가지고 있으며, 아무리 번뇌의 흙탕물에 뒹굴어도 여래장은 오염되지 않는다. 그것은 껍질 속에 열매가 숨겨져 있듯이, 망고 속에 씨앗이 감추어져 있듯이, 오물 속에 순금이 떨어져 있듯이, 언제나 그곳에서 변하지 않고 발견되기를 기다린다.

여래장이 완연히 드러난 여래의 법신(法身)은 상(常), 락(樂), 아(我), 정(淨)을 특징으로 한다. 아비다르마철학에서 그것들은 '네 가지 뒤집힌 견해(四顚倒)'로 버려야 할 것들이었다. 그러나 여래장설에서는 오히려 무상(無常), 고(苦), 무아(無我), 부정(不淨)이 '네 가지 전도된 견해'이다.

> 실로 [여래의 법신은] 본성적으로 청정하기에, 습기를 여의였기에 청정(淨)하며, 최고의 자아(我)이다.
> 자아와 무아를 정립하는 다양함이 적정하기 때문에.
> 마음에서 생겨난 온(蘊)들과 그 원인을 제거했기에 락(樂)이며,
> 생사와 열반의 동일성을 통달했기에 상(常)이라네.[15]

여래의 법신에 대해서는 상락아정이 정견(正見)이다. 무아(無我)인 것은 중생이고, 아(我)는 여래이다. 무상(無常)한 것은 성문과 연각이고, 상(常)은 여래의 법신이다. 고(苦)는 윤회이고, 락(樂)은 열반이다. 부정(不淨)은 유위법이고, 정(淨)은 붓다의 법이다. 이것은 초보적인 단계의 성문승들로서는 도무지 헤아릴 수 없는 경지이다.

---

15 견해보살 (2011). 『보성론(寶性論)』. 안성두 역. 서울: 소명출판, p. 287.

『승만경』에서는 여래법신의 상락아정이 '아트만'이나 상견(常見)과는 다르다는 점을 강조한다.

> 세존이시여! 만일 누가 제행을 무상하다고 본다면, 그것은 그에게 단견이 될 것이고, 그것은 그에게 정견이 되지 않을 것입니다. 세존이시여! 만일 누가 열반은 상주한다고 본다면, 그것은 그에게 상견이 될 것이고, 그것은 그에게 정견이 되지 않을 것입니다.[16]

그러나 여래장과 '아트만'의 차이를 분명히 구분하여 밝히기는 쉽지 않다. 상락아정의 여래법신은 얼마나 '아트만'과 다른 것일까?

하나의 마음

궁극에 있어 인간의 마음은 희망적인가? 심층의 저류를 흐르는 마음은 '허망한 의식(妄識)'인가, 때 묻지 않은 청정한 의식(無垢識)인가? 아니면 둘 다인가? 그것이 오직 망식(妄識)일 뿐이라면, 우리에게 희망의 빛은 매우 가늘고, 세상의 악의 문제는 피할 수 없는 현실이 된다. 만일 그것이 무구식(無垢識)이라면, 현실에서의 생생한 번뇌와 고통에 대해서 해명이 요구된다. 양자는 서로 대립모순의 관계에 있는 것처럼 보이며, 서로의 존립근거를 부정한다. 염오와 청정의 두 마음이 동시에 존재한다면, 우리는 화해할 수 없는 양극단의 마음을 오가며 분열증세를 보일 것이다.

정말 그러한가?

16　견해보살(2011). p. 288.

극단의 대립 혹은 분열 외에는 다른 선택지가 없는가?

망식과 청정심을 양 끝으로 중간의 단계들을 상정해 보자.

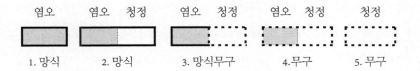

도표에는 3종의 마음에 관련된 다섯 개의 모델을 보여주고 있다. 염오한 마음(1, 2), 청정한 마음(4, 5), 둘 다인 마음(3).

먼저 마음(1)은 온통 염오뿐인 마음이며, 가망없는 마음이다. 만일 우리 마음이 이런 것이라면, 우리의 수행은 오염된 폐수로 목욕을 하는 것과 같이 무용한 일이 될 것이다. 선근(善根)이 끊어져서 성불(成佛)할 가능성이 없는 이들을 일천제(一闡提, icchantika)라고 한다. 마음(1)은 일천제의 마음이고, 무시이래로 염오한 중생의 마음이다. 인과법칙에 따르는한, 마음(1)의 주인공들은 깨닫거나 성불하는 것이 불가능하다. 혹은 구제할 수 없는 중생이 존재한다. 이것은 물론 받아들이기 어려운 모델이다.

마음(5)는 전혀 때 묻지 않은 완전히 청정한 마음이다. 그것은 종교적 이상의 마음이고, 붓다의 마음이다. 언젠가 수 억겁의 시간이 흘러 모든 번뇌와 무명이 다 사라진 후 도달하게 될 투명한 마음이 그것이다. 그러나 우리는 그것을 '우리의' 마음으로 부를 수 없는 현실을 매일 목격하고 있다. 만일 궁극에 있어 마음이 청정하였다면, 우리의 현실 속에 번뇌와 염오는 언제 무엇 때문에 들어온 것일까? 청정한 마음이 알 수 없는 이유로, 무력하게, 지금 우리가 목도하듯이 염오하게 되었다면, 그것은 언제라도 때 묻을 수 있을 것이며, 염오를 제거하기는 더욱 힘든 일이 될 것이다.

마음(3)은 마음(1)과 마음(5)의 문제를 모두 가지고 있는 분열적인 마음이다. 두 마음은 타협할 수 없는 독립적인 마음이므로, 사랑하면서 혐오하고, 웃으면서 동시에 우는, 서로 대립하여 싸우는 마음이다. 마음(3)에서 성불은 언제나 반쪽의 성불이다. 외도로 비판받았던 사문 푸라나 카사파(Purana Kassapa)가 고통(苦)과 즐거움(樂)이 실재한다고 하였을 때, 그에게 고통의 소멸은 불가능한 것이 되었듯이, 마음(3)에서는 성불의 순간에도 여전히 염오한 마음을 가지고 있게 될 것이다.

모두가 인정할 수밖에 없듯이, 우리는 모두 선한 마음과 악한 마음을 얼마간씩 가지고 살아가고 있다. 한편으로는 온통 번뇌로 찌든 염오한 마음을 싫어하고, 다른 한편으로 투명하고 청정한 붓다의 마음을 기원하지만, 현실은 언제나 우리를 배신한다. 우리의 현실적 마음은 마음(2)이거나 마음(4)와 같은 모습이다. 그렇다면 우리 마음의 근본은 염오인가? 청정인가?

우리가 마음(2)의 상태에 있다면, 우리에게 수행은 어떤 의미이고 궁극적으로 청정한 상태의 마음으로 도약은 가능할 것인가?

알라야식은 모든 업의 종자들이 저장되어 있는 일체종자식이라고 한다. 이 종자의 현현으로 나의 몸과 마음작용이 드러난다. 나의 두뇌도 업종자의 발현이다. 이 두뇌를 구성하는 원자 하나하나를 종자에 대응한다고 생각해 보자. 나를 구성하는 모든 업종자를 전부 청정하게 하려면 얼마나 오랜 시간이 필요할까?

우리 신체의 약 60%는 물로 이루어져 있고, 물의 질량 대부분은 산소가 차지한다. 60kg의 몸무게에 약 30kg은 산소이다. 이것의 천분의 일도 안되는 16g의 산소원자를 하나씩 헤아린다고 하자. 하나의 산소가 하나의 번뇌와 염오라고 생각하고 하나씩 제거한다고 생각하자. 우주가 시작한 빅뱅의 순간부터 1초에 하나씩 산소분자를 제거한다면, 지금쯤 우리의 염오분자 산소는 얼마나 제거되었을까?

산소 16g의 개수= 6.2×10^{23}

우주의 시간(초) = 4.4×10^{17}

대충 약 백만분의 일을 제거한 셈이다. 이렇게 해서는 이번 우주의 수명 안에 가능한 일인지 가늠할 길이 없다. 바로 그런 이유로 해탈에 이르는 길은 수 겁(劫), 수 억겁의 시간이 필요한 것이다. 알라야식에 의존한 수행과 해탈은 기약없이 길고 험난하다.

그리고도 최종 순간에 하나의 문제가 남는다. 모든 염오한 종자들이 모두 제거되었을 때, 그 마음 자체의 바탕은 염오인 채로 남아 있는가? 소멸하는가? 아니면 질적인 변화를 일으켜 청정하게 되는가?

마음(4)는 우리의 마음에 대한 긍정이며 희망의 메시지이다. 마음의 바탕은 근본에 있어 청정하다. 마음에 번뇌와 염오한 것들은 본래 청정한 거울에 먼지가 끼듯이 우연히 더럽혀진(客塵) 때나 얼룩에 지나지 않는다. 성불하기 위해서는 어떤 새로운 요소의 발생이나 본질적인 변화가 요구되지 않는다. '껍질에 싸여 있는 씨앗'과 같이, 씨앗을 잘 간직하기만 하면, 그것이 껍질을 벗고 싹을 틔우는 자연스러운 과정을 거쳐 불성이 발현한다. 기쁜 소식이다. 그러나 그것은 진실인가, 아니면 희망 섞인 믿음일 뿐인가?

아뢰야식과 여래장 사이에는 이처럼 해소하기 어려운 간극이 놓여 있었다. 그리고 『대승기신론』과 주석서들에서 해결하고자 했던 핵심논제가 바로 이것이었다.

대승의 믿음을 일으키는 논서

'대승에서 믿음을 일으키는 것에 관한 논서'인『대승기신론(大乘起信論)』
은 여래장계 문헌으로 알려져 있으며, 동아시아의 불교사상을 이해하는
데 절대적인 중요성을 지닌 저술이다. 그럼에도 논서의 저자와 사상적 기
원은 여전히 미스터리로 감추어져 있다.

　『대승기신론』은 전통적으로 마명(馬鳴, Aśvaghoṣa)의 저술, 진제(眞諦)
의 번역으로 알려져 왔다. 그러나 일찍부터 이 논서가 인도찬술이 아닌
위작(僞作)일 가능성이 제기되었다. 중국 땅에서 진제나 혹은 익명의 저
자에 의해 저술되었다는 위작설은 최근 오오타케 스스무(大竹晋)의『『대
승기신론』의 성립문제 연구』[17]를 통해 북조(北朝)의 익명의 저자로 좁혀
지는 듯이 보인다.

　『대승기신론』에 대해서는 중국(21), 한국(19), 일본(151)에서 총 191종
의 주석서가 저술되었다고 한다. 그 가운데 불교사상사에 깊은 영향을 미
친 삼대 주석서는 특별히 주목할 필요가 있다. 시기적으로 가장 앞선 주
석서는 정영사(淨影寺) 혜원(慧遠, 523~592)의『대승기신론의소(大乘起信
論義疏)』로『정영소(淨影疏)』라고 하고, 인도적 경향이 보이는 것으로 평
가된다. 다음은 신라 원효(元曉, 617~686)의『대승기신론별기(大乘起信論
別記)』와『대승기신론소(大乘起信論疏)』의 합본인『해동소(海東疏)』이다.
원효에서『대승기신론』해석의 주제와 체계가 갖추어졌으며, 이후『대
승기신론』이해의 틀을 제공하였다. 마지막으로 중국 화엄학의 대가 법
장(法藏, 643~712)의『대승기신론의기(大乘起信論義記)』는『현수소(賢首疏)』

17　오오타케 스스무(大竹晋) (2022).『한문불전의 조각보『대승기신론』의 성립문제 연구』.
　　이상민 역. 서울: 씨아이알.

라고 칭한다.『현수소』는 동아시아『대승기신론』해석의 총결이며, 이후 전개된 모든『기신론』이해의 표본을 이룬다.

『대승기신론』의 구조

0. 일심
    1) 대승
    2) 이문(二門): 진여와 생멸

I. 진여문
    1) 이언(離言)진여: 무상(無相), 부사의(不思議)
    2) 의언(依言)진여: 공(空), 불공(不空)

II. 생멸문
    1. 생멸: 전변
    1) 의(意)의 전변
    2) 식(識)의 전변
    3) 삼계유심: 심의식
        (1) 무명(無明): 염오(染汚)심
        (2) 6종의 염심(染心)
    4) 생멸상: 생멸문의 체상용
    2. 각(覺)
    1) 본각(本覺)
        (1) 성정(性淨)본각: 환멸문(還滅門)
        (2) 수염(隨染)본각: 유전문(流轉門)
    2) 시각(始覺)
        (1) 4상
        (2) 무념
    3) 불각(不覺)
        (1) 근본불각
        (2) 지말불각: 삼세(三細), 육추(六麤)

『대승기신론』은 '한 마음(一心)'의 '두 측면(二門)'과 '세 양태(3大)'의 해명이다. 일체를 포괄하는 '하나의 마음'은 현실을 살아가고 있는 '중생의 마음(衆生心)'이고, 중생심이야말로 '대승 그 자체'를 드러내는 진실이다. 일심(一心)은 먼저 진여(眞如)와 생멸(生滅)의 두 측면으로 전개한다. 그 이유는,

> 이 마음의 진여상(眞如相)이 대승의 체(體)를 보이기 때문이고, 이 마음의 생멸인 연상(生滅因緣相)이 대승 자체의 상(自體相)과 용(用)을 잘 보이기 때문이다.[18]

진여의 측면은 번뇌나 무명에 의해 조금도 더럽혀지지 않고 깊은 물처럼 고요하고 맑은 상태를 유지하는 마음이다. 일심의 생멸은 번뇌와 무명(無明)에 의해 일어나 흘러가는 현상의 마음이다. 하나의 마음은 언설로 표현될 수 없는 측면과 삶에서 경험되고 언설로 말해질 수 있는 측면이 겹쳐져 있다. 일심의 진여적 측면은 언어로 표현할 수 없기 때문에, 일심은 생멸의 가설적 차원에서만 언설이 가능하다.

> 심생멸(心生滅)이란 여래장에 의하므로 생멸심이 있는 것이니, 이른바 불생불멸이 생멸과 더불어 화합하여, 같은 것도 아니고 다른 것도 아닌 것을 이름하여 아리야식(阿梨耶識)이라고 하는 것이다.[19]

『섭대승론』의 해석에서 진제가 드러낸 여래장 친화적인 해석의 경향은 『능가경』에서 보다 적극적으로 여래장과 아뢰야식의 통일을 모색하였다. 그리고 『기신론』은 '『능가경』의 아들'이라 불릴 정도로 사상적으로 『능가경』과 밀접한 관계를 맺고 있다. 불생불멸하는 여래장에 의지하여 생멸하는 마음이 일어난다. 이 생멸과 화합하여 일어났으면서 여래장과 같은 것도 아니고 다른 것도 아닌 것이 '아리야식'이다. 언어적 지시를 초월하는 진여는 오직 생멸에 대한 제한된 언어의 지시와 은유를 통해 드러날 뿐이다. 때문에 『대승기신론』에서 궁극적인 것에 대한 묘사는 일심에서가 아니라 중생심에서 출발하게 된다. 중생심이 일심이다.

---

18 『起信論疏記』卷1:「是心真如相. 即示摩訶衍體故. 是心生滅因緣相. 能示摩訶衍自體相用故.」 (X45.205b4-5). 은정희, 78.

19 『大乘起信論』卷2:「心生滅者. 依如來藏故有生滅心. 所謂不生不滅. 與生滅和合. 非一非異. 名為 阿黎耶識」(X45.209b12-13)

'있는 그대로의 참모습인 진여'와 '생성, 변화, 소멸하는 생멸'이라는 일심의 두 측면은 다시 체(體)대, 상(相)대, 용(用)대의 세 양태로 발현한다. 진여와 생멸, 본체와 현상의 이원적 대립항은 중간지대에서 마주하여 양극에 개방되면서도 포획되지 않는 마음의 공간을 확보한다. 바로 그곳에서 알라야식과 여래장이 중첩하게 된다. 유식과 여래장의 통합시도는 심(心)의 자성이 청정한 측면인 여래장과 심의 염오한 측면인 알라야식의 개념적 융합을 전제로 한다.

여래장과 알라야식의 상호침투와 중첩관계를 단순화하여 도식으로 나타내면 다음과 같다.

일심		
진여	생멸	
체(體)	상(相)	용(用)
	본각	시각	불각
마음(5) ← (여래장) 마음(4)		
	마음(2) (알라야식) → 마음(1)	

알라야식은 마음(1)과 마음(2)에 걸쳐 있고, 여래장은 마음(4)와 마음(5)를 이어서 열려 있다. 알라야식의 염오성이 완전히 제거되고, 진여로 나아갈 수 있는 가능성은 여기서 마음(2)의 '아리야식'이 마음(4)의 여래장과 중첩되기 때문이다. 마음(2)와 마음(4)를 매개로 하여 알라야식과 여래장은 연속성을 갖게 된다. 원효는 이 같은 구도의 해석을 심층적으로 탐구하였다. 그는 진여를 여실공(如實空)과 여실불공(如實不空)으로 설명하고, 생멸의 본각(本覺)을 여실공경(如實空鏡)과 인훈습경(因熏習鏡)으로 설명하였다. 그런데 이 생멸의 본각에서 깨달음의 경지는 내용적으로 진

여와 동일하다.

> 첫째는 여실공경(如實空鏡)이니, 모든 마음의 경계상을 멀리 여의어서 나타낼 만한 법이 없는지라 각조(覺照)의 뜻이 아니기 때문이다. 둘째는 인훈습경(因熏習鏡)이니, 여실불공(如實不空)을 말한다. **일체 세간의 경계가 모두 그 가운데 나타나되 나오지도 않고 들어가지도 아니하며, 잃지도 않고 깨지지도 않아서 일심(一心)에 항상 머무르니,** 이는 모든 법 그대로가 바로 진실성이기 때문이다.[20]

지금 여기서 설명되는 본각의 두 가지 의미는 진여에 대한 언어적 표현과 유사하다. 불가언설의 진실을 언어적으로 표현가능한 생멸의 단계를 통해 드러낸다. 생멸의 세계에 속해 있기는 하나 그것은 일체 세간의 경계가 나오지도 들어가지도 않는 일심에 머문다. 그리고 이 일심은 생멸의 수레바퀴를 돌고 있는 '중생의 마음'이기도 하다.

그러나 그레고리(P.N. Gregory)는 여래장과 알라야식의 상보적 개념을 통해 일심의 두 측면을 해명하려는 『대승기신론』의 시도가 성공적이지 못하였다고 판단한다.[21] 그레고리가 보기에 『기신론』에서 여래장의 염오 측면이 망상일 뿐이라는 것은 단지 존재론적인 문제를 인식론적인 문제로 전환하는 것으로, 문제의 궁극적인 해결은 아니다. 마찬가지로 알라야식의 깨달음의 측면이 법신(法身)에 기반하고 있다는 것은 인식론적인 측

---

20 『起信論疏記』卷3:「一者如實空鏡. 遠離一切心境界相. 無法可現. 非覺照義故. 二者因熏習鏡 謂如實不空. 一切世間境界. 悉於中現. 不出不入. 不失不壞. 常住一心. 以一切法即真實性故.」 (X45.215c19-21). 은정희, 181.

21 Peter N. Gregory. "The Problem of Theodicy in the Awakening of Faith." Religious Studies. 22. (1986). pp. 63-78. (pp. 73-74)

면에서의 논의가 존재론적으로 귀결되는 문제를 야기한다. 결국, 여래장과 알라야식의 통합으로 해결하고자 했던 진여와 생멸의 모순에 대한 문제는 상대의 꼬리에서 논의를 시작하는 순환논증의 오류에 떨어지고 만다는 것이다.

『대승기신론』의 사상에 대해서는 1) 중관과 유식의 절충으로 보는 전통적인 견해(고익진, 은정희, 원효의 『대승기신론별기』), 2) 유식과 여래장의 결합으로 보는 해석(박태원, R. Buswell, P.N. Gregory, 원효의 『대승기신론소』), 3) 여래장사상으로 비불교적이라는 비판적 견해(마츠모토 시로(松本史郎))가 존재한다.[22] 마츠모토 시로의 비판불교적 비판의 핵심은, 불교가 붓다의 '무아(無我)'의 가르침으로 돌아가 힌두교적 오염을 털어내야한다는 것이다. 마츠모토 시로는 동아시아불교에서 구제론적 희망으로여겨지는 불성(佛性) 개념을 힌두교 아트만(ātman) 개념의 아시아적 변용으로 간주한다.

종교적 측면에서 희망적이고 구제론적인 불성의 메시지는 『열반경』의 다음 구절에서 발견할 수 있다.

> 모든 중생은 모두 불성(佛性)을 가지고 있다
> 一切衆生皆有佛性, (在於身中)

본문에서는 특이하게 바로 이어 '신체 안에(在於身中)'라는 구절이 뒤따른다. 다시 말해 '모든 중생은 자신의 신체 안에 불성을 가지고 있다.' 그런데 『능가경』에

---

22 이하 논의는 마츠모토 시로 (2014). 『인도철학』 제41집, 5-33.

여래장은 자성이 청정하고, 32종의 형상으로 변화하여, 모든 중생의 **신체 안에** 들어가 있다. 마치 매우 값비싼 보물이 더러운 천에 덮여 있는 것과 같다. 여래의 태아는 상주하고 불변한다.

如來藏自性淸淨. 轉三十二相. 入於一切衆生身中. 如大價寶垢衣所纏. 如來之藏常住不變.

여기에서는 '중생의 **신체 안에**' 들어가 있는 불성이 자성청정한 여래장임이 분명하게 명시된다. 마츠모토 시로는 한 발 더 나아가, 『열반경』과 『능가경』에서 드러난 여래장이 『임제록(臨濟錄)』이나 『경덕전등록(景德傳燈錄)』의 「임제장(臨濟章)」에 있는 '무위진인(無位眞人)'과 동일한 의미를 함축한다는 사실을 논증한다.

적육단에 한 무위진인이 있다.

赤肉團上, 有一無位眞人

'적육단'은 심장을 의미하며, 심장은 우파니샤드에서 아트만이 거주하는 장소이다. 따라서 임제선(臨濟禪)까지 이어지는 동아시아불교의 전통은 '불성은 중생의 심장에 있다'는 불성사상에 기반하고 있으며, 그것은 '아트만은 인간의 심장에 있다'는 아트만설과 정확히 일치한다는 요지의 주장이다.

이러한 불성사상을 역사문화적 소산으로서 동아시아불교의 특성으로 인정해야 하는가? 불교라는 이름에 걸맞게 초기 붓다의 무아사상으로 돌아가 재평가, 재정립해야 할 것인가? 아니면 여래장사상을 '무아' 혹은 '공(空)'의 전통에 따라 새롭게 해석하여, 대립하는 딜레마의 두 뿔 사이를 통과하는 신묘한 길을 찾을 것인가는 여전히 과제로 남겨져 있다.

함께 읽어 볼 책

■ 마찌하다 료오슈 (1996). 『중국불교사』. 계환 역. 서울: 우리출판사.

■ 심재룡 편저 (1994). 『중국 불교 철학사』. 서울: 철학과 현실사.

■ 고려대장경연구소 (2000). 『비판불교의 파라독스』. 서울: 고려대장경연구소출판부.

세계는 한 송이 꽃이다
- 삼론종, 천태종, 화엄종

세계는 한 송이 꽃이다
- 삼론종, 천태종, 화엄종

외래의 불교사상이 동아시아인들의 마음밭에 뿌리 내리기까지는 물경 5
세기의 시간이 필요하였다. 한(漢)제국의 초기 산발적인 번역을 통해 전
해지던 불교사상은 16국과 남북조의 혼란기에 한편으로는 통치 이데올
로기로, 다른 한편으로는 위로와 희망으로 동아시아의 역사에서 주권을
획득하였다. 이질적인 불교사상이 점차 익숙해지고 정교해진 번역에 힘
입어 이해가 증진되었다. 불교사상은 조금씩 현지의 체질에 맞도록 토착
화와 주체적 수용의 길로 들어섰다.

　새로운 사상의 이해는 학파의 형성으로 가시화하였는데, 초기 한역의
결과로 '소승불교'의 교학적 전통에 상응하는 '성실종(成實宗)', '비담종
(毘曇宗)', '율종(律宗)' 등이 형성되었다. 중관과 유식사상에 대한 동아시
아인의 주체적인 해석을 보여주는 학파로 '삼론종(三論宗)'과 '법상종(法
相宗)'이 등장하고, 뒤이어 인도불교에서는 찾아볼 수 없는 동아시아 독

자의 학파들로 '천태종(天台宗)', '화엄종(華嚴宗)', '선종(禪宗)', '정토종(淨土宗)' 등의 사상과 문화가 꽃피었다.

동아시아불교의 학파들은 일부의 예외를 제외하면 대체적으로 대립적 학파의식보다는 관심사와 전문영역에 차이를 인정하면서도 상호교류와 존중에 기반하여 통합적 성격을 띠었다. 적대적 충돌이나 갈등은 학파적 성격보다는 오히려 정치적 이유에서 비롯되었다고 할 수 있다.

I. 삼론종: 둘도 아니고, 둘이 아닌 것도 아니다

『삼론종』은 구마라집이 나가르주나의 저서『중론(中論)』과『십이문론(十二門論)』, 그의 제자 아리야데바(Āryadeva)의 저술『백론(百論)』을 번역하면서, 이들 세 논서를 중심으로 중관철학에 대한 연구와 저술활동을 전개한 학파이다.

『중론』은 27장으로 구성되며, 각 장에 나가르주나의 게송과 제자들의 주석을 첨부하여 완본으로 간주하였다. 구마라집의 한역은 청목(靑目, Piṅgala)의 주석이 붙은 청목석『중론』이다. 이 논서는 산스크리트어, 한역, 티베트역이 모두 남아있어 각 전통에서 중시한 문헌이었음을 알 수 있다.『십이문론』은『중론』의 논의 가운데 12가지 주제를 선정하여, 나가르주나 자신의 설명을 첨부한 논서이다.『백론』은 나가르주나의 제자 아리야데바(提婆, ca. 170~270)의 저술이다.『백론』은 총 10장으로 구성되어 있으며, 불교 내의 타학설뿐만 아니라 상키야(Sāṃkhya)나 바이셰시카(Vaiśeṣika)와 같은 인도철학파들의 주장을 논파하는 데 상당한 노력을 기울이고 있다.

삼론학(三論學)은 구마라집의 번역 이후, 승조(僧肇), 승랑(僧朗) 등 150년을 거쳐 길장(吉藏)에 이르러 집대성되었다. 길장은 파르티아(Parthia)계 2세로 이란계통의 유민이었으며, 선대로부터 불교를 신봉하였다고 한다. 그의 부친도 출가하여 도량(道諒)이라는 승려가 되었으며, 길장도 이른 나이에 출가하여 법랑(法朗)의 제자가 되었다. 전란의 시기에 길장은 사찰의 문헌들을 수집, 보존하는 한편 꾸준히 연찬(硏鑽)하여, 통일제국 수(隋)나라에서 천태(天台) 지의(智顗, 538~597)와 견주는 석학으로 존경받았다. 길장은 『삼론현의(三論玄義)』를 저술하여, 승랑에서부터 이어지는 학문적 영향사를 밝히고, 삼론종의 대의를 분명하게 드러내었다.

삼론학의 방법론은 '파사즉현정(破邪卽顯正)'으로 압축할 수 있다. 길장은 중관사상의 대의를 밝히는 논증에서 다양한 이설(異說)들을 소개하고 논파하는 파사(破邪)에 집중함으로써, 귀류논리적 추론에 따라 현정(顯正)에 도달하는 접근방법을 취하였다.

[문] 만약 불교의 내부와 외부를 함께 꾸짖고, 대승과 소승을 모두 배척한다면, 이 논서의 종지는 무엇을 의지하는 것인가?

[답] 불교의 내부와 외부가 함께 없어지고, 대승과 소승이 모두 고요해짐으로써, 비로소 바른 이치라고 이름한다. 이 바른 이치를 깨닫는다면, 곧 바른 관찰이 발생한다. (『삼론현의』[1])

그는 인도와 중국의 불교사상을 네 가지로 분류하여 하나씩 비판하였

---

1 길장 (2009), p. 174.
   『三論玄義』: 問. 若內外並呵大小俱斥. 此論宗旨何所依據耶.
   以內外並冥大小俱寂. 始名正理. 悟斯正理則發生正觀. (T45, 6c11-12, 15-16)

다. 첫째, 그는 인도의 육파철학, 바라문(婆羅門), 육사외도의 사상과 중국의 노장(老莊)과 공자의 주역(周易)을 논파하면서, 유불도 삼교를 불교의 관점에서 비교하였다. 둘째, 소위 소승불교를 대표하는 아비다르마철학의 핵심교리를 비판하였다. 셋째, 아비다르마철학과 함께 유행하였던 『성실론』을 소승이라고 비판하였다. 넷째, 당시의 유식학파 지론종(地論宗)과 섭론종(攝論宗) 등 중국의 대승불교와 학파들의 교판을 비판하였다.

그렇다면 길장이 파사(破邪)의 방식을 통해 드러내고자 하는 진실은 무엇인가?

삼론학의 핵심철학은 이미 『중론』에서 명시된 바와 같이, 승의와 세속의 이제(二諦), 불생불멸(不生不滅) 불상부단(不常不斷) 불일불이(不一不異) 불래불거(不來不去)의 팔불(八不), 그리고 중도(中道)이다. 핵심개념의 전개에서 길장의 논증은 유무(有無)의 분석에 집중된다.

이제시교론(二諦是教論)이라 칭하는 두 진리의 분석에서 이제를 3단계로 분석하여, 단계적으로 폐기하면서 최종적인 진리로 이끌어 간다. 제1단계의 이제설(二諦說)에서 세속인들이 '모든 존재가 있다'고 생각하는 것에 대하여 '모든 법은 궁극적으로 공(空)하다'고 설한다. 제2단계에서는 세속에서는 '유무(有無)', 즉 '있기도 하고 없기도 하다'고 설하고, 승의에서는 '불이(不二)', 즉 '있는 것도 아니고 없는 것도 아니다'고 설한다.

이에 대해 적대자는 다음과 같이 비판한다.

> [문] 대저 단멸이 있고 상주가 있기 때문에 그것을 이름하여 있음(有)이라 하고, 단멸도 없고 상주도 없는 것을 지목하여 없음(無)이라고 한다. 이미 그것을 없음(無)이라고 한다면, 무엇에 의하여 단견을 여의겠는가?

[답] 이미 단견과 상견이 이에 적정해진다면, 곧 있음(有)과 없음(無)은 동일하게 모두 여의게 된다.......본래 있음(有)이라는 병(病)에 대응한 것이며, 그 때문에 없음(無)이라고 설한 것이다. 그래서 있음(有)이라는 병이 만약 소멸한다면, 공(空)이라는 약도 또한 폐기하게 된다. 성도(聖道)는 있음(有)도 아니고 없음(無)도 아니라는 것을 알아야 한다.　　　　　　　　　　　　　　　　　　　　　(『삼론현의』2)

마지막 3단계에서는 세속적 진리로서 '유무(有無)의 둘이기도 하고 불이(不二)이기도 하다'고 하고, 궁극적 진리로서는 '비이비불이(非二非不二)', 즉 '유무(有無)의 둘도 아니고, 불이(不二)도 아니다'라고 한다.

길장은 두 진리를 존재론적인 차원에서만 분석하고 있지만, 그것은 열반과 생사, 혹은 진여와 생멸의 관계에서도 거듭 적용될 수 있다. 열반(涅槃)과 생사(生死)는 궁극적 진리와 세속적 진리에 대비된다. 여기서 궁극적 진리는 먼저 생사를 벗어난 열반, 다음은 생사도 열반도 아닌 진리, 마지막으로 생사와 열반이 없기도(無) 하고 생사와 열반이 있기도(有) 한 진리로 나아간다.

끝으로 만약에 긍정도 부정도 없고, 옳고 그른 견해도 없다면, 무엇 때문에 수고스럽게 논서를 짓고 논쟁하는가 하는 비아냥 섞인 질문에는 악취공(惡取空)의 위험을 경고하는 것으로 마무리한다.

2　길장 (2009), pp. 175-6.
『三論玄義』: 難曰. 夫有斷有常故名之為有. 無斷無常目之為無. 既其是無. 何由離斷.
答. 既斷常斯寂. 則有無等皆離.
答. 本對有病. 是故說無. 有病若消. 空藥亦廢則知聖道未曾有無.
(T45, 6c22-25, 27-29)

[비판] 만약 긍정도 없고 부정도 없다고 한다면 또한 삿됨도 없고 다름도 없을 것이다. 그런데도 어찌하여 [삼론을] 수립하여, 파사현정(破邪顯正)이라고 칭하는가?

[답] 대저 부정이 있고 긍정이 있는 것을 곧 삿됨이라 하며, 긍정도 없고 부정도 없는 것을 이에 바름이라 이름한다.[3]

[답] 『중론』에 이르기를 "위대한 성인이 공법(空法)을 말한 것은 여러 가지 견해를 벗어나기 위해서이다. 만약 다시 공(空)이 있다는 견해를 가진다면, 그런 사람은 부처님도 교화할 수 없다"고 하였다.[4]

중관철학을 이해하기 위해서는 산스크리트어에 기반한 지적풍토의 차이뿐만 아니라 『중론』 등 중관논서에 대한 언어적 분석능력과 논리적 사고능력이 요구된다. 구마라집이 『중론』, 『십이문론』을 번역하였을 때는 마침 강남지역을 중심으로 '맑은 바람과 밝은 달을 노래하며 즐기는' 음풍농월(吟風弄月)의 문화가 유행하고 있었다. 시대적 조류에 따라 중관논리는 이국적이고 현학적이며 언어적, 논리적 유희를 즐기고자 하는 지식인 사회의 흥미를 잠시 끌었지만, 동아시아 지성사에서 학파의 수명은 오래 지속하지 못하였다.

---

3 길장 (2009), pp. 177-8. 『三論玄義』: 難曰. 若無是無非. 亦不邪不正. 何故建篇章稱破邪顯正. 答夫有非有是此則為邪. 無是無非乃名為正. 所以命篇辨破邪顯正. (T45, 7a5-8)

4 길장 (2009), p. 178. 『三論玄義』: 難曰. 若無是無非. 亦不邪不正. 何故建篇章稱破邪顯正. (T45, 7a5-7)

II. 천태종: 모두가 부처님이다

1986년, 음력 4월 초파일 부처님 오신 날을 맞아 조계종 종정 성철 스님은 '생신을 축하합니다'라는 법어를 발표하였다.

생신을 축하합니다

교도소에서 살아가는 거룩한 부처님들,

오늘은 당신네의 생신이니 축하합니다.

술집에서 웃음 파는 엄숙한 부처님들,

오늘은 당신네의 생신이니 축하합니다.

밤하늘에 반짝이는 수없는 부처님들,

오늘은 당신네의 생신이니 축하합니다.

꽃밭에서 활짝 웃는 아름다운 부처님들,

오늘은 당신네의 생신이니 축하합니다.

구름이 되어 둥둥 떠 있는 변화무상한 부처님들,

오늘은 당신네의 생신이니 축하합니다.

물속에서 헤엄치는 귀여운 부처님들,

허공을 훨훨 나는 활발한 부처님들,

교회에서 찬송하는 경건한 부처님들,

법당에서 염불하는 청수한 부처님들,

오늘은 당신네의 생신이니 축하합니다.

넓고 넓은 들판에서 흙을 파는 부처님들,

우렁찬 공장에서 땀 흘리는 부처님들,

자욱한 먼지 속을 오고가는 부처님들,

오늘은 당신네의 생신이니 축하합니다.

눈을 떠도 부처님! 눈을 감아도 부처님!

광활한 이 우주에 부처님을 피하려 하여도

피할 곳이 없으니

상하 사방을 두루두루 절하며

당신네의 생신을 축하합니다.

천지는 한 뿌리요, 만물은 한 몸이라.

일체가 부처님이요, 부처님이 일체이니

모두가 평등하며 낱낱이 장엄합니다.

이러한 부처님의 세계는

모든 고뇌를 초월하여 지극한 행복을 누리며

곳곳이 불가사의한 해탈도량이니

신기하고도 신기합니다.

입은 옷은 각각 달라 천차만별이지만

변함없는 부처님의 모습은 한결같습니다.

자비의 미소를 항상 머금고

천둥보다 더 큰 소리로 끊임없이 설법하시며

우주에 꽉 차 계시는 모든 부처님들,

나날이 좋을시고,

당신네의 생신이시니 영원에서 영원이

다하도록 서로 존중하며 서로 축하합시다.

선사(禪師)의 법어에 한 마디 말을 덧붙인다면 큰 실착이 될 것이다. 그의 사상이나 철학에 대한 언급에 앞서, 울림이 큰 수행자의 말이 그리운

시절이다. 성철 스님은 이 시에서 세상의 눈에 천차만별로 보이는 일체가
모두 부처라고 노래하였다.

진리의 꽃(法華)

법화(法華)는 진리의 꽃이다. '연꽃과 같은 참된 진리'를 뜻하는 '삿다르
마 푼다리카(saddharmapuṇḍarīka)'의 축약이다. 구마라집은 '참된 진리'
를 '묘~한 진리(妙法)'로 번역하여 독자에 깊은 영감을 심어주었다. 이 진
리를 담은 경전이『묘법연화경(妙法蓮華經)』이고, 줄여서『법화경(法華經)』
이라고 한다.『법화경』은 천태종(天台宗) 사상이 근거하는 소의경전이다.
산스크리트어 원문이 전해지고 대승불교의 문화권에서 한역, 티베트역
등이 유통되었을 뿐만 아니라 일찍부터 프랑스어 및 영어로 번역되어 독
자층을 확보하였다.

붓다가 열반에 들기 전 영취산(靈鷲山)에 모인 대중의 집회(靈山會)에서
설법한 것을 핵심적인 내용으로 한다. 아함경전의 가르침을 방편설로 간
주하고, 대승의 진리를 통해서만 성불할 수 있다고 설한다. 성문(聲聞), 연
각(緣覺), 보살(菩薩)의 삼승(三乘)을 구별하고, 성문과 연각의 가르침은
붓다의 지혜를 듣고 깨닫게 하는 일대사인연(一大事因緣)을 통해 사람들
이 일승으로 나아가게 하고자 설해졌다. 열어서 보이자면 삼승이지만, 그
것은 모두 일승으로 돌아가고(會三歸一), 오직 대승의 일불승(一佛乘)의
진리에만 성불의 길이 열려 있다. 이는『법화경』이 소위 '대승(大乘)'과
'소승(小乘)'이 분기하는 경계선에서 형성된 경전이라는 것을 암시한다.

『법화경』은 전후반부 각 14장으로 구성되어 있다. 전반부는 근원불이
중생을 구제하기 위하여 자신의 흔적(痕迹)을 드리운 것이 현세의 붓다라

는 의미에서 적문(迹門)이라 하고, 후반부는 영원전부터 성불하였던 붓다의 근원과 본체를 밝히는 본문(本門)이라고 한다. 현세의 붓다가 보여주는 방편을 설하는 「방편품」과 무시 이래로 완전하고 영원한 진리성을 갖춘 붓다를 설하는 「여래수명품」이 전후반의 두 축을 이룬다.

『법화경』이 증언하는 방편들은 모두 '모든 사람들이 붓다의 지혜를 얻도록 하기 위한 목적'에서 이루어진다. 이승에서의 성불이나 열반은 단지 중생들에게 길을 보여주고 구제하기 위한 방편일 뿐, 붓다의 수명은 무량하다. 「여래수량품」에 따르면, 붓다는 역사적이고 인격적인 붓다가 아니라 영원한 진리의 법신이며, 시작이 없는 시작 때부터 완전한 깨달음을 이룬 상태였다. 이 붓다는 삼계를 다스리는 지고의 존재로 묘사된다.

「견보탑품」에는 땅에서 다보탑(多寶塔)이 솟아오르고, 『법화경』의 내용이 진리라는 선포가 이어진다. 모든 부처들이 모인 가운데 석가모니 부처는 다보탑의 문을 열고 들어가, 다보여래와 함께 나란히 앉았다. '두 붓다가 나란히 앉았다(二佛竝坐)'는 모습을 형상화한 건축예술이 불국사 경내에 나란히 배치된 석가탑과 다보탑이다.

『법화경』은 인간은 누구나 불성(佛性)을 가지고 있으며, 본질적인 악이란 존재하지 않는다고 본다. 세상이 혼탁하고 악이 극성일수록 붓다가 출현하여 악을 제거하고 새로운 질서를 시작할 것이다. 때문에 『법화경』의 세계관에서는 금기시되었던 여인의 성불도 인정되고, 악인도 성불할 수 있다.

천태산의 지의

『묘법연화경』의 사상은 천태지의(智顗)를 매료시켰다. 그는 천태산(天台山)에 머무르며 수행과 교학을 연찬한 후 일정기간 세속에 나가 교육과 교화활동을 전개하곤 하였다. 48세에『묘법연화경』을 주체적으로 해석한 삼부작, 이론서『법화문구(法華文句)』와『법화현의(法華玄義)』, 수행서『마하지관(摩訶止觀)』을 저술하여 진나라 수도 금릉에서 강의하였다. 세 논서의 저술로서 천태종(天台宗)의 사상과 수행체계가 확립되었다. 이로써 천태종은 동아시아 특유의 학파이자 유력한 종파로서, 이론과 실천을 겸비한 교학체계를 갖추게 되었다. 남쪽 지역에서 성장한 천태지의는 북쪽 출신 스승 혜사(慧思, 514~577)를 만나 실천수행의 중요성을 인식하게 되었다. 때문에 천태종의 교학은 수행실천적인 북부의 전통과 남부지역의 현학과 청담의 지적인 경향을 잘 융합한 사상체계로 평가된다.

천태종의 사상은 일념삼천(一念三千), 일심삼관(一心三觀)의 실상론(實相論)과 십경십승관법(十境十乘觀法)의 수행론으로 개괄해 볼 수 있다.

먼저, 일념삼천은 '한순간의 생각에 모든 가능세계가 다 들어 있다'는 뜻으로, 삼천대천세계는 모두 한순간의 마음, 즉 일념(一念)에 함장되어 있다.

[문] 지금 나의 일순간의 생각이 삼세의 장구한 시간과 같은가? 그리고 앞에 보이는 미세한 먼지가 곧 시방(十方)의 광대한 공간과 같은가?

[답] 한순간의 생각은 과거, 현재, 미래의 각각과 같을 뿐만 아니라 또한 삼세의 전체 시간과도 같다. 하나의 미세한 먼지는 시방의 각 공간과 같을 뿐만 아니라 또한 삼세의 전체 공간과도 같다. 왜냐하면 모든 현상적인 법은 오직 일심(一心)이기 때문이다.   (『대승지관법문』[5])

일념(一念)에 삼천대천(三千大千)의 가능세계가 모두 함장되어 있다는 사상은 강력한 희망과 자기반성의 메시지를 담고 있다. 모든 가능세계의 지옥과 같은 나의 현실에도 붓다가 거하고 있다는 의미인 동시에 불성에서도 악을 발견할 수 있다는 냉엄한 현실인식을 촉발하기도 한다. 그에게 세상의 악은 너무도 분명하고 현실적인 존재였기 때문에, 세계를 지순한 불성(佛性)의 발현으로만 설명할 수는 없었다. 천태의 사상에서 희망과 절망은 겨우 균형을 유지하며 버티고 있다. 그리고 양자의 긴장은 이후 일본천태종에서 극적으로 가시화한다.

일심삼관에서 일심(一心)은 자성청정심(自性淸淨心)이며, 진여(眞如)이며, 불성(佛性), 법신(法身), 여래장(如來藏)이며, 법계(法界), 본성(本性)이다. 여래장 일심은 본질에 있어 평등하고 차별이 없다. 이것을 개별적인 실재성이 없는 여래장, 즉 공여래장(空如來藏)이라 한다. 그러나 여래장의 본체는 작용을 통해 다양한 차별성의 특징을 드러낸다. 이것을 현상적 특성을 가진 여래장, 즉 불공여래장(不空如來藏)이라 한다.

일심에는 모든 가능세계가 갖추어져 있고, 그것은 공(空), 가(假), 중(中) 세 층위의 관점에서 고찰될 수 있다. 공관(空觀)은 일체 만물이 모두 공(空)하기 때문에 어느 것도 실재하지 않는다는 관점이다. 지각과 사유에서의 미혹을 끊는 단계이다. 가관(假觀)은 어떤 것도 실재성을 결여하고 있지만, 현상으로는 분명히 존재한다는 관점이다. 만물은 모두 공(空)하지만, 가설적인 현상세계는 개별적인 차별성을 가지고 있다. 현상세계를 관찰하고 자비심을 수행할 수 있는 것은 가관(假觀)에 의거한다. 중관(中

---

5   심재룡 (2004). p. 112. 『大乘止觀法門』卷2: 問曰. 我今一念即與三世等耶. 所見一塵即共十方齊乎. 答曰. 非但一念與三世等. 亦可一念即是三世時劫. 非但一塵共十方齊. 亦可一塵即是十方世界. 何以故. 以一切法唯一心故. (T46, 650a22-26)

觀)은 모든 존재들이 공(空)인 동시에 유(有)이고, 또한 공(空)도 아니고 유(有)도 아니라는 중도적 관점을 말한다.

삼제(三諦)를 관하는 것을 삼관(三觀)이라 하며, 방법적으로는 세 관법을 시간에 따라 하나씩 관찰하는 별교(別敎)의 삼관과 일념에 공가중(空假中)이 융화된 진리를 관하는 원교(圓敎)의 삼관이 있다. 각각의 일제(一諦)에 삼제가 모두 갖추어져, 일념 가운데 즉공(卽空), 즉가(卽假), 즉중(卽中)에 이르게 되면 그것을 삼제원융(三諦圓融)이라 한다.

지의는 천태사상의 수행방법으로 열 가지 대상(十境)에 대한 열 가지 방법(十乘觀法)을 제시하였는데, 이를 십경십승관법(十境十乘觀法)이라고 한다. 마음을 파악하는 십승관법을 열거하면 다음과 같다.

1) 삼제(三諦)가 일체화하는 불가사의한 영역을 통찰하는 것

2) 자비의 마음을 일으키는 것

3) 지관(止觀)의 수행에 의한 정신집중과 정혜(定慧)의 발현

4) 삼관(三觀)으로 망상에 의한 미혹을 깨뜨리는 것

5) 절대적 진리와 허구적 존재성을 파악

6) 무작(無作)의 자질을 능력에 맞게 쓰는 것

7) 근기에 따라 6바라밀 등 방편을 닦을 것

8) 교만한 마음을 일으키지 않도록 성찰할 것

9) 안정된 경지에서 호오에 따라 동요하지 않음

10) 애착을 벗어나 참다운 깨달음의 자리로 나아갈 것

이 중 첫째가 전체의 본바탕인 정관(正觀)으로 상근기의 중생에 해당한다. 제2~6까지는 중근기의 중생, 제7~10은 하근기의 중생을 위한 관법이다. 내용을 간단히 요약하면, 먼저 바른 진리의 가르침을 알아야 하고,

자비심이 있어야 하며, 지관(止觀)을 닦고, 자기 수행의 정도를 알고, 진리에 대한 애착을 버려야 한다.

천태지의는 동아시아의 교판전통에 따라 자신의 사상체계를 오시팔교(五時八敎)로 도식화한다. 오시(五時)는 붓다의 일생과 가르침을 다섯 시기로 구분한 분류법이다.

> 제1시: 붓다가 깨달은 수승한 가르침을 설한 화엄시
> 제2시: 아함시(소승)
> 제3시: 방등시, 유마경, 승만경 등(대승에 들어감)
> 제4시: 반야시(소승, 대승의 분별의식 제거)
> 제5시: 법화경, 열반경(바른 진리)

천태종은 『법화경』을 소의경전으로 하고 있으며, 붓다의 열반이 가까워진 시점에 최종적으로 설해졌다고 생각한다. 붓다는 처음 깨달은 때에 화엄을 설하였으나, 청중이나 수행자들의 수준을 감안하여 방편적 차원에서 아함경을 설하였다. 방등시에는 대승으로 이끄는 경전들이 포함되며, 제4 반야시에서는 소승과 대승에 대한 차별의식이 제거된다.

팔교(八敎)는 설법의 시간과는 무관한 이론적 체계의 층위에 따른 분류법이다. 천태지의는 다시 불교사상을 이론적 층위에 따라 돈(頓), 점(漸), 비밀(祕密), 부정(不定)의 화의사교(化儀四敎)와 장(藏), 통(通), 별(別), 원(圓)의 화법사교(化法四敎)로 구분하였는데, 전자는 교설의 방법, 후자는 교설의 내용을 기준으로 한 분류체계이다.

장교(藏敎)는 '소승'의 가르침을 말한다. 통교(通敎)는 성문, 연각, 보살승에 모두 통하는 대승의 가르침이다. 별교(別敎)는 성문, 연각과는 별도

로 보살만을 위한 가르침이다. 세계를 차별적인 관점에서 바라보는 가르침이다. 원교(圓敎)는 붓다의 깨달음을 그대로 원용하는 가르침이다. 원교의 삼관(三觀)은 일념의 마음을 대상으로 한다. 일심에 대한 관조를 통해 대상에 속박되는 마음을 제거하고 모든 현상을 관찰하며, 삼천대천세계는 물론 궁극적인 절대의 세계까지도 포함한다.

선(善)과 악(惡)

일념(一念)에 포함되어 있고, 일념의 발현인 이 세계는 우리가 궁극적으로 지향해야 할 지고지선한 세계인가? 직관적인 대답은 당연히 부정적이다. 인류는 자신들이 만들어 온 역사를 관통하여 너무도 선명하게 '악한 현실'을 목도하여 왔다. 만약 이 악(惡)이 우리의 내부에 장착된 본성이라면, 인간에게 구원이나 성불, 선한 세상의 구현은 가능한 일일까? 악(惡)을 선(善)의 발양을 위한 불가결한 조건으로 보거나, 선의 부재로 보거나, 신(神)에 반하는 인간의 의지적 선택으로 해석하는 일련의 신정론(神正論, theodicy)적 해법은 여전히 불만족스러운 상태로 남아있다.

천태지의는 『법화현의』에서 좁은 길을 가는 소승에게는 '악 속에 선이 없고, 선 속에 악이 없다'고 설명한다. 그러나 일념삼천(一念三千)에는 모든 가능세계가 일념에 다 들어있다. 선도 악도 모두 일념에 속한다. 선과 악은 상호 의존하여 공존한다.

> 범부의 마음이 일념(一念)에 모든 가능세계를 구비하며, 모두 악업의 본성을 가진다. 다만 악의 본성은 바로 선의 본성이다. 악으로 말미암아 선이 있고, 악을 떠나서 선은 없다. 모든 악을 뒤집으면, 바로 선의 밑천

이다.[6]

　선악(善惡)을 공(空), 가(假), 중(中)의 삼관(三觀)으로 분석하면, '선과 악이 실체가 없어, 선은 선이 아니고, 악은 악이 아니다'고 보는 것이 공이며, 가설적인 현실에서 '선을 직면하면 그것은 악이고, 악을 직면하면 그것은 선이다'고 보는 것이 가(假), 그리고 '그것은 선도 아니고 악도 아니다'고 보는 것이 '중'이다. 일념이 펼쳐진 삼천대천의 세계에서 지옥도 천국도 실체가 없는 공이다. 나아가 지옥을 직면하면 그것이 천국이고, 천국을 직면하면 그것이 지옥이다. 궁극적으로 삼천대천의 무한한 가능세계는 지옥도 아니고 천국도 아니다.

　시공간적으로 한정이 없고, 무한한 가능세계에 두루 미치고 있는 법신불(法身佛)은 있는 그대로의 선악의 세계를 품고 있다. 붓다의 세계에도 악은 있다. 그는 단지 악에 속박당하지 않고 자유자재하게 악을 사용한다는 점에서 차이가 있다. 이런 해석은 구제론적이라기보다는 공감과 자비의 관점에서 바라보아야 한다. 완전히 선하고 청정한 존재는 '악한 현실'의 염오한 세계를 살아가는 중생의 고통을 이해할 수 없다. 일심(一心)에서 범부들도 이미 붓다이다. 하지만 범부들은 악하고 염오한 현실에 압도되어 살아가고 있다. 그들은 자비와 공감어린 애정으로 붓다가 보여주는 방편적 깨달음을 모범으로 삼아 자신의 붓다를 발현할 수 있다.

6　다무라 시로 외 (1989). 『천태법화의 사상』. 이영자 역. 서울: 민족사, p. 101.

변주곡들

담연(湛然, 711~782)은 다분히 화엄사상을 의식하여, 다양한 현상과 악(惡)의 현실을 드러내는 일념삼천의 세계를 초월한 것으로『법화경』사상을 고양하고자 하였다. 궁극적인 진리의 세계는 순일무잡(純一無雜)한 것이며, 그것 자체는 악한 현상세계에서 벗어나 있다. 다만 오직 선하고 흠 없는 진여(眞如)가 조건에 따라 움직일 때, 다양한 현상과 악한 현실이 나타나게 된다. 담연의 주장은 천태종의 정통설과 멀어지면서 화엄사상으로 접근하고 있다.

천태종의 사상은 전란과 폐불사태 등을 거치면서 쇠락하였으며, 이후 고려에 천태종의 서적을 부탁하여 재건하였다. 고려에서는 963년 천태교학에 뛰어난 제관(諦觀, ?~970)을 서적과 함께 송나라로 보내 천태종 중흥의 기틀을 마련하였다. 이후 중국 천태종은 담연의 재해석을 추종하는 산외파(山外派)와 전통적 해석으로 복귀를 주장하는 산가파(山家派) 사이의 논쟁이 전개되면서 사상적 활기를 되찾았다.

비슷한 시기 일본에서도 천태사상이 함축하는 장단점들을 적나라하게 드러내는 사상적, 수행실천적 논란이 촉발되었다. 동아시아불교의 모든 종파는 어느 정도『대승기신론』의 본각(本覺)사상에 의존하고 있다. 생멸하고 변화하는 모든 현상세계는 근본에 있어 깨달음의 세계이다. 현상과 본질은 동전의 양면처럼 불가분리의 관계에 있어서, 현상은 본질의 구체성이고, 본질은 현상의 진실이다. 본각의 눈으로는 세상을 무한긍정한다.

본각이 천태의 일념삼천과 결합하면서, 현실에 대한 긍정과 달관의 자세는 극단으로 치닫게 된다.

주의해야 할 것은 철학이론으로서는 최상인 것이 현실적인 종교실천으로서는 최저라는 사실이다.[7]

예측할 수 있었던 바와 같이, 천태본각사상에 심취한 사람들 가운데 인간의 욕망과 번뇌를 격려하고 퇴폐와 타락에 동조하는 경향이 표면화하기 시작하였다. 매력적인 언사와 대중적인 열광 속에 일본 천태종은 내적 생명력을 상실해 갔다. '미증유의 말세적 현상'으로 사회는 혼란에 빠져들었고 민중은 고통 가운데 버려졌다.

또다시 인간사회의 근원적인 '악한 현실'에 직면하여 새로운 출구를 모색한 사상가 호넨(法然)이 등장하였다. 그는 천태사상을 공부하였지만, 선악을 하나로 긍정해 버리는 천태본각사상을 벗어던졌다. 대중은 여전히 악한 현실에 서 있고, 구제의 길은 요원하였다. 이 무렵 호넨은『관무량수경(觀無量壽經)』에 대한 선도(善道)의 주석서,『관경소(觀經疏)』를 읽다가 "매 순간 한마음으로 전념(專念)하여 아미타(阿彌陀)의 이름을 부른다"는 곳에서 크게 감동하였다. 호넨은 시대의 문제에 직면하여 대중의 아픔을 해소하고자 하는 일념을 '오직 한마음으로 염불(念佛)하여 구원에 이른다'는 수행법으로 완성하고, 정토종(淨土宗)을 개창하였다.

'나무 아미타불!'

신란(親鸞)은 스승 호넨의 가르침, '나무아미타불을 암송하면, 모든 중생이 다 극락정토에 들어갈 수 있다'는 선언의 폐해를 염려하였다. 스승은 아미타불의 이름을 부르는 칭명염불만 하면, 진리를 추구하고 깨닫는 보리심마저 필요 없다고 하였다. 이제 사람들은 입으로만 '아미타불'을

---

7   다무라 시로 외 (1989). p. 39.

외워 '입술만 불자'가 되어갔다. 칭명염불은 형식적인 껍데기만 남고, 염불하는 마음은 사라져 버렸다. 신란은 이런 상황을 보면서, '믿음'의 중요성을 발견하였다. 염불(念佛)도 본질은 아미타불을 향한 신심(信心)에 있다. 더 나아가 '오직 믿음'만이 일차적이고, 모든 외적 형태와 행위들은 비본질적이다. 이렇게 '오직 믿음'에 근거한 일본에서의 종교개혁은 신란의 정토진종(淨土眞宗)을 낳고, 일본불교의 특징적 흐름을 형성하였다.

III. 세계는 하나의 꽃이다

순수의 전조[8]
한 알의 모래 속에서 세계를 보며
한 송이 들꽃에서 천국을 보려
그대 손바닥 안에 무한을 쥐고
한순간 속에 영원을 담아라

프랑스혁명이 일어난 1789년, 영국의 화가이자 시인 윌리엄 블레이크(William Blake, 1757~1827)는 어둠과 슬픔의 현실을 뚫고 나오는 빛과 기쁨의 신비를 노래하였다. 그는 부패한 종교와 교회를 비판하였지만, 신비주의 정신이 빛나는 많은 시와 미술작품을 남겼다. 단테의 『신곡(神曲, La

---

8 William Blake의 *Songs of Innocence* (1789) 중.
   To see a World in a Grain of Sand
   And a Heaven in a Wild Flower
   Hold Infinity in the palm of your hand
   And Eternity in an hour

Divina Commedia)』에 묘사된 하계(下界)의 여정을 그린 그림 연작은 유명하다. 그는 '순수의 전조'에서 비탄의 울음소리가 들리는 암울함 속에서도 현현하는 신비의 빛을 노래한다. 그 빛은 손바닥에 무한을, 한순간에 영원을 담은 자에게 하나의 모래 알갱이와 한 송이 들꽃 속에서 나타날 것이다.

디스토피아적 현실에도 불구하고 신비한 빛과 희망이 스스로 분출한다. 우주의 만물은 모두가 모두에게 서로 조건이 되어 일어난 현상이며, 현상과 현상은 서로 융합하여 하나를 이룬다. 생성과 소멸의 현상세계는 완전하고 순수한 하나로부터 일어나는 것이고, 영원한 진리의 빛으로 빛나고 있다. 한 점에 들어가 있는 무한, 한순간에 펼쳐지는 영원은 화엄(華嚴)의 꽃들로 장식한 세계이다. 그 세계에서는 모래 한 알에 우주가 있고, 들꽃 한 송이에 천국이 있다.

화엄경과 조사(祖師)들

화엄(華嚴)은 '꽃으로 장식하다'는 뜻이다. 어디에? 온 우주의 천변만화(千變萬化)는 가지각색의 꽃의 향연이다. 아니 우주 자체가 하나의 꽃이다. 세계를 이런 눈으로 보는 사유체계가 화엄사상이다. 화엄사상은 다른 학파들과 마찬가지로 『화엄경』의 번역으로 촉발되었다. 『화엄경』의 뿌리는 인도에 있고, 수 세기에 걸쳐 『화엄경』의 줄기와 가지가 자라, 7세기 중국에서 화엄사상의 꽃이 피었다.

『화엄경』은 418~420년간에 불타발타라(佛陀跋陀羅, Buddhabhadra, 359~429)에 의해 34품 60권으로 완역되었다. 이것을 『육십화엄』이라 한다. 그 이전에도 형성과정에 있는 화엄경편들이 자주 번역되었다. 불교

전래 초기인 2세기경에 이미 지루가참(支婁迦懺)은 후에 『화엄경』의 일부가 되는 한 부분 『도사경(兜沙經)』을 역출하였다.

화엄사상의 기본적인 체계를 정립한 지엄(智儼, 602~668)은 『육십화엄』과는 다른 여러 이본들을 수집하고 연구하였다. 이백여 년의 시간 동안 화엄경전은 변화와 성장을 거듭하여 새로운 번역이 요구되었다. 마침내 코탄(Khotan, 우전국)의 실차난타(實叉難陀, Śikṣānanda, 652~710)가 방대한 사본을 가져와 번역에 착수하였다. 이 번역에는 지엄의 제자 법장(法藏)이 필수(筆受)로, 유식가 원측(圓測)은 증의(證義)로 참여하였으며, 총 80권의 『화엄경』으로 완성되었다(695~699년). 이것이 『팔십화엄』 혹은 『신역화엄』이다.

백년 후 카슈미르 출신 반야(般若, Prajñā)가 가져온 별도의 「입법계품(入法界品)」이 40권으로 번역되어, 『사십화엄』이라는 이름을 얻었다. 이 번역에는 청량징관(淸凉 澄觀, 738~839)이 참여한 것으로 알려져 있다. 『사십화엄』에는 이전 번역에는 없던 「보현행원품(普賢行願品)」이 추가되어 있고, 정토사상의 영향이 발견된다.

『화엄경』은 붓다가 보리수 아래에서 깨달은 직후 깊은 삼매(三昧, samādhi) 속에서 침묵으로 설하였다고 한다. 붓다가 머문 해인삼매(海印三昧)는 물결이 완전히 잦아든 바다와 같은 선정(禪定)의 상태이다. 알 수 없는 바람에 의해 대양에 파도가 친다. 바람을 멈추면, 물결이 잦아들고, 마침내 대해(大海)의 수면이 전부 거울과 같이 된다. 이 거대한 거울에는 과거, 현재, 미래의 모든 우주가 있는 그대로 확연하게 비친다. 무한히 밝게 빛나는 온 우주를 있는 그대로 관조하는 것이 해인삼매이고, 그것을 설한 것이 『화엄경』이다.

『화엄경』에서 붓다의 설법은 일종의 입체적 파노라마 영상처럼 지상과 천상을 오가며 이루어진다. 『육십화엄』에서는 일곱 장소에서 8회의 설법을 하였으며, 『팔십화엄』에서는 7처, 9회의 설법회로 구성되어 있다.

	화엄설법							
천상			도리천	야마천궁	도솔천	타화자재천		
지상	적멸 도량	보광 법당					보광 법당	중각 강당
설법	1회	1회	1회	1회	1회	1회	2회(3회)	1회

화엄설법의 내용은 지상과 천상은 물론 무수한 가능세계에까지 뻗어나가는 여래(如來)의 출현과 보살행으로 압축할 수 있다. 여래출현의 주제를 선명하게 대비하기 위하여, 발심과 지혜를 중시하는 문수(文殊)계 경전과 자비의 보살행을 중시하는 보현(普賢)계 경전을 배치하고, 그 가운데 보살의 수행단계를 설명하는 『십지경(十地經)』을 포함하고 있다.

화엄사상은 『화엄경』이 펼쳐 보이는 여래출현의 무한한 세계를 탐구하면서 시작되었다. 학파적 사유체계로서 화엄종의 형성과정은 『화엄경』의 가치를 발견하고 사상에 주목한 두순(杜順, 557~640), 화엄사상의 기본개념과 체계를 형성한 지엄, 화엄사상을 완성한 법장, 화엄과 선(禪)의 동이(同異)에 주목한 청량징관, 화엄과 선을 융합하여 교종(敎宗)과 선종(禪宗)의 통합을 이론적으로 완성한 규봉종밀(圭峰宗密, 780~841)로 이어진다.

오직 마음(唯心)

화엄종은 인도에서 수입되지 않고 중국에서 형성 발전된 사상체계이긴 하지만, 불교사상의 자기권 안에서 형성되었음은 두말할 나위도 없다. 유식경전으로 독자적인 위상을 확보하고 있는 『십지경(十地經, Daśabhūmika sūtra)』이 『팔십화엄』의 26장9으로 편입되어 있는 것만으로도 유식(唯識)과 화엄사상의 밀접한 연관성을 보여주기에 충분하다. 그러나 같은 '마음'이라고 하여도 『십지경』의 마음과 『육십화엄』, 『팔십화엄』의 마음이 한결같지 않다.

『육십화엄』에는 대중에게도 널리 알려진 다음 문구가 등장한다.

> 三界虛妄但是心作, 十二緣分是皆依心.
> 삼계는 허망하고 단지 마음이 지은 것이다.
> 12연기의 현상은 모두 마음에 의거한다.10

8언(言)의 운율을 고수한 고려대장경을 제외하고, 후대의 판본은 모두 '마음(心)'을 '일심(一心)'으로 표기하였다. 여기서 '마음'은 허망한 삼계의 작자이다. 이것은 『유식이십론』에서 '삼계에 속하는 모든 것은 표상일 뿐(vijñaptimātra)'라고 할 때의 유식과 동일한 의미영역을 갖는다. 열두 가지 조건에 의해 생기하는 현상 또한 생멸하는 허망한 세계의 묘사이다. 후대 판본들에 따라 일심으로 읽는다면, 일심이 허망한 마음이고, 생멸의 마음이 된다.

---

9 『육십화엄』은 22품(品).

10 『大方廣佛華嚴經』卷25, T09, 558c10-11.

늑나마제(勒那摩提, Ratnamati)와 보리류지(菩提流支, Bodhirucci)가 각기 『십지경』에 대한 바수반두의 주석서 『십지경론』을 번역하면서, '삼계유심(三界唯心)'의 해석에 차이를 보였다. 늑나마제는 삼계유심의 마음을 법성(法性)으로 이해한 반면, 보리류지는 그것을 알라야식으로 판단하였다. 이들의 견해 차이는 서로 다른 번역본 출간과 학파의 분열로 확대되었다. 늑나마제는 제8 알라야식을 청정하고 참된 진식(眞識) 혹은 불성(佛性)으로 보았고, 이 해석을 따르는 이들은 지론종 남도파를 형성하였다. 반대로 보리류지는 제8식을 허망한 망식(妄識)으로 보고, 청정한 제9 무구식을 독립적으로 설정하였다. 보리류지의 견해를 따르는 이들은 지론종 북도파로 분기하였다.

『화엄경』의 한가운데 자리 잡은 『십지경』의 '마음'에 대한 해석이 극명하게 대립하면서, 그것이 『화엄경』 사상을 이해하는 데 직접적으로 영향을 주지 않을 수 없다. 그런데 이런 사상적 변화는 『화엄경』 내부에서도 일어나고 있었다. 지론종의 '마음' 논쟁이 『육십화엄』에서 『십지경』 해석의 연장에 있었다면, 지엄의 마음은 『팔십화엄』에서 변화하는 '마음'과 관련되어 있다.

心如工畫師	마음은 화공과 같아서
畫種種五陰	온갖 오온을 그려낸다
一切世界中	일체의 세계 가운데
無法而不造	만들어지지 않은 다르마는 없다
如心佛亦爾	마음과 같이 붓다 또한 그러하고
如佛眾生然	붓다와 같이 중생 또한 그러하다
心佛及眾生	마음과 붓다, 그리고 중생

是三無差別　　　이 셋에는 차별이 없다.[11]

이제 마음은 허망한 것으로 국한되지 않는다. 『팔십화엄』의 마음은 일체의 세계를 빚어낼 뿐만 아니라, 그것이 바로 붓다이고 중생이다. 인용문은 더욱 분명한 메시지로 마무리된다.

心造諸如來　　　마음이 온갖 여래를 만든다[12]

마음의 지위는 한층 격상되어, 완전하고 순수하고 청정한 '한마음(一心)'으로 인식된다. 마음은 붓다와 중생을 차별없이 관통하는 마음일 뿐 아니라, 온갖 여래의 출현을 만들어내는 마음이다. 유명한 원효의 해골설화에 등장하는 '일체유심조(一切唯心造)'는 마음에 관한 심오한 통찰의 이런 맥락을 함축하고 있다.

若人欲了知 三世一切佛　만약 누군가 삼세의 모든 부처를 알고자 한다면
應觀法界性 一切唯心造　마땅히 일체는 오직 마음이 지은 것이라는 법
　　　　　　　　　　　계의 본성을 보아야 한다.

『팔십화엄』에서 일심(一心)을 진식, 망식, 진망화합식(眞妄和合識)의 어디에 놓을 것인가? 혹은 일심은 이런 차별을 초월한 어디에 존재하는가? 앞서 살펴본 바와 같이, 동아시아 불교철학에서의 마음분석은 '알라야

---

11 『大方廣佛華嚴經』. 卷10, T09, 465c26-466a1.
12 『大方廣佛華嚴經』. 卷10, T09, 466a6.

식', '여래장', '진여'의 함축관계에 대한 해명을 중심으로 전개되었다. 생멸을 진여의 우연한 염오로 볼 것인가, 진여를 생멸의 특수한 상태로 볼 것인가에 따라 세계를 보는 관점은 극적으로 갈라진다.

법장(法藏)은 '삼계유심'을 열 단계의 유식해석으로 펼쳐 보인다. 가장 낮은 단계에서는 대상과 인식주체에 의해 삼계가 현상한다. 이것은 '오직 표상'에서, 제8 알라야식, 진망화합식, 여래장 등의 단계를 거쳐 상즉상입(相卽相入)하고, 중중무애(重重無礙)한 화엄원융으로 드러난다. 여기에서 일심은 '오직 법계의 본성이 그대로 생기하는 마음', 곧 유일법계성기심(唯一法界性起心)이다.

법장은 이러한 화엄의 심오한 유심사상을 이해하기 위해서 여섯 측면의 관찰(六觀)이 요구된다고 하였다. 여기에서는 두 측면의 관찰만 간취해 보기로 한다.

> 섭경귀심진공관(攝境歸心眞空觀): 만법은 모두 일심에 포함되고, 일심으로 귀일(歸一)하며, 그 밖에는 아무것도 아님을 관찰한다.
> 다신입일경상관(多身入一鏡像觀): 한 거울 속에 다른 거울의 다수의 영상이 들어오지만, 영상들이 서로 방해하지 않는 것과 같이 만법이 원융무애하고 상즉상입한다고 관찰한다.

부분과 전체

천태와 화엄은 모두 붓다가 깨달은 직후의 가르침을 『화엄경』으로 인정하며, 세계를 구성하는 부분들과 부분들로 구성되는 전체를 '일즉다(一卽多), 다즉일(多卽一)'의 관계로 파악한다. 부분으로서의 '하나'와 전체로서의 '하나'는 서로가 상호침투하면서 부분의 하나 속에 전체가 있고, 전체로서의 하나 속에 부분이 존재한다. 다만 천태와 화엄사상은 '일즉다, 다즉일'의 어느 측면에 강조점을 두느냐에 초점을 달리한다. 화엄은 '일즉다'의 방향에 방점을 찍어 '하나'를 순일무잡한 하나로 파악한다. 반면 천태사상에서는 '다즉일'의 방향에 맞추어, '하나'를 부분들의 통합으로서 전체로 해석한다.

천태에서의 하나는 부분들의 총합과 동일하다. 삼천대천세계의 한 우주는 선과 악, 열반과 생멸, 삶과 죽음, 청정과 염오 등 모든 대립적 현상들의 총합이다. 온 우주로서 법신불은 선도 악도 포함한다. 그러나 화엄사상에서 하나는 부분들의 총합 이상의 전체성으로서 하나이다. 변화하고 충돌하는 세계, 참과 거짓이 뒤섞인 혼돈, 생(生)과 사(死)의 반복, 속절없이 밀려오는 염오의 물결, 거룩한 이타적 사랑, 해결할 수 없는 욕망, 문명의 지식과 자멸로 이끄는 무명(無明), 한없이 견고해지는 에고(ego)의 성(城), 이 모든 것들의 전체집합은 가망 없는 혼란일 뿐이다. 모든 대립적 현상들의 총합 너머에 순일무잡하고 온전한 하나가 있다.

이와 같은 범우주적 차원의 웅장한 형이상학적 구도를 개인과 사회의 유비관계에서 비교해 보는 것도 흥미롭다. 막스 베버(Max Weber, 1864~1920)에게 사회는 단순화하자면 개인들의 총합이다. 개인들 간의 상호작용에 의해 사회가 조직되고, 각 개인의 행동이나 동기가 사회전체의 구조에 독특한 방식으로 기여한다. 반면 에밀 뒤르켕(Émile Durkheim, 1858~1917)은 사회를 보다 전체적인 구조의 측면에서 고찰한다. 전체로서의 사회는 개인들을 통합하는 집단의식이나 사회질서를 형성하고, 개인은 사회적 요소들에 의해 영향과 제한을 받는다. 요컨대 뒤르켕의 사회는 개인들의 총합을 넘어서는 집단적 의식이나 외적 구조를 형성한다. 비유하자면, 베버와 뒤르켕의 사회개념은 각각 천태와 화엄사상에서 하나와 전체를 보는 관점과 평행을 이룬다고 할 수 있다.

화엄사상에서 우주의 만상을 통합하는 '하나'는 니야야-바이셰시카(Nyāya-Vaiśeṣika) 철학의 전체(avayavi)와도 유사성을 보인다는 점에서 주의를 요청한다. 바이셰시카학파에 따르면, 기본적인 구성요소들로 만들어진 전체로서 조대한 사물은, 이를테면 '옷'의 전체로서 실재성을 지닌다. 옷을 구성하는 부분(avayava)들, 즉 '실' 또는 '옷감(paṇta)'도 실재성을 갖고, 그것들로 만들어진 전체(avayavi), 즉 부분을 갖는 존재도 하나의 실재이다. 그리고 실재하는 전체, 즉 '옷'은 내속(samavāya)이라는 방식으로 각각의 부분들에 들어가 있다. 이제 '실에는 옷이 있고, 옷에는 실이 있다.' 부분에 전체가 들어와 있고, 전체에 부분이 들어와 있다. 일즉다, 다즉일이다.

이러한 전체-부분의 구도를 총상(總相)-별상(別相), 동상(同相)-이상(異相), 성상(性相)-괴상(壞相)이라는 세 쌍의 대립구도로 확장하여 설명하는 것이 화엄의 육상원융(六相圓融) 개념이다. 각각의 개념이나 형상들은 서로 장애하지 않고 자신의 모습을 드러내어 법계연기(法界緣起)가 성립한다. 지엄의 설명을 소개한다.

> 총상이란 하나가 많은 성질을 포함하는 까닭이다.
> 별상이란 많은 성질이 하나가 아닌 까닭이다.
> 동상이란 많은 것들이 서로 위배하지 않고 하나인 총상을 이루기 때문이다.
> 이상이란 많은 것들이 서로 각기 다른 까닭이다.
> 성상이란 모든 것들로 말미암아 연기(緣起)가 이루어지기 때문이다.

괴상이란 모든 것들이 각기 자리에 머물러 움직이지 않기 때문이다.

이러한 설명은 부득이 바이셰시카의 분석에서 실체(dravya)와 속성 (guṇa), 보편(sāmānya)과 특수(viśeṣa), 운동(karma)과 내속(samavāya)의 실재성에 기반한 6구의(句義)를 떠올리게 한다. 물론 불교철학에서는 부분이건 전체이건 실재성을 인정할 수는 없다. 그렇다면, 비실재적인 방식으로 부분과 전체가 상즉(相卽)하고 상입(相入)하는 중중무진(重重無盡)의 인드라망은 어떤 방식으로 해석해야 할 것인가? 이 지점에서 힌두교와 차별화되는 면도날처럼 날카로운 경계면을 확인하는 작업은 화엄철학의 핵심적인 과제가 된다.

법성성기 법계연기

화엄사상에서는 법성성기와 법계연기라는 두 개념으로 화엄세계를 포괄한다. 존재의 본성과 현상은 서로 분리할 수 없는 양면이지만, 둘 사이에 차이가 없는 것은 아니다. 법계(法界, dharmadhātu)는 존재의 현상에서 실재의 진여(眞如)까지를 포괄하는 일체의 세계존재이다. 법계는 다양한 현상들을 조건에 따라 드러내는 세계이다. 반면 법성(法性, dharmatā)은 존재의 본성 혹은 '존재 자체'라고 할 수 있다.

법장은 자신의 저서 『탐현기』에서 여래법성의 성기(性起)를 다음과 같이 풀이한다.

진리를 여(如)라 하고 성(性)이라 하며,
작용을 나타내는 것을 기(起)라 하고 래(來)라고 하니,

곧 여래가 성기이다.[13]

'그러함'이 본성이고, '옴'이 현상이다. 여래는 이미 '그렇게 와 있다'. 그리고 그것을 성기라고 한다. 법성은 조건에 구애받지 않고 본성 자체가 그대로 드러나 있기 때문에 법성성기(法性性起)라고 하고, 법계는 조건에 따라 연기(緣起)하기 때문에 법계연기(法界緣起)라 한다.

법계연기는 현상을 상호 관련 속에서 보고, 조건을 기다려 인연에 따라 발생하며, 현상의 발생을 통해 본성으로 나아간다. 수행적 관점에서는 처음의 초발심에서 일체를 쌓아 정각(正覺)에 도달한다. 이에 대해, 법성성기는 존재를 그 자체로 보고, 본성 자체가 생기하며, 본성 자체에서 현상을 드러낸다. 구제론적 관점에서 법성성기의 중생은 이미 성불(成佛)하였으며, 본래부터 성불해 있다.

법계연기에서 모든 개별적인 존재들의 변화와 차별은 무한한 시공간에 편만해 있으며, 법계의 전체성과 완전함은 모든 개별자들 가운데 충만해 있다. 이처럼 있는 그대로 온전하게 드러난 세계에서 수행자는 '현실의 육신 그대로의 상태로 붓다가 된다', 이것을 즉신성불(卽身成佛)이라고 한다. 법성성기에서는 범부에게도 이미 여래가 출현해 있으며, 일심진여가 완전하게 갖추어져 있음을 본다. 이 상태에서는 붓다가 되는 것이 아니라, '현실의 육신을 가진 상태 그 자체가 이미 붓다이다', 이것이 즉신시불(卽身是佛)이다.

세간에는 마조도일(馬祖道一)의 일구(一句), 즉심시불(卽心是佛)이 널리 알려져 있다. '마음 그대로가 곧 부처'라는 말이다. 이 말을 덥석 물면, 붓

---

13 『華嚴經探玄記』卷16: 又真理名如名性. 顯用名起名來. 卽如來為性起. T35, 405a12-13.

다는 간데없고 꿈속의 희론(戱論, prapañca)만이 남게 될 것이다. 불교는 심리적 자족, 자기 정당화, 유아론적 나르시시즘으로 치환될 수 없다. '마음 그대로가 곧 부처'라고 할 때, 그 '마음'은 어디서 보았는가? 당신의 마음은 연기하였는가? 성기하였는가?

규봉종밀은 우주 만물이 각각의 성질을 유지하면서도 다른 모든 존재자들과 조화를 이룬다고 본다. 이처럼 조화로운 법계는 네 층위로 고찰해 볼 수 있다. 이것을 사종법계(四種法界)라고 한다. 초점은 현상세계 만물의 평등성(동일성)과 차별성에 있다.

사법계(事法界)는 모든 존재자들의 차별성이 드러나는 현상세계이다. 각각의 사물들은 자기 한계를 가지며, 다른 것과 구별되어 드러난다. 이법계(理法界)는 우주만물의 본질적 차원에서 평등성, 즉 동일성의 측면을 말한다. 평등한 세계의 궁극적인 진리(眞理)는 일심진여이며, 공(空)이며, 있는 그대로 그러한 여여(如如)이고, 있는 그대로의 참된 실재인 진여(眞如)이다. 이사무애법계(理事無礙法界)는 본질과 현상이 서로 분리되지 않으며, 서로에게 걸림이 되지 않는 것을 말한다. 물이 다양한 파도를 만든다고 파도를 방해하는 것이 아니고, 파도가 물로 되어 있다고 물을 제한하는 것이 아니다. 사사무애법계(事事無礙法界)는 현상계 자체가 진리인 세계이다. 개별적 현상들이 서로를 방해하지 않고, 자체로 드러나면서도 다른 것들과 조화를 이룬다. 동쪽 바람을 맞은 파도와 서쪽 바람을 맞은 파도가 서로 다르지 않다.

화엄일승법계도

662년 원효(元曉, 617~686)와 의상(義相, 625~702)은 현장이 배워 온 신유학을 공부할 목적으로 유학길에 올랐다. 원효는 도중에 깨달은 바가 있어 귀향하였고, 홀로 장안에 도착한 의상은 무슨 이유에서인지 유식이 아니라 화엄을 공부하기 위해 지엄(智儼)을 찾아갔다. 그는 지엄이 입적하던 668년에 스승에게 자신의 공부를 결산하는 『화엄일승법계도(華嚴一乘法界圖)』를 제출하였다. 그는 붉은 선의 법계도인(法界圖印)에 210자의 법성게(法性偈)를 얹어 화엄사상을 기하학적으로 계시하고, 7언 30구의 게송으로 풀이하였다.

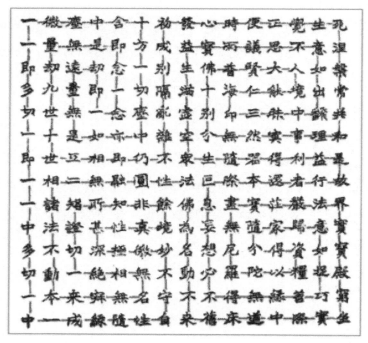

화엄일승법계도

법계도는 개별적 존재들이 하나의 전체 속에 동일한 위상으로 자리하며, 도인(圖印)과 게송은 중복되지 않는 차별성을 형상화하고 있다. 법성계(法性偈)는 법성원융무이상(法性圓融無二相)의 법(法)자로 시작하여, 구래부동명위불(舊來不動名爲佛)의 불(佛)자로 끝마치고 있다. 특히 반시(槃詩)는 정중앙에 법(法), 아래에 불(佛), 위에 중(衆)을 배치하여, 진리를 중심으로 한 불법승의 삼보를 부각시키고 있다.

법성게(法性偈)
존재의 본성 온전히 스며 현상은 둘 아니고
모든 존재는 변함없이 본래부터 고요하네.
이름도 형상도 없이 일체가 끊어졌으니
깨달음으로 알려질 뿐, 다른 경지가 아니네.

참된 본성은 매우 깊고 지극히 미묘하니
제 성질 고집 않고 인연 따라 나타나네.
하나 중 모든 것, 모든 것 가운데 하나
하나는 곧 모든 것, 모든 것은 곧 하나
하나의 티끌이 온 우주를 담고
모든 티끌 중에도 역시 그와 같네.
무한히 먼 영겁이 곧 찰나의 한 생각이고
찰나의 한 생각이 곧 무한히 먼 영겁이네.
펼쳐진 세계와 하나의 세계가 서로 마주하지만
혼란하게 뒤섞이지 않고 제 모습을 드러내네.
첫 마음 일으킬 때 이미 두루 깨달은 것
생사와 열반이 언제나 함께 머문다네.

본질과 현상이 아득하나 차별은 없으니
모든 부처, 보현보살, 큰 사람의 경지이네.

능히 바다같은 해인삼매에 들어가
불가사의한 그 뜻대로 드러낸다네.
보배비가 중생을 위하여 허공에 가득하니
중생들은 제각기 그릇에 따라 이익을 얻네.
수행자는 참된 본원으로 돌아가
망상을 끊지 않으면, 결코 증득하지 못하리.
조건없이 지혜로운 방편으로 그 뜻을 붙잡고
집으로 돌아갈 분량에 따라 수행을 닦으리.
무진장한 다라니의 보배로
진실한 존재의 보배궁전을 꽃으로 장식하고
마침내 참된 진리 중도의 자리에 앉으니
옛부터 변하지 않는 그 이름, 붓다이구나.

함께 읽어 볼 책

■ 스에츠나 죠이치(末綱恕一) (1985). 『華嚴經의 世界』. 이기영 역주. 서울: 한국불교
  연구원.
■ 해주 (1998). 『화엄의 세계』. 서울: 민족사.
■ 권탄준 (2013). 『화엄경의 세계』. 서울: 씨아이알.

선불교
– 달마가 동쪽으로 간 까닭은?

선불교
– 달마가 동쪽으로 간 까닭은?

'산은 산이요, 물은 물이다'

내가 30년 전 참선을 하기 전에는

산을 보면 산이 보이고, 물을 보면 물이 보이더군.

(見山是山 見水是水)

이후 좋은 스승을 만나 깨닫고 나니,

산이 산이 아닌 게 보이고, 물이 물이 아닌 게 보이더군.

(見山不是山 見水不是水)

더욱 정진해서 분별을 끊고 나니까, 지금은

그전처럼 산은 단지 산으로 보이고, 물은 단지 물로 보이더군.

(依前見山祇是山 見水祇是水)

여러분, 저 세 단계의 견해는 같은 것입니까? 다른 것입니까? 누구든지 검은 것과 흰 것을 분별할 수 있는 분이 있다면, 그대에게 노승(老僧)을 직접 볼 기회를 드리겠습니다.[1]

"산은 산이요, 물은 물이로다"라는 화두(話頭)는, 1981년 엄혹했던 군사정권시절 조계종 제6대 종정으로 추대된 성철 스님의 취임 법어로 발표되면서 대중의 뇌리에 깊이 각인되었다. 알듯 말듯한 신비감을 불러 일으키는 이 말은 송대(宋代)의 선사 청원유신(靑原惟信)의 설법에서 대중에게 던진 공안(公案)이었다. 더 거슬러 올라가면, 황벽희운(黃檗希運, ?~850)의 『완릉록(宛陵錄)』에 처음 등장한다. 한 스님의 질문에 대한 희운선사의 대답이다.[2]

[문] 지금 바로 깨닫는다고 할 때, 부처는 어느 곳에 있습니까?
[답] 어묵동정(語默動靜)과 일체의 소리와 색깔이 모두 부처의 일 아닌 게 없는데, 어느 곳에서 부처를 찾는가? 머리 위에 머리를 얹고 부리 위에 부리를 더하지 마라. 다만 다른 견해를 내지 않는다면, 산은 산이고, 물은 물이며, 승(僧)은 승이고 속(俗)은 속이다.

깨달음의 눈으로 본다면, 말하거나 침묵하거나, 움직이거나 가만히 있거나, 보이는 것이나 들리는 것이나 어느 하나 부처의 일 아닌 게 없다. 그러니 '있는 그대로' 산은 산이고 물은 물이다. 승(僧)이 속(俗)이 된다고

---

1   『續傳燈錄』22권, (T51, 614b), 『五燈會元』17「靑原惟信章」, (X138, 670a): 老僧三十年前未叄禪時 見山是山 見水是水 及至後來親見知識 有箇入處 見山不是山 見水不是水 而今得箇休歇處 依前見山祇是山 見水祇是水 大衆這三般見解 是同是別 有人緇素得出 許汝親見老僧.
2   김경숙(지은이) (2021). "'산시산수시수(山是山水是水)'에 대한 출전과 의미 고찰," 『禪學』 제58호, pp. 33-61.

자유로워지는 게 아니고, 속(俗)이 승(僧)에 비긴다고 거룩해지는 게 아니다. 부처의 세계에서는 승(僧)은 승(僧)으로, 속(俗)은 속(俗)으로 완전하다.

황벽희운은 임제의현(臨濟義玄, ?~867)의 스승이고, 백장회해(百丈懷海, 749~814)의 제자이다. 백장은 마조도일(馬祖導一, 709~788)의 제자이고, 도일은 남악회양(南岳懷讓, 677~744)의 제자이다. 남악회양은 동아시아 선불교의 6조 혜능(慧能, 638~713)을 스승으로 섬겼다. 황벽희운은 황벽산에서 출가하여 황벽산에서 입적하였다. 훗날 재상을 지낸 배휴(裵休, 797~870)는 그로부터 깨달음을 얻고, 선종사에 소중한 기록을 남겼다. 황벽의 법통을 이은 임제의현의 선맥은 한국의 구산선문(九山禪門)과 일본의 임제종(臨濟宗)으로 전해졌다.

달마야 놀자

달마(達磨)는 다르마(dharma)의 음차이고, 동아시아에 선(禪)을 전수한 보리달마(菩提達磨, Bodhidharma)의 호칭이다. 선(禪)은 청정하고 고요한 마음집중의 상태를 의미하는 디야나(dhyāna)의 음역어 선나(禪那)의 축약형으로, 동아시아 특유의 선불교를 대표하는 개념이다. 이 선의 수행법을 행하고 전하기 위해 눈이 크고 털이 많은 한 서역 승려가 중원으로 들어왔다. 그는 숭산(崇山)의 소림사(少林寺)에서 수년간 오직 동굴벽만 바라보고 앉아서 면벽(面壁)수행에 깊이 빠져 있었다.

선종사에서 그는 붓다가 가섭에게 염화미소로 깨달음을 전수한 이후 28대 조사(祖師)이고, 동아시아에서는 초조의 자리를 차지한다. 그로부터 2대 혜가(惠可), 『신심명(信心銘)』의 저자인 3대 승찬(僧璨), 4대 도신(道信, 580~651), 5대 홍인(弘忍, 601~674)을 거쳐 6조 혜능으로 이어진다. 그는

조선시대 김명국의 〈달마도〉(국립중앙박물관)

『능가경』을 중시하였고 『이입사행론』이라는 수행이론서를 남긴 것으로 알려져 있다.

　사십이 넘도록 노장(老莊)을 공부하며 정진하던 혜가(惠可)가 보리달마의 제자가 된 사연은 드라마틱한 전설로 전하고 있다. 혜가는 노장과 불교의 서적을 탐독하며 씨름하였지만, 마음의 번뇌를 떨쳐 버릴 수 없었다. 어느 날 소림사에서 면벽하고 있다는 한 도인(道人)의 소문을 듣고 그를 찾아갔다. 하지만 그는 꿈쩍도 않고 앉아서 돌아보지도 않았다. 날이 저물고, 마침 눈이 내려 무릎까지 수북이 쌓였다. 입설단비(立雪斷臂), 절박한 혜가는 자신의 팔을 잘라 바치며 도인의 답을 구하였다.

마침내 달마가 그에게 물었다.

"그대가 구하는 것이 무엇인가?"
"제 마음이 불안합니다. 마음을 편안하게 해 주십시오."

달마가 말했다.
"그래, 그러지. 그럼 그 마음을 내게 가져오거라."

혜가는 얼른 마음을 바치려 찾아보았다. 내 마음이 어디 있는가?
"제 마음을 찾을 수가 없습니다."

달마가 말했다.
"내가 이미 네 마음을 편하게 해주었다."
순간 혜가는 크게 깨달았다.

선불교는 '어떻게 선(禪, dhyāna)을 유지할 것인가'와 '어떻게 깨달음을 전수하는가'는 두 측면에서 특히 주목을 받아왔다. 정중사(淨衆寺)의 무상(無相, 680~762)에 따르면, 선을 유지하는 방법은 '한 생각도 일으키지 않는 무념(無念), 한 생각도 유지하지 않는 무억(無憶), 한 생각도 흩어지지 않는 막망(莫忘)' 세 가지가 있다. 수행적 차원에서 보다 구체적인 방법으로는, 오직 일념으로 부처를 생각하는 염불선(念佛禪), 고요히 앉아 본성을 관하는 묵조선(黙照禪), 화두(話頭)에 집중하여 명상하는 간화선(看話禪)을 들 수 있다. 물론 이 각각의 선수행은 세부적이고 구체적인 방식에서 매우 다양하게 분기하고 때론 중첩되기도 한다.

선불교의 가르침은 어떻게 전수되는가?

염화미소(拈花微笑), 석가모니 붓다가 영산(靈山)에서 설법할 때에, 대중에게 가만히 꽃을 들어 보였다. 대중이 이해하지 못해 당황해 하는데, 마하가섭(摩訶迦葉, Mahākāśyapa)만이 미소를 지었다. 석가모니 붓다는 가섭에게 '지혜의 눈'과 '열반의 마음'을 전한다고 말하였다. 마찬가지로 숭산의 달마대사도 자신의 가르침은 "문자를 세우지 않고(不立文字), 마음에서 마음으로 전한다(以心傳心)"고 하였다.

영화 <달마야 놀자>(2001년)는 무술에 능한 승려들이 수행하고 있는 산사로 숨어든 조폭들의 절집 생활을 다룬 영화이다. 노승은 그들을 받아 주었지만, 힘이 넘치는 승려들은 조폭들과 갈등한다. 다툼을 본 노승은 그들에게 과제를 하나 주었다.

깨진 독에 물을 채워라.

깨진 독을 마당 한가운데 놓았다. 저 깨진 독에 어떻게 물을 채울 것인가? 궁금한 분들은 영화를 감상하기 바란다. 노승이 전하고자 하는 것은 무엇일까? 그는 답을 말하지 않고, 마음으로 무언가를 전하고자 한다. 이렇게 스승과 제자 사이에 깨달음의 전수를 놓고 벌어지는 사건과 대화의 기록을 '공안(公案)'이라 한다. 선문에는 『벽암록(碧巖錄)』, 『종용록(從容錄)』, 『무문관(無門關)』, 『선문염송집(禪門拈頌集)』 등 다수의 공안집이 전해오며 마르지 않은 감동과 영감의 원천이 되고 있다. 이들 공안 가운데 핵심이 되는 일구(一句)를 들어 참구(參究)하는 것을 화두선(話頭禪)이라 한다.

이렇게 해서 깨달은 경지에 대해 여래선(如來禪)은 '붓다의 경지에 머물면서 중생을 위해 불가사의한 일을 하는 것'이라 하고, 조사선(祖師禪)

은 '말과 생각이 끊어져서 이치나 행함에 걸림이 없는 경지'라고 한다. 여래선에서는 깨달은 자의 중생을 위한 일에 주목한다면, 조사선은 걸림이 없는 경지를 강조한다고 하겠다. 하지만 콩알 만한 중생이 하늘까지 솟은 콩나무의 높이를 논하는 일이란, 허공에 핀 꽃의 아름다움에 대해 논쟁하는 것과 같은 일이 아닐까?

선(禪): 지(止)와 관(觀)

앞서 언급하였듯이 선(禪)은 디야나(dhyāna)를 번역하면서 등장한 동아시아적 파생개념이라고 할 수 있다. 의미상으로는 정려(靜慮)로 한역하는데, 문자적으로는 '고요히 생각함'을 의미한다. 이 말은 '고요함'과 '생각함'의 두 측면을 함축하며, 이는 디야냐의 두 측면이라 할 수 있는 지(止, samatha)와 관(觀, vipassanā)에 상응한다. 근래에 남방의 수행법들이 새롭게 소개되면서 사마타와 비파사나, 특히 비파사나 수행의 다양한 방법들을 배우고 행하는 이들이 늘고 있다.

초기 전승을 전하는 『법구경(法句經)』에서부터 선정(定)과 지혜(慧)의 동시성을 강조하는 구절이 발견된다.

> 선정이 없으면 지혜가 없고, 지혜가 없으면 선정도 없다. 선정과 지혜를 함께 따르는 길에서 열반에 도달하리.　　　　　　　　　　(『법구경』, 372)

동아시아불교에서 정려의 수행을 본격적으로 교학체계에 수용한 이는 천태지의(天台智顗)이다. 그는 수행지침서인 『마하지관』에서 좌선할 때 마음의 상태를 분류하면서, 마음이 동요함이 없이 진리 가운데 고요히 머무르는 것을 지(止), 사물을 진리에 따라 바르게 관찰하는 것을 관(觀)이라 정의하였다. 지(止)에 이른 상태는 선정(定)이고, 관(觀)에 이른 상태는 지혜(慧)이다. 천태지의는 공(空), 가(假), 중(中)의 삼제(三諦)를 동시적으로 지관(止觀)하는 일심지관(一心止觀)을 제시하였다.

그러나 선종(禪宗)과 교종(敎宗)이 분립하면서, 선종은 선정의 일변으로, 교종은 지혜로 치우치는 경향이 나타났다. 지눌(知訥, 1158~1210)은 정혜쌍수(定慧雙修)를 강조하여, 양변에 치우침이 없는 수행자세를 촉구하였다. 이 문제는 지(止)와 관(觀)의 대립적 개념으로 인해 불가피한 운명을 가지고 있는지 모른다. 지(止)는 '멈추다', 관(觀)은 '본다'는 동사적 의미를 가진다. 동사적 지(止)의 완결에서 고요한 상태를 나타내는 정(定)의 명사적 의미가 성취되며, '본다'는 관(觀)의 동사적 의미가 있는 그대로의 세계가 비치는 명사적 지혜(智慧)로 완성된다. 언어적으로 볼 때, 지(止)를 통해 정(定)에 도달하고, 관(觀)을 통해 혜(慧)에 도달하게 된다.

지(止)와 관(觀)은 충돌한다. 지(止)는 보는 것을 멈추어야 하고, 관(觀)은 멈추지 않고 보아야 한다. 정(定)과 혜(慧) 또한 서로 배제하는 상태들이다. 완전한 고요에 온전히 세계가 비추고 있어야 한다. 두 대립적인 상태들은 하나로 통합되어야 한다. 그것에 전변, 변화, 전회, 회심의 체험이 있다고 한다.

그렇다면, 양자는 어떻게 조화할 수 있을까?

'멈춘다'고 할 때, 멈추어야 할 것은 '생각'이나 '의심'과 같은 것들이다. 양자 간에 긴장의 강도가 올라갈수록 폭발적인 깨달음의 순간을 위한 압력은 가중된다. 휴정(休靜)의 『선가귀감(禪家龜鑑)』에는 간화선 수행을 위한 요소로 대신근(大信根), 대분지(大憤志), 대의정(大疑情)을 들고 있는데, 여기서 강력한 의지(憤志)와 들끓는 의심(疑情)은 강하게 지(止)를 막아서는 요소이다. 그러나 그것이야말로 에너지의 축적과정이라고 할 수 있다.

생각과 의문이 없는 멈춤은 가물어 마른 둑에 물이 차기를 기다리는 것과 같고, 생각과 의문을 멈추지 않는 것은 깨진 독에 물이 차기를 기다리는 것과 마찬가지이다.

양자는 서로를 배제하는 것처럼 보이지만, 불가결한 짝이다.

서로 충돌하는 상대개념들의 조화는 마치 서로 반발하는 원자와 원자를 밀어붙여 하나로 만드는 것과 같다. 두 대립적 존재가 강력한 에너지로 압력을 받을 때, 그것들의 경계가 부서져 하나로 융합되면서 엄청난 에너지를 발산한다. 각각의 원자는 자기 존재를 포기해야 한다.

이 지점에서는 주체가 대상을 보는 것과 같은 명사와 동사의 서술적 구조가 사라진다. 그것은 무엇을 멈추거나 무엇을 보는 것이 아니라, '멈춤'과 '봄'이라는 동명사적 사태로 전환한다. '멈춤'은 지(止)와 정(定)을, '봄'은 관(觀)과 혜(慧)를 하나로 융합한다. 그리고 동명사적 상태에서는 '멈춤'과 '봄'이 서로를 밀어내지 않고 공존할 수 있다.

선종(禪宗): 혜능과 신수

보리달마가 전한 선(禪)의 전통은 홍인(弘忍)과 혜능(慧能)을 거치면서 독자적인 종파의 위상을 확보하였다. 홍인의 대표적인 제자로는 신수(神秀, ca. ?~706)와 역사적 승자가 된 혜능이 있었다. 선종사에서 남종선(南宗禪) 계통의 부상은 돈오(頓悟)를 주장한 남종선이 강남지역에서 환영받은 점 외에도 황제에게 7조로 인가받은 하택신회(荷澤神會, 670~762)의 정치력이 한몫하였다. 신수는 생전에 6조이자 국사로 추앙받았다. 그러나 그의 사후에 신회가 대운사에서 거행한 무차대회(無遮大會)에서 북종선을 논파하고, 스승 혜능을 6조로 추대함으로써 무대 뒤편으로 강퇴당하고 말았다.

혜능이 5조 홍인의 의발(衣鉢)을 전수한 적통임을 주장하는 신화적 사건이 전해진다. 홍인은 동산(東山)에 거하면서 『금강경』을 중심으로 법문을 전하였다. 혜능이 지나가던 길에 『금강경』의 독송을 듣고 크게 감동하여 출가하였다는 설화에는 이유가 있다. 홍인이 어느 날 대중에게 글을 한 편씩 써 올리도록 하였다. 글에 드러난 깨달음의 경지를 보고 후계자를 결정하겠다는 취지였다. 상수(上首) 제자였던 신수가 시 한 편을 적어 벽에 붙였다.

身是菩提樹　　　몸은 깨달음(보리)의 나무요
心如明鏡臺　　　마음은 밝은 거울이라.
時時勤拂拭　　　때때로 부지런히 닦아서
勿使惹塵埃　　　먼지 끼지 않도록 하리.

대중이 큰 사형의 시에 감탄하고 있을 때, 그곳을 지나던 혜능이 무슨 일이냐고 물었다. 사정을 전해 들은 혜능은 자신의 시를 받아 써달라고 부탁하였다. 그는 아직 글을 읽고 쓸 줄 몰랐다.

菩提本無樹　　　보리(깨달음)는 본래 나무가 없고
明鏡亦非臺　　　맑은 거울 또한 대(臺)가 아니라
本來無一物　　　본래 한 물건도 없는데
何處惹塵埃　　　어디에 먼지가 낄 것인가.

돈황에서 발견된 혜능의 『육조단경』에 기록된 시에는 3구(句)가 '불성상청정(佛性常清淨): 불성은 항상 청정한데'로 되어 있기는 하지만, 사상적 입각점은 오해의 여지가 없다고 하겠다. 신수의 시(詩)가 청정을 유지하기 위한 수행적 자세를 강조한다면, 혜능의 시는 이미 청정한데 새삼스레 닦아야 할 것도 없다는 관점을 드러낸다. 벽에 붙은 혜능의 시를 보고, 홍인은 그를 몰래 불러 후계자로 승인하였다. 이후 혜능은 그곳을 떠나 15년을 수행하다가 조계산 보림사에서 자신의 깨달음을 대중에게 가르쳤다. 물론 이 극적인 사건은 초기선종 문헌에는 기록되어 있지 않다.

아직 신수는 6조로 인정받고 있었지만, 그를 계승할 만한 제자가 없는 상황에서 자신을 제7조로 주장하거나 추대되는 이들이 여럿 등장하였다. 대표적으로 황제의 공인을 받은 7대 조사 하택신회, 운문종, 법안종, 조동종의 7대 조사인 청원행사(青原行思, ?~740), 위앙종과 임제종의 7대 조사인 남악회양(南岳懷讓), 성도(省都)지방과 티베트지역에서 7조로 알려진 정중무상(淨衆無相) 등이 포함된다. 신회의 관점을 보여주는 어록의 한 부분을 살펴보자.

[문] 무명(無明)은 자연스러운 것입니까?

[답] 무명과 불성은 모두 자연스러운 것이다. 무명은 불성에 의지하며, 불성은 무명에 의지한다. 이 둘이 서로 의지하기 때문에, 있으면 동시에 있는 것이다. 깨친 것은 곧 불성이고, 깨치지 못한 것은 곧 무명이다. 『열반경』에 이르길, ... "번뇌와 불성은 동시에 있다. 여러 불보살과 참된 선지식들이 그들로 하여금 마음을 내어 반야바라밀을 닦고 배우도록 가르쳐 준다면, 그들은 곧 해탈을 이루게 된다."[3]

여기에서 신회의 입장은 신수와 크게 달라 보이지 않는다. 뿐만 아니라 중생의 수행은 점수(漸修)적으로 보이고, 천태사상의 이원적 대립항도 발견된다. 혜능을 6조로 옹립한 신회는 자신의 독자적인 법맥을 형성하지 못하였다.

대신 청원(靑原), 남악(南岳), 무상(無相) 등에서 법맥을 잇는 기라성 같은 선사들이 등장하였다. 초기에 그들은 아직 명확한 종파성을 지니기보다 상호영향 관계 안에 있었던 것으로 보인다. 그러나 시간이 지나면서, 청원-석두희천(石頭希遷, 700~790)의 법맥을 주장하는 조동종(曹洞宗), 법안종(法眼宗), 운문종(雲門宗)이 형성되고, 남악-마조도일(馬祖道一)의 맥에서는 위앙종(潙仰宗), 임제종(臨濟宗)이 분기하였다. 이들 다섯 종파를 선종 5가(五家)라고 하며, 임제종의 두 분파인 양기파(楊岐派)와 황룡파(黃龍派)를 더하여 5가(五家) 7종(宗)이라 칭한다.

달마가 서쪽에서 온 까닭은?

선종의 조사(祖師)들은 독자를 홀려 미궁에 빠뜨리는 묘한 일화들을 무수히 남기고 있다. 대표적인 공안집 『무문관』 제37측에는 '조사서래의(祖師西來意): 달마가 서쪽에서 온 까닭은?'이라는 유명한 공안이 있다.

한 스님이 조주종심(趙州從諗, 778~897)에게 물었다.

| 祖師西來意 | 달마가 서쪽에서 온 뜻이 무엇입니까? |
| 庭前柏樹子 | 뜰 앞의 잣나무라네. |

3　하택신회 『신회어록(神會語錄)』. 심재룡 (2004). p. 194.

달마가 서쪽에서 왔다면야 당연히 붓다의 가르침을 전하러 왔을 것이다. 그렇다면 그 붓다의 가르침이란 무엇인가? 그것은 '뜰 앞의 잣나무'이다.

이렇게 하나의 공안(公案)이 만들어지고, 후대의 선사들은 그 의미를 찾고자 하였다. 생각이 생각의 꼬리를 물고 이어지는 때, 이 공안의 말들을 모아 한 점에 집중하는 명상법이 제시되었다. '조사서래의' 혹은 '정전백수자'라는 일구(一句)는 하나의 공안을 포함하는 화두(話頭)가 된다. 이 화두를 들고, 의심하는 마음을 움직일 수 없는 한 점으로 밀어넣는 방식의 참선이 간화선(看話禪)이다.

멋진 공안을 남긴 조사들의 이야기를 몇 가지 들어보도록 하자.

차나 한잔 마시게[4]

조주 스님은 찾아오는 손님에게 언제나 한 가지 질문을 하였다.

'자네, 여기 와 본적 있는가?'

'아니요, 와 본적이 없습니다.'

'그렇다면, 차나 한잔 마시게'

다른 손님에게도 같은 질문을 하였다.

'자네, 여기 와 본적 있는가?'

'예, 와 본적이 있습니다.'

'그렇다면, 차나 한잔 마시게'

그러자 한 제자가 물었다.

'아니, 스님은 왜 와 본적이 있는 사람도, 없는 사람도 모두 차나 한잔

---

4 『조주록』.

하라 하십니까?'

'그래, 자네도 차나 한잔 하시게.'

개에게도 불성(佛性)이 있습니까?[5]

어떤 스님이 조주화상에게 물었다.

"개는 불성이 있습니까, 없습니까?"

"없다(無)"

벽돌을 갈아 거울을 만들다[6]

마조도일(馬祖道一)은 밤낮을 가리지 않고 좌선수행에 집중하고 있었다. 스승 남악회양이 이를 기특하게 여겼다. 그는 도일이 참선하는 방문 앞에서 벽돌을 긁어대기 시작했다. 도일이 나와 스승에게 무슨 일이냐고 여쭈었다.

회양: 거울을 만들어 보려구.

마조: 아니, 스님. 벽돌을 간다고 거울이 되겠습니까?

회양: 좌선을 하면 부처가 된다던?

마조: 그럼 어떻게 해야 합니까?

회양: 수레가 가지 않으면, 수레를 때려야 하느냐, 소를 때려야 하느냐?

---

5   『무문관』제1칙 조주구자(趙州狗子).

6   『선문염송』5권.

병 속의 거위를 꺼내라[7]

마조도일의 애제자 남전보원(南泉普願, 748~834)이 어느날 육긍(陸亘)이라는 대부와 담소를 하고 있었다. 육긍이 남전에게 문제를 하나 풀어보라고 하였다.

> 육긍: 옛날에 어떤 사람이 병 속에 거위를 한 마리 길렀습니다. 거위가 자라서 병 속에 있을 수 없을 만큼 컸지요. 병을 깨지 않고, 거위를 다치지도 않고, 병속의 거위를 꺼낼 방법이 있겠습니까?
> 남전: (큰소리로) 대감!
> 육긍: (놀라서) 예!
> 남전: 나오너라.

소설『만다라』의 저자 김성동이 젊은 시절 승려로 선방을 전전하며 타파하기 위해 고투하였던 화두(話頭)가 바로 이 '병 속의 거위'였다고 한다. 그가 십 년의 구도생활에서 이 화두를 뚫었는지는 알 수 없지만, 그의 자전적 소설『만다라』는 단순히 '허무주의자의 방황'으로 치부될 수 없는 치열한 고뇌의 흔적을 문단에 남겼다.

결국 다양한 공안으로부터 주어지는 화두를 압축하고 압축하면, '뜰앞의 잣나무', '차 한잔', '무(無)', '벽돌', '병 속의 거위'는 모두 하나로 모아진다.

'이것이 무엇인가?'(是什麼?)

---

7   『전등록』1권.

희론(戲論, prapañca) 하나

X는 말한다:

산은 산이다.

산은 산이 아니다.

두 명제는 겹쳐서 보아야 한다.

산은 산이다. 그리고 산은 산이 아니다.

둘은 모두 참이다.

산은 산이면, 하늘은 하늘이고, 땅은 땅이고, 나무는 나무이고, 솔방울은 솔방울이고, 꽃은 꽃이고, 바람은 바람이고, 물은 물이고, 파도는 파도이고, 배는 배이고, 삶은 삶이고, 죽음은 죽음이고, 개는 개이고, 고양이는 고양이이며, 무엇보다 나는 나이다.

'산은 산'인 세계에서 하나의 개체는 생생한 진실이다.

산은 산이 아니면, 하늘은 하늘이 아니고, 땅은 땅이 아니고, 나무는 나무가 아니고, 솔방울은 솔방울이 아니고, 꽃은 꽃이 아니고, 바람은 바람이 아니고, 물은 물이 아니고, 파도는 파도가 아니고, 배는 배가 아니고, 삶은 삶이 아니고, 죽음은 죽음이 아니고, 개는 개가 아니고, 고양이는 고양이가 아니며, 무엇보다 나는 내가 아니다.

'산은 산이 아닌' 세계에서 모든 이름들은 가상의 개념들이다.

그러나

X는 말한다.

'산은 산이다. 그리고 산은 산이 아니다'

그것은 모순이다.

이것이 진실이다.

모순이 진실이라면, 무엇이 가능할까?

$$(P \, \& \sim P) \rightarrow X$$

X가 무엇이건, 이 명제는 참이다.

산은 산이다.

산은 산이 아니다.

이 대립 명제를 긍정하는 순간,

우리는 모든 가능세계를 긍정하게 된다.

진여는 진여이고, 진여는 생멸이다.

해탈은 해탈이고, 해탈은 윤회이다.

마찬가지로

생멸은 생멸이고, 생멸은 진여이다.

윤회는 윤회이고, 윤회는 해탈이다.

마침내

나는 나이고, 나는 내가 아니다.

나는 나이고, 나는 너다.

너는 너이고, 너는 나다.

백장청규(百丈淸規)

백장회해(百丈懷海)는 원래 계율을 중시하는 율사(律師)를 은사로 출가하여 경전을 연구하였지만, 767년 무렵부터 마조도일의 가르침을 받았다. 당시까지 선사들은 아직 율원(律院)의 승려들과 함께 생활하였다. 백장은 선종의 '청정한 생활규율'을 제정하고, 율원에서 독립하여 선원(禪院)을 설립하였다. 이때부터 선원, 강원(講院), 율원을 모두 갖춘 선원 총림(叢林)의 체계가 완비되었다.

백장청규의 구체적인 내용은 산실되어 전하지 않으며, 단지『경덕전등록』6권에 남아 있는 선문규식(禪門規式)을 통해 대강을 짐작할 수 있다. 선종은 이후 거듭 백장의 정신을 계승하여 '청정규율'을 되살리려는 노력을 지속하였다.

백장의 '청정한 생활규율'에서 핵심은,

> 하루 일하지 않으면, 하루 먹지 마라 (一日不作 一日不食)

로 압축된다. 노동 자체가 수행이다. 지금도 사찰에서 승려들이 김장, 건물보수, 청소, 농사 등 공동체의 일을 함께 하는 '울력'이 일상으로 이루어진다. '울력'은 '함께 힘을 모아서 움직인다'는 운력(運力)이나 '구름 같은 대중이 모여 함께 일한다'는 운력(雲力)의 의미를 함축하는 우리말 표현이다.

백장은 청규의 원칙을 스스로 엄격히 준수하였다. 백장이 나이들어 울력이 어려웠지만 스승은 힘든 일을 멈추지 않았다. 그러자 제자들은 스승이 농사일을 할 수 없도록 쟁기를 감추어 버렸다. 백장도 하는 수 없이 방으로 들어갔다. 그러나 그날 백장은 대중이 함께 식사하는 공양에 참석하지 않았다. 결국 제자들이 두 손을 들고 말았다고 한다. 이 같은 백장의 생활은 선불교에 선농일치(禪農一致)의 수행전통을 확립하였다.

조선시대의 억불(抑佛) 정책에도 불구하고, 조선의 불교는 '일하며 수행하는' 선농불교(禪農佛敎)의 힘으로 생존하였다고 해도 과언이 아니다. 종교가 "사회의 기생충이라는 마르크스주의자들의 공격이나 신유학자들의 비판"은 이런 선불교의 수행방식에는 해당되지 않는다.[8]

회고(懷古)

선(禪)과 화엄(華嚴)을 통합한 불교의 흐름은 규봉종밀(圭峰宗密)의 시대와 함께 종말을 고했다. 특히 무종(武宗)의 회창(會昌, 845년) 폐불사태로 화엄종과 천태종을 중심으로 한 교학전통이 끊어지고, 정치적 풍파를 피한 산중의 선불교만이 흥기하였다. 이후 교학적 측면에서 중국의 불교는 긴 잠에 빠져들었다고 해도 과언이 아니다. 천 년이 지나 '태평천국(太平天國)의 난'(1850~1864)으로 전국의 사찰이 파괴, 약탈되고 나서야 그들은 오랜 꿈에서 깨어났다.

일본불교는 가마쿠라 종교개혁을 거치면서, 한 가지 수행에 전념하고 믿음을 강조하는 대중구제론적 차원의 새로운 전통을 형성하였다. 선불교 계통의 임제종(臨濟宗) 역시 '오직 한 가지' 수행에 집중하는 전통을 고수하며 근대를 관통하여 생존하였다. '무(無)'자 화두를 참구하였다는 스즈키 다이세츠(鈴木大拙, 1870~1966)는 일본을 대표하는 문화로 선(禪), 무

---

8 심재룡 (2004). p. 203.

사도(武士道), 다도(茶道)를 들고, 서양에서의 선불교 유행을 촉발한 선구자이다.

그에게 선은 무사도와 통하는 것으로, 생사의 분별을 넘어선 수행자의 경지에서는 나와 남의 목숨에도 집착하지 않는다. '선은 실로 사무라이 전사의 종교이다.' 세속을 떠난 선의 이데올로기가 극도의 세속적 편향을 보이는 사례는 스즈키에 한정되지 않는다. 조동종 선승 하타 에쇼(秦慧昭, 1862~1944)는 '견성(見性)'을 '성전(聖戰)'의 목적과 일치시키는 데 주저하지 않았다.

> 12월 8일 석가모니불은 보리수 아래에 앉아 있다가 샛별을 보며 견성성불(見性成佛)하였다. 1년 전 바로 이날, 미국과 영국을 섬멸하라는 천황 칙서의 반포를 통해서 우리나라는 새로운 동아시아, 곧 대동아를 향한 발걸음을 다시 개시했다. 이는 동아시아의 깨달음을 의미하는 것에 다름 아니다.[9]

화엄과 선의 수행자들이 제국주의 침략전쟁을 매혹적인 언사로 장엄하는 행위는 그들의 무지 때문인가? 아니면 선불교와 화엄사상이 내재적으로 가지고 있는 문제를 드러낸 것인가?

한편, 화엄과 선을 통합한 종밀의 『선원제전집도서(禪源諸詮集都序)』는 고려 지눌의 화엄적 선사상과 돈오점수설에 영향을 주었다. 점차 선교(禪敎) 양종이 통합되면서 한국불교에서 교학적 전통은 사라지게 되고, 조선의 억불정책하에서 산중의 선불교 전통만이 명맥을 유지하였다.

---

9 브라이언 D. 빅토리아 (2009). 『전쟁과 선』. 정혁현 역. 고양: 인간사랑, p. 233.

임진왜란이라는 국가적 위기에 조선의 승단은 일본불교와는 반대의 입장에서 유사한 문제에 직면하게 되었다. 당시 일본의 침략군은 고니시 유키나가(小西行長)를 중심으로 한 기리시단(キリシタン), 즉 기독교인 장수가 20여 명에 달하였고, 불교인 선봉장 가토 키요마사(加藤淸正)는 종군 승려를 대동하고 전쟁을 이끌었다.

> 귀와 코가 잘려 피투성이가 된 사람들의 울부짖는 소리에 산천이 진동했다. 이들은 조선 사람들의 머리, 코, 귀를 대바구니에 담아 허리춤에 차고 다니면서 사냥했다. 아비규환(阿鼻叫喚), 생지옥이 따로 없었다.[10]

이러한 사태에 대항하여 조선의 사명(四溟)대사 유정(惟政, 1544~1610)은 승병(僧兵)을 모집하여 전쟁에 참여하였다. 유정의 뛰어남은 그가 승병을 조직 참여하였다는 사실에 있는 것이 아니다. 참혹한 고통을 당하고 있는 중생들을 위하여 살생에 참여하는 순간에도 선사의 길에 대해 유정은 고뇌하였다.[11]

> 남의 아비를 죽이고 남의 형을 죽였으니
> 남도 또한 내 형을 죽였으리라
> 어찌하여 너에게 돌아오는 것은 생각지도 않고
> 남의 아비를 죽이고 남의 형을 죽였나[12]

---

10 '종군승려 교넨(慶念)의 기록', 이청길 '기리시단 영주들과 임진왜란' 인용. (https://www.kscoramdeo.com/news/articleView.html?idxno=10882)

11 아래 인용은 류제동 (2009). "불교에서 전쟁의 정당화에 대한 소고−초기불교와 임진왜란을 중심으로," 『불교연구』 31, pp. 111-140.

12 『四溟堂大師集』, 권7: 殺人之父殺人兄 人亦還應殺爾兄, 何乃不思反乎爾 殺人之父殺人兄. 『韓國佛敎全書』. 제8책, p. 70상.

중생을 제도하는 비결 잊지 못하여

마른 몸 세상에 머물러 온갖 방편에 응한다.

범과 용을 항복받는 일 비록 장하지만,

마침 황벽을 만나면 문득 당황하리.[13]

선불교의 수행은 성속(聖俗)의 아슬아슬한 경계선 위를 걷는 일이다. 치열한 탐구와 불타는 의문이 한 사건에서 불꽃을 튀기며 폭발하지 않는 다면, 그것은 하나의 일화(逸話)에 지나지 않는다. 아마도 나와 같은 범부들은 수많은 사건들을 지나치면서도 공안을 보지 못하였을 것이다. 우리가 일상에서 마주하는 일화(一話)들이 '일대사(一大事)'의 사건이 되기 위해서는 말머리를 바짝 들고 있어야 한다. 그러지 않으면 화려한 말들도 말꼬리가 되고 말 것이다.

함께 읽어 볼 책

- 윤창화 (2022). 『선(禪)불교』. 서울: 민족사.
- 브라이언 D. 빅토리아 (2009). 『전쟁과 선』. 정혁현 역. 고양: 인간사랑.
- 류제동 (2009). "불교에서 전쟁의 정당화에 대한 소고 – 초기불교와 임진왜란을 중심으로." 『불교연구』 31, pp. 111–140.

---

13 「四溟堂大師集」, 권7: 度生遺訣未嘗忘 留得枯形應萬方, 伏虎降龍雖活榮 適逢黃蘗却蒼黃. 『韓國佛教全書』. 제8책, p. 72하.

무종(無終)
– 새벽의 별빛들

히말라야 산하의 수행자들과 그들의 사상에서 출발한 우리의 여정은 동아시아 대륙을 거쳐 한반도를 향하여 왔다. 동아시아의 종교적 지성들은 인도의 불교사상을 받아들여 중원의 토양에 맞게 이식하였다. 인도 불교철학의 유식과 중관은 법상종(法相宗)과 삼론종(三論宗)으로 새로운 옷을 입었으며, 천태종(天台宗), 화엄종(華嚴宗), 선(禪)불교라는 독창적인 종교사상을 꽃 피웠다.

동아시아 불교사상이 만개하던 6~8세기의 역사 무대 한 가운데 원측(圓測), 원효(元曉), 의상(義相) 세 명의 지성이 활동하였다. 그들은 한반도 지성사의 가장 앞에 서 있는 동시에 가장 높은 봉우리에 오른 이들로 평가할 수 있다. 한반도의 종교사상과 철학적 사유는 높은 곳에서 발원하여 역사의 구비구비를 돌아 의천과 지눌의 시대를 지나고 퇴계와 율곡에서 깊고 넓은 물길을 이루며 근대로 흘러들었다. 이제 동아시아 불교사상의 주인공으로 참여하였던 지성들의 자취를 잠시 돌아보면서 이 글을 마무리하고자 한다.

위진남북조의 혼란을 타파하며 등장한 수(隋)제국은 '개황의 치(開皇之治)'라 불린 번영기를 누렸지만, 3차에 걸친 무리한 고구려원정 등으로 단기간에 몰락하였다. 뒤이어 등장한 당(唐)도 고구려 제압을 국운의 결정적 요소로 간주하였다. 극동아시아에서는 고구려, 백제, 신라의 각축이 고조되고 있었다. 결국 신라와 당의 연합공세로 인해 백제(660년)와 고구려(668년)가 멸망하고 한반도로 축소된 통일신라가 등장하였다. 원측, 원효, 의상의 활동공간은 바로 이 역사적 격변기의 중심을 가로지르고 있다.

원측, 원효, 의상

원측(圓測)은 14세에 유식학을 공부하기 위하여 당으로 유학하였다. 현장이 새로운 유식을 공부하기 위하여 인도로 유학을 떠날 무렵이었다. 원측의 유식사상은 진제(眞諦)의 구유식에 기초하여 형성되었으며, 그 위에 현장이 가져온 신유식을 결합하였다. 그는 『성유식론』이 완간되자 가장 먼저 신구유식의 통합적 관점에서 『성유식론소』를 저술하였다. 그의 유식사상은 신라에서 태현(太賢)의 『성유식론학기』 등으로 전승되었다. 원측의 『해심밀경소』는 티베트어로 번역되어 티베트불교의 유식논서로 학습되었으며, 현 달라이 라마도 이 논서로 유식을 공부하였다고 한다. 원측은 또한 『반야심경찬』을 저술하였는데, 다양한 범어(梵語)와 한역논서들을 비교하며, 공(空)의 진리와 공유(空有)논쟁의 논점에 관해 논하였다. 신라에서는 그의 귀국을 추진하였지만, 무측천이 반대하여 귀국하지 못하고 장안에서 생을 마쳤다.

원효(元曉)는 현장이 전한 신유식을 배우려 두 차례 유학을 시도하였다. 첫 번째는 고구려와 백제의 국경을 통과하지 못하여 실패하였다. 2차 유학길은 백제의 멸망으로 뱃길이 열려 가능해졌다. 그는 도중에 "일체가 모두 마음이 만든 것이다"라는 유식의 진리를 깨닫게 된다. 유식을 배우기 위한 유학이 필요없어진 셈이다.

원효는 총 90여 종의 저술을 한 것으로 알려지며, 그중 20여 종이 지금까지 전해지고 있다. 그는 『열반경종요』 등 다수의 '종요(宗要)' 문헌을 저술하였다. 종요는 일종의 경전에 대한 개론서로 대중에게 경론의 내용을 쉽게 전하고자 한 특징을 보여주는 저술양식이라 할 수 있다. 그의 『대승기신론소별기』는 돈황까지 전해져 사본이 발견되었으며, 법장의 『대승기신론의기』 저술에 직접적인 영향을 주었다.

또한 원효는 공(空), 본각(本覺), 여래장, 화엄사상, 재가불교의 교리 등을 망라하고 있는 『금강삼매경』에 대한 주석서 『금강삼매경론』을 저술하고, 경의 핵심을 '일미(一味)의 관행(觀行)'이라고 압축하였다. 『금강삼매경』 자체가 원효의 저술이라는 설도 있다. 그는 『화엄경소(華嚴經疏)』를 저술하던 중, 제4 십회향품(十廻向品)에서 절필하고, 세속의 대중 속으로 걸어 들어갔다.

의상(義相)은 3대 석학 중의 막내이며, 원효와 밀접한 관계를 유지하였다. 원효가 경주로 발길을 돌린 후, 의상은 바다를 건너 장안에 도착하였다. 그는 지엄에게 화엄을 배우고 『화엄일승법계도』를 저술하였다. 668년 고구려가 멸망한 후, 다시 신라와 당 사이의 긴장이 고조되는 시점에서 귀국하였다. 원효가 방대한 저술과 활발한 사유를 전개하며 저잣거리를 종횡하였다면, 의상은 자신의 이름마저 감춘 절제된 저술, 산중의 절집에서 제자의 양성, 국가적 차원의 질서와 안녕에 관심을 기울였다. 함께 유학길에 올랐던 두 구도자의 역사적 현시를 결합할 때에야, 한국불교의 전체 모습을 조망할 수 있다.

세 인물은 당대의 세계인이었으며, 세계와 호흡하는 지식인들의 세 가지 유형을 보여준다. 원측은 당에 유학하고 그곳에 영구 거주한 반면, 의상은 유학을 마치고 귀국하여 신라의 학문과 전통의 확립에 기여하였다. 원효는 순수 국내파로서 독창적이면서도 동시에 가장 국제적인 인지도를 쌓은 사례라고 할 수 있다. 흥미로운 사실은 원측, 원효, 의상이 모두 외국계 이민 법장과 깊은 교류를 이어갔다는 점이다. 원측, 원효, 의상의 사상은 직간접적으로 법장의 화엄사상 형성에 깊은 영향을 주었다. 그리고 역사의 드라마에서 법장의 화엄사상은 규봉종밀을 거쳐, 시간이 지나 지눌의 사상으로 한반도에 다시 돌아온다.

긴 시간이 지나고, 빨리어로 전승된 남방불교와 티베트어로 전해진 티베트불교, 그리고 한문으로 번역된 동아시아불교가 각기 전 세계를 향해 뻗어 나가면서 상호침투하고 있다. 각각의 전통은 밀레니엄을 건너 다른 언어와 문화의 역사를 지나온 전승들과 마주해야 하고, 그들과 대화해야 할 시대적 과제를 안고 있다. 세 불교는 새롭게 자기 정체성을 재정립하는 것은 물론 새로운 시대에 적합한 통합적인 불교의 모색을 요청받고 있다.

이미 세 전통의 불교를 다양성이라는 측면에서 동시에 수용하는 서구불교가 형성과정에 있다. 미국이나 유럽의 다르마집회에서 남방 상좌부, 티베트, 동아시아불교의 승려들과 현지에서 2세대로 내려가는 법맥을 잇고 있는 남녀의 수행자들이 함께하는 모습은 자연스러운 현상이 되었다. 법당에 둘러앉은 다채로운 색상의 승복을 보고 있으면, 새로운 불교는 이미 시작되고 있다는 느낌을 받게 된다.

새로운 불교사상이 번역에서 시작되었듯이, 세 전통의 불교문헌들은 빠른 속도로 영어로 번역되고 있다. 무엇보다 이번에는 정밀한 문헌학적 작업을 통해 어쩌면 가장 엄밀하게 검증된 신 대장경의 출현을 목격하게 될지 모른다. 빨리어 경전은 이미 수차례 번역이 거듭되었으며, 티베트어와 한역불전들도 체계적인 번역이 진행중에 있다. 최근 인공지능의 급속한 발전으로 세 전통의 언어적 장벽을 더욱 빠르게 무너뜨릴 것으로 생각한다.

우리는 '있는 그대로(yathābhūtam)'와 그에 대한 붓다의 대답인 '무아(無我, anātman)'라는 관점에서 불교철학의 흐름을 추적해 왔다. 다양한 언어문화권에서 긴 시간 동안에 굽이쳐온 불교사상은 때론 하나의 질문에 정반대의 대답으로 모순에 빠지거나 알 수 없는 미궁을 헤매기도 하였다. 그러나 여전히 변함없는 하나의 문제의식은 '있는 그대로'의 세계를 직시해야 한다는 것과, 중생은 아직도 고통 가운데 있고, 고통의 원인은 자아의 집착에 있다는 사실이다.

진정한 의미에서 최초의 세계불교가 등장하는 21세기의 시점에서도 우리는 답이 아니라 붓다의 질문을 통해 불교의 정체성을 확인하게 될 것이다. 우리는 이전에 보지 못하였던 새로운 시대적 징후들을 목격하고 있다. 종교는 힘을 상실하고 대중의 염려의 대상이 되고 있다. 비종교적 문화와 다종교 상황에서 불교는 어떤 대답을 제시할 것인가? 인류는 신자유주의의 무한경쟁과 욕망의 극대화로 인한 전면적인 양극화 현상을 겪고 있으며, 자연환경의 파괴는 통제수준을 벗어나고 있다. 그에 따른 지구온난화와 기후환경의 변화는 이제 현실이 되었다. 그리고 지구상에 지적 존재가 등장한 이후 처음으로 호모 사피엔스의 지성을 능가하는 포스트 휴먼의 시대가 도래한다는 경종이 울리고 있다.

새로운 시대의 불교가 기존의 전통들 가운데서 새싹을 틔울 것인지, 낯선 토양에 뿌려진 씨앗에서 새로운 잎과 가지로 자라날지는 아직 예단할 수 없다. 그러나 그것이 무엇이건 새로운 불교사상은 지금 현재 세계의 '있는 그대로'의 모습을 직시해야 하고, 그것이 당면하고 있는 문제들에 대한 불교적 해답을 제시할 수 있어야 할 것이다.

　　한국불교의 미래 또한 이러한 시대적 도전에 어떻게 응전할 것인가에 달려 있다. 한반도에 전해진 불교는 천 년의 사유의 두께를 가지고 왔다. 동아시아 불교사상의 최고점에서 불교철학을 수용한 선각들은 다시 한반도 지성사에서 천 년을 이어 갈 사유의 주춧돌을 놓았다. 두 번의 천 년 동안 한반도의 수행자들은 깊은 문화적 유산을 이어가고 있다.

　　필자는 불교가 매우 지성적이고 현대적인 사상이며, 깊은 수행전통뿐만 아니라 고도의 철학적 논의를 발전시켜 왔다는 사실을 보여주고자 하였다. 그리고 한국 지성사의 출발이 바로 이 전승의 끝에 발을 디디고 있다는 사실이 독자대중에게 전달될 수 있기를 바라는 마음이다. 불교가 불교(佛敎), 즉 '붓다의 가르침'에 대한 무명(無明)을 깨치고, 세계를 '있는 그대로' 보는 지성의 눈을 뜰 때, 우리는 새로운 시대에도 불교가 유효함을 입증할 수 있을 것이다.

함께 읽어 볼 책

- 길희성 (2004). 『보살예수』. 서울: 현암사.
- 릭 필스 (2009). 『이야기 미국불교사』. 한창호 역. 서울: 운주사.

원전자료

『관소연연론』

『논사(論事)』

『니까야』

『대비바사론』

『대승기신론』

『대승돈오정리결』

『무문관』

『밀린다팡하』

『바가바드 기타』

『반야심경』

『방편심론』

『법화경』

『베다』

『벽암록』

『보성론』

『사문과경』

『삼론현의』

『선문염송』

『성서』

『성유식론』

『수습차제』

『아비달마구사론』

『아비달마대비바사론』

『아비달마순정리론』

『아함경』

『양평석』

『역대법보기』

『우파니샤드』

『유가사지론』

『유식삼십송』

『유식이십론』

『이부종륜론』

『이입사행론』

『인명입정리론』

『전등록』

『중론』

『집량론』

『청정도론』

『팔천송반야경』

『한국불교전서』

『해심밀경』

『화엄경』

『화엄일승법계도(華嚴一乘法界圖)』

『회쟁론』

2차 참고자료

각묵 스님 역 (2006).『디가니까야』. 서울: 초기불전연구원.

강성용 (2024).『인생의 괴로움과 깨달음』. 서울: 불광출판사.

견해보살 (2011).『보성론(寶性論)』. 안성두 역. 서울: 소명출판.

고려대장경연구소 편 (2000).『비판불교의 파라독스』. 서울: 고려대장경연구소.

곰브리지 (2018).『곰브리치의 불교강의』. 서울: 불광출판사.

권오민 (2003).『아비달마불교』. 서울: 민족사.

권오민 (2004).『인도철학과 불교』. 서울: 민족사.

권오민 역주 (2002).『아비달마구사론』. 서울: 동국역경원.

권탄준 (2013).『화엄경의 세계』. 서울: 씨아이알.

길장 (2009).『삼론현의(三論玄義)』. 박상수 역. 서울: 소명출판.

길희성 (1984).『인도철학사』. 서울: 민음사.

길희성 (2004).『보살예수』. 서울: 현암사.

길희성 등 (2020).『일본의 종교문화와 비판불교』. 서울: 동연출판사.

길희성 역 (2013).『범한대역 바가바드기타』. SNUP 동서양의 고전 13. 서울: 서울대
　　　　학교출판문화원.

김경숙(지은) (2021). "'산시산수시수(山是山水是水)'에 대한 출전과 의미 고찰,"『禪學』
　　　　제58호, pp. 33-61.

김광규 (1979).『우리를 적시는 마지막 꿈』. 서울: 문학과 지성사.

김명우 (2008).『유식삼십송과 유식불교』. 서울: 예문서원.

김묘주 (2008).『성유식론 외』. 서울: 동국역경원.

김미숙 (2013).『인도 불교와 자이나교 - 슈라마나 전통과 사상』. 서울: 씨아이알.

김미숙 (2021).『자이나 사상』. 서울: 올리브그린.

김성철 (2004).『중론, 논리로부터의 해탈, 논리에 의한 해탈』. 서울: 불교시대사.

김용옥 (2019).『스무 살, 반야심경에 미치다』. 서울: 통나무.

김재홍 등 역 (2005).『소크라테스 이전 철학자들의 단편 선집』. 서울: 아카넷.

김중섭 (2017). "중국 고대 역장(驛場) 제도에 대한 고찰 - 번역의 시스템과 방법을 중

심으로,"『언어학연구』. 제22권 2호, 39-54.

김태완 (2015).『임제어록』. 경기: 침묵의 향기.

까말라실라 (2018).『까말라실라의 수행의 단계』. 오기열 역. 서울: 지영사.

남수영 역 (2009).『브리하다라냐카 우파니샤드(Bṛhadāraṇyaka Upaniṣad)』. 용인: 도
　　서출판 여래.

니시타니 케이지 (西谷啓治) (1994).『현대와 禪』. 김호귀 역. 서울: 불교시대사.

다무라 시로 외 (1989).『천태법화의 사상』. 이영자 역. 서울: 민족사.

대림, 각묵 역 (2017).『아비담마 길라잡이』1, 2. 서울: 초기불전연구원.

디오게네스 라에르티오스 (2016).『그리스철학자열전』. 전양범 역. 서울: 동서문화사.

라마 쇠바 린포체 (2003).『티베트 라마가 전하는 행복에 이르는 길』. 주민황 역. 서울:
　　무우수, pp. 36-37.

라마 예시 (2009).『딴뜨라 입문』. 주민황 역. 무우수

루크레티우스 (2012).『사물의 본성에 관하여』. 강대진 역. 서울: 아카넷.

류제동 (2009). "불교에서 전쟁의 정당화에 대한 소고 - 초기불교와 임진왜란을 중심
　　으로,"『불교연구』. 31, pp. 111-140.

릭 필스 (2009).『이야기 미국불교사』. 서울: 운주사.

마찌하다 료오슈 (1996).『중국불교사』. 계환 역. 서울: 우리출판사.

마츠모토 시로 (2008).『티베트 불교철학』. 이태승 등 역. 서울: 불교시대사.

마티외 리카르, 장 프랑수아 르벨 (2004).『승려와 철학자 - 인류 정신사에 대한 광범
　　위한 지적 탐구』. 이용철 역. 이끌리오. (원제: *Le Moine et Le Philosophe*
　　(1997년))

모로 시게키 (2018).『오온과 유식』. 허암 역. 서울: 민족사.

미산 (2010).『미산 스님의 초기경전 강의』. 서울: 명진출판.

미야사카 유쇼(宮坂宥勝) (1989). "有神論 비판." in『인도불교의 인식과 논리』, 카지야
　　마 유이치 저. 전치수 역. 서울: 민족사.

백종현 등 (2024).『철학과 현실, 현실과 철학』. 서울: 21세기북스.

법륜 (2010).『인간 붓다, 그 위대한 삶과 사상』. 서울: 정토출판.

브라이언 D. 빅토리아 (2009).『전쟁과 선』. 정혁현 역. 고양: 인간사랑.

블라디미르 티호노프 (2000). "삼국, 통일신라, 고려의 승병사를 통해본 사명대사 의거의 의의와 인간적 · 종교적 비극성-한국 승가사에서의 불살생계와 국가의 제도화된 폭력-"『불교연구』, 17집, pp. 33-66.

뽈리간들라 (1992).『인도철학』. 이지수 역. 서울: 민족사.

사쿠라베 하지메 (1989).『아비달마의 철학』. 정호영 역. 서울: 민족사.

서경수 (2002).『밀린다팡하』. 서울: 민족사.

스에츠나 죠이치(末綱恕一) (1985).『華嚴經의 世界』. 이기영 역주. 서울: 한국불교연구원.

시더리츠 (2023).『철학으로서의 불교』. 서울: 운주사.

심재룡 편저 (1994).『중국 불교 철학사』. 서울: 철학과 현실사.

아카마쓰 아키히코 (2021).『인도철학강의』. 권서용 역. 서울: AK커뮤니케이션즈.

알베르 카뮈 (1997).『시지프 신화 - 부조리에 관한 시론』. 김화영 역. 서울: 책세상.

야마구치 즈이호 (1990).『티베트 불교사』. 이호근 등 역. 서울: 민족사.

엄미경 (2022). "『조당집(祖堂集)』 '시십마(是什摩)' 용처(用處)와 '이뭣고' 화두의 관계,"『동아시아불교문화』 50. pp. 97-125.

오강남 (2006).『불교, 이웃종교로 읽다』. 서울: 현암사.

오오카게 스스무(大竹晋) (2022).『한문불전의 조각보『대승기신론』의 성립문제 연구』. 이상민 역. 서울: 씨아이알.

와타나베 쇼코 (1987).『일본불교: 일본불교사의 새로운 시각』. 이영자 역. 서울: 경서원.

요코야마 코이츠 (2019).『유식唯識, 마음을 변화시키는 지혜』. 안환기 역. 서울: 민족사.

우에야마 슌페이(上山春平) (2004).『아비달마의 철학』. 서울: 민족사.

유발 하라리 (2023)『사피엔스 - 유인원에서 사이보그까지, 인간 역사의 대담하고 위대한 질문』. 조현욱 역. 파주: 김영사.

윤창화 (2022).『선(禪)불교』. 서울: 민족사.

은정희 역 (1991).『원효의 대승기신론소, 별기』. 서울: 일지사.

이규완 (2010). "삼예논쟁의 배경과 전개과정에 대한 사회 - 사상적 고찰: 8세기 티베트의 정치변동과 종교사회적 요구를 중심으로,"『회당학보』 15집, 602-669.

이규완 (2011).『정중 무상의 선사상 연구』. 동국대학교 석사논문.

이규완 (2012). "불교에서 믿음과 진리인식의 수단(pramana)에 관한 연구,"『회당학보』17집, 431-464.

이규완 (2016). "세친의 극미(paramāṇu)해석의 변화와 12처(āyatana)설의 상관성에 대하여,"『보조사상』46집, pp. 52-97.

이규완 (2017). "유식가 세친의 극미설 - 극미의 결합방식에 대한 일고찰,"『동아시아불교문화』제31집, pp. 165-197.

이규완 (2018). "자이니즘의 paramāṇu와 pradeśa에 관하여,"『인도철학』54호. 201-239.

이규완 (2018). "지평융합 - 불설(buddha vacana)은 해석의 지평에서 현존한다."『동아시아불교문화』제35집, pp. 3-49.

이규완 (2018).『세친의 극미론』. 서울: 씨아이알.

이규완 (2019). "3원적 사유구조 - 원효『기신론』주석과 이익의『사칠신편』을 중심으로,"『동아시아불교문화』37권, pp. 295-346.

이규완 (2019). "4사구생과 8사구생(八事俱生, aṣṭadravyaka)에 관하여,"『보조사상』52집, pp. 39-86.

이규완 (2022). "5위75법체계의 성립과 경량부 해석에 관하여,"『동아시아불교문화』49집, pp. 3-43

이규완 (2022).『유식이십론술기 한글역』. 서울: 씨아이알.

이규완 (2024). "원자와 허공,"『철학과 현실, 현실과 철학』. 서울: 파이돈.

이중표 (2002).『근본불교』. 서울: 민족사.

이진경 (2022).『불교를 철학하다』. 서울: 휴(休).

임근동 역 (2012).『우파니샤드』. 서울: 을유문화사.

임근동 편역 (2022).『바가바드기타 - 원전 완역을 쉽게 읽는』. 서울: 사문난적.

장익 (2023).『불교유식학강의』. 서울: 정우북스

정승석 (1992).『인도의 이원론과 불교』. 서울: 민족사.

제이미 허바드 외 (2015).『보리수 가지치기 - 비판불교를 둘러싼 폭풍』. 류제동 역. 서울: 씨아이알.

조윤호 (2003).『동아시아 불교와 화엄사상』. 서울: 초롱.

중암 (2006).『까말라실라의 수습차제 연구』. 서울: 불교시대사.

중암 선혜 역 (2022).『보리도등론 역해: 티베트어 원전 완역』. 서울: 불광출판사.

차테르지 & 닷타 (1999). 『학파로 보는 인도 사상』. 김형준 역. 서울: 예문서원.

츠카모코 게이쇼 (2008). 『아쇼까와 비문』. 호진, 정수 역. 서울: 불교시대사.

카지야마 유이치 (1990). 『인도불교철학』. 권오민 역. 서울: 민족사. pp. 73-103.

카츠라 쇼류 (2009). 『인도인의 논리학』. 권서용 등 역. 부산: 산지니.

칼루파하나 (2019). 『불교 철학』. 나성 역. 서울: 이학사.

케네쓰 첸 (1991). 『중국불교』. 박해당 역. 서울: 민족사.

클로우스, 프랭크 (2014). 『보이드: 빅뱅 직전의 우주』. 이충환 역. 서울: MID.

키무라 키요타카 (1989). 『중국불교 사상사』. 장휘옥 역. 서울: 민족사.

기무라 기요타카 (2005). 『중국화엄 사상사』. 정병삼 역. 서울: 민족사.

타가미 코이치, 홍고 아사카 편 (2023). 『원자론의 가능성』. 이규완 역. 서울: 씨아이알.

틱낫한 (2019). 『틱낫한 불교 - 붓다의 가르침을 이해하는 가장 순수한 방법』. 권선아 역. 서울: 불광출판사.

프레비쉬 등 (2022). 『불교강의』. 청원 역. 경기: 어의운하.

프리드리히 니체 (2018). 『선악의 저편』. 박찬국 역. 서울: 아카넷.

플라톤 (1990). 『플라톤의 국가론』. 서울: 집문당.

한자경 (1997). 『자아의 연구 - 서양근현대 철학자들의 자아관 연구』. 서울: 서광사.

한자경 (1997). 『자아의 탐색』. 서울: 서광사.

한자경 (2000). 『유식무경』. 서울: 예문서원.

한자경 (2003). 『불교 철학의 전개』. 서울: 예문서원.

한자경 (2006). 『불교의 무아론』. 서울: 이화여자대학교출판부.

해주 (1998). 『화엄의 세계』. 서울: 민족사.

현각 (2000). 『오직 모를 뿐 - 숭산 대선사의 서한 가르침』. 서울: 물병자리.

홍창성 (2019). 『불교철학 강의』. 서울: 불광출판사.

홍창성 (2023) 『무아, 그런 나는 없다』. 파주: 김영사.

황설중 (2016). "피론주의와 중관," 『철학 사상 문화』 제21호. pp. 91-118.

효도 가즈오 (2011). 『유식불교, 유식이십론을 읽다』. 서울: 예문서원.

후나야마 도루 (2018). 『번역으로서의 동아시아 - 한자 문화권에서의 '불교'의 탄생』. 이향철 역. 서울: 푸른역사.

히라카와 아키라 (1989). 『인도불교의 역사』 상, 하. 서울: 민족사.

히라카와 아키라 등 (1984). 『대승불교 개설』. 정승석 역. 서울: 김영사.

히라카와 아키라 등 (1993). 『唯識思想』. 이만 역. 서울: 경서원.

Lewis R. Lancaster (1975). "The Oldest Mahāyāna Sūtra: Its significance for the study of Buddhist development," *The Eastern Buddhist* 8, 1.

Peter N. Gregory (1986). "The Problem of Theodicy in the Awakening of Faith," *Religious Studies*. 22, pp. 63-78. (pp. 73-74)

Wayman, Alex (1996). "A Defense of Yogacara Buddhism," *Philosophy East and West*, 447-476.

숫자

나모 비로자나불
나모 석가모니불, 나모 아미타불
나모 관세음보살

불교철학의
이해

초판 발행 | 2024년 8월 20일
초판 2쇄 | 2025년 2월 20일

지은이 | 이규완
펴낸이 | 김성배
펴낸곳 | 도서출판 씨아이알

책임편집 | 신은미
디자인 | 문정민 엄해정
제작책임 | 김문갑

출판등록 | 제2-3285호(2001년 3월 19일)
주소 | (04626) 서울특별시 중구 필동로8길 43(예장동 1-151)
전화번호 | 02-2275-8603(대표)
팩스번호 | 02-2265-9394
홈페이지 | www.circom.co.kr

ISBN | 979-11-6856-255-4   93220